Philosophies of the Afterlife in the Early Italian Renaissance

Bloomsbury Studies in the Aristotelian Tradition

General Editor:
Marco Sgarbi, Università Ca' Foscari, Italy

Editorial Board:
Klaus Corcilius *(University of California, Berkeley, USA)*; Daniel Garber *(Princeton University, USA)*; Oliver Leaman *(University of Kentucky, USA)*; Anna Marmodoro *(University of Oxford, UK)*; Craig Martin *(Oakland University, USA)*; Carlo Natali *(Università Ca' Foscari, Italy)*; Riccardo Pozzo *(Consiglio Nazionale delle Ricerche, Rome, Italy)*; Renée Raphael *(University of California, Irvine, USA)*; Victor M. Salas *(Sacred Heart Major Seminary, USA)*; Leen Spruit *(Radboud University Nijmegen, The Netherlands).*

Aristotle's influence throughout the history of philosophical thought has been immense and in recent years the study of Aristotelian philosophy has enjoyed a revival. However, Aristotelianism remains an incredibly polysemous concept, encapsulating many, often conflicting, definitions. *Bloomsbury Studies in the Aristotelian Tradition* responds to this need to define Aristotelianism and give rise to a clear characterization.

Investigating the influence and reception of Aristotle's thought from classical antiquity to contemporary philosophy from a wide range of perspectives, this series aims to reconstruct how philosophers have become acquainted with the tradition. The books in this series go beyond simply ascertaining that there are Aristotelian doctrines within the works of various thinkers in the history of philosophy, but seek to understand how they have received and elaborated Aristotle's thought, developing concepts into ideas that have become independent of him.

Bloomsbury Studies in the Aristotelian Tradition promotes new approaches to Aristotelian philosophy and its history. Giving special attention to the use of interdisciplinary methods and insights, books in this series will appeal to scholars working in the fields of philosophy, history and cultural studies.

Available titles:
Elijah Del Medigo and Paduan Aristotelianism, by Michael Engel
Early Modern Aristotelianism and the Making of Philosophical Disciplines,
by Danilo Facca
Phantasia in Aristotle's Ethics, by Jacob Leth Fink
Pontano's Virtues, by Matthias Roick
The Aftermath of Syllogism, edited by Marco Sgarbi, Matteo Cosci
The Reception of Aristotle's Poetics in the Italian Renaissance and Beyond,
by Bryan Brazeau
The Scientific Counter-Revolution, by Michael John Gorman
Virtue Ethics and Contemporary Aristotelianism, edited by Andrius Bielskis,
Eleni Leontsini, Kelvin Knight
Aristotle's Syllogism and the Creation of Modern Logic, edited by Lukas M. Verburgt
and Matteo Cosci
The Legacy of Aristotelian Enthymeme, edited by Fosca Mariani Zini

Philosophies of the Afterlife in the Early Italian Renaissance

Fifteenth-Century Sources on the Immortality of the Soul

Joanna Papiernik
University of Łódź, Poland

BLOOMSBURY ACADEMIC
LONDON • NEW YORK • OXFORD • NEW DELHI • SYDNEY

BLOOMSBURY ACADEMIC
Bloomsbury Publishing Plc, 50 Bedford Square, London, WC1B 3DP, UK
Bloomsbury Publishing Inc, 1359 Broadway, 12th Floor, New York, NY 10018, USA
Bloomsbury Publishing Ireland, 29 Earlsfort Terrace, Dublin 2, D02 AY28, Ireland

BLOOMSBURY, BLOOMSBURY ACADEMIC and the Diana logo
are trademarks of Bloomsbury Publishing Plc

First published in Great Britain 2024
This paperback edition published 2025

Copyright © Joanna Papiernik, 2024

Joanna Papiernik has asserted her right under the Copyright, Designs and
Patents Act, 1988, to be identified as Author of this work.

For legal purposes the Acknowledgements on p. viii constitute
an extension of this copyright page.

Cover image © Psyche Honoured by the People (c.1695-7), Luca Giordano,
Oil on copper | 57.5 x 68.9 cm. (© Royal Collection Trust / Wikicommons / Public Domain)

All rights reserved. No part of this publication may be: i) reproduced or transmitted
in any form, electronic or mechanical, including photocopying, recording or by means
of any information storage or retrieval system without prior permission in writing from
the publishers; or ii) used or reproduced in any way for the training, development or
operation of artificial intelligence (AI) technologies, including generative AI technologies.
The rights holders expressly reserve this publication from the text and data mining
exception as per Article 4(3) of the Digital Single Market Directive (EU) 2019/790.

Bloomsbury Publishing Inc does not have any control over, or responsibility for,
any third-party websites referred to or in this book. All internet addresses given
in this book were correct at the time of going to press. The author and publisher
regret any inconvenience caused if addresses have changed or sites have
ceased to exist, but can accept no responsibility for any such changes.

A catalogue record for this book is available from the British Library.

A catalogue record for this book is available from the Library of Congress.

ISBN: HB: 978-1-3503-4583-6
PB: 978-1-3503-4582-9
ePDF: 978-1-3503-4584-3
eBook: 978-1-3503-4585-0

Series: Bloomsbury Studies in the Aristotelian Tradition

Typeset by Integra Software Services Pvt. Ltd.

For product safety related questions contact productsafety@bloomsbury.com.

To find out more about our authors and books visit www.bloomsbury.com
and sign up for our newsletters.

Contents

Acknowledgements	viii
Introduction	1
1 The divine light in the human soul and its affinity to eternal things – Antonio degli Agli's *On the Immortality of the Soul* and his other works	7
2 The theory of individual immortality 'found' in Aristotle – The treatise *On the Immortality of the Soul* by Leonardo Nogarola	21
3 The power of authorities – Agostino Dati's *On the Immortality of the Soul*	39
4 The continuation of the compilatory tradition – Giovanni Canali's *On the Immortality of the Soul*	49
5 Antonio degli Agli, *De immortalite animae*	57
6 Leonardo Nogarola, *De immortalitate animae*, Biblioteca Medicea Laurenziana	71
Notes	181
Bibliography	236
Index of Names	259
Index of Subjects	262

Acknowledgements

This book would not have been written without the help of various people and institutions. The research and work on this volume have been supported financially by the National Science Centre, Poland, under grant agreement no. UMO-2018/29/B/HS1/00462.

Thanks to receiving a 2018 Kristeller-Popkin Travel Fellowship, I was able to read the manuscripts of Leonardo Nogarola's treatise at the Biblioteca Medicea Laurenziana.

I would like to thank Dr Jozef Matula for his assistance with the scientific project that resulted in this monograph. To Dariusz Gwis, thank you for reviewing and commenting on the Latin text. To Professor Richard Blum, thank you for reading an early version of the chapter on Antonio degli Agli.

To the anonymous reviewers, thank you for your valuable comments and suggestions on the proposal.

I would like to thank Professor Elżbieta Jung, Head of the Faculty of History of Philosophy at the University of Łódź, for organizing my work in such a way that made it possible for me to concentrate on writing this monograph.

I would like to express my special gratitude to Professor Robert Andrews, who not only improved the linguistic level of the English text, but also helped to improve the Latin editions and to identify numerous quotations in the edition of Leonardo Nogarola's treatise.

Despite professional help, I may not have been able to avoid mistakes or inaccuracies, which of course are solely my responsibility.

To my relatives, family and friends, I would like to thank them sincerely for their support.

Introduction

The immortality of the human soul was one of the most widely discussed philosophical issues during the Renaissance.[1] The peak of popularity of consideration of this problem, based upon the number of treatises devoted to it, occurred in the sixteenth century.[2] Several evident factors contributed to the immortality debate becoming an important part of the intellectual culture of *cinquecento*. One was new philosophical material and new translations of it, including the Ficinian translations of Plato and the Neoplatonists,[3] and new translations of Aristotle's *De anima*[4] and ancient commentaries on this work.[5] Another factor undoubtedly was the bull of Pope Leo X *Apostolici regiminis*, promulgated during the eighth session of the Fifth Lateran Council on 19 December 1513, which ordered philosophers to prove the immortality of the individual rational soul and to refute concepts contrary to this doctrine.[6] To this, of course, should be added the *Treatise on the Immortality of the Soul* written by Pietro Pomponazzi, published in 1516, which, contrary to the demand of the bull, denies the possibility of a philosophical demonstration of individual immortality – it is not surprising that it caused a significant response, resulting in the further development of the debate.

But what about the previous century? Marsilio Ficino and his monumental *Platonic Theology on the Immortality of Souls*, which he wrote between 1469 and 1474, but published in 1482, immediately spring to mind. Recognizing that proving immortality is considered the most important task, even mission, for both the philosopher and the theologian,[7] Ficino was inspired by Plato and the Neoplatonists, but also by his scholastic training, to compose the extensive, multifaceted treatise in which the soul plays the main role as a *copula mundi*: the connection of the spiritual and material worlds. In a project of combining different philosophical traditions, and more broadly, philosophy with theology, he saw an opportunity to show the truth about man (i.e. the divinity of souls) and the worship of God as expressed in deep contemplation of and even union with the Creator.[8] The work was published several times during Renaissance[9] and, together with other Ficinian texts, was an important inspiration for the author's contemporaries and later intellectuals.[10]

It is difficult to overestimate the role of Ficino in the *quattrocento* debate regarding *immortality*; however, the overall landscape is much more complex: so far most extensively it has been presented by Giovanni Di Napoli in his famous work *L'immortalità dell'anima nel Rinascimento*,[11] but the nature of this work is wide-ranging, so that deeper analysis is devoted to figures considered to be the most popular, while treatment of ones less significant is quite brief.[12] In any case, it is clear that the number of writers in the fifteenth century interested in immortality was quite large. Not only this; even a cursory review of texts from this century evidences a wide variety of approaches to the problem:[13] some authors considered the possibility of the soul's immortality within the restrictions of natural philosophy,[14] others appealed to Platonism and Neoplatonism, while still others utilized an approach which may be described as humanistic-rhetorical, in which *auctoritates* dominate and *rationes* are limited.[15] Such diversity in treatment is not observable at any other time, as is to be shown by the analysis of the treatises included in this monograph.[16]

Important here is not only the number of texts in which the problem of immortality is discussed,[17] but also the number of texts dealing exclusively with it, i.e. those entitled 'On Immortality' (with variations and/or Italian versions of the title). In addition to Ficino's work, the following may be enumerated: Pier Candido Decembrio, *De immortalitate animae*;[18] Giovanni da Trevio, *Oratio de animarum immortalitate* (a short work, covering only a dozen or so pages, it was published in 1473 in Rome);[19] Filippo Barbieri, *De immortalitate animarum libri tres* (published in 1487 in Naples);[20] Samuel Cassini, *Quaestio de immortalitate animae* (this treatise dedicated to Ludovico Maria Sforza was published in 1498 in Milan);[21] Guillaume Houppellande, *De immortalitate animae* (published in 1491 in Paris);[22] Roberto Caracciolo, *De immortalitate animae* (it consists of three discourses, which were published with several other sermons in the collectively titled *Sermomes declamatori*, published in Venice in 1496);[23] Paolo Orlandini, *Decalogus, id est opus de substantia animae et ipsius immortalitate* (the text is a part of the extensive work *Eptathicum*, which remains only in manuscript form);[24] Jacomo Campora, *Dialogo dell'immortalità dell'anima* (published in 1472 in Rome);[25] Pietro Marso, *Oratio in die Ascensionis de immortalitate animae* (published in 1484 in Rome);[26] and the figures covered in this monograph, i.e. Antonio degli Agli, Agostino Dati, Leonardo Nogarola and Giovanni Cocchi (Canali, F. Ferrariensis).

The works of these last four authors, of course all entitled *De immortalitate ...*, have been selected for a thorough analysis for several reasons. One is that either there is no research on them at all or only such that is very limited and vague. Another reason is that these works were composed during a relatively short time span, roughly three decades (from the 1450s to the 1480s). Finally, and this is a particularly important criterion, they are radically different: Nogarola's treatise fits within the scholastic approach to the soul's powers and the possibility of its independent functioning; such an approach requires a solid philosophical foundation. Dati reports – quite precisely and adequately – reflections on immortality from the most important (in his opinion) intellectuals and writers. Degli Agli composes a short essay using selected, quite commonly cited philosophical arguments, but broadly appealing to the Bible. Canali meticulously juxtaposes quotations from various authors, intending to compose chapters each on a coherent theme, and by this means continuing in a compilatory tradition (particularly interesting is that one of his main sources was treatises by Jean de la Rochelle, called by researchers a compiler). Studies of these four treatises provide a vivid illustration of the special interest in the problem of immortality, unprecedented in any previous century, which in the *quattrocento* assumes such different forms and content. The main goal of this monograph is to enhance the still-incomplete picture of the Renaissance debate on the immortality of the soul and to emphasize its original nature, one consisting of both well-known and traditionally sanctioned approaches, as well as ones previously unrecorded. They include (1) both full-length treatises and short essays, (2) differing forms of scholastic writings and humanistic compilations, (3) conclusions from the sphere of philosophy as well as from a combination of philosophical and theological, and even mythological, sources, and (4) texts written by professional philosophers as well as intellectuals who acquired their philosophical knowledge outside of schools. In the following century, the shape of the discussion changes once again, but this development has been quite thoroughly analysed by researchers, while the fifteenth century, with some exceptions (e.g. literature on Ficino, Nifo or Paul of Venice), remains in this respect somewhat forgotten.

It is worth noting that if we consider the Christian West, among the treatises with the title 'On Immortality', we can name the work of St. Augustine (*De immortalitate animae*) composed in 387[27] and one (also *De immortalitate animae*) written by William of Auvergne around 1240 as an elaboration of a problem from the *De anima*.[28] The immortality of the human soul is usually discussed in the Middle Ages in commentaries to *On the Soul*, quodlibetal questions and commentaries on the *Sentences*. Since the thirteenth century, these discussions centred especially around the question of whether the soul can be both a form of the body and at the same time an ontologically separable substance, interwoven with assessments of Avicenna's concept of one active intellect and Averroes' concept of the unity of the possible intellect. Hence, the position is common that the concept of immortality played no major role in medieval thought,[29] although emphasizing that thinkers of that time engaged with the theory that denied the individual indestructibility of the soul.[30]

There is no doubt, therefore, that in the Renaissance, and more precisely already in the fifteenth century, the issue gained particular popularity, and one of the expressions of this is the number of treatises entitled *De immortalitate*.[31] In turn, this raises the question of the reasons for such a state of affairs. Among contributing factors may be new philosophical material. Although many translations (original or re-translations) of works related to the subject of immortality were prepared at the end of the fifteenth century and the beginning of the sixteenth, some important texts became better known in the first half of the *quattrocento*, including some of the most famous ones, such as Lucretius' *De rerum natura*[32] or Diogenes Laertius' *Lives and Opinions of Eminent Philosophers* as translated by Ambrogio Traversari (including the *Life of Epicurus*).[33] This new material also included treatises by Byzantine intellectuals which arrived in Italy in connection with the Council of Florence and the threat from the Ottoman Empire. These translations sparked a dispute over the priority of the philosophy of Plato or Aristotle, a debate which then engaged Italian intellectuals; as part of this dialectic they discussed the value of solutions from the two ancient Greek philosophers to specific philosophical problems. They argued about the originality, accuracy and elegance of the arguments, but a further aspect of the controversy was the assessment of the usefulness of Platonic or Aristotelian thought for Christian doctrine. This is why their texts include, among others, the question of the immortality of the soul;[34] as such it is present in Plethon's *De Differentiis Platonis et Aristotelis*, Gennadios Scholarios' *Contra Plethonem*, Gerorge of Trebizond's *Comparatio Philosophorum Platonis et Aristotelis* and Bessarion's *In Calumniatorem Platonis*.[35]

Another frequently mentioned factor relevant to the Renaissance interest in the issue of immortality is the humanistic theme of human dignity.[36] In view of relatively recently published research, it has become debatable whether to call Pico della Mirandola's famous *Oration on the Dignity of Man* the 'Renaissance Manifesto', in which the modern ideal of human dignity is expressed.[37] Moreover, the term *dignitas* is poorly conceptualized in humanist texts and should not be confused with the modern understanding of the term.[38] Additionally, we actually know of only two Renaissance works that include the term in their title: those by Antonio da Barga and Giannozzo Manetti.[39] Nevertheless, at the same time it is worth noting that a belief in the special, exceptional worth of man, as expressed not only by the term *dignitas*, but also *excellentia* or *praestantia*[40] and even *nobilitas*,[41] is not uncommon among Italian intellectuals of the time.[42] If we try to specify what is meant by the dignity, excellence or superiority of the human being, it may be pointed out that the issue concerns the differentiation of the human against the background of the world of nature.[43] As regards man as such, or the human soul, this distinguishing factor, according to (at least some) humanists, is rationality or immortality, as may be clearly seen in these texts.[44]

On the one hand, authors writing about dignity associate it with immortality, and on the other hand, it would be significant if those who composed treatises *De immortalitate* referred in them to human dignity. It is difficult to find such connections in works rooted strictly in the scholastic tradition, containing considerations only from the field of natural philosophy; however, in other texts we will find some, sometimes significant, references. Here are some examples.[45] Regarding Ficino, although he did not compose a separate treatise on dignity, in the *Platonic Theology* the special onto-epistemic specificity of the rational soul is closely linked with arguments about its immortality.[46] P.O. Kristeller even advances the opinion that in the philosophical system of this Renaissance philosopher the question of immortality occupies the primary place, and it may be seen as a cosmological and metaphysical extension of human dignity.[47]

As for the treatises considered in this monograph, the concept of dignity plays no dominant role in them, but it is present to some degree. With regard to Agostino Dati's treatise, at the beginning of the preface the author writes that man is superior to other animate beings in the strength of mind, dignity of rationality, the permanence of duty and the immortality of life.[48] At the end of this section, the humanist points out that among the multiplicity of created beings, it is impossible to find anything more perfect than the dignity and nature of man.[49] In what follows, in the first book, Dati recognizes that some philosophers posit an extension of the soul, i.e. eternity (understood as the lack of not only an end, but also a beginning), while others reject the dignity of man when comparing human beings to mute animals and find the source of souls in destructible natures.[50] Giovanni Canali (Johannes Ferrariensis) writes in his proem that of all living creatures, only man knows the heavenly and is endowed with a soul that has a heavenly origin;[51] to this he adds that the knowledge of the soul surpasses all other human knowledge,[52] and in the chapter devoted to opinions of ancient philosophers on the soul, he quotes views that the whole world was created for the human being, who may be called the *animal dei*.[53] The author thus associates the worth of the human soul with its immortality. Moreover, in a paragraph devoted to the definition of the soul by Alfred the Englishman, Canali writes that man is the second creature (after angels) as regards dignity and superiority.[54] Antonio degli Agli mentions dignity several times in different contexts and with several meanings in his short essay. As for the meaning most applicable to the exceptional worth of the human soul, he argues that the rational soul, created as eternal, can apprehend eternal things, and God has given man this ability perpetually – such ability here is expressed in Latin as *dignitas*. Moreover, he interprets the passage in the Gospel of John about the light illuminating man coming into the world (John 1:9) as explaining why the human soul is different from other souls and why man is defined as a rational animal. According to him, the psalmist expresses the dignity and majesty of this light illuminating the soul in the words 'The light of your countenance, Lord, has been sealed upon us (…)'.[55]

Another example may be found in the work of Houppellande, a philosopher who provides a whole series of arguments regarding the special worth of the soul (and the immortality that is supposed to result from it), including the likeness of the soul to God in its most perfect operations, the activity of the soul without the participation of the body, the perfection of the soul inherent in itself and the ability of the soul to perceive eternal beatitude. These arguments are preceded by a mention of Apollo's command: 'Know thyself', which Hoppelande explains is not about knowing our body, but the purity and dignity of our soul.[56] Additionally, Campora devoted a separate chapter to human dignity in his treatise *On Immortality*,[57] and *dignitas animae* is an important element of Caracciolo's discourse.[58] It is also worth recalling here the references to the human dignity and Pico's *Oration* in Pomponazzi's *Tractatus de immortalitate animae*.[59] Taking all this into account, it safely may be assumed that to some extent the concept of human dignity or superiority is related to the issue of immortality throughout the *quattrocento*.

Finally, in the fifteenth century natural philosophy remained an area of investigation of various issues regarding the human soul, including the problem of immortality, as exemplified in the treatises of Leonardo Nogarola and Samuel Cassini.

In this monograph the analysis of four works is accompanied by editions of two of them – the essay by degli Agli and the treatise by Nogarola. Dati's treatise is available in a Renaissance edition, and for Canali's work, while its earlier version is available only in manuscript, the later more extended version is in a Renaissance edition, so that it is accessible to a wider audience (including those who are not versed in paleography). Agli's and Nogarola's texts remain only in manuscripts, so editions of their works seem particularly motivated. The Latin text of quotations and treatises has been classicized by the author.

1

The divine light in the human soul and its affinity to eternal things – Antonio degli Agli's *On the Immortality of the Soul* and his other works

The humanist Antonio degli Agli played a quite significant role in the intellectual life of Tuscany in the fifteenth century, as witnessed by his letters and his literary, theological and philosophical works, as well as by the fact that he was a character in several works by contemporaneous authors: Lorenzo Pisano (in the *Dialogi quinque* and *De amore*)[1] and Marsilio Ficino (in the *Commentary on Plato's 'Symposium'*).[2] What is more, Ficino, undoubtedly one of the most important philosophers of the *quattrocento*, included him in the group of 'not listeners, but familiar friends of his mature age',[3] and some letters have survived from Ficino to Agli.[4] Their close relationship is also evident in the fact that Agli dedicated his dialogue *De mystica statera* to his younger friend; moreover, both are characters in this work.[5]

Agli was born in 1400 to a respected but impoverished family and over the years he was forced to accept a variety of employment, in neglect of his own intellectual development.[6] Despite many adversities, however, he managed to learn Latin and Greek at a quite young age, as well as to familiarize himself with various classical texts, without neglecting careful study of the Bible and Christian authors. Agli became a priest, holding many different church positions. He was a canon of the Church of San Lorenzo; a prior of the Church of S. Niccolo oltr'Arno; a canon of S. Maria del Fiore; a presiding priest of S. Maria dell'Impruneta; an archbishop of Ragusa; and a bishop of both Fiesole and Volterra. His ecclesial career in part was influenced by his acquaintance with Pietro Barbo, the nephew of Pope Eugene IV; it was upon the order of the latter that Agli became the teacher of Brabo, who in turn became Pope Paul II during the years 1464–71. Agli died in 1477.[7]

Agli was interested in many disciplines, including literature, theology, history, poetry and philosophy. It is revealed in his autobiographical *Dialogus* and other sources that he was a prolific writer with an output of at least 129 various texts.[8] He wrote poetry, laudations, biblical commentaries, occasional writings, ethical treatises, philosophical essays, works on public and administrative matters, biographical and hagiographic texts, letters and more. Unfortunately, relatively little of this literary legacy has survived:[9] *Sermo de summi pontificis atque universalis consilii potestate*,[10] *Capitolo sopra l'amicizia*,[11] *De vitis sanctorum*,[12] *Hystoriarum libri*,[13] *Explanatio symbolorum Pythagore*,[14] *De mystica statera*,[15] *Liber iubilei*,[16] *Explanatio in Ecclesiastem*,[17] *Epistola consolatoria ad Cosmum Medicem*,[18] *Epistola consolatoria ad Petrum Medicem obiti patri*,[19] *De rationibus fidei*,[20] *Epithalamii libri I-III cum praefatione ad Paulum PP. II*,[21] *Panegyricus*,[22] *De immortalitate animae*,[23] *Epistula ad Pontificem Sixtum IV*,[24] *Dialogus de vita eiusdem auctoris*,[25] *Laus librorum*,[26] *Oration on behalf of the citizens of Volterra*[27] and *Laudatio Leonardi historici*.[28] Also several of Agli's letters have survived to the present day.[29]

His work devoted entirely to the problem of the immortality of the human soul is, of course, *De immortalitate animae*, but it is worth pointing out that a significant section concerning this issue is also to be found in *De rationibus fidei*; moreover, some philosophical considerations relating to the question of immortality are included in *De mystica statera*. As well, both *Liber jubilei*, a commentary on the Apocalypse of St. John, and *Explanatio in Ecclesiastem*, a commentary on the book of Ecclesiastes, contain (among other accounts of man's relationship to God) the ways in which the soul functions and its ability to know God, all of which are relevant to human immortality. Thus, although the essay *De immortalitate* is relatively short (it is contained in only a few folios, 91r–97v) and hardly can be considered as the most important work of the author, it is certainly worth our attention in order to confirm the status of the problem of immortality in Agli's intellectual activity: he obviously considered the question to be of particular importance.

The manuscript Vat. Lat. 1494 contains the only known copy of the treatise *De immortalitate*.[30] There are some factors supporting the position that the treatise likely is a scribal copy and not an autograph.[31] This view seems plausible when we take into consideration, e.g., the kinds of corrections, the grammatical mistakes and the analysis of other extant manuscripts thought to be written by Agli himself.[32]

As for the dating of the essay, there are several aspects to consider. First of all, in the top margin is written 'A. de aliis Episcopi Volaterani', and Agli became the bishop of Volterra in April 1470;[33] the handwriting of this inscription is the same as that of the treatise itself. What is more, on folio 90r-v there is a short text in Latin, with the *explicit* in the same language, but transliterated into Greek characters, which reads: 'epistola Tulii ad M. C. Octaviano. Salutem. Anno Domini 1470. Die XXV'. On ff. 97vb–98ra there is also a letter from the people of Volterra to Pope Paul II, also written in Latin but transliterated into Greek characters (in the same hand), suggesting that the treatise *De immortalitate* was transcribed at the same time, in 1470.[34]

The treatise includes a philosophical and a biblical dimension. The latter of these is often the focus of reference, setting the direction of considerations, and also providing the final authority to confirm the validity of the arguments. Indeed, regardless of the quality of the philosophical deliberations, the Bible is the touchstone vouching for the truthfulness of the content. Agli believes that faith is sufficient to establish certain truths, including those about the immortality of the human soul;[35] nevertheless, he juxtaposes selected biblical passages alongside the philosophical considerations, showing the consistency of the latter with the former.[36] He emphasizes the importance of the issues raised and asks God to watch over his work, as well as notes that even if the proposed considerations do not find acceptance among others, he himself will have them to read and study.

The main arguments for the immortality of the human soul[37] primarily centre around two basic and recurring themes mutually related,[38] namely the metaphysical concept of light and the relation of the soul to what it is capable of understanding, receiving, grasping or contemplating.[39] The latter theme is strongly connected to the proposition that the divine light is a substantial part of the human soul, and the work includes numerous examples of the soul's intellectual activity and its effects on comprehending what is eternal. The work testifies to the soul's conformability to what it knows and what it wants. Interestingly, these considerations resemble the arguments contained in works of Marsilio Ficino. Perhaps this is due to the philosophical and religious sources common to both authors, widely discussed in Ficino's circle; or perhaps Agli drew inspiration directly from the famous Florentine scholar: the metaphysics of light is extensively explained in Ficinian works, and numerous arguments for immortality may be found not only in the *Platonic Theology*, but also in many smaller treatises by Ficino.[40]

Closer analysis of the *De immortalitate* (and some other works of Agli) allows the conclusion that the philosophical consideration of the immortality of the soul points to concepts and arguments included in Ficinian strategies for defending immortality. To be more precise, arguments included in the treatise are similar to those expressed in many Ficinian works, including commentaries, but especially in works chronologically closest to Agli's treatise, i.e. Ficino on the *Platonic Theology* and some *opuscula theologica*.[41] Of course, there are many more sources utilized in *De immortalitate*, as well as in the other texts in which immortality is mentioned. Agli does not name all of them; some he mentions explicitly. Those to whom he refers include, among others, Cicero, Gregory the Great, St. Augustine and St. Thomas Aquinas.

Agli argues that God is identical to the light that is received by humans; this light, moreover, guarantees the union of God and man. This union may be likened to the influence of sunlight upon mirrors: it is reflected in them, which has an effect similar to that of the sun itself, because the light from the mirrors both illuminates and warms. Therefore, the eternal Sun-God dominates the rational soul, and thus the soul can grasp what is divine, that is, what is eternal.[42] Agli also claims that the light arriving from the sun is supernatural, but the light arriving from the moon is natural; the former symbolizes a religious attitude, while the latter represents a commitment to art and knowledge.[43] What is more, light should be understood as the source of cognitive power, deriving from the divine life-giving breath (*spiraculum vitae*). Since the intellect is the essence of the soul, people are thereby related to God, and cannot attain any knowledge without the divine light.[44] Through this light the soul comprehends itself, comprehends light itself and is comprehended by the light.[45] Furthermore, the light is called the form of the intellect, and without it the intellect would not be suited to its purpose, and insofar as the light is divine, eternal and unchangeable, the intellect is the source of the immortality of the soul.[46] Finally, life and light are almost the same, and God is the source of life, so that the life of the soul is incorruptible.[47] All these considerations are accompanied by several quotations from both Old and New Testaments. Explicit references to philosophers are much less frequent, but this does not mean that the arguments are not rooted in philosophy – in obvious ways they call to mind the Neoplatonic metaphysics of light, or – in Agli's reductive variant – the illumination, of course reinterpreted in a Christian version.

What is especially worth noticing here is the fact that this is not the only collection of light metaphors in Agli's works. In *De mystica statera* he describes the divine light as the source of truth[48] and writes that the sun is an extraordinary spirit (*spiritus*) in man. The spirit is part of the soul in us, and is a mirror reflecting the image of the sun itself, so that it shines with its light and warms with its heat, and due to its power the soul thrives. As a result, light in the soul acquires a lunar nature, giving rise to both scientific knowledge and prudence.[49] In *De rationibus fidei* Agli discusses light several times, writing that it comes from God (and is God Himself) and that only thanks to this light can humans comprehend. To strengthen his arguments, he quotes the words of St. John;[50] as well he refers to Augustine,[51] who writes that the Platonists already taught that God, the Creator of the whole world, is the light of our understanding.[52] In this same work Agli also explains that the light of truth is something divine and unchanging, and can only be known by what is related to it. It is impossible for any mortal nature to reach truth itself, which is God; hence the rational soul, as an image of this truth, is immortal.[53] What is more, when the problem of determining the soul as eternal is raised, the author refers to light. In *De Immortalitate*, he merely mentions that such is the case, for although the soul has a beginning, it has no end – it is sempiternal. Here (i.e. in *De rationibus*) he elaborates on this same theme, pointing out that the soul is connected to eternity. He writes that people know in and through the light that illuminates them. Its power is so great that the non-eternal becomes eternal and transcends created things. The soul gains the dignity of the uncreated and can contemplate it. In short, light overcomes the weakness of the created soul both on the ontic and epistemic levels.[54]

The Ficinian metaphysics of light is much more complex than Agli's considerations on the topic, finding its expression in numerous writings. Here, however, it is worth focusing on those elements of it repeated by Agli. Ficino calls God the immense light,[55] the father of light[56] and even the light of lights.[57] In this last instance, 'lights' should be understood as minds or intellects. One of the sections of *De raptu Pauli* significantly refers to the relationship – emphasized in Agli's *De immortalitate* – between God understood as the source of life, as well as light, and the human mind receiving life from Him and illuminated by Him. As we read in Ficino, a divine ray reaches the mind and illuminates every human being coming into this world,[58] and thus all things are seen in God, and God Himself is also known: because of God's simplicity everything that is in God is God Himself.[59] The relationship between the ray of the divine light and human comprehension is discussed further in the *De raptu Pauli*: the light poured into the mind by God does not leave itself, nor does it leave the mind when it returns to itself. It is like the light of the sun: insofar as it is in the body of the sun it is invisible, but insofar as it spreads from the sun above the colours of the earth it becomes visible; as it is infused into the eye it becomes something visual; and when it returns to the sun it becomes something seeing. This metaphor explains the circle from God through intelligible principles (*rationes*) to human minds and back to God. Thus, the same light takes different forms in illuminating different beings. Eternal God constitutes the beginning and the end of the process, and therefore the other entities included in it also are entitled to eternity. What is more, the mind acts in accordance with what it grasps, yet it comprehends intelligible unchanging principles, and therefore also is eternal.[60]

Likewise, in the first chapter of book XII of the *Platonic Theology* Ficino writes about God as the source of rational principles and about the divine ray through which the mind understands them. As he explains here, our minds understand the light in terms of different ideas and principles, but we can see the pure light of God and thus all the ideas together when we attain a state of mental purity – such a state, however, is hardly possible in this life.[61] In the *Quid sit lumen*, the mind is called a ray of the divine and angelic light: it manifests itself in minds as an ability to reason.[62] The light in minds is also an abundance of life (*vita exuberans*), a certain truth and full joy.[63] What is more, in the *Argumentum* Ficino calls God the abyss of light, and in this context he also calls Him the source of essential forms.[64]

Moreover, Ficino also uses the metaphor according to which our mind is a mirror of God. The mind itself sees God when the rays of understanding, placed in the mind by God Himself, reflect back to their source. As a result, we reflect God in us and are ourselves reflected in Him. This is the reason for saying that we 'are made in God's image and likeness'.[65] Therefore, since the image of God is in us, we truly recognize Him when we discover that He is eternal truth itself and true eternity, and from this in turn it follows that we ourselves are immortal.[66]

The illumination is not the only point of reference for Agli as regards the characteristics of the human soul and its immortal status. In *De immortalitate* he also presents a number of arguments supporting the opinion that the rational soul knows what is eternal and that it desires eternity. Such a process can only take place when there is a compatibility between a thing (in this case, the soul) that knows and desires and what is known and desired.

Agli begins his main argumentation with a description of linguistic specificity, emphasizing that properly arranged words allow us to express the same meaning, even if synonyms or their equivalents in other languages are used.[67] He also indicates that in discursive reasoning the mind connects, separates, establishes, assumes and concludes. All these operations lead to the discovery of an eternal meaning or essence of things, in which eternal rationality is revealed; and this turns out to be inseparable from the human soul.[68] It is worth noting here that this thesis is also present in Ficino's thought: namely that discursive reasoning is a special human trait, distinguishing man from all other beings, both the higher (i.e. pure Intelligences) and the lower (i.e. animals). Such activity is an indispensable part of the process that leads to perfect knowledge of unchanging forms and species, realized in the act of undisturbed contemplation. This specific power of the human soul, *ratio*, combines individual forms with universal ones and comes to know in an intuitive-discursive way. Reason, roused by individual forms from the phantasy, which is a lower cognitive faculty, conceives common notions through universal species, and then refers intelligible species to the individual form. What is more, it carries out a longer disquisition about what it knows, searching for general definitions of the various features of what is known. The tasks of reason therefore include discoursing by means of particulars, applying particulars to universals and drawing universals down to particulars.[69] The operations of reason are therefore an element of the human cognitive process which, in its final stage, is pure contemplation. This may be illustrated, for example, by a selection from the *Compendium*, according to which inference allows us to grasp the eternal essences of things.[70]

Indeed, reason is a cognitive power specific to humans, determining the way they function in the world and their uniqueness in the entire universe. At the same time, however, reason is also a source of human anxiety. In *Quaestiones quinque de mente* (*Five Questions Concerning the Mind*), the myth of Prometheus allows for the following interpretation: the tortures experienced by the titan are torments of the discursive reason, which finds no relief in constant inquiry. Man, in a state of soul-body connection, cannot reach his goal merely through constant research and searching. During this earthly life, that is, in the state of the union of soul with the body, it is difficult to gain certain knowledge because of incessant discursive inquiries; the most perfect way of knowing, i.e. contemplation, is hindered.[71] The most noble aspect in the soul of man is *mens*: both a receptacle of universal principles and the cognitive power in pure contemplation, something which makes people angel-like and even God-like.[72]

For obvious reasons, Agli is not as precise as his younger colleague in describing the various faculties of the soul. He mainly uses the term *intellectus* to denote the power of the soul that is responsible for all intellectual activity. As for the term *ratio*, it is employed many times in *De immortalitate*, and has a meaning relevant to the arguments proposed. It is polysemic: it can mean the inherent, constitutive element of the soul that is in charge of understanding what is incorporeal and eternal; it can also be used to describe the reason why things are the way they are. This reason may be understood as absolute, and either be identified with God or as coming from Him and providing a specific order to all reality. '*Ratio*' also often denotes the intelligible form or essence of a thing – and it occasionally is used in several other senses.[73]

The presentation of the intellect's ability to analyse and synthesize, as well as to build syllogisms, is a prelude in *De immortalitate* to the main set of arguments for the immortality of the soul: the intellect's similarity to what it captures, which is eternal and unchanging. Agli explains this as follows. The material world is perceived by the senses. For example, sounds are audible, and quantitative dimensions are visible. Music, however, consists of an incorporeal harmony and a certain proportion among sounds. A certain size of a thing requires some form which in itself has no physical dimension; i.e. what gives length, width or height is itself neither long nor wide nor high. Sensory data may be the first cognitive stimulus, but what is distinguished from them in the cognitive process is that which is not corporeal, destructible or variable. As the author points out, on a higher level of generality it is said that everything consists of *ordo*, *modus* and *species*. These too are eternal and are responsible for the perfection of what consists of them.[74] Agli emphasizes that the rational soul, thanks to the process of abstraction carried out by the active intellect,[75] grasps eternal forms and principles which are called divine because of their immutability and indestructibility.[76] Since these are such, the rational soul must also be eternal, for it would not be able to know them if there were no similarity and proportion between them and the soul. As the author writes, 'Something that is eternal could not be grasped by a rational soul, unless the soul itself were eternal.'[77]

The author develops this line of reasoning further, providing examples of various types of the cognition of eternal objects, including those with an ethical or aesthetic dimension. He writes that the power of the human intellect stands apart from everything else in us because it knows and contemplates perfection and beauty, not only in bodies but also in non-corporeal things. The soul is also beautiful when it has moral valour:

> Indeed, virtue, moral duty, what is appropriate, and what is morally good arouse in the human soul special and exquisite beauty under the influence of divine flame and power. They are based on divine and eternal principles. If, then, the rational soul were not divine and eternal, and if it were not constituted to receive [the principles] by some proportion and similarity to them, it would never by any means be capable of grasping something so great, so difficult to capture, so pure, so simple.[78]

Later in the text, Agli also points to the acquisition of dispositions (*habitus*), including fortitude (*fortitudo*). However, such a disposition is defined not as one that belongs to man – in order for it to be properly determined and practised, one must refer to the concept of perfect, i.e. divine, *fortitudo*. When gaining this virtue, man thereby participates in divine fortitude, which, after all, is God himself. Consequently, the rational soul reaches an understanding of this virtue by means of divine rationality, essential to the soul being able to achieve such an intellectual insight. Hence the soul is immortal.[79]

Thus may be seen a similar pattern in the ways of proving the indestructibility of the human soul – the soul's comprehension of what is perfect, and therefore divine, entails the inalienable presence of the divine element essentially in us. At the same time there is a necessary congruence of the substrate (in this case the human intellect or will) and what is received by it: the soul is immortal, since what is divine cannot be mortal.

Again, similar arguments may be found in Ficino's works. In the *De raptu Pauli* we read that the mind finds out about its eternity when it understands eternal forms and principles and relates them to God's life and understanding. This, however, is possible only to the extent that the mind itself is immortal, capable of divine eternal life and understanding.[80] In the same work, Ficino also points out that the soul could have not comprehended eternal objects if there were no proportion between it and them. However, the soul knows them as eternal, so its nature must be equal to them. Through contemplation, the soul separates what is destructible and singular from what is indestructible and universal. God created the essence of the human soul and made it equal to eternal reason (*ratio aeterna*) in both understanding and love.[81] In the *Argumentum*, one of the proofs of the immortality of the rational soul is that it is proportional to the separable forms.[82] One can also read about the proportion between the intellect and eternal forms or principles of things in *The Five Questions Concerning the Mind*.[83]

Generally, it may be said that in both the *Opuscula theologica* and the *Platonic Theology* Ficino employs broadly arguments for the similarity of eternal objects with the most perfect part of the soul, i.e. the mind. The structure of the *Theology* seems particularly important here. First, Ficino presents a metaphysical structure in which the soul takes a middle place, because God and angels (the higher spheres) are more perfect than it, while its qualities and the body (the lower spheres) are less perfect. It may also be said that the soul is the lowest in the hierarchy of spiritual beings, but from even such an ontological status it may already be inferred that the soul is immortal. Moreover, this hierarchy of being prepares the structure of further arguments for such a conclusion, an important element of which is the principle of affinity. As the objects of contemplation are intelligible forms and principles, and the metaphysical kinship among them is indispensable, so the mind has to be intelligible and incorporeal, too. Consequently, this relation is also characterized by other attributes of such objects of contemplation, and since they are eternal and unchanging, *ergo* the mind is as well.[84]

Yet another important element in the argumentation for the immortality of the soul in Agli's treatise is our desire to be immortal. The author points out that life on earth is full of worries and suffering, and if such a life were only the one available to man, this would contradict God's goodness. God would create a human being endowed with reason in vain if, after this short life filled with misfortunes and problems, nothing would remain of us.[85] Moreover, the soul must survive the death of the body so that people can be punished or rewarded fairly. Besides, people long for a perfect life, one in which there is no feeling of lack and one in which it is possible to know and worship God without hindrance. In fact, man wants to become a god-man. This desire was placed in him by God, and it cannot be fulfilled unless the soul is immortal; therefore, it does not die.[86]

A very similar reasoning is provided in several other texts of Agli. In *De mystica statera*, *Liber iubilei* and *De rationibus fidei*, he indicates that it would be absurd to consider that God provided people knowledge and the desire for immortality in vain. Failure to satisfy this desire would mean that the Creator would have created something unnecessarily; such a belief would be impious and nonsensical; *ergo* the rational soul is immortal.[87]

Comparable considerations can be found in some of the *opuscula theologica* and the *Platonic Theology*. The famous first chapter of the first book of the *Theology* is entitled 'Were the soul not immortal, no creature would be more miserable than man.'[88] The grammatical structure itself indicates a counterfactual situation, but Ficino explains in more detail the impossibility of such a status quo. He states that, thanks to the close relation between man and God, it is impossible for humans to be the most unhappy among creatures – God Himself is the guarantor of their happiness.[89] What is more, the natural desire (*appetitus naturalis*) for immortality deriving from God is immediately present in the human soul, i.e. not proceeding from any deliberation,[90] and such a natural desire could not have been imbued in the soul in vain. Thus, Ficino's reasoning runs as follows: the mind's pursuit of the divine derives from the eternal life of its own substance, since it subsists in itself, and this desire placed in the mind by God is natural, and therefore it has to be attainable.[91] Finally, as does Agli, Ficino here also connects the desire for immortality to the deification of the soul, because when it becomes independent of the body, it gains divinity; it becomes quasi-god.[92] It is worth stressing that the concept of natural desire is extensively described in the *Five Questions*, which discusses the appetite (*appetitus*) that leads a certain nature to unite with what is appropriate to it. The soul's desire to seek God is due to the relationship between that which acts and the purpose of this activity, and it also takes into account the highest good – that is, this activity is directed by God's relationship to the world. The observable order of things indicates that something can attain its own perfection by its nature; this perfection is the good it strives for, so the soul can become godlike, and as a result its life cannot end; this is why it is eternal.[93]

Yet another important justification for immortality in *De immortalitate* concerns the independence of the soul in its activity and its ability to separate from the body even in earthly life. Agli points out that there is a possibility of deep contemplation or vision in which the data provided to the senses are not perceived. The supreme power of the soul then functions independently, i.e. without connection to the bodily. As examples of those who have had such experiences, he mentions John Duns Scotus,[94] Carneades[95] and St. Paul; and he recounts a story about a figure from Pliny's *Natural History* who experienced this state.[96] Such disjunction from the body before death is evidence of immortality, and although few people ever experience it, because it occurs in souls which share the same nature immortality must apply to everyone.

As for Ficino – as it is commonly known – he devoted a significant part of his philosophical work to the issue of contemplation, which indeed may be considered a perspective around which he built other elements of his philosophical project.[97] Although he repeatedly emphasizes the miserable condition of man living on earth, he also points to the soul's insistent striving towards God, which – since it is a natural desire – must be actualized at some time. According to Ficino, these considerations prove immortality; he emphasizes that the act of contemplation in this life is rare, imperfect and momentary,[98] so that it will only take place fully after the death of the body.[99] Howsoever, some people already during their earthly life are able to reach a state resembling the separation of the soul from the body, thereby experiencing ecstasy. Ficino mentions quite a number of philosophers, poets, priests and prophets who attained this goal, including Socrates, Plato, Plotinus and St. Paul.[100] Even if they did not achieve a perfect vision of God, because that is impossible *hic et nunc*, by experiencing a foretaste of such a state they realized directly how the soul is separated radically from the body, and this they could communicate to others.

Agli devotes a separate part of his quite extensive work *De rationibus fidei* to the immortality of the soul. Some of its passages, partly quoted above, coincide with the content of *De immortalitate*, but they do not exhaust the content of the issue. The prelude to these arguments is the pronouncement by Sophia, a character in the dialogue, that the unity of man consists of body and soul,[101] and that Christ died for the whole man, not for any part.[102] This claim raises doubts in her interlocutor Didimus, who points out that since the substance of the soul is completely contrary to the substance of the body, it is difficult to determine the usefulness of the body to the soul in the afterlife.[103] Sophia explains that the body belongs to the nature of man and its resurrected form does not burden anything which is spiritual.[104] Then, Didimus, reassured in his belief in immortality, admits that he would be willing to listen to arguments in its favour.

Sophia's first line of reasoning is somewhat similar to that based on the principle of affinity, for since the soul grasps the eternal, it is itself eternal. Here, however, the argument takes a slightly different form. Sophia says that the soul is capable of knowing, and that which belongs to knowledge par excellence is eternal. Since the soul perceives eternal things, it is necessarily eternal. It comprehends the essence of things, and therefore is something simple; but since only complex things are capable of being destroyed, the soul is immortal.[105] However, the interlocutor does not easily agree to this solution and – interestingly – in the development of this issue there are conceptual elements completely absent from *De immortalitate*. Didimus notices that separate substances, such as the soul, are also composed – they are composed of existence and essence. Matter can be called potency, which the form perfects; therefore the essence can relate to its act as matter to form, so separating them means destroying a substance.[106] To this Sophia replies that being and essence do not produce a *compositum*, because essence is of such a pure potency that once it has been 'informed' it remains incorporeal and simple, and so simple that it understands the principle of eternity. Therefore, if the soul belongs among the separated substances, it is necessarily immortal. Besides, it grasps the principle of numbers, and these are eternal and changeless, so the soul itself is too.[107]

As can be seen, this argument is predicated on the necessity of an ontological similarity between the thing that knows and the thing that is known, but these considerations have been extended by some Thomistic components. Above all, the *novum* here is the reference to the division into essence and existence, a theme the author does not mention in *De immortalitate*. Didimus' opinion is probably derived from the third chapter of *De ente et essentia*, where Aquinas analyses separate substance, noting that it is its essence. Essence, however, can be considered as potency in relation to existence. This is why – as Aquinas explains – Boethius points out that such a substance can be regarded as composed of what it is and of existence.[108] Sophia's answer remains in the Thomistic spirit. As we read in *Quaestiones disputatae de anima*, the soul is composed of pure potency and act,[109] so in the case of the pair of essence and existence, of course, the former is considered potency.

Another Thomistic aspect may be witnessed in the subsequent conversation of the figures of the dialogue. Sophia shows that the soul is immortal on the basis that it knows the truth. Didymus admits that he does not fully understand why this should be justified. He refers to the canonical version of the definition of truth in Aquinas,[110] and wonders whether it is precisely because of the adequacy of the thing and the intellect that the soul is immortal; indeed, the soul understands what is eternal and eternity itself.[111] Sophia's answer again has to do with the illumination and resembles an already-familiar pattern of reasoning. She explains that the light of truth is something divine and unchanging, so that it can only be known by a nature to which it is related. The one who strives for the essence of the truth finally reaches the One who is truth itself. Hence, it is impossible for anything capable of capturing this light to succumb to death. The image of truth is so strongly implanted in the rational soul that it provides it its likeness; hence the soul is necessarily immortal.[112]

The author concludes the section on immortality by saying that, although intellectual effort leads to the discovery of truth about the human soul, human attachment to sensual perception of things makes it impossible to perceive what should be clearly understood. At the same time, Agli emphasizes that arrogance makes some people ashamed of learning the truth from the Bible.[113]

Such an opinion points to the interesting issue in Agli's writings about the relationship between faith and philosophy. As mentioned above, at the very beginning of the *De immortalitate* he draws attention to the sufficiency of the content of the New and Old Testaments in the matter of the immortality of the soul. Similarly, later in the work, he advises: 'But what to say more? Let the authority of Scripture suffice for us: it is more important and powerful than any reasoning.'[114] And at the end of this treatise he declares that his arguments are weak, and at the same time emphasizes that in all his considerations he tried to adhere to the authority of the Church and the testimony of Scripture.[115] Let us return, however, to *De rationibus fidei*, where the author distances himself from philosophy even more pronouncedly than he does in the passage above. He indicates that Greek thought is burdened with discrepancies and contradictions, and this is not limited only to simple differences in content, but philosophical concepts fighting against each other. There are also some philosophers who even try to ridicule and refute everything. What is more, Themistius spoke of three hundred groups of philosophers living before him, whose teachings differ from and even contradict each other. With all this in mind, Agli emphasizes that from the beginning of the world until the present day, one position should be adopted by everyone; that is the worship of one God and the birth of Christ from a virgin.[116] That is not all. Agli expresses explicitly in this work the opinion that there are to be avoided devilishly inspired pseudo-saviours, pseudo-philosophers and pseudo-saints. He lists here, among others, Simon the Magus and Apollonius of Tyana, and also – included among theologians – Hermes Trismegistus, Orpheus, Plato and Pythagoras,[117] as well as other philosophers.

In *De mystica statera* the author also articulates his aversion to philosophy. For example, when Marsilius (the figure representing Ficino) mentions those places to live that were preferred by the Platonists, Pythagoreans, Stoics and Heraclitus, Antonius (the figure who represents the author himself) replies that those named have no authority with him. Although the issue in this context concerns only the assessment of the best location for life activity according to these philosophers, Agli's reluctance about them is clearly expressed.[118] Even more important is the passage in which the author emphasizes the uniqueness of man, 'the temple of God' and 'the most precious vessel', while also warning us not to become engorged with what is unrighteous and vile, which might occur if we entertain the teachings of pagan philosophers, which are harmful. Antonius rebukes Marsilius, who explores the works of these philosophers and is especially interested in Plato's thought. The older friend warns the younger against such studies, because he may be deceived by non-Christian concepts and lose his own soul.[119] Ficino expresses his gratitude for the advice and makes assurances that his activity in this area aims to reject falsehood more easily.[120]

Thus may be seen that Agli markedly distances himself from philosophy, and especially from non-Christian thought, seeing it as a tool of the possible deception of the human mind and deviation from truth considered absolutely. At the same time, explaining various elements of Christian doctrine, he refers not only to thinkers connected with the Church, but – also – quite broadly for such a short text – to sources and concepts of a different provenance.

Undoubtedly, the treatise by the bishop Volterra is full of explanations, conceptual developments of which may be found in the works of Marsilia Ficino, close in chronology to Agli's essay. The treatise shows the especial popularity of certain solutions to the question of immortality in the contemporaneous Florentine milieu. Therefore it is worth considering – even briefly – the purpose of *De immortalitate* and its relation to the Ficinian project of the synthesis of 'pious philosophy' (*pia philosophia*) and 'learned religion' (*docta religio*).

According to Ficino, philosophy, especially Plato's thought and Platonism, serves to support the truths of Christianity, which, as the Florentine thinker states, is the highest species of religion.[121] The philosophical justification of the truths of faith is not only permissible, but even inspired by Providence, which often allowed religion to be supported by the rational authority of philosophy.[122] While faith alone is a sufficient and final means to happiness for every man,[123] philosophy makes it possible to explain rationally religious doctrines and prescriptions, showing that wisdom is inseparable from godliness. This position is clearly indicated, among other places, in the preface to the *Platonic Theology*, where the author writes that, as a result of a providential ordinance, Platonic arguments lead to the knowledge of and trust in divine law. He characterizes the ungodly as the separation of the love of wisdom (i.e. philosophy) from the worship of wisdom itself (i.e. of God). He is convinced that thanks to Platonic reasoning those so-far unconvinced will contemplate what is real, and not what is illusory.[124] It is Platonism that provides a philosophical and theological dimension, because regardless of the type of discipline practised within it – as Ficino believes – everything in it may be reduced to the contemplation and worship of God.[125] However, achieving this state of true contemplation and worship requires prior knowledge of ourselves and our specificity, that is, the immortality of the soul. It should be emphasized that this is not merely a single one of the issues to be considered; it is entirely a necessary condition for the pursuit of union with God. The core of religiosity consists in discovering one's own immortality, and thus recognizing the divine in oneself – a constitutive component of the entire Ficinian programme and its understanding of wise piety.[126] Thus Ficino's main work is subtitled *On the Immortality of Souls* (*De immortalitate animorum*) and its focus is centred around this very problem. In this manner Ficino, in one of his speeches, presents the importance of the question of the indestructibility of the human soul:

> First of all, it is necessary to have knowledge about the divinity of the soul. What does it profit a man to gain the whole world, yet forfeit his soul? You work in vain, philosopher, when you strive to understand everything, yet you do not understand the soul through which you can understand all the rest. What benefit can it bring you, theologian, to find eternity with God, if you do not find it with yourself, so that you can enjoy God's eternity through your eternity? Come, please, all philosophers and theologians, listen to the prophet admiring what great things God did for our soul. (...) As for me, I exclaim, admire, announce that God himself gave our soul what is divine. (...) Is it possible, good Jesus, who hangs on the cross for a soul, that you wanted to suffer for a carnal soul, that you wanted to die for a mortal soul? (...) May I not exchange the most precious thing with the worthless one; indeed, for the divine soul of man, God became man, for the immortal soul I am mortal. Let our enemies be quickly ashamed, afraid, and embarrassed, because our God did great and wonderful things for us. (...) Those who proclaim the soul corporeal and mortal are lost.[127]

How does Agli's treatise appear against this background? Undoubtedly, Agli's attempt is much more modest than the programme of philosophical support for the truths of Christianity by the author of the *Platonic Theology*. Such is obviously the case, taking into account not only the brevity of the text *On the Immortality of the Soul* (even compared to other works by Agli), but also the method of employing philosophical reasons – the primacy of Christian doctrine on the issue of immortality is emphasized, and numerous biblical quotations are an integral part of the intellectual analyses, providing their foundation and legitimacy. It seems that philosophy is neither propaedeutic of religion, nor complementary to it, but rather only plays a minor supporting role; it simply responds to the need (by some people) for intellectual insight into metaphorical and enigmatic passages of Scripture. The authority of the Church and faith is the basis and guide for philosophical deliberation, not the other way around. Agli himself explicitly indicates that his short work will not convince those who do not trust Christian religion, nor does he aspire to establish definitively the truth about the immortality of the human soul, but he believes that his analysis and examples may to some extent and for some persons be useful. The value of the inquiries rests upon their consistency with the biblical message, dependent upon the fulfilment of the activity characteristic to a human being, i.e. the rational (here: discursive) processing of what is cognitively available.[128] At the same time, the treatise is steeped in a deep conviction that it is the Christian faith that above all answers human questions and doubts.[129] In connection with this assessment, it may be assumed that Agli's *On the Immortality of the Soul* is addressed to intellectuals who are not professional philosophers, and who, in view of the popularization of the issue of immortality, learn with interest the compatibility of certain philosophical concepts with the Christian teaching about the soul.

2

The theory of individual immortality 'found' in Aristotle – The treatise *On the Immortality of the Soul* by Leonardo Nogarola

Leonardo Nogarola is very rarely discussed in contemporary literature on Renaissance philosophy and culture.[1] If he is mentioned, it is usually in relation to his famous sister Isotta Nogarola[2] and only brief references to his life and writings can be found in lexicons or similar works.[3] Meanwhile, as it appears from his texts, he is a figure worthy of attention, especially in the context of the fifteenth-century dispute over human immortality.

As we read in the sources, Leonardo Nogarola came from a noble Veronese family, studied philosophy in Padua, was an apostolic protonotary and attended the Council of Ferrara. He was the author of both philosophical treatises and theological texts. In addition to *De immortalitate animae* analysed below, he wrote *De aeterninate mundi*,[4] *De beatitudine*,[5] *Officium de conceptione beatae Mariae virginis*,[6] *De obiecto intellectus*,[7] an oration in defence of Ognibene da Lonigo,[8] *Libellus de rerum quidditatibus*,[9] *Oratio in die nativitatis Domini ad Sixtum IV*[10] and an oration on behalf of the people of Vicenza to the supreme official of the Republic of Venice.[11]

The treatise *De immortalitate animae* is preserved in two copies, one in Florence, Biblioteca Laurenziana Medicea, Plut. 83.22, ff. 1r–65v, and the second in the same library, in another collection: Ashb. 180, ff. 184–248.[12]

It is not clear when *De immortalitate* was composed. Nevertheless, in the preface to Lorenzo de Medici, the author mentions that the Medici showed kindness to his grandfather Giovanni Borromeo. The contact between these two families dates back to the 1470s and the beginning of the 1480s, and so it is likely that the text was written during this period.[13]

The treatise is typically scholastic, with a structure characteristic of this type of work.[14] In its extensive quotations it also resembles a commentary on the *De anima*, or more precisely, a commentary on sections of this text concerning the nature of the intellective soul and its relation to the body, as well as the ability of the intellective soul to independently exist. In general, the author, although he is a Franciscan and explicitly refers to the ideas of Duns Scotus,[15] is convinced that on the basis of Aristotelian considerations it is possible to prove the immortality of the individual soul.[16] In this regard, it is worth noting – before examining the content of the work – that, contrary to the tradition of his Order, Nogarola emphasizes not *a posteriori* arguments,[17] but shows an attitude close to that of Thomas Aquinas, that is, he focuses on an analysis of the very nature of the soul.[18] He describes what the intellective soul is, how it relates to the body and what operations it performs: all this to present – in his opinion – a convincing proof of its immortality. It may be said on some level of generality that our fifteenth-century philosopher's main emphasis is that, although the soul is a form of the body, it can function as an immaterial entity without it. As it seems, this and the disproof of opposing positions are enough for him to prove the immortality of the soul.

Nogarola begins by asking whether the intellective soul of man is immortal, and argues that it is not: whatever depends in its being on something else cannot remain after that something has been removed; but the human soul depends on the body; *ergo* after the removal of the body it will not persist. According to him, the major premise is obvious; the minor is justified on the basis of the famous words of Aristotle, that the soul is an act of the body; the conclusion is that the soul informs (*informat*) the body, inclines towards the body and as a consequence depends on it. Then the author points out that the opposite view is offered by Aristotle and Averroes. He then describes the structure of his work. He writes that firstly it should be determined whether the intellective soul is indestructible. Next – assuming that it is indestructible – whether there is one soul shared by every person or whether there are many souls. And if it is singular, it must be analysed whether it informs the body, or is in the body like an Intelligence in heaven, or if it is a mover of what is capable of movement like a sailor of a ship. Finally, he indicates that Aristotle's opinion about all of this will be discussed.[19] This short description does not, however, exhaust the content of the text; more precisely, its structure is the following:

> I Arguments in favour of the mortality of the human soul;
> II *Contra opinionem Alexandri* offering justification for the immortality of the soul;
> III Averroes' arguments that there is only one intellective soul and it does not inform bodies;
> IV *Contra* Averroes' opinion that there is one intellective soul;
> V *Contra* the same opinion on the grounds of various philosophical arguments;
> VI *Contra* the position of Paul of Venice;
> VII The main response to the question;
> VIII The response to the arguments for Averroes' position;
> IX The response to the arguments in favour of the mortality of the soul.

Is the intellective soul corruptible?

Let us analyse more closely the content of these parts. Firstly we shall examine the arguments for the mortality of the soul and the counterarguments provided by Nogarola.[20]

Having rejected the positions of Plato and Pythagoras regarding the human soul, Nogarola provides eight arguments for the mortal nature of the soul. He embarks by pointing out that immortality cannot be proved on the basis of natural philosophy, and that if any arguments might be offered, they can be easily rejected. In this context he refers to the opinions of Aristotle and Porphyry. In response, however, Nogarola points out that, on the basis of Aristotle's words from the third book of *On the Soul*,[21] one can deduce the immortality of the soul. As for Porphyry, he is not coherent in this matter, and, moreover, by denying the indestructibility of the soul, he does not express himself philosophically, but rather like a rhetorician.

The second argument states that if the world is eternal, given the findings of natural philosophy, there would therefore be infinitely many souls in act, which in turn is against Aristotle's considerations about infinity. It also makes no sense to claim that a separated soul is not a perfect being in act, because it has the inclination to perfect the body – still, it remains separate, so it exists actually (*actualiter*).[22] Answering this, the author points out that according to Aristotle there could also be a finite number of intellective souls that pass from body to body. Moreover, from this same position it can be concluded that the world was created, since it will be proved (in the main part of the treatise, see below) that there cannot be one soul for all bodies. And even if Aristotle did not want to formulate it in this way, it was a neutral problem for him.

In the next discussion we read that the corruptible and the incorruptible differ in more than kind, but the souls of man and horse are of the same genus (both the categorical genus and the genus of a subject), since both belong to the genus of animal. As a result, if the horse's soul is corruptible, so is the human soul.[23] What is more, if the soul were not corruptible, and death simply meant its disconnection from the body, it would be possible to postulate resurrection within natural philosophy, since a soul might reconnect with a body; this is something that cannot be refuted *naturaliter*. Nogarola's response is quite lengthy, but it actually comes down to two remarks. As regards the categorical genus, it may be more or less remote. Although a man and a donkey belong to the genus 'animal' and 'living creature' and 'substance', because of their form, they do not agree in the proximate genus. And it does not follow that if a donkey's soul is destructible, then also the human soul is, because a human soul is not comparable to a donkey's soul in the difference which includes destructibility. Regarding the genus of their subjects, Nogarola explains that the souls of man and horse differ considerably: they have a different genus of subject or a different way of informing (*informandi*) a subject in that that one informs non-extensively and the other extensively. On the basis of *De substantia orbis*, he adds that all forms are received by matter through quantity, extensively and part before part; however, the intellective soul is received by matter directly, so it is not absurd to say that the immediate subjects of the two types of forms are different, and as a result one (the human) is indestructible, and all the rest are perishable. Furthermore, still in reference to Averroes' considerations about the characteristics of the forms of celestial bodies, Nogarola indicates that the order of forms tells us that some forms are destructible and some indestructible. As he specifies, if there is an extensive form without a subject, it will not be inconvenient to postulate that there may be a non-extensive form in a subject. In conclusion, there is a non-extensive form that is not in a subject, such as the angels, and an extensive form in a subject; and an extensive form not in a subject, and a non-extensive form in a subject. Thus, only an extensive form in a subject is destructible, and the other three are indestructible because they are not in subjects or they are in them in a non-extensive way.[24]

The fourth argument is that body is informed only through co-extension, and what is co-extended is educed from the potency of matter and therefore destructible.[25] The answer to this, as well as to the fifth argument, results from what has been stated above, i.e. the intellective soul does not inform the body through extension, so the premises of these arguments lose their validity.

The fifth argument shows that in the case of the generation of man, it seems that form is introduced by means of qualitative dispositions, that is, it proceeds from the potency of matter, and is extended in accordance with the matter in which these qualitative dispositions co-exist. This in turn implies that the intellective soul is educed from the potency of matter and is corruptible.

As we read in the sixth argument, every form that uses a bodily organ for its principal operation appears to be extended and corporeal. The intellective soul uses the organ of intellection (the rationale for this involves the weakness of the intellect of an elderly person), *ergo* the intellective soul is corporeal. The refutation is based on the negation of the premise concerning the use of the organ by the intellective soul.[26] As for the weakening of the intellect in old age, there is a well-known argument that it arises from a disability in fantasy.

The seventh argument, based on Aristotle's opinions, is that what comes into existence also must cease to exist.[27] According to Nogarola, this is a false belief of Aristotle when he expresses it against Plato. Moreover, in the main part of the treatise (i.e. *Ad quaestionem*) Nogarola says that, although a form is generated along with the generation of its composite (referring to Aristotelian considerations in book 12 of the *Metaphysics*), it is not certain whether a form remains after the corruption of its composite. In some cases it is not an inconvenience that the *compositum* cease to exist, and yet the form does not; after all, such corruption may simply mean the separation of form from matter, and not the corruption of the form itself, especially when the form is not extended according to the extension of matter and is not inherent in matter.[28]

The last argument indicates that it would be a difficulty if there were many separate souls, since they would be in vain in nature. A species can be preserved with just one intelligence, so if the soul is immortal, one is enough. In reply, the philosopher denies that a plurality of souls in the same species is superfluous, just as a plurality of angels in the same species is not superfluous. After all, the human being as species is incorruptible, so there must be many people; and by no means could there be many people with one soul; hence one soul would not be enough for the human species to be preserved. Moreover, this situation is not accidental, since a species can only be perpetuated if the individual or individuals are preserved; but if any individual would exist merely *per accidens*, then God would have intended what is *per accidens*. Instead, His will is unchangeable, so no individual in nature is *per accidens* to Him (Nogarola adds here that the case concerns something intelligible, a point he does not mark at the beginning of his reasoning). Therefore, if an individual is found in nature, it was intended by God Himself. And it does not matter that an effect may be accidental with respect to a natural agent which intended the effect per se; another agent does not produce its effect accidentally, and this is the most important here.

In the section arguing against the position that the soul is corruptible, Nogarola focuses on an analysis of the texts of Aristotle, mainly the *De anima*.[29] Moreover, he recalls explicitly and quite extensively (in comparison to other sections of the treatise) the deliberations of Duns Scotus. This seems to be a crucial part of the entire treatise, because the author presents the Scotistic doubts and announces what solutions he will provide, i.e. he shows the interpretation of the Aristotelian treatment in which the Philosopher κατ 'ἐξοχήν considers the truth about the immortality of the individual soul. The analyses of the Subtle Doctor remain the central focus for Nogarola, and he uses them where they are consistent with his intention, and 'corrects' or supplements them when they contradict his purpose.

Nogarola begins with a syllogism: according to the major premise, a power that does not use a bodily organ for its operation is immaterial, indivisible, spiritual and consequently indestructible. He adds that it is obvious that rational soul is not destroyed per se or *per accidens*; only the composite of soul and body can be destroyed per se. The minor premise, in turn, states that the intellective soul does not use any bodily organ for its operations. The conclusion is manifest: the intellectual soul is indestructible. This argument determines the whole scope of the analysis in this section of *De immortalitate*.

In *De anima*, Nogarola finds a confirmation of this conclusion. He reminds us (in accordance with precisely chosen passages of the Aristotelian work) that, according to Aristotle:

- an object of sense cognition can destroy the sense, as when a loud noise destroys the hearing, but what is intelligible rather perfects the human intellect;
- anything corruptible weakens with time, but this process does not affect the human intellect; disturbances in thinking arise from the fantasy or common sense; the intellective soul acquires the forms of material things, but in an immaterial way;
- finally, since the intellect can know any material thing, it cannot be itself material; the material cannot have itself as an object of knowledge; the intellect knows itself; if it were material, it could only know material things, which is contrary to the findings of the *Metaphysics* and *Physics*.[30]

According to Nogarola, Scotus *seems* to think that the immortality of the soul cannot be demonstratively proved within natural philosophy (*naturaliter*). Such a conviction, however, does not render its author irrelevant to the ongoing discussion. It is worth recalling that the *Doctor Subtilis* in the famous question 'Can it be known by natural reason that there will be a general resurrection of mankind?'[31] first analyses the *a priori* proof of resurrection,[32] which requires the demonstration of three propositions: (1) 'The intellective soul is the specific form of man',[33] (2) 'The intellective soul is immortal'[34] and (3) 'The human soul will not remain outside the body forever'.[35] The first is proven philosophically as necessary. The second is probable, but not necessary, as Scotus clearly observes: 'It can be stated that although there are probable reasons for this second proposition, these are not demonstrative, nor for that matter are they even necessary reasons.'[36] As for the third proof, the arguments in favour are even fewer than for the second, and less probable.[37] If the *a posteriori* proofs are taken in consideration, they concern something that results from what is already in evidence: the human desire for happiness, the general agreement that recognizes sacrifice for the community as something noble and the conclusion that the death of the soul would negate the possibility of God delivering justice. Such arguments, however, Scotus himself considers even less convincing than the one *a priori* and dependent on the implicitly accepted premises related to faith.[38]

Nogarola quotes Scotus' view that Aristotle does not speak clearly about the soul, and Nogarola himself remarks that Aristotle does not always *explicite* explain the relationship between the soul and the body – sometimes discussing various powers of the soul *en bloc*, and sometimes separating them; hence he seems unclear. Nogarola, however, is of the opinion that Aristotle considers the soul not to be extensive in its operation or in its nature; and although Aristotle does not always clearly speak of the soul's immortality, in some passages he openly declares it. Nogarola announces that he will show that, according to Aristotle, the intellectual form 'informs' (*informat*) the body and does not inhere (*inhaeret*) in it, as well as that this form remains after the death of the body. Aristotle does not say what happens to the soul after the corruption of the composite because it simply does not pertain to his analysis.

Nogarola, in order to persuade that his interpretation of *De anima* is correct, must reject some of the Scotistic responses to the arguments for immortality.[39] Scotus admits that intellect does not decay in the same way as does an organic power, but still according to Aristotle the intellect perishes with the interior sense, and this position is consistent with the recognition that the operation of the soul (including the intellectual soul) is appropriate to the whole composite. Nogarola objects, arguing that then the operation of the intellect would be less perfect than that of the sensitive power, since nobler powers are assigned to nobler organs, and the intellect has no organ; in the argument (that is rejected) the operation of the intellect depends on what is extensive.

Nogarola continues that, according to Aristotle's definition the soul is an act of an organic body, and the intellective soul uses no organ, therefore this soul cannot be extended according to the extension of the body and is thus immaterial. Moreover, the extension of such a form must be denied since it would lead to the absurd conclusion that humans can only understand what is here and now (*hic et nunc*).

The immateriality of the intellect is then further confirmed on the basis of its numerous capacities testifying to such a nature. These capacities include (among others) concluding the existence of prime matter, distinguishing between being and non-being, grasping eternity and infinity, desiring to prove its own immateriality, understanding quality and other categories as separate from substances, discovering the influence of stars and mathematical truths, loving the One who has providence over everything more than oneself, etc.

It is worth focusing here on two further arguments, because not only are they quite significant points in the list of causes of the immortality of the soul, but – more importantly – they are also found in Scotus. Nogarola undertakes to justify them, responding to *Doctor Subtilis*' doubts or – in some places – finding support in other analyses of his medieval master.

Nogarola notes that man naturally strives for eternity and, as distinct from other animals, understands what eternity and non-existence are. Thus if humans were to strive for immortality in vain, their nature would be defective; if not in vain, the human soul is immortal. The author admits that, according to Duns Scotus, natural desire in the proper sense (*proprie dicto*) means a natural inclination towards something, but natural desire can only be evidenced if its nature is actually capable of obtaining the object of desire. In a less proper sense, this desire may be understood as an act elicited in conformity with inclination, but can be evidenced only if desire in the first sense is proven. In any case, the recognition of immortality as a desire of this sort is applicable to both animals and humans, and what is more, the desire for continued existence is realized in the preservation of the species through a succession of individuals, applicable also to both animals and humans.[40] Nogarola writes that his argument remains valid, despite Scotus' criticism. The reason is that only humans grasp the concept of perpetuity and therefore are able to strive for it *naturaliter* or by an act elicited in accordance with natural inclination and right reason. He continues by stating that everyone naturally desires beatitude and pursues it through an elicited act in accordance with right reason specifically (*in speciali*). True beatitude specifically, provable by natural reason, requires perpetuity; so it is possible to strive for eternal existence through an elicited appetite in conformity with right reason. As Scotus himself admits, what is apprehended through an elicited act in conformity with right reason is naturally desirable, since such a propensity arises only from a natural inclination. Furthermore, also following Scotus' reasoning, Nogarola adds that shunning something implies loving the opposite, and thus love of life is not unique to man (it is shared with animals); but love of eternal life is specific to man, because man knows both what is now, and what is future, as future and eternity.

As for the second Scotistic argument, the following syllogism is offered: nature would be in vain if no individual of a species could achieve its goal; but man or the intellective soul in this world cannot achieve its goal; thus it must be achievable in another life. Unless one considers as does the Commentator that there is only one soul for all men, it is necessary that the individual soul remain after the body. As Nogarola stresses, Scotus is convinced that the goal of a species must be attained by at least some individuals, and this is true also as regards humans. However, he denies that it can be known by natural reason that it is impossible to attain happiness in this life. On the other hand, the *Doctor Subtilis* also broadly opts for the possibility of demonstrating true human happiness by means of natural reason.[41]

Refutation of the arguments against the immortality of the soul, however, is only the first step in the treatise. The next phase enumerates the arguments in favour of Averroes' theory of the existence of one soul for all people. Below I present some of the arguments along with responses to them, allowing for conclusions about the general approach of the author.[42]

Is there only one soul for all people?

As Nogarola announces, it is necessary to verify whether the intellective soul is one for all people or whether there are many souls.[43] And if there is one, is it an inherent form (*forma inhaerens*), as Averroes holds, or is it an informing form (*forma informans*), as Paul of Venice postulates, claiming – wrongly, in Nogarola's eyes – that this is the position of Aristotle.[44]

The author summarizes Averroes' cognitive approach, stressing that for him there is one intellect for all people, but this is not an informing substantial form (*forma informans*). Such a role is played by a cogitative (*cogitativa*) form, which cannot comprehend universals, knowing only what is individual and destructible. The intellective soul exists in itself and is connected to us through the phantasms (*phantasmata*) which are the cause of the understanding of universals in the intellect. The whole process of grasping (*intellectio*) universals thus depends on a presence in our body, namely an image or representation (*intentio imaginata*), i.e. an act of the cogitative power. The *intentio* creates in the intellect a form representing the material form to be understood. Then the active intellect causes intellection in the potential intellect in the form of an intelligible thing. For Nogarola, the most important conclusion deriving from these considerations is expressed by John of Jandun, namely that it is not a human who comprehends, but a whole, i.e. an act of the intellectual soul combined with an act of human fantasy which produces phantasms. Their conjunction constitutes what might be called a *secundum esse*, while nevertheless remaining a heterogeneous unity.[45] Nogarola continues his short presentation by pointing out that, according to Averroes, the form of the body may be understood in two ways. One is that it is the perfection of the body uniting itself with the body *secundum esse*, i.e. the being of body is the actual being of its perfection. The second way is to consider the form as an intrinsic agent (*operans intrinsecum*) which operates within the body and adapting to the way the body functions. Such an agent is not separate from the body in terms of place or subject, and its effect depends on something in the body. Here, however, the operant and the body are not one in being (*secundum esse*), but merely one in their proper operation.[46]

In his brief lecture on the theories of Averroes, Nogarola refers to the division between the intellection which takes place through the essence itself and that which occurs as a result of connecting with matter. The latter intellection may not occur due to the dependence on phantasms, but in fact, it always takes place, because the intellective soul is always connected with phantasms at least in some people. And men can count on happiness in this life, because thanks to fantasy they are able to connect with the potential intellect and the active intellect, and even – through successive links in this chain – with the first Intelligence (although this connection is only short-lived). Nogarola, before enumerating the arguments in favour of one intellective soul for all men, further points out that the Commentator uses the same notions in different senses.

Regarding Averroes' concept of intellect, it is obviously much more complex than might be inferred from Nogarola's terse presentation. It should be noted, however, that Nogarola's main goal is to reject the view that the potential intellect is an eternal but individual substance that connects from without to human cognitive powers, so he focuses here on this aspect of the mechanism of cognition.[47] Throughout his treatise, he repeatedly quotes Averroean comments, and very often, the findings of the Arab philosopher are for Nogarola a confirmation of the validity of the considerations presented himself. He does not reject Averroes' interpretation of Aristotelian thought *en bloc*, but recognizes that many of its elements are useful for a proper understanding of the Stagirite.⁴⁸

Nogarola writes that the standpoint that there is one soul for all people can be justified in many ways, including some arguments for the mortality of the soul. Apart from them, however, he enumerates other reasons, including one according to which two different potential intellects imply the existence of two intelligible species that do not differ in kind but only numerically, since they relate to the same object. Hence an intelligible species is not comprehended actually, but merely potentially, for individual intentions (*intentiones individuales*) are comprehended potentially, and universal intentions are comprehended actually.⁴⁹ He solves this difficulty by clarifying that an intelligible species is comprehended actually, since it is immaterial and abstracted from an intelligible object. And when a sensible species is considered, although it is individual, we still comprehend universally and abstractively by means of it.⁵⁰

Another important point in this section derives from the argument that one entity in a given species can only be differentiated from another numerically by means of material differentiation. According to this argument, matter is the principle of individuation of singulars. Since the intellect does not arise from matter, it is not extended by the extension of matter; finally, although it can exist without matter, it cannot be multiplied by the multiplication of matter.⁵¹ One cannot speak of the plurality of intellect because of a relation to the matter informed by it, since first in order must be an absolute entity, which only subsequently can stand in a relation to something else. This conclusion is confirmed by similar considerations: the inclination of the soul towards a given body is not part of the essence of the soul (and therefore cannot be the principle of individuation); and without body the soul is able to comprehend, so therefore numerical distinction of souls must be accounted for by a different reason. In reply, Nogarola laconically remarks that it is not matter that is responsible for the multiplicity of souls, but their own nature, which is limited and may be characterized as existing in varying degrees of perfection. Scotistic inspirations are clearly evident here, e.g. the rejection of matter as the principle of individuation and the position that the very nature of souls is the cause of their numerical distinction.⁵²

Let us present yet another Averroean argument: if the intellectual soul were not one, the process of abstracting one species from another would be infinite – a species abstracted in one intellect would be different from that in another, so the next one would have to be abstracted, and so on forever.⁵³ Rebutting this argument, Nogarola writes that if quiddities are considered to be derived from things (*ex parte rei*), all the species agree in their quiddity resulting in no infinite process. Otherwise, the issue is not so much the species themselves as the possibility of there existing a common concept representing two different species. Moreover, many believe that one species differs from another precisely in species (as Socrates' species differs from Socrates in species), and so we need not look for a species of a species, but know it through discourse or through itself. And even though acts of the same species could follow one another indefinitely, this need not be a difficulty. If the world were eternal, there would necessarily be an infinite number of species or acts of species. Thus there is no concern whether there is one or more abstracting intellects.

The next Averroean argument says that knowledge would have to be an active quality, and could not be transferred from teacher to student, since they are separate in place. As regards its subject, it would have to be active, like fire, in order to move to another place and subject.[54] Rejecting this argument, Nogarola notes that all our knowledge arises through the senses, and that concepts in the soul are caused by phantasms. Thus it is not so that the teacher acts on the soul of the student with his knowledge, but merely utters words that reach the ear of the student who understands them through species and phantasms, all due to the activity of the common sense and fantasy.

In yet another argument we read that the soul, as an immaterial form, cannot be a form that delivers substantial specific being (*esse substantiale specificum*) in such a way that it informs (*informat*) matter. In terms of substance, what would such a united being be? It would be either the essence of the soul itself or its accident. The first option is ruled out, since what would the soul be before this union? And if this union were an accident, it would be either proper and inseparable, or separable; if the former, soul and body would remain connected after death; if it were a separable accident, then the soul in its substantial being would constitute man by an separable accident – which is absurd.[55] In Nogarola's answer, he confirms that the intellective soul provides the specific existence (*esse*) to a human body. He explains that the being of the whole is not the being of a part, nor the being of union of the parts, but it is a substantial whole made of parts. He admits that there is some difficulty in determining this difference, but reiterates that the *esse* of the whole is not the *esse* of a part, even if derived from form.

Further, we read in Nogarola's treatise that when the reason for the being (*ratio essendi*) of something ceases to exist, the form ceases to exist; but the reason for the being of form ceases to exist along with the composite, since it no longer gives it existence.[56] Nogarola agrees that when the reason for the whole no longer exists, its reason itself remains; but now it is simply no longer the reason for the being of the given whole.

Two other objections remain concerning: (1) doubts about what is destroyed, since both parts of the composite, i.e. the body and the soul, remain after death, and (2) the argument that a hand should be able to understand, since it includes an intellective soul (because the soul is in every part of the body).[57] Nogarola finds them unworthy of answer, but he makes short comments. To the first, Nogarola recalls the difference between the composite and its parts; to the second, he reminds us that it is a man who comprehends, not any of his physical organs, and that the soul is in the body, but not in such a way that it extends along the extension of the body.

Finally, Nogarola cites assumptions according to which: (1) only something which is at least accidentally extended can be formed; (2) prime matter cannot be a proper subject for the figure of a man since it is a direct subject only for indeterminate quantity; and (3) there cannot be many substantial forms in man, since only one of them would be proper, providing a specific substantial being. Taking all this into account, the proper subject of *figurae hominis* cannot be determined – it cannot be the intellectual soul (which is non-extensive), nor prime matter, nor the *compositum* (the third assumption prevents this).[58] Rejecting this conclusion, Nogarola points out that in man, apart from the intellectual soul, there are partial forms responsible for the specific (*specifico*) being of a man. He means here the forms of bones, nerves, etc. Hence the human figure is based on this aggregate of various parts connected and shaped by the soul. Since the parts differ, the final shape is constituted of different parts, and it is clear that even after the soul is separated, the same figure remains because the same parts remain connected.

On the basis of arguments against the multiplicity of human souls presented here, one can clearly see their principal source – John of Jandun's *Subtilissimae quaestiones super libros Aristotelis 'De anima'*. In fact, some passages are almost *verbatim* taken from this commentary. Interestingly, not all of the arguments included in questions 5 and 7 of the third book of Jandun's commentary on the *De anima* are included by Nogarola, who selects only some of them. In any case, Nogarola's treatment matches the contemporaneous critique of Jandun's position,[59] regarding the arguments in favour of the existence of one intellectual soul as invalid and refutable. Another conclusion is that Jandun's doubts about the plurality of human souls, including those formulated by Averroes, are considered by Nogarola to be the most important.

It is worth asking here whether Averroes attempted to reconcile philosophy with religion. He showed that different conclusions may be drawn from the two disciplines. Were the answer in the affirmative, we might look in the Commentator for a source of the so-called 'double truth theory'.[60] However, a number of researchers have rejected this suggestion, pointing to Averroes' direct assertion of the unity of truth.[61] Nevertheless, there remains a significant difficulty in reconciling Averroes' religious works, according to which there is life after death, with opposing philosophical conclusions from the commentary on *On the Soul*.[62]

John of Jandun takes the following position: he recognizes that some Christian truths, including that concerning individual immortality, cannot be demonstrated philosophically due to the different methods of philosophy and theology. Philosophy in its studies entertains the testimony of the senses, while theology considers Scripture and faith.[63] These considerations likewise do not mean that Jandun should be credited with the double truth theory, as has been shown by relatively recent research.[64] Nevertheless, if we accept, in accordance with these findings, that Jandun regarded the teaching of the Catholic Church as the only truth, the cognitive status of his strictly philosophical considerations remains uncertain. In any case, no matter what epistemological value he assigned philosophical investigations, his conclusions contrary to Catholic thought were taken seriously and considered worthy of a response, as evidenced in Nogarola.

Why are Averroes and Paul of Venice wrong?

Nogarola devotes a significant part of his treatise to the rejection of the relationship of the soul to the body as presented by Averroes and Paul of Venice.[65] He accords much more attention to the former, partly because certain arguments rebutting the Commentator's theory are also valid for rejecting Paul's view.

Nogarola is of the opinion that the theory that there is one intellect for all persons is not expressed by Aristotle. As he points out, Aristotle in book II of the *De anima* provides two definitions of the soul, one of which is material, i.e. 'the soul is an act of the body', and the other is formal, i.e. 'the soul is that whereby we live and feel and think in the most fundamental sense'.[66] Neither of these definitions, which surely concern the same thing, is more important than the other. Since in the material definition Aristotle states that the soul is the first act of the body, and in the formal one mentions the intellectual soul (where he places the understanding), then the intellectual soul must be an act of the body. According to Nogarola these are the most significant of the Aristotelian considerations; the main argumentative strategy for Nogarola is to follow the tone and approach of the *De anima*.

The critical reading of the Philosopher's text, as presented by the Commentator and his followers, is to maintain that Aristotle speaks equivocally when, in defining the soul, he considers it as form and perfection. The distinction is between the informing (*informans*) or inherent form, as contrasted with the form that does not inhere but is internally adapted to the body (*intrinsecum operans appropriatum corpori*).[67] Such an operant is not separate from the body in terms of place or being a subject, and is the body's proper act, and depends on that body or on something present in the body. The operant and the body are not one in being, but are one in one proper action which depends on both. So although Aristotle explains that the soul is both an act and a form, he understands 'form' in two ways and speaks equivocally.[68]

Nogarola responds to this, writing that Aristotle does not make a misleading statement at all, because if he intended to exclude the intellective soul as one of the given definitions, it would be necessary to examine what this soul is, as it would not be a form like a figure of a piece of iron. Rather, the soul is defined as the form of the body and clearly cannot be the body. As a result, Aristotle speaks of the soul as informing (*informans*) a body in general, speaking in no way to lead to doubt. Opponents of the Averroean interpretation refer to the formulation (412b4–5): '*Si igitur aliquod universale dicendum est in omni anima, dicemus quod est prima perfectio corporis naturalis organici*'[69] ('If then one is to find a comprehensive definition which will apply to every soul, it is the first actuality of a natural body possessed of organs'). According to this interpretation, this means that Aristotle uses the conditional clause because of his inability to explain at a higher level of generality what the soul is. Nogarola believes, however, that the quoted phrase expresses the difficulty of saying something universally important about the soul; but the difficulty is overcome precisely by the definition: every soul is the 'first actuality of the body'. Moreover, this is confirmed by other passages of *On the Soul*, including where Aristotle provides a parallel definition of a figure (*De anima*, 414b20–25) – since it is not equivocal, then the definition of the soul is not equivocal.[70]

On the following folios, Nogarola quotes, compares and analyses these sections of *On the Soul*, as well as other treatises, including the *Metaphysics*, which – in his opinion – prove that Aristotle did not think that there is one intellectual soul which does not inform the body. And so Nogarola points out that Averroes consciously alters the structure of the Aristotelian treatise, starting the third book with its fourth chapter (429a10–11) with the words: 'Concerning that part of the soul with which it knows and thinks',[71] not with the first chapter (424b20), i.e. with the passage: 'One may be satisfied that there are no senses apart from the five … '.[72] The Commentator's intent was to show that the third book is devoted only to the intellect as different and separate from the soul, while – as Nogarola argues – the content of this book should also apply to the part of the soul referred to as *perspectiva* or *cogitativa*, and therefore *fantasia*.[73]

Moreover, Nogarola also draws attention to the fact that the soul is the cause and principle of the organic body, and so it is also its essence. Since, for all things, the cause of existence is essence, and to exist for living beings means the same as to live, then the soul is the cause and principle of life (415b8–15). By this formal definition, it may be concluded that the intellectual soul is such a principle.

A passage is also considered where Aristotle writes that, if the eye were a living creature, its soul would be sight; and without sight an eye can only be called 'an eye' in an equivocal sense (412b18–25). Therefore, it is clear that sight is a form that informs and gives being. Since Aristotle is speaking in general about the soul, he also is referring to the intellectual soul. Nor is this contradicted by the followers of Averroes that when we read further (413a4–5) that if the soul is not separated from the body, the form should be understood equivocally, since there are also other forms (e.g. those moving heavenly bodies). As Nogarola explains, the case here concerns only the division of a material substance (cf. 414a15–19), and form as entelechy and matter as potency are distinguished (along with the composite). If we add to this the notion of act, which is a substance in the sense of form (412a21), it can be seen that the soul must be a substance in the sense of form, and there is no room here for its division into soul-form appropriate to the body and one that informs (*informat*).[74]

It is worth examining two further arguments that present a more detailed picture of Nogarola's strategy against Averroes' position that the intellective soul exists separately from the body and is not its actualization. One argument concerns the possibility of the soul's division into parts and the relation of the whole soul or its parts to the whole or parts of the body. As emphasized by Nogarola, Aristotle proved against the ancients that the soul is not divided in different parts of the body,[75] yet if it were, it still would only inform the body, not anything beyond the body, and therefore cannot be separated from the body. Importantly, this also applies to the intellective soul, which is mentioned in the same passage.[76] Such an interpretation can be confirmed by words from the first chapter of the second book of *On the Soul*, which in the Latin versions available to Nogarola read: '*est quarumdam partium perfectio. Sed nihil prohibet hoc esse in quibusdam partibus, quia non sunt perfectiones alicuius extra corpus*' (413a4–9), and '*propter id quod nullius corporis sunt actus*'.[77] Our author understands it this way: if the soul is the actuality of the body, it necessarily informs the whole body or a part of it, because it is not an actualization of anything beyond the body. Importantly, Nogarola remarks that both Thomas Aquinas and John of Jandun are wrong in their interpretation of this passage, since they believe that it concerns the possibility of the separation of the intellective soul. Rather, this passage proves in his opinion that the intellective soul is the actualization of the body.

The second issue concerns the Aristotelian view on the immortality of the intellectual powers. Nogarola quotes a phrase from the second book of *On the Soul*, where Aristotle reflects on the mind and the power of thought (*perspectiva*), writing that they alone appear to be a distinct species of soul and are to be separated like something immortal from what is mortal (413b26–27). Nogarola argues that this point, broadly understood, is about the speculative power (*perspectiva potentia*)[78] and doubts whether it expresses anything about ontic status.[79] Nogarola juxtaposes this passage with passages from the fifth chapter of the third book, in which Aristotle writes about the intellect (430a21–26) – excluding other powers – that it alone is eternal and immortal, because only it does not use a bodily organ. Nogarola thinks that here the Philosopher limits his analysis to the intellect, meaning by it the active and the potential intellectual powers, because the intellect is not extended according to the extension of body as are the vegetative or sensitive powers. Besides, Aristotle speaks affirmatively, not speculatively as in the remarks in the second book; and his conclusions in this context do not concern only the active intellect, as Alexander would say,[80] but indeed the entire intellectual power. The word 'only' refers here solely to the operation of the active intellect. *Summa summarum* – as Nogarola says – it should be understood that Aristotle intended to say: 'I have proved that only the intellective soul is immortal, that is, the soul that has two powers, namely the active and the potential intellect.'

All of the above arguments clearly show the thrust of Nogarola's analysis – his main task here is to interpret *On the Soul* in such a way as to show that Averroes is wrong in attributing to Aristotle the following claims (and these are the most important points of contention): the given definitions of the soul are ambiguous; some general phrases or formulations regarding the soul exclude its intellective part; the intellective soul does not inform the body; the intellective soul is separate from the body; and the intellective soul does not belong to the essence of a human being. If one were to inquire about the most important inspiration for this systematic rejection of Averroes' interpretation, then – despite several reservations – it must be the *De unitate intellectus* of Thomas Aquinas, as detailed below.

Regarding the set of arguments against Averroes, they are centred around the absurd consequences of adopting Averroes' position. If there were a single separate intellect conjoined to different people, this would imply (among other things) that something indivisible and abstracted from matter can move and change. If human cogitative power (*potentia cogitativa* or *fantasia*) would be extended, then a phantasm would also have such a character, and therefore the soul would change when uniting with a cogitative power differing in size in different people. Also, the question would arise why the imaginative power of a lion could not unite with the intellect. Moreover, although a pure Intelligence is not located in any place, any material intellect would change place whenever it adapts, so that it would both be in a place and not be there (like a pure Intelligence) simultaneously. Nogarola also reminds us that, after all, a separated intellect knows immaterial things, so if it were to be joined with a less-perfect human cognitive apparatus in order to know something inferior, i.e. material things, this would imply a degradation. Furthermore, the same disposition would inform a fool as well as a sage. Yet another argument is that the numerically same intellect could entertain contradictory views, and the intellect would have to have them actualized at the same moment. Another important problem is that, according to Aristotle's philosophy, it is a man who knows, not the aggregate of a man and the intellective soul, as would result from Averroes' theory. An irksome issue also arises: how a separate intellect or will could move us freely and voluntarily. Nogarola also asks whether, according to Averroes, the possible and active intellect are two really separate substances: the answer is in the negative, since this would imply two souls, not one soul with different powers. Moreover, if Socrates were identical with his matter and cognitive soul, but not his intellective soul, then either the intellective soul necessarily leads him and it would not be Socrates who acts morally. Or Socrates acts freely and knows what the intellect knows; but this is impossible, because the cognitive powers cannot know in the same way the intellect knows. Furthermore, if there were only one intellect, two people could know the same intelligible form at the same time. Finally, since the intellective soul is more bound to the body than is the mover to a celestial body, if there could be many movers of celestial bodies in the celestial spheres, then there could also be many souls in relation to many human bodies.[81]

The theory of the soul of Paul of Venice (Paolo Nicoletti) is understood by Nogarola as follows: one intellectual soul informs (*informans*) all human bodies and is whole in a whole body, yet it is not in any part of the body. This may be illustrated by the example of the figure of a circle – it is whole in individual round things, but not in any part of them.

The first part of this theory, Nogarola states, would seem impossible to any philosophers; that is, it is impossible for the *forma informans* to be in various distant, non-continuous places, and to have many portions of matter adequate to it. Even if theologians speculate that God in his *potentia absoluta* could make one soul inform different bodies, arguments available to us might be invoked to contradict this view, e.g. different people have different wills, or conflicting understandings, or differing beliefs or lack of faith. Thus it would be in question whether to say 'one person' or 'many people'. It seems that whatever has the same being is the same thing; and form gives being; so the same form gives the same being. As regards theological considerations, one could say that such an argument should apply to all material forms, but we must remain within our area of knowability. Moreover, Aristotle certainly did not think that a numerically single form could inform separate parts of matter that are not a continuum.

As regards the second part of Paul of Venice's opinion, there is a contradiction between the assumption that the soul is in the whole body and in no part, and the assumption that it shapes the whole, because if it is not really in a part, it is also not in the whole. Nogarola regards the example as mistaken, for although there is no round shape in any part of a round thing, a fragment of that shape is in a part of that thing. And if something does not have integral parts, like the intellective soul, then if it is in the whole, it is also in a part.[82]

Nogarola attributes to Paul of Venice the view that one intellectual soul informs many human bodies. This attribution is problematic, however, for several reasons:

(1) certain passages from Paul of Venice's works explicitly point to a view shared by Aristotle and Averroes regarding the unicity of the intellect (including the possible intellect),[83]
(2) Paul of Venice includes passages in which Aristotle is credited with the concept of the unicity of the human intellect as a substantial form (in Averroes' terminology – *forma appropriata*),[84]
(3) some of the conclusions given by Paul of Venice come from he himself, in which it is affirmed that the intellectual soul is a substantial informing form,[85]

(4) Paul of Venice does not state that he himself propounds the unicity of the (potential) intellect. From the content of his twenty-seventh comment to the third book of the *De anima*, it would appear that he holds that both Aristotle and Averroes are wrong, and that the position of faith must be maintained.[86]

Returning to Nogarola, he does not go to much trouble either to explain the views presented in Paul of Venice or to counter them. As it would seem, this may be due to the fact that some conclusions found in them attributed to Aristotle are simply consistent with those of Nogarola (of course, this is not true of the proposed unicity of the intellect).

Nogarola's teaching about immortal human souls

The main goal of Nogarola is to demonstrate that, according to Aristotle's philosophy, there are many individual human souls that are substantial forms, informing but not inherent, and therefore independent of the being of the matter which they inform. And it is not relevant for Nogarola whether we have translations of all the writings of Aristotle or what were his intentions; the discussion concerns the content of the available treatises, and in them our author finds compliance with the truths of faith concerning the immortality of individual souls. Such an approach requires an appropriate selection of sections of Aristotle's texts, their reading favourable to the above thesis, and as well a refutation of objections, mainly those based on Averroes' competing interpretation. Therefore, Nogarola's section *Ad quaestionem* is closely related to the other parts of the entire treaty, since earlier the author addresses many of the issues discussed here.

Nogarola first considers the difference between informing (*informare*) and inhering (*inhaerere*), noting that whatever inheres in something informs it, but not vice versa. Inherence is spoken of in two cases, one when information (*informatio*) occurs in the co-extension of parts to parts, the other when an informing form receives its being from what is informed. As regards both accidental and substantial forms, the former (inhering) is more common, but if we consider only substantial forms, then the latter (informing) occurs more often.[87]

By their nature, inhering forms do not remain after the destruction of what is extended, since they themselves naturally co-extend with their substrates. The same does not apply, however, to substantial forms, which inform but do not inhere. Such is the case, e.g. in the intellection by an angel or by an Averroean intellectual soul, and – according to Nogarola – individual intellective human souls. Such a form is indivisible and can inform without extension; therefore, it can inform at a single point but also at every point, yet in a non-extensible manner. All these considerations imply that this form does not need extension for its existence and will not lose its existence even if matter is removed and the composite is destroyed.[88]

Importantly, according to Nogarola, all of these features, namely the type of form which is the intellective soul, its relation to matter, etc., can be inferred from the basic principles of Aristotle's philosophy. A natural philosopher must know that form is distinguished from matter but connected to it; thus Aristotle points out that not all forms are derived from the potency of matter and are in matter, but some are separate from matter and thus inform it. The purview of a natural philosopher is not to analyse the separate intellective soul, but only its operations and powers which it uses in a state of union with matter. Thus it is the role of philosophy of nature to prove that there is God because of the effects of his action; it is the role of metaphysics to explain what He is. The philosophy of nature establishes that the soul exists, how it is in the body, what powers it has in the body and that it can be separated from the body; metaphysics deals with the soul when separated. No wonder, then, that in the *De anima* Aristotle says nothing about how the intellective soul functions after its separation from the body, and in the *Metaphysics* he says nothing more than it is not inconvenient that this soul remain after the composite ceases to be.[89]

Nogarola distinguishes four types of substantial forms: (1) Those that inform, inhere and are informed accidentally – material forms. (2) Those that inform and are informed accidentally, but do not inhere – intellectual souls. (3) Those that do not inform and do not inhere, but are accidentally informed – angels. (4) Finally, there is one that does not inform, does not inhere and is not informed – God.[90] For obvious reasons, the author focuses on intellectual souls, attempting to show that they are not derived from the potency of matter (then they would have to be corruptible),[91] they can remain after the destruction of the *compositum*,[92] and that despite their immateriality, they inform matter.[93]

Further, Nogarola holds that there exists in *natura rerum* an immaterial form that informs in a non-extended way. It is possible that there is an absolute thing (*quid absolutum*) in the nature of things which, by its formal reason, has some perfection and no contradiction in its concept. Such characteristics are possessed by the intellective soul, so that there is a possibility of receiving it in prime matter (such applies to any form that will be a corresponding part of a *compositum*). And if, according to philosophers, the form cannot come directly from God, it must be in nature by itself. If this possibility is also to be rejected, the appetite of matter for form would be in vain, because such a form could be introduced neither by a supernatural nor a natural agent.[94] According to Nogarola, Aristotle understands the intellective soul as form informing the body, yet separate; this description is evidenced by Aristotle's reflections on the powers of this soul and the means by which it knows. We learn about the specificity of separation precisely on the basis of analysis of the cognitive processes taking place at the level of the powers.

The activity of the intellectual soul involves knowing what is material,[95] although not in a material way. Hence, in one sense the intellectual soul is separated from material things; in another it is not. Since it cannot understand abstracts *simpliciter*, it is not separated *simpliciter* from matter, and as well it informs the body. But since it does understand abstractly, it does not inhere and is not extended (otherwise it would not be able to comprehend abstracts). Moreover, it does not use any organ of the body. Consequently, this soul is immaterial and immortal.[96]

What form the soul possesses may also be shown by a scheme similar to that of Porphyry's tree – here in terms of forms. After a general division into substantial and accidental forms, the former is defined as what provides being. Substantial form is divided into a form that is an act of an organic body and one that constitutes an inanimate thing. The first of these in turn is called the soul or the form by which we live, and it constitutes a living being; it is divided further into the form of the vegetative and sensitive body, etc., until finally the intellective human soul is distinguished. The author, however, makes an important remark here, namely that in order not to call the intellective soul sensitive (since it includes the form responsible for receiving and reacting to sense impressions), it is referred to as the principle of operations of the senses. This form in the proper sense is not sensitive, but it is something that makes the *compositum* capable of sensory experiences.[97] The tree first presents a philosophical division;[98] its other two divisions are respectively metaphysical and theological. The metaphysical division indicates that a being may be either a substance or an accident; a substance, in turn, may or may not be multipliable (*plurificabilis*). Among the former there is an extended and a non-extended form; of course, the intellectual soul is not extended.[99] Finally, the theological division, which – as Nogarola is convinced – does not contradict philosophical principles, shows the differences between the intellective soul not separated and separated from the body.[100] These trees summarize the findings so far, i.e. they show the difference of the human intellectual soul from other forms existing in the entire natural world and reveal why the human intellectual soul should be considered incorruptible and therefore immortal.

Ultimately, it is worth emphasizing the final, quite extensive section of this part, in which Nogarola invokes various theories about the origin of the intellectual soul, as well as the nature of the lower souls. He wonders whether the vegetative and sensitive souls can be substantial forms, since the death of an animal would require the introduction of a new form, which is problematic.[101] Moreover, the introduction of the soul-form is also troublesome; for example, it cannot come from semen, because at the first moment of generation there is no semen to carry the form.[102] As Nogarola notes, such analyses show the difficulty in accepting that an extensive soul is a substantial form – it would have to be introduced by God, as other explanations lead to absurdities.[103] According to him, the most plausible account is that the non-extended, incorruptible, and immortal soul comes from God, and that other souls are particular harmonies.[104] He employs several arguments for such a solution and lists the problems that can be avoided if non-intellective souls are not considered substantial forms, but harmonies. And although he ultimately rejects this account because it goes against Aristotle and Averroes, there are many indications that it is not unfounded.[105] He also argues that only the intellective soul is a form that provides being, because it can function independently (i.e. comprehend without any bodily organ) and be alive per se. The same cannot be said about the sensitive soul, because it is not the case that this soul itself operates, but rather the whole animal; such a soul can only be a partial form of an animal.[106]

As is evident, Nogarola's strategy includes, firstly, a response to the arguments against the immortality and plurality of the intellectual soul, all familiar in the history of the discussion; secondly, a detailed analysis of the words of Aristotle and his commentators (principally Averroes). Nogarola intends to show that the texts of Aristotle (chiefly *On the Soul*) prove that the intellectual soul of a man is the form of the body, and therefore, as immaterial, it cannot be destroyed, and as informing the individual body it cannot be one for the whole species.[107]

3

The power of authorities – Agostino Dati's *On the Immortality of the Soul*

Agostino Dati is, undoubtedly, the most famous figure among the authors whose treatises are analysed in this volume.[1] We can read about his *De animi immortalitate* in some general studies, although it must be remarked that only a few pages have ever been devoted to this treatise, in only a few books or articles.[2] It is therefore worth providing the most important information about this author and his literary work in order to place *De immortalitate* in its context.

Born in Siena in 1420, Dati displayed linguistic talents from an early age, devoting himself to learning Latin, which he had the opportunity to perfect under the supervision of Francesco Filelfo.[3] He also knew Greek and Hebrew, which helped him explore the Scriptures, literature, as well as philosophy and theology. He engaged in various occupations; he was a teacher of literature in Urbino, served as the master of pontifical letters at the request of Pope Nicholas V, ran a school of rhetoric in Siena, occasionally delivered orations[4] and was active in administrative and political spheres.

Dati's works reflect his vast interests. Among them, the *Elegantiolae* stands out – this textbook of style ensured Agostino popularity already during his lifetime.[5] His other writings, together with numerous orations and letters,[6] include[7] historical *Libri Senensium historiarum*[8] and *Plumbinensis historia*,[9] a collection of various topics *Stromatum libri tres*,[10] the philosophical *Sermo de voluptate*[11] and *De vita beata*,[12] a religious-moral *De septem virtutibus*,[13] the interpretations of biblical passages *De sacramentis panis et aquae*[14] and *De connubiis sanctorum*,[15] the oratorical advice *De ordine discendi*,[16] *De novem verbis*[17] concerning different grammatical aspects of some Latin words, philological analyses *De genio et geniali hyeme*[18] and *Explanatio primae lectionis Aeneidos*,[19] and a collection of notes on various issues and words, *Flosculorum liber*.[20]

As is evident, philosophical writings do not constitute the predominant element of Dati's legacy,[21] but it is such a text that concludes his oeuvre – *De immortalitate animi* was his final work, unfinished due to the author's death from the plague on 6 April 1478. Since researchers usually considered this work unoriginal and mainly rhetorical, as well as weak in terms of composition,[22] it has never been analysed in greater detail. Indeed, *On the Immortality of the Soul* is not original if one seeks in it Dati's own concept of the soul; nevertheless, the author in various places, including the preface, provides some of his own opinions and conclusions, even if they are not pursued in depth or strongly argued. Moreover, as regards originality, no new theoretical treatment of the problem is provided, but it is worth paying attention to one important aspect – it is difficult to find such a doxographic assemblage in the whole history of the issue of immortality. This is the first of its kind. The rhetorical value of its treatment is indisputable, but the rhetoric here is in marriage with philosophy.[23] As regards its composition, on the one hand, we are provided with a sufficiently long text to be able to evaluate it; on the other hand, some of its ten books were completed only fragmentarily or even rudimentarily, thus supplying no complete structural picture. Still, the very arrangement of the books testifies to the author's well-conceived and ambitious plan to refer to the most important philosophical (and non-philosophical) texts written over many centuries concerning the immortality of the soul.[24] Such is the crux of the author's goal: to provide a large number of arguments from writers recognized as outstanding intellectuals or poets in order to be especially persuasive in the debate over immortality – given the proviso that the Bible and Christian authors remain the greatest authority.

Although according to chronology *De immortalitate* comes last, it opens the entire collection of Dati's works. This is not accidental – it was the decision made by the son of the humanist, whose laudation of his father's merits and of the dignity of eloquence is a preface to the whole treatise.[25] Niccolò signals that he wants to place the texts in an order that would meet Dati's approval,[26] and clearly recognizes that this work should be at the head of the volume.[27]

In his introduction Dati focuses on the unique situation of man in the world of nature, emphasizing the image of God in human beings. On this basis he calls man 'God' and recognizes the human mind as something wonderful, perfect and capable of great undertaking. No animal other than man can know itself, contemplate God or achieve eternal happiness. He believes that it was perhaps due to the elevation of our status that the Creator took the human form of a man and He became like us – He who previously made us in His image. It is also worth noting that in Dati's sketch of the human situation in the universe, he places special emphasis on the dignity of human nature,[28] for which one cannot find anything more perfect among the multitude of created beings. He only regrets that this glory of our nobility (*nobilitas*) is diminished by those who think that human souls are mortal. All of these considerations prompted him to write the work.[29] Concurrently, the author admits that debating such an issue is beyond his strength; hence he decides to refer to the positions of others, believing that this approach will help wise people entertain a correct opinion about the soul, and should free the stupid or wicked from error.[30]

However, there remains – as it is usual in such cases – the problem of the authority of non-Christian philosophers. Dati points out that the deepest truth is sometimes hidden from them, but adds that some consider the issue the same as might be found in the Bible. He announces that he mainly follows Christian authors, because others can be deceived by the falsehood of wrong philosophizing. Nevertheless he does not ignore pagan thinkers who adequately – and thus in accordance with Christianity – discuss the issue.[31]

It is necessary to begin by presenting the structure of the work, in order to emphasize its most important contents, bearing in mind, however, that our picture of the whole is incomplete, and we do not know how extensive and substantively important the final form of the books, now surviving only rudimentarily, might have appeared.

The first book is intended to show that a human soul has a beginning but no end, i.e. it is sempiternal; in fact, it is primarily a critique of ancient concepts of the soul as well as a confirmation of Christian views (although it should be noted that this book remained unfinished due to Dati's illness). Dati shows here some knowledge of the history of this problem in philosophy, but he makes only limited use of arguments in favour of his position. As for the second book, only the introduction remains, in which it is indicated that a few issues raised by various intellectuals are certain and stable; although the rational soul, having freed itself from the limitations of body, can know (clearly), it remains confused by the multiplicity of opinions and errors. According to Dati, there are two kinds of science: one is known by the light of natural intelligence; the other requires divine disclosure, encompassing four stages of cognition – from the New and Old Testaments, to the writings of scholars who can reveal the truth (of the Church). The third book is devoted to the thought of Albert the Great, and the fourth to St. Thomas;[32] but we only have a short fragment of the latter, which includes a speech in honour of Aquinas, and mentions two points of Averroes' concepts that Thomas refuted, i.e. the eternity of the world and the unity of the intellect. The fifth book summarizes the views of St. Bonaventure and St. Bernardine of Siena on the soul. The sixth book, as planned, was to treat the eternity of the soul according to ancient philosophers, in particular Socrates and Plato. However, only a fragment has been preserved, in which Dati panegyrically writes of Socrates and expresses his approval of Plato due to the fact that – in his opinion – Plato followed Socrates in the doctrine of the soul, and rightly concluded that souls do not perish with bodies.[33] As for the seventh book, only the prologue survived, in which the author quotes a contemporaneous dispute about immortality in Aristotle's thought and announces numerous analyses of the Stagirite on this subject.[34] The eighth book is dedicated to Cicero. The ninth contains the testimonies of the poets (and survives in a very limited form). The tenth, the most extensive one, though not finished, is a collection of the opinions of various classical authors.

It seems that the first book shows most revealingly the level of philosophical competence of Dati: (1) he presents a quite competent knowledge of various concepts, although he probably only knows Greek philosophers from indirect sources, including the doxographic parts of Aristotle's works and the writings of Cicero – this latter highly valued by Dati,[35] – but (2) the arguments he presents are neither very convincing nor sophisticated.[36]

Dati refers to three views on the origin of the soul. One claims that it has always existed, another that it was created from something else and the third one – defended of course by the author – recognizes that the soul was created from nothing. By briefly reviewing the concepts of various philosophers, he rejects the first of these beliefs, arguing that its followers dare to ascribe to the soul the eternity that belongs to God alone. In turn, he considers the belief that the soul is made of corporeal, and therefore destructible, elements; this opinion is absurd and deprives people of dignity.[37] As for the accepted opinion, the author adopts a strategy in which he postulates insufficient knowledge of some philosophers, resulting either from historical conditions or inadequate intellectual competence. Therefore, he relatively generally refers to the *dictum* summarizing the philosophical attitude of the Greeks, namely 'nothing comes from nothing'. According to Dati, even though many thinkers accept this principle, it is in conflict with divine omnipotence. Antiquity simply did not know the supreme source of being, hence its thinkers make such a mistake: they accept art and nature as creators. And while Dati agrees that both of these sorts of creation need some building material to produce something new (and when it comes to art, there is also the need for a craftsman or artist), the same rule does not apply to God, who is beyond nature. Quoting the biblical passage about the creation of the earth and heaven by God, and accepting the division of the universe into a destructible, sublunary part and an imperishable supralunary part (as confirmed by philosophers), Dati concludes, without any extra-biblical justification, that God created everything ex nihilo. For human souls no beginning other than divine action is to be sought.[38]

In the third book of his work Dati shows reliable and direct knowledge of Albert the Great's considerations about the immortality of the individual human soul using the philosophical and theological approach to the problem offered by the *Doctor universalis*.[39] In fact, he summarizes certain arguments from several of Albert's texts, without delivering his own assessment of their content. It seems, however, that he studied the source texts on his own, not relying on anyone else's account, proving that even if he himself may not have had advanced philosophical competence, he utilizes recognized authorities in the field.[40] Dati's level of knowledge about Albert's treatment of the human soul seems particularly interesting, considering that he refers to all of the major texts constituting Albert's anthropology, i.e. *De homine, De intellectu et intelligibili, De natura et origine animae, De anima* and *De animalibus*.[41]

As usual, Dati begins with a laudation, paying particular attention to the sobriquet of the philosopher (*Doctor universalis*), linking him to figures who made a unique mark in the history of the world.[42] Dati summarizes the teaching of Albert's *De anima*, pointing to the unity of the soul (despite its different powers, including the vegetative and sensitive), but also stressing that the intellectual part is most perfect, because due to it man knows, understands and contemplates what is not material. All science belongs to the rational soul and this soul is separate from the body, not derived (*traducta*) from matter; it is not a corporeal or material substance, nor is it destructible or mortal.[43]

From such a laconic summary, it is difficult to figure out that if the author is familiar with the rather extensive source text of Albert's *De anima*.[44] However, when we look at the passages about other treatises, Dati's knowledge of them can be confirmed. According to Dati, in *De intellectu et intelligibili* Albert talks about the perfection of the human soul and its ability to know intelligibles, as well as shows that the soul is an image of divine light, sometimes gaining knowledge of divine things. The human intellect can become everything, and when it acquires the supreme knowledge of things through light, it follows divine power and action and becomes very much like the divine intellect. As Dati explains, it concerns what many call the 'potential' (the elders – 'adept') intellect, and it is 'the deepest' one and indivisible in substance.[45] According to Dati, Albert clearly shows here that the intellect is eternal, immortal, indestructible and without need of bodily organs to function. Juxtaposing this description with the appropriate sections of Albert's text is sufficient to confirm Dati's direct knowledge of it.[46]

Referring to *De natura et origine animae* (in which, according to Dati, Albert 'does not omit anything'), our author provides a whole list of issues from the treatise: the origin of the soul from the first mover and creator of the universe, the soul's similarity to the mover, the soul's nature, its powers, its way of animating the body, its operations and its status after the destruction of the body. Further, as Dati writes, Albert demonstrates immortality using not only probable but also necessary proofs, pointing out that the rational soul is in no way destroyed after the death of the body, it is an image of the first cause, it is not derived from matter, it is an indestructible substrate and its actions are not changed by the body. Finally, as Dati points out, Albert refers to many who philosophized about the soul, confirming what is true in them and refuting what is not true.[47]

Again, an analysis of the structure of the medieval text allows us to conclude that Dati was acquainted with both of the treatises he discusses, the first of which concerns the nature of the soul in the body, and the second the nature of the soul according to what it is in itself, i.e. after the death of the body, when not joined to it.[48] For example, Albert specifically addresses the issue of the origin of the rational soul, approvingly pointing to the opinion according to which the soul comes from the first intellect and is its image.[49] Moreover, Albert analyses the relation of the rational soul as a human form to the vegetative and sensitive powers,[50] presenting a number of proofs of immortality,[51] studying the operations of the soul after the death of the body[52] and devoting much of the second treatise to a discussion of various opinions on the soul found in Greek and Arab philosophers.[53]

Another of Albert's works to which Dati refers is *De homine*, drawing attention to two issues requiring particular clarification about the nature of the rational soul: one concerns whether the powers of this soul are corporeal, the other whether the soul is destroyed along with the destruction of the body. Dati writes that the *Doctor universalis* presents strong arguments in favour of immortality, drawing copiously from Aristotle's *Physics* and *Metaphysics*, and moreover refers to other philosophers, strengthening the opinions he endorses with probable reasons.[54] In fact, the sixty-first question of *De homine* consists of the two articles mentioned above, and it is undoubtedly Aristotle who is the main point of reference here, although the references also include *On the Soul* and the *Meteorology*.[55] It is worth emphasizing that Dati quite accurately presents the structure of the second article: Albert himself announces that he first will quote the opinions of philosophers; then will discuss probable, demonstrative and necessary reasons; and finally he will solve the arguments against the indestructibility of the human soul.[56]

As is clear, although Dati's attitude here might be summarized as *relata refero* (or to be more precise: *lecta refero*), it should be concluded that he is quite prepared for the task he sets for himself. Understanding that Albert is an important participant in the debate on immortality, our author absorbed a number of texts on the subject; even if his account is relatively short (given the length and complexity of the works to which he refers), its quality is evidence of study of the issue in the Albertian *corpus*.

Another book worth paying special attention to is the one dedicated to Cicero: after all, it is difficult to overestimate the role of the Arpinate for Renaissance thought,[57] and his input into discussions on immortality is significant in this context. Although

Cicero did not write a separate treatise on immortality, the topic was not lacking in his various writings.[58] Thus it is no wonder that some Renaissance authors dealing with the problem of immortality eagerly refer to him. Agostino Dati is no exception.[59]

In the preface to the eighth book, Dati writes that different people praise different philosophers, but he places Cicero ahead of all others – thus placing himself among the Renaissance choir of admirers of this classical intellectual. He believes that no one can properly speak Latin unless they imitate Cicero; moreover, the Roman thinker omitted nothing, taking into account both that he dealt with a variety of areas of philosophy and that he wrote about multiple philosophical schools. Regarding the immortality of the soul, Cicero not only explained the words of Plato and Socrates on this subject, but also added his own opinions in such a way that his considerations seem to be spoken by divine oracles, and not by a human voice.[60]

It seems that our author wished to remain as close as possible to the Ciceronian ideal, both in terms of content and linguistic form, since his lecture may be described as a collection of (mostly modified) excerpts from the *Tusculan Disputations*, and of quotations from the *Dream of Scipio* and *Cato the Elder on Old Age* (a part of the sixth book of *On the Commonwealth*).

Noting that Cicero does not determine anything with absolute certainty, in line with Academic scepticism,[61] Dati presents considerations from the first book of the *Disputations*. Even if selections from this work are not quoted *verbum de verbo*, the vocabulary used is almost the same.[62] A few examples suffice to illustrate such a humanist approach. The first is that the ancients, although not studying physics, derived their beliefs from the 'teaching' of nature. They did not know the causes of things, but nocturnal visions made them believe that those who had departed earthly life still survived:

> Agostino Dati (*De immortalitate*, XIv): 'Manere post mortem animos ipsam quoque tacitam ammonere naturam putat, ut etiam qui physica minime dedicerunt et rationes atque rerum causas prorsus ignorant, animorum immortalitatem coniectent. Sed eos qui vita excesserunt porro vivere saepe visa quaedam praesertim nocturna declarant.'
>
> Cicero (*Disputationes Tusculanae*, 1.13.29): 'Sed qui nondum ea, quae multis post annis tractari coepta sunt, physica didicisent, tantum sibi persuaserant, quantum natura admonente cognoverant, rationes et causas rerum non tenebant, visis quibusdam saepe movebantur, iisque maxime nocturnis, ut viderentur ii, qui vita excassarent, vivere.'

Let us consider another passage in which Cicero reflects on the essence of the soul, admitting that it is more difficult for him to imagine it in the body (which is not its own 'house'), than as separate and ascending to heaven:

> Agostino Dati (*De immortalitate*, XIv): 'Cuius natura diligentius contemplanti, illa difficilior multoque obscurior videri cogitatio solet, qualis animus sit in corpore, tanquam alienae domui, quam qualis cum exierit et in liberum caelum quasi domum suam pervenerit.'

Cicero (*Tusculanae Disputationes*, 1.22.51): 'Mihi quidem naturam animi intuenti multo difficilior occurrit cogitatio multoque obscurior, qualis animus in corpore sit, tanquam alienae domui, quam qualis, cum exierit et in liberum caelum, quasi domum sum, venerit.'

Another example may be the suggestion that divine things involve thriving, being wise, inventing and remembering, and this all implies that the soul is divine; Euripides even dared to call it a god:

Agostino Dati (*De immortalitate*, XIIr): 'Viget mirum in modum, credibiliter sapit, praeclara invenit, universa ac singula contemplat, innumerabilia meminit animus. Quis dubitet igitur, si non deum, quod ausus Euripides est, at divinum sentire animum et caelestem vim eius atque naturam?'

Cicero (*Tusculanae Disputationes*, 1.26.65): 'Quae autem divina? Vigere, sapere, invenire, meminisse. Ergo animus, qui, ut ego dico, divinus est, ut Euripides dicere audet deus.'

It is possible to compile many such selections that clearly show how strongly Dati imitated Ciceronian language, which is of particular importance when he appeals to Cicero about immortality; this shows that Dati not only declaratively recognizes Cicero as an authority, but actually tries to imitate his style on the subject considered to be one of the most important in philosophy.

To the selective and abridged report from the *Disputations*, Dati adds a much shorter fragmentary description, full of literal quotations, from the sixth book of *On the Commonwealth*[63] and *Cato the Elder on Old Age*,[64] focusing on passages that emphasize the uniqueness of the human soul and its divine origin. We learn that Dati's book is unfinished,[65] although it should be noted that – as it seems – the author has nevertheless accomplished his intention in summarizing both of these texts, since the final results concord with the real ends of these works. It is therefore unclear to what other writings Dati might wish to refer.

The main intent in writing *De immortalitate* is particularly reflected in books nine (despite its fragmentary form) and ten (the most extensive one). Dati here clearly shows his erudition, providing an impressive catalogue of opinions, mainly direct quotations, of philosophers, theologians, poets and other authors relevant to the subject at hand.

Although the poets' opinions concerning immortality are missing from the ninth book, there is one section that attempts to accredit poetry more value. As may be assumed, Dati wants to justify the usage of this type of source in the debate on immortality. He recalls the words of St. Thomas about poetry belonging to rational philosophy, in connection with the fact that it leads us to virtue through an appropriate representation, and it is the function of reason to lead from one thing to another.[66] Lactantius also comes to the aid of poetry: according to him its duty is to present the truth in a different form through figurative language, so – as Dati points out – poets can lead us to what is beautiful, honest and noble.[67] There are many other authoritative authors who write flatteringly about poetry; there is a mention of Plato's view from the *Phaedrus* (245a) that poetic activity is a divine madness, as well as glowing words about poetry, e.g. in Cicero,[68] Macrobius,[69] Quintilian,[70] Strabo[71] and Lucius Annaeus Cornutus.[72] The author reminds us that Christians also refer to the words of poets, e.g. St. Jerome or St. Augustine, Gemistos Plethon and Paul the Apostle.

Extremely impressive, considering its multitude and variety of sources, is the last and longest book, *De inferis*. As the author announces, it includes descriptions by pagan and Christian authors about the underworld, punishment and the place of the blessed.[73] These considerations are clearly aspects of the issue of immortality – they concern opinions shared by numerous authorities as to the fate of the soul after its separation from the body. The multiplicity of these narrations and their not-uncommon similarities confirm the presumed truth about the eternity of the human soul. Certainly, not all authors present the same visions[74] and some of them clearly do not fit with the view supported by Dati; for example, those who deny the existence of hell. These latter thinkers, however, are clearly discredited by Dati,[75] while others are briefly commented upon or left without any remark. In any case, the entire catalogue is extensive, containing deliberations, legends, myths and poetic images, from either direct or indirect sources;[76] in a word, Dati recounts all the literary works in which he can find a message about life after death, hell as a place of punishment or heaven as a place of reward. Among the authors[77] cited are Plato,[78] Macrobius,[79] Sallust,[80] Lactantius,[81] Seneca,[82] Hermes Trismegistus,[83] Lucan,[84] Statius,[85] Claudian,[86] Vergil,[87] Silius Italicus,[88] Ovid,[89] Juvenal,[90] Apuleius,[91] Boethius[92] and Horace.[93] Also the Bible is quoted.[94]

The picture drawn here may be misleading, as it would seem that, contrary to what was announced, Dati focuses on pagan authors. The book, however, is unfinished, and the last surviving passage may be interpreted as foreshadowing a Christian treatment. Dati writes that the *veteres* did not show the way to truth, because they either did not know Christian teaching or considered it without heavenly inspiration. He expresses a position similar to that of Degli Agli; i.e. he is sceptical about philosophy. Although Dati earlier writes of great esteem for several thinkers, he emphasizes here that, for example, we do not believe the words of Plato because they come from Plato, but we believe them for what they convey. What is more, Dati recalls 'the purest sources of certain knowledge', i.e. the Bible, distancing himself from merely philosophical deliberations.[95]

All these analyses show that the entire treatise is intended as a compendium of knowledge about immortality from all times and all forms of writing. The work is not original if one seeks philosophical concepts from Dati himself; however, that was simply never the point of the text. Recognizing the exceptional importance of the issue, Dati seeks confirmation about the immortality of the individual soul from numerous authors of various intellectual provenance, both those from a distant time perspective and those writing relatively recently. With this material at our disposal, we can deduce what form the complete work might have had – it is already impressive in its multitude of sources; Dati intended it to be an instructive, large-scale, rich and meticulous overview.

Undoubtedly, the linguistic level of the work is advanced. We are here presented with compound sentence structures, a rich vocabulary, and numerous and complex parentheses. All of these, along with the number and origin of sources, add to the rhetorical value of the work. With respect to its philosophical dimension – as already considered in discussing selected books – the effort is to communicate the thoughts of others; but it should be noted that Dati's presentation is quite precise.

Summa summarum: Dati's approach to the question of immortality may be summarized as follows: the greatest religious, philosophical and literary authorities have various styles and conceptualizations of the issue, but all agree that the human soul is immortal. Their opinions are worth recounting in the face of opposing voices that are erroneous and demean human dignity. Although his text cannot be called either pre-eminent or groundbreaking, it remains not only an important element of Agostino Dati's entire intellectual legacy, but also a significant contribution to the debate over immortality, the first such collection of writings directly or indirectly related to the subject matter.

4

The continuation of the compilatory tradition – Giovanni Canali's *On the Immortality of the Soul*

Giovanni Canali or Cocchi (also: Johannes Ferrariensis) was, like Leonardo Nogarola, a fifteenth-century Franciscan associated with the city of Ferrara (although to a much greater degree) and, like him, wrote a separate, quite extensive work entitled *De immortalitate animae*. Moreover, he did so only a few decades earlier. His work, however, has a completely different character – it contains both philosophical and theological elements, does not resemble a scholastic treatise and is characterized by an erudite presentation of issues related to immortality rather than providing an analytical insight into the findings of Aristotle and his followers. In fact, it may be said that its style and tone are more akin to Agostino Dati's treatise, the significant differences being that Canali compiles his text from quotations and organizes his treatise around a few themes related – as he saw it – to the immortality of the soul, rather than around a chosen author who deals with the given issues.

The literature on Canali is very limited[1] – undoubtedly, he was not a leading figure on the philosophical map of Renaissance Ferrara, but his contribution to the fifteenth-century intellectual image of this city and the entire region is not without significance. He was born in 1409 or 1410 in Ferrara, where he entered the Franciscan Order and obtained a master's degree in theology at the university. There he was a lecturer in the faculty of Arts, and dean and vice-dean of the theological college.[2] He was associated with the court of Duke Borso d'Este and a group of authors and artists hosted there, as well as a broader milieu of various contemporary intellectuals.[3]

Canali's literary output was not extensive. In the years 1453–4 he wrote *Excerpta ex annalium libris marchionum Estensium*, a work on the history of Ferrara – from the city's beginnings to 1454.[4] Another text, entitled *Arbor successionis*, deals (very briefly) with the issue of inheritance.[5] Some sources also enumerate *Opus quadragesimale* and *Sermones multi* as works by him, but this is doubtful.[6]

De immortalitate animae,[7] a fairly extensive treatise dedicated to Sigismondo Pandolfo Malatesta, was written around 1450.[8] The history of this text, however, is more complex; its second edition is significantly different from the first and we have at our disposal not only a manuscript version,[9] but also an incunabulum.[10] The title of the treaty has also been altered to *De caelesti vita* and this time is dedicated to Borso D'Este.[11] The original form of the text consists of three main parts (apart from the proem to Malatesta). The first part focuses on the soul's characteristics, including, among other topics, popular opinions on the subject and twelve definitions. The second part contains a set of various arguments (philosophical reasons, testimonies and historical accounts) for the immortality of the soul, as well as an explanation of the falsehood of the opposite view. The final part describes hell and what suffering condemned souls experience there.[12]

As for the main differences between the two versions, as is obvious from the differing addressees their dedications have completely changed. The structure of both versions is similar as regards the book on the nature of the rational soul; in both of them there are twelve definitions of the rational soul, but the content of most of the sections is significantly different. There are additional distinctions in the later version.[13] The sections devoted strictly to the question of immortality are also quite similarly structured, but in the *De caelesti vita* the treatment is preceded by an introduction, and the titles and contents of the chapters are significantly modified, with some of them omitted, and others added.[14] The section dealing with the torments of the souls of the damned in *De immortalitate* is preceded by an introduction to Malatesta, while the introduction (completely different) in *De caelesti vita* has no dedication at all. In general, some chapters are very similar, while others, even though on the same subject, differ significantly; there are some chapters that have no equivalent in the other version of the text.[15] Finally, the *De caelesti vita* is crowned with an additional book on paradise, taking up only one chapter, but quite a large one.[16]

The subject of the following analysis is based primarily on the way Johannes Ferrariensis presents the problem of immortality in the treatise *De immortalitate* – this text focuses on the most important issue with which we are concerned.[17]

In the preface, Canali explains the circumstances of the text's creation, recalling a banquet at which distinguished guests discussed the subject of immortality. He collected the opinions, including many different philosophical, theological, literary and other considerations,[18] and then composed a treatise in which he laid out the ideas that were consistent with the doctrine of the Church and as well addressing those in opposition.[19]

The author begins with the distinguishing features of humans as contrasted with the world of animals, pointing out that humans possess ethical virtues and reasoning; he adds as well that we were created so as to recognize what is heavenly in us. Already in the ancient philosophers we find consideration of the soul, and although they made mistakes and did not reach 'the pure and bright light of truth',[20] without their works we would not have 'the perfect and complete science of the soul'.[21] According to Canali, knowledge of the soul surpasses all other human knowledge;[22] this awareness, as well as gratitude to Malatesta (whom he effusively praises),[23] was the main motivation for writing the treatise.

Let us take a closer look at how Canali deals specifically with the topic. The first chapters of the section dealing with the nature of the soul are simply compilations, a popular method in the Renaissance, and Canali's contribution to the linguistic aspect of the text itself is small: his main effort is to present the subject through extensive quotations. He usually does not name the source texts of the numerous philosophers whose concepts of the soul he presents, but instead uses selected doxographic appeals to several works for this purpose. In the first chapter, before a brief set of concepts of the soul by various ancient thinkers, Ferrariensis describes some opinions on the origin of the world; this leads him to discuss carefully the structure of the world, starting with the inanimate elements and ending with man. This account consists largely of a quotation from the *Hexameron* of St. Ambrose,[24] interspersed with Ferrariensis' intercalations and passages from other authors,[25] including several closely related to him chronologically.[26] Next, the lecture on the views of philosophers on the soul is mostly an excerpt from the *De anima* commentary by Albert the Great.[27] Turning to the reflections from heretics, the sources are primarily the *Divinae institutiones* of Lactantius and the *De civitate dei* of St. Augustine.[28]

The main element of the first part is its third chapter, which consists of twelve definitions of the soul and three fairly long digressions. As the author himself announces, his goal is to present the soul according to Catholics,[29] and he sees this as the most difficult task to determine the substance of the soul. Ferrariensis arranges the background in which to place his analysis. He gives a division of substances: inanimate ones; those that are pure minds (*spiritus*) but are not souls (like the intelligences of the spheres or angels); those that are souls but cannot be spiritual (like vegetative and sensitive souls); and finally there are some that combine the nature of the soul with pure mind. This last-named performs two functions in the human body: they are the form of the body and also give existence (*esse*) to it, and when separated from matter, they carry out their operations without being dependent on the body. Hence some define such a substance as soul, others as mind (*spiritus*), and yet other authors as both soul and mind.[30] The definitions provided, of course, are not expressed in such simple terms; they are presented in depth in order to clarify the rational soul in a variety of ways. They treat the relationship of this soul to God and the body, and also focus on specific abilities such as movement, experience, indestructibility, etc. Some abilities are discussed in more detail, while others are presented very briefly. However, most important here are their sources – Ferrariensis was inspired by works of John of la Rochelle: *Tractatus de divisione multiplici potentiarum animae* and *Summa de anima*,[31] with particular reference to twelve definitions of souls in the former, and seven definitions of souls in the latter. Although not all the definitions in Canali's *De immortalitate* conform to those in *Tractatus*, the differences are minor. The dependencies are quite clear – as in the *Summa* and *Tractatus*, in Canali's treatise the relationship between the mind and the soul is the background to defining the rational soul.[32]

Interestingly, in this context it is worth noting that John of la Rochelle himself was characterized a compiler, because it was recognized that his intellectual endeavours consisted primarily of presenting selected findings of other philosophers.[33] Ferrariensis undoubtedly imitates him this approach, selecting particular fragments of various authors and placing them in conjunction so that they constitute separate arguments on any topic. La Rochelle's *Summa*, as we know, is largely dependent upon Alexander of Hales' *Summa theologiae* as well as Dominic Gundisalvi's *De immortalitate animae*, and by extension also on the sources used by these predecessors.[34]

The definitions given by Canali include one from Alfred of Sareshel,[35] four from the pseudo-Augustinian *De spiritu et anima* (the second, fourth, seventh and eighth),[36] one by Cassiodorus,[37] as well as single ones from Nemesius of Emesa,[38] Aristotle,[39] the book of Genesis,[40] Seneca,[41] John Damascene,[42] and the Pseudo-Augustine from the *De cognitione verae vitae*.[43]

The first definition given by John of la Rochelle in the *Tractatus* is that of John Damascene and Alfred of Sareshel; then follow three definitions from the pseudo-Augustinian *De spiritu et anima*; then from Nemesius and Aristotle, another two from *De spiritu et anima*[44] and finally from the book of Genesis, a letter of Seneca and from Plato.[45] It may be seen that Ferrariensis omits to include one pseudo-Augustinian definition and the one attributed to Plato, and instead decides to include a definition from Cassiodorus and another from pseudo-Augustus. Explanations of the definitions in *De immortalitate* do not come from the works of La Rochelle,[46] but the approach is similar – Canali does not favour any of the listed definitions but discusses them separately, without comparing them.

As for the digressions, the first concerns the nature of light and its operation. The author's approach remains the same – he presents various views on *lux* and/or *lumen*, coming from Democritus, Empedocles, Aristotle, St. Augustine, Avempace, Algazel, Albumasar, Albert the Great, St. Thomas, Bartholomew the Englishman and others, not providing – *nihil mirum* – an independently developed position, but pointing out that many intellectuals share Aristotle's view on this question.[47] Here one can find verbatim passages in Canali from Bartholomew the Englishman, Albert the Great and Gaetano da Thiene.[48]

The second digression concerns the way in which the soul is connected to the body. The author begins with an excerpt from St. Augustine about the Platonists' theory on the relationship between human and divine souls and bodies,[49] and then proceeds to the view of Averroes, briefly reporting it and noting that many Christians have discredited it. The most extensive section is devoted to ideas about the union of the soul with the body, and it is derived from the *Summa de anima* of John of la Rochelle; and we are not dealing here simply with the inspiration from a medieval philosopher's treatment of the subject, but indeed with content very similar to almost the entirety of the 40th chapter entitled *De modo unionis* of the *Summa*.[50]

The third digression deals with the problem of where in the body the soul is located and comprises a set of references (not always related to the specific question), among others to Lactantius,[51] Censorinus,[52] St. Ambrose,[53] St. Jerome[54] and Valerius Maximus.[55]

The section of the treatise devoted strictly to the issue of the soul's immortality begins with chapters in which the author attempts to refute the errors of those who reject immortality, including Epicurus, Aristippus and Dicaearchus. Canali always uses the same *modus procedendi*: the refutation is a collection of quotations from various authors, including those mentioned in the paragraph above, with the most frequent references being to Lactantius and Cicero.[56] Thereupon Canali announces that he will demonstrate the immortality of the soul by reason, authority and example.[57] The method of dealing with the question does not change: the chapters consist of an assemblage of quotations of an impressive variety. However, it is worth specifying exactly how the author understands the task he sets for himself. The first of the demonstrations (i.e. 'by reason') includes eleven arguments for the immortality of the soul: (1) the soul is the image of God;[58] (2) divine justice would not allow the human soul to perish after the death of the body;[59] (3) divine wisdom would not permit the death of the soul after separation from the body;[60] (4) contempt for this world most beautifully shows the immortality of the soul;[61] (5) God's omnipotence in the unity of prime contrarieties shows the immortality of the soul;[62] (6) the indestructibility of prime matter clearly shows the immortality of the soul;[63] (7) the removal of all contrariety from the nature of the soul shows that the soul is sempiternal, and how only God is immortal;[64] (8) everything that does not hasten to its destruction is immortal in its *esse*;[65] (9) the difference between the sensitive and the intelligible proves the immortality of the soul;[66] (10) just as the inseparability of sensitive operations proves the destruction of the senses, so the separateness of intellectual operations proves immortality;[67] (11) the appetite for happiness reveals the immortality of the soul.[68]

An analysis of these arguments reveals that a significant number of them have a theological foundation (this may be seen simply from the titles alone). In most of them both Christian and non-Christian sources are used.[69] Some arguments are just sets of examples;[70] the force of some of the arguments may easily be dismissed because of logical fallacies.[71] The philosophical elements of the arguments – again – correspond, at least in part, to passages from La Rochelle's *Summa de anima*; important is that references to this treatise are not accidental, but very deliberate.[72]

The further discussion on immortality includes testimony from figures of both the non-Christian and the Christian world. The method in which they are presented remains unchanged, i.e. always through quotations, but it is worth emphasizing the impressive variety of sources and the fact that there is no single pattern in the explanation of the views or attitudes of those selected – interestingly, for example, the author devotes only half a page to Saint Augustine[73] and to Saint Ambrose,[74] while Socrates and Aristotle are presented more extensively. As for the variety of ways in which the figures are presented, these latter two are good examples. Shorter quotations from Socrates are taken from Saint Augustine's *City of God* and Cicero's *Tusculan Disputations*,[75] while a rather long one is taken from Plato's *Phaedo*.[76] Aristotle's opinion on immortality is taken from Duns Scotus' *Opus oxoniense*. Ferrariensis rewrites the texts derived from Scotus about several of Aristotle's arguments, concluding with one from the third book of the *Ethics*, stating that a man must risk death for the sake of a cause (Scotus writes *pro republica*),[77] but then the author smoothly transitions to numerous quotations about heroic deaths, forgetting about Aristotle and – again – multiplying the number of examples. Then, before proceeding to a paragraph on Hermes Trismegistus,[78] preceded by a list of women distinguished for strength of mind or character,[79] he offers excerpts from Virgil's *Aeneid*,[80] Cicero's *On Duties*,[81] Saint Augustine's *City of God*[82] and Valerius Maximus' *Memorabilia*.[83]

In the final section of his compilation, Ferrariensis deals with what the soul experiences when separated from the body. He begins by 'proving'[84] that hell exists and is underground, and he ends by describing why the damned would rather not exist at all than remain in such a miserable state. He devotes separate chapters to recounting that demons inhabit the darkened air, that the sufferings of the soul are the result of the fall of the first parents and that the bodies of the damned are not destroyed by the fires of hell. All of this is restated, similar to the previous chapters, through a variety of sources, including mythological legends from philosophical and poetic works, as well as theological works.[85] He also takes up more strictly philosophical issues, for example, those discussed outside of religion, such as the division of the soul into parts and the way souls function when united to the body and after separation from it.[86] Although Canali does not completely refrain from religious texts, he returns to his favourite – as it seems – philosophical compendium, i.e. the writings of John of La Rochelle; the chapters here are mainly excerpts from La Rochelle's *Summa de anima*.[87] Importantly, we are dealing here again not with specific references, but with quotations that leave no doubt as to their source.[88]

Canali tackles the issue of immortality with neither the intention nor the ability to analyse it on his own. As a result, his treatise is a compilation (his own words are scarce in the text), selecting quotations so that they match the theme of every chapter. The character of the entire undertaking acquires a philosophical, theological and poetic dimension. The author emphasizes sources favoured by humanists: classical sources and early Christian thinkers. However, for philosophical considerations he draws mainly from the Franciscan tradition, more precisely from John of la Rochelle, who himself also largely quotes the opinions of others. Nonetheless Ferrariensis raises the method of compilation to a new level: although some sections of the work are very extensive quotations occupying several folios, others consist of numerous short quotations on similar topics, evidence of the author's quite impressive diligence in preparing the text.[89] As regards the substantive aspect of the treatise, our analysis shows that there are no original solutions here. However, the novelty of the approach should be appreciated; the arrangement of a variety of material creates a rich work on issues related to the immortality of the soul. Unquestionably, the author must have spent a great deal of time and effort in assembling such a collection of texts, witness to his strong desire to contribute to the burgeoning field in the fifteenth century of discourses on immortality.

Introduction to the Editions

The basis for the edition of Antonio degli Agli's essay is the manuscript Vat. Lat. 1494 (Biblioteca Apostolica Vaticana), which contains the only copy of the text. Leonardo Nogarola's treatise is preserved in two manuscripts: Biblioteca Medicea Laurenziana Plut. 83.22 and Ashb. 180. The first of these is probably a dedication copy in which there are a few corrections or errors. The second one is a working copy; the marginalia from Ashb. 180 written by a different hand are omitted in the edition. What is more, the preface to Nogarola's work is omitted because it is available in two other publications (see n. 13 in the chapter regarding Nogarola's defense of individual immortality), as well as the graphic representation of philosophical, metaphysical and theological 'trees' (*arbores*). Folios are distinguished by a single vertical line. In Ashb 180, several earlier parts of the text were included in further folios or quite extensive fragments are missing at all – this was marked in the edition with 'sic!' and '?' (e.g. after folio 187v the corresponding batch of text is found on folio 189r. On folio 188r, on the other hand, there is a yet further part of the treatise). Nogarola's relatively long treatise was divided into paragraphs. The Latin spelling of both texts was standardized. In the edition of Nogarola's treatise, if the variations concern only one word, it is not repeated in the critical apparatus.

5

Antonio degli Agli, *De immortalite animae*, Vat. lat. 1494, 91ra–97va

In margine: A de aliis, Episcopi Volaterani

    De immortalitate animae aliquid scripturus id praemonendum esse censui quod videlicet, si quos hoc legere forte contigerit, nihil affirmaturum, sed semper meliori atque exactiori iudicio subiturum esse me norit. Praeterea sciat unusquisque potius quaerendo et hanc materiam ventilando disceptandoque tantae rei me sufficere posse sperando, me aggredi ausum. Et licet mihi videatur in omnibus tum sermonibus, tum actionibus humanis animorum immortalitas seu aeternitas animadverti aliquando posse, haudquaquam tamen ipse mihi confido, quin haesito, et vix manus apponere audeo. Deum meum omnium bonorum pulchrorum verorumque principum comprecor, ut mihi assit tantumque ex sui spiritu numinis infundere dignetur, ut aliquid dicere valeam quod vel eo dignum vel mihi vel etiam aliis utile ac salutare esse quandoque contingat. Non enim inutilia haec, nisi mea me forte fallit opinio, fore penitus arbitror quod, si omnia indigna lectione perviderent, uni mihi legenda discutiendaque relinquant. Sed rem ipsam praestanti ac alacri animo iamdudum aggrediar.

    Si quis igitur consideret quam magna quam obstupenda ratione quam caelesti vi sermo seu oratio hominis constet non nisi immortalem et aeternum quodammodo animum hominis esse iudicabit. Oratio enim adminus duabus aut tribus constat dictionibus, ut si dicam: **91rb** 'Ego diligo deum', haec dictiones simul iunctae quid magnum significant, huius autem sententiae ratio ac necessitas aeterna est. Numquam enim eiusmodi termini eo pacto eaque significatione iungi poterunt quin idem in animo sensus exurgat. 'Ego' enim et 'diligo' ac 'deum' ab invicem separatis nihil tale significant, sed hoc pronomen, hoc verbum atque hoc nomen suis definitionibus in unum coacta gignunt in animo sensum, qui nihil est singulorum. Haec autem quacumque vel lingua vel idiomate verba praefato modo coniuncta idem significare necesse est; hoc idem vel nutibus forsan effici potest signis, item, litteris videlicet[1] aliisque signorum figuris quod profecto idem est. Haec autem ratio et necessitas nec frustra est nec aliter habere se potest, nec in tempore est, nec in loco, nec etiam moveri valet, ita ut aeternum quid esse manifestum sit. Aeterna autem nisi ab aeternis capi non possunt, sed animus hanc rationem optime capit, ergo animus est aeternus.

---

[1] 'videlicet' *sup. lin.*

Sed dicat fortasse quis: 'si aeternus est animus, minime factum esse necesse est'. Sed licet sit factus in eo² in arcanis quibusdam modis haec intelligit is, qui minime factus est. Cum enim intellectus, qui essentialis quaedam animi pars est, tunc vivere dicatur cum eiusmodi rationes intelligit. Ait Apostolus 'vivo ego, iam non ego, vivit autem in me Christus',³ pro quo verbum et rationem hanc aeternam intelligit quae licet vel immaterialis sit, nequaquam tamen in hiis vivit, vivere autem in nobis Deum est nos vivos efficere. **91va** Tunc enim ipsi vere vivimus, cum intellectu ac ratione nequaquam erramus. Tum vero non erramus, cum Deum lumen intellectus et bonum voluntatis esse et agnoscimus et amamus. Hoc lumen licet naturale esse dicatur, aeterni tamen radius Solis est. Hoc enim homo quo homo est inde plane est, ipsum vero lumen Deus est.

Quo autem pacto homini unitus sit, haud facile dixerim. Ita tamen in animo est uti unius Solis imago in speculis, etiamsi speculorum ad Solem conversorum mundum plenum esse contingerat, in quibus imago illa actiones Solis pro facultate et suo proprio modulo imitatur: lucet enim calefacit et Solis ipsius similitas in speculo cernitur; ita forsan in animo aeterni Solis imago Dei valet, quo fit ut divina divinitus operetur. Indeque animus, ipse aeternus quodammodo effectus, aeterna capere⁴ potest, quam dignitatem Deum homini perpetuo dedisse non ambigendum. Inde vel in malis perdurat ac etiam daemonibus, maiori tamen et sanctiori modo lucet in bonis. Nam naturale lumen tantum homines homines esse facit, boni vero, quo boni sunt, inde sunt. Ideo tamen boni quod plenius ipsum lumen suscipiunt, quapropter a Iohanne dictum, 'et de plenitudine eius nos⁵ omnes accepimus',⁶ nos, inquit, inibi omnes.

In psalmo vero, ut quod mihi videtur, et naturalis simul, et supernaturalis luminis mentio facta est. Supernaturalis cum dicitur 'dies diei eructat verbum', et naturalis cum sequitur 'et nox nocti indicat scientiam'.⁷ 'Dies' pro **91vb** Sole, 'nox' autem pro Luna, ut arbitror, posita. Sed naturale hoc est Lunae mystice acceptae lumen. Solis hoc est supernaturali lumine victum fit sicut Sol. Sol vero in caelum per excessum raptus septemplici fulget lumine, hoc est tantum habet luminis quantum septem Soles habere possent. Inde ait Esaias 'lumen Lunae sicuti lumen Solis, lumen autem Solis septuplum tum futurum'.⁸ Naturale igitur lumen Lunae, supernaturale hoc est lumen gratiae Soli. Excessivum autem septemplici Solis lumini comparatur. Lumen tamen, quod dicitur naturale, quod Lunae simile dici potest, eo quod aeterna capit, animam aeternam esse hominis manifeste declarat, quo quidem lumen ratio illa est, quae in anima ex rationis contextu esse depraehendit. Cum vero dicitur 'Deus oriri facere Solem suum super bonos et malos',⁹ radium forsan intelligit quo Lunam illuminat, hoc est quod et lumen naturale et bonis malisque commune est, idem tamen lumen, sed flexum atque reflexum, quod comparatione praedictorum lumen ita obscurum est, ut nox

---

² 'in eo' *iter. sed del.*
³ Gal. 2:20: 'Vivo autem iam non ego vivit vero in me Christus (…)'.
⁴ *Corr. ex* 'ccpere'.
⁵ 'nos' *sup. lin.*
⁶ Io. 1:16.
⁷ Ps. 18:3.
⁸ Cf. Is. 30:26.
⁹ Mt. 5:45.

appelletur noctique indicare scientiam affirmetur. Hoc lumine omnes etiam non vero cultui Dei dediti, rerum complurium scientiam didicerunt, artes invenerunt, mundum aliquomodo excoluerunt. Cum autem psalmographus Deo loquens ait 'deduc me in via aeterna',[10] lumen petere forsan videtur; via aeterna est ratio aeterna, qua animus ad veritatis lumen et ad vitae bonum perducitur. Hii vero **92ra** qui naturali tantum lumine praediti sunt, inferiora curant, minora intelligunt, quam quod lumen gratiae dicitur, ita ut veritatem quodammodo attingant, ad vitam tamen pervenire nisi maiori lumine nequeunt. Quoquo tamen pacto se habeat naturale lumen, aeternitatem nobis animorum, manifestissime innuit.

Cum rursus animus humanus dividat atque componat, quod etiam in oratione fieri,[11] deprehenditur immortalem esse[12] necesse est. Nihil enim aut dicit homo aut facit, quo homo est, in quo non sit aliqua divisio divisorumque coniunctio, quibus rationalis quidam vel sensus vel conceptus elicitur, in quo ratio est aeterna, quae non nisi per aeternum lumen quoddam <in> animo seu forma quaedam substantialis est agnoscitur; non enim absque eo rationale animal esse posset quod divinum quid est ab eo quod inseparabile, ex quo etiam aeternum et immortalem esse necesse est. Non enim aeternum quidem tenere posset nisi aeternus esset. Inde dictum in psalmo 'vivent corda eorum in seculum seculi',[13] hoc est semper. Nam in sacris litteris cor plerumque pro anima sumitur, quae si in seculum seculi victura est, numquam utique moritura, ergo immortalis. Intelligit etiam quid aliud anima hominis, intelligere autem est seu intus legere. Penetrat si[14] quidem usque ad cognitionem specierum, naturarum, reique cuiuslibet essentiae, quae ab omni prorsus materia amota sunt, ita ut sint simplicia, incorporea, spiritualia, quae ab anima humana compraehendi non possent nisi simplex **92rb** esset et incorporea. Quod autem tale est corrumpi non potest. Sed anima talis est, corrumpi igitur nequit, est itaque immortalis.

Anima rursus per intellectum ea tenet, quae aliter se habere non possunt nec potuerunt unquam nec poterant, quae omnia si aliter secundum substantiam ipsam habere se possent, ea utique nosse nequiret. Sed cum possit, immortalem esse necesse est. In anima ratio est tamen rationalis, quo fit ut ratiocinando ad veri cognitionem deveniat, proponit enim, assumit, concludit, in quo prorsus ratio aeterna est, quo fit ut vel ratio, qua in hanc agnitionem devenit, aeterna sit. Sed haec ratio ab anima inseparabilis est; enim illi essentialis, aeternam igitur et immortalem vel hinc esse manifestum est. Magna quidem res syllogismi ratio non enim fit absque divina ratione, indeque magna et obstupenda quaedam vis, qua dividit et componit, qua anima facere omnino nequiret, si a sua ratione recte dissimilis, sed ipsa ratio est, aeternam igitur esse necesse est.

Anima rursus intelligit beatitudinem, beatitudo nulla vera est nisi sit cum aeternitate coniuncta. Est enim status omnium bonorum congregatione perfectus,[15] qui quidem talis non esset, si aeternitate, quidem maximum quid bonum est, ipsa

---

[10] Ps. 138:24.
[11] 'cum' *add. sed. del.*
[12] 'e' *add. sed. del.*
[13] Ps. 21:27.
[14] 'g' *add. sed. del.*
[15] Cf. Boethius, *De consolatione philosophiae*, III.2.

careret;[16] hunc autem statum anima agnoscit, probat, amat, adipisci desiderat, quo igitur aeternum intelligit, aeternam esse necesse est, quo autem desiderat, immortalem se esse aperte innuit. Nam, si desiderium illud expleri non posset, frustra animis id Deus **92va** inservisset. Sed Deus nihil facit frustra, expleri igitur potest, si potest vel habere immortalitatem animam necesse est et est manifestum. Homines inter alia fama immortales fore desiderant, quo quidem desiderio adeo iis insito, etiam immortales animos a corpore separatos esse dignoscitur.

Animo homines meditamur, meditatio autem est cogitationem, actionem aut operationem aliquam antevertere, quae semper rationalis est, ita ut in meditatis aeternas rationes esse necesse[17] sit; quo fsit, ut vel hinc animae immortalitatem depraehendi nulla ambiguitate contingat; non turbari, non irasci, non ultionem decernere, non iniuriam ipsam agnoscere statuat, hoc autem ne corporis laesio ad animum transeat, quod multi nostrorum fecisse constat. Quodsi[18] animus meditando eo ascenderit, ut eum iniuria ac laesio corporis non attingat, manifestum est eum vel a vivente corpore quodammodo separari et eius naturae esse quod si se erigat suaque vi secum colligat, occidi possit, laedi non possit. Si igitur potest laesionem non sentire, quanto autem maior fuerit laesio, similiter amplior fiat virtus. Si laesio letalis sit, virtus itidem ad mortem subeundam excrescit, ut cum morte demum excelsior facta sit, vincat mortem, non vincatur a morte; si non vincitur a morte, immortalem esse animum plene iam constat. Illa enim vis sic est in animo ut calor in igne, qui nisi in igne sit, ignis minime est. Hinc animi **92vb** proprie aut potius essentiales virtutes agnosci possunt, quibus immortalem esse necesse est.

Animi rursus vi speculamur, quidam vero speculando ita a corpore abstracti sunt, ut defuncti esse crediti sepulti fuisse memorantur, ut Johanni cuidam Scoto viro eruditissimo atque acerrimo contigisse traditur. Ita enim cogitationibus altissimisque speculationibus in solam animi vim totus coibat, ut cum a corpore fere penitus amoveri tum videretur, etiam nisi custodem habuisset, tam diu forsan absortus et abalienatus a corpore permansisset, ut fortasse non sentientem emori contigisset. Quo quidem acumen a corpore quodammodo peregrinatus esse videbatur, quo etiam de immortalitate animi constare liquido potest. Haec eadem Carneadi olim philosopho contigisse dicta. Plinius vero in *Naturali Historia* quendam fuisse asserit, cuius anima non numquam peregrinabatur a corpore et ad loca propinqua perlata, quae ibi fierent reversa nuntiabat, quae perquisita[19] et vera fuisse inventa fidem miraculo faciebant.[20] Quod si ante mortem sic separatur et separabilis a corpore et immortalis esse putanda est, quod et de aliis animabus nulla dubitatione tenendum. Nam licet non eadem facilitas hiis inesset, eiusdem tamen naturae esse non ambigendum, ergo immortales. Apostolus Paulus per excessum ad tertium caelum ac in paradisum quondam ait raptum nescivisse tamen in corpore **93ra** an extra corpus; ille raptus, illa visio, ea

---

[16] Cf. Thomas Aquinas, *Summa theol.* Prima secundae q. 3 art. 2, in idem, *Opera omnia*, vol. 6 (Rome: Comissio Leonina: 1891), 27.
[17] 'est' *add. sed. del.*
[18] 'si' *sup. lin.*
[19] *Corr. ex* 'perquisisita'
[20] Plinius, *Naturalis Historia*, VII. 42.

revelatio fuisse dicenda esset, quae quidem actio animae immortalitatem innuere haud obscure videtur.[21]

Agnitio rursus virtutis proportionum variorumque numerorum ac rationum eadem aperit. Sint enim regulae, rationes ac vires animi tum initio, tum fine carentes, ita ut aeternae dicendae sint, quas cum et anima capiat et in ipsa anima sint, vel ipsam aeternam esse necesse est. Ab iis musicae numeri, ab hiis harmonia consonantiaeque exortae, vocum enim varia concorsque proportio efficit illud quod melos apellant, quod licet aures delectare videatur, non aures tamen, sed per aures intellectum capere id arbitrandum. Aures enim capiunt voces, illud autem unum quod ex consonantiis legitur, quid minime sensibile est, non nisi intellectui notum est. Aeternum enim quoddam est quod ab animo capi non posset nisi vel ipse eternitate praeditus esset. Aeternus igitur est animus. Inde canticis spiritualibus psallere nos apostolus cohortatur.[22] Numerative et dimensive rationes et regulae mirabile quid sunt, nec minus mirabiles sunt regulae quam rationes, hiis enim numquam erratur, harum etiam ratio aeterna est quae in animo est et licet disci oporteat huius tamen semina[23] in anima humana sunt, in qua esse non possent nisi quaedam intra ea esset similitudo atque proportio. Aeterna enim aeternis perfacile quadrant. Sed haec rationes ideo ab animo capiuntur atque tenentur, quia iis coaeternus, ergo immortalis seu aeternus est animus. Aeternum appello eo quod fine careat tantum, non etiam principio, quod solius Dei est. **93rb** Si exempla utriusque ponerem, prolixior aequo liber futurus esset.

Animus item intelligit longitudinem, latitudinem, sublimitatem et profundum, rationem videlicet horum quattuor tenet abstrahens per intellectum agentem, ita ut longitudo quae ratio est longitudinis ac etiam forsan intelligibilis species longitudinis, licet non sit longa nec brevis et ac tamen quodammodo sit longa et brevis, ita ut ea ratione longa et brevia metiamur; quae quidem longitudo dici infinita et potest et debet, qua tempus, locum, syllabas et alia huiusmodi plura dimetimur. Hinc versus componitur cuius ratio mirabilis et divinum quoddam dici dignissimum est, quam cum animus late possideat, divinum quid vel ipsum esse manifestum est, quodsi divinus et immortalis, nulla enim divina moventur talia. Latitudo, sublimitas et profundum eodem modo dimetienda atque abstrahenda sunt, a sphaera enim haec sumpta videntur, in qua haec sunt omnia; longitudo et latitudo in duabus dimensionibus, profundum in tertia, quod etiam forsitan pro centro, sublimitas pro superficie ponitur. Hinc ait quidam 'Deus est sphaera intelligibilis cuius centrum est ubique, centri circumferentia vero nusquam'.[24] Magna plane huius aenigmatis figuraeque ratio, ita ut capere eam mortale quid omnino non posset. Est igitur immortalis animus. Rationes enim horum per abstractionem capit omnium, ut mirer, quemquam esse in quem de animorum immortalitate cadere suspicio valeat. Sed quid multa, nihil agimus aut

---

[21] Cf. 2 Cor. 12: 2-4.
[22] Eph. 5: 18-19; Coloss. 3:16.
[23] 'semina' *in margine*; in the main text: 'snia'
[24] Cf. Alain of Lille's *Regulae de sacra theologia* (Patrologia Latina, vol. 210 [1855], 627; the seventh rule) et *Liber XXIV Philosophorum* (editio minima: https://www.themathesontrust.org/papers/metaphysics/XXIV-A4.pdf; accessed 22 May 2023), prop. II: 'Deus est sphaera infinita, cuius centrum est ubique, circumferentia nusquam'. Cf. É. Gilson, *History of Christian Philosophy in the Middle Ages* (New York: Random House, 1955), 174 and 636 (n. 129).

loquimur aut cogitamus aut comprehendimus utpote homines in quo[25] **93va** haec animorum immortalitas non plene cernatur. Hinc ordinem, modum, speciem, quibus perfectio constat universorum, agnoscimus. Omnia enim ordine, modo, et specie sunt facta, quae per pondus, mensuram et numerum quidam intelligi voluere quae a quodam sapiente ponuntur.[26]

Aedificativa[27] item hoc idem demonstrat in qua mutorum, ut ita dixerim, syllogismorum ratio clara aptaque innuitur. In pulchritudine etiam hoc idem colligitur, quae quodam decus est, ex decore ordinis, modi et speciei corporis prodiens, quae nihil est partium, sed quodam ex hiis omnibus melius, ex partium ipsarum modo, ordine, specieque exiliens, quod etiam aeternum quid est et intellectui tantum modo notum. Ex quo etiam animorum immortalitas aperte deprehenditur. Non enim corruptibile esse potest id quo haec intelliguntur. In cunctis enim divina ratio est cui simile esse oportet quod vi intellectiva haec capit. Ulterius etiam procedit intellectus humani vis, decus enim et pulchritudinem non solum in corporibus, sed vel in rebus incorporeis, et novit et contemplatur. Inde Esaias cum de Deo et viro perfecto loquatur, ait 'et regem in decore suo videbunt oculi eius'.[28] Et in psalmo 'Speciosus forma prae filiis hominum'[29] et paulo post 'specie tua et pulchritudine tua',[30] etc. Quin etiam virtus, officium, decorum et honestum, pulchritudinem in humano animo divino fulgore numineque conspicuam illustremque **93vb** conficiunt, quae divinis aeternisque constant rationibus, quae animus nisi divinus esset et aeternus, et ob quandam proportionem ac similitudinem hiis capiendis aptus, haud quaquam tam magna, tam angusta, tam pura, tam simplicia capere umquam sufficeret. Sed si dicat quis: hoc in pulchritudine esse corporea nullatenus potest, corruptis enim partibus pulchritudo, quae est aequalitas numerosa,[31] penitus evanescit. Verum non ita est. Ratio enim compositi ex ordine, modo et specie aeterna est, ita ut semper iis et in unum optime confluentibus idem decus, eadem pulchritudo protinus emicet. Ex decore enim exoritur pulchritudo quod

---

[25] 'homines in quo' *in margine*.
[26] *Sap.* 11:20: 'Sed omnia in mensura et numero et pondere disposuisti'; vide e.g.: St. Augustinus, *Confessiones*, I.7.12, (Patrologia Latina, vol. 32 [1841]), 666; ibidem, V.4.7, 709; idem, *De Genesi ad Manicheos*, I.21.32 (Patrologia Latina, vol. 34 [1845]), 188; idem, *De Genesi ad litteram*, IV.3.7 (Patrologia Latina, vol. 34 [1845]), 299; *De libero arbitrio*, II.20.54 (Patrologia Latina, vol. 32 [1841]), col. 1270; idem, *Contra epistolam Manichei quam vocant 'Fundamenti'*, XXIX.32 (Patrologia Latina, vol. 42 [1869]), 195. Pro ulteriori explicationibus et analysi, vide: J. J. O'Donnell *Commentary on Books 1-7*, in: Augustine, *Confessions*, II (Oxford: Oxford University Press, 1992), 46–51. Hic, Agli verisimillimum refert ad Petri Lombardi *Sententiae in IV libris distinctae*, book II, dist. 9, chap. 4.3 (ed. Collegium S. Bonaventurae, vol. 1 [Rome: Editiones Collegii S. Bonaventurae ad Claras Aquas, 1971], 374): 'Has autem invisibiles differentias invisibilium solus ille ponderare potuit, qui omnia in numero et mensura et pondere disposuit: id est in se ipso, qui est mensura omni rei modum praefigens, et numerus omni rei speciem praebens, et pondus omnem rem ad stabilitatem trahens, id est terminans et formans et ordinans omnia.' It is clear that *ordo* corresponds to *pondus*, *modus* to *mensura*, and *species* to *numerus*. Cf. also M. Ficino, *De raptu Pauli*, in idem, *Opera*, vol. 1, 701.
[27] 'h' *add. sed del.*
[28] Is. 33:16.
[29] Ps. 45:3.
[30] Ps. 45:5.
[31] Cf. St. Augustine, *De musica* VI,13 (Patrologia Latina, vol. 32), 1184.

est ex convenientia et congruentia inter se partium, aut potius ipsa convenientia est ex qua exsilit pulchritudo.[32] Est igitur aeternum quiddam in anima.

Quia etiam ad Dei imaginem et similitudinem, teste Scriptura, factus est homo, divina atque aeterna tamquam cognata et capit et contemplatur, quod facere, si esset mortalis et corruptibilis, omnino nequiret. Cum vero est in Genesi quod plasmato corpore hominis Deus spiravit in eum spiraculum vitae,[33] quod aliud hoc esse putamus quam quod eo spiritu eum fecerit ipsius divinitatis numinisque consortem;[34] fuit spiraculum illud tamquam radius quidam, quo uno vis intellectiva formari posse videtur seu visivam Solis radio formari perspicimus. Nam sicut oculus sine radio nihil omnino cernit, sic intellectus sine divino lumine nihil **94ra** intelligit; quod quidam vir magnus et vere adeo est doctus, Iacobus Apostolus, pulcherrime innuit dicens: 'Omne datum optimum et omne donum perfectum desursum est descendens a patre luminum, etc.'[35] Datum plene optimum naturale, donum gratuitum lumen, ut reor, intelligens. Inde dos a dando dicta; per datum optimum, id est naturale lumen, spiraculum vitae intelligendum esse videtur, quae quidem dos perpetua est animo, quo incorruptibilem et immortalem esse necesse est. Spiraculum enim illud non nisi divinum quid esse potest, hoc quidem datum illud vero, quo insufflans dominus ait discipulis 'accipite spiritum sanctum', donum gratuitum fuisse putandum quod idem Iacobus perfectum appellat. Inde illud spiraculum vitae, hic spiritus dictus, quare illud naturale datum, hoc gratuitum donum, illud optimum dictum, hoc perfectum; sed illo anima immortalis hoc etiam sancta, illo incorruptibilis, hoc etiam optima, illo aeterna, hoc etiam beata constituitur.

Quis igitur ita amens, ita vecors, ut tanto spiraculo tamquam optimo dato formatam animam mortalem corruptionique obnoxiam suspicetur esse? Si dicat quis hae auctoritates sunt, ac disputatio non auctoritate, sed rationibus fulcienda, verum sane est. Sed hae auctoritates, considerantibus auctorum dignitatem, maiestatem, divinitatem ac caelsitudinem rationibus potiores validioresque sunt universis; quapropter rationes auctoritatibus et auctoritates **94rb** rationibus miscere non piguit.

Licet multa dicantur esse in animo, una forsan est ratio omnium. Ars, disciplina, ratio numerorum, dimensionum et aliorum huiusmodi in animo sunt, hoc unum manifestum quod ratio horum non est nisi in anima. Ratio vero haec divina est, aeterna est, immutabilis, ita ut in animo esse non posset nisi talis esset, ut hanc tenere

---

[32] Haec definitio pulchritudinis eiusque permutationum satis longam habet historiam, i. a. in Ciceronis et S. Augustini operibus. Cf. Aristotle, *Metaphysics*, 1076a36; Cicero, *Tusculanae Disputationes* 4,13: 'Et ut corporis est quaedam apta figura membrorum cum coloris quadam suavitate aeque dicitur pulchritudo, sic in animo opinionum iudiciorumque aequabilitas et constantia cum firmitate quadam et stabilitate virtutem subsequens aut virtutis vim ipsam continens pulchritudo vocatur'; Cicero, *De officiis* I.28: '(...) pulchritudo corporis apta compositione membrorum movet oculos et delectat hoc ipso, quod inter se omnes partes cum quodam Lepore consentiunt'; Augustinus, *Epistola* (Patrologia Latina, vol. 33 [1902]), 65: 'Quid est corporis pulchritude? Congruentia partium cum quadam coloris suavitate'. Cicero et Augustinus saepe a scholasticis citantur, vide e.g. Alexander of Hales, *Summa theologica* I, 1, i. 1, tract. 3, q. 3, nn. 103, 162: 'Sicut enim pulchritudo corporalium est ex congruentia partium, ita pulchritudo animarum ex convenientia virium et ordinatione potentiarum, et pulchritudo in divinis ex ordine sacro divinarum personarum.'

[33] Gen. 2:7.

[34] 'confosortem' in textu originali, 'fo' *delevit*.

[35] Iac. 1:17.

et secundum hanc agere posset, proportionem enim subiecti et eius quod in subiecto est certum esse necesse est. Sed ratio seu vis quae hanc rationem capit talis est, est enim animae essentialis, ita ut sine hac anima humana esse non possit; illa vero, quae sunt in ea, quo intellectiva est, divina sunt omnia, aeterna, immutabilia, immortalis ergo est.

Quis rursus neget scientiam in anima esse? Scientia spiritualis est et aeterna. Est enim eorum, quae non possunt aliter se habere, ita ut esse nequeat nisi in sede pura ab omni concretione mortali libera atque soluta, incorporea videlicet et quae more sacrorum librorum spiritualis et simplex dicenda sit, ita ut corrumpi nullatenus possit, immortalis igitur anima. Consiliari rursus est animae, quo conferuntur quaedam, exanimantur, discutiuntur tempora rebus, res temporibus, loca locis, persone personis, casus casibus. Haec etiam rebus, temporibus et huiusmodi ceteris componuntur, ventilantur, distinguntur, etc., quorum ratio una est divina, aeterna, immutabilis, quae cum sit in animo aut ipsa quodammodo animus est, aut animus ipse non ea quid deterius esse potest, est ergo immortalis.

Ex habitibus actionibusque virtutum haec eadem probari facile possunt, ut verbi causa fortitudo est habitus quidam et est in voluntate **94va** utpote in subiecto proprio. Animus diffinit, dividit obiecta partibus assignat omnibus et inter cetera diffiniens fortitudinem, non ut hominis esse potest, sed ut ipsam exigit prout fortitudo vera et absoluta est; ita ut a cognitione humani habitus ascendat usque ad intelligentiam fortitudinis absolute, infinite et quae essentialis est, quae Deus ipse est, quae vincit omnia, potest omnia, a nullo vincitur, nihil ea potius, nihil maius atque perfectius, cuius participatione fortitudo praestat hominis; ita ut psalmographus Deum fortitudinem[36] et virtutem[37] appellet suam. Ad huius rei intelligentiam animus divina rursus ratione ascendit, qua ascendere nequiret, nisi ei essentialis esset, quod si ita est, immortalis animus est. Si item mortalis esset animus, Deus in eo iustitiae officium non posset. Si enim quidam iustus pro iustitia, pro pietate, pro confectione veritatis mortem subeat, quo pacto remunerari possit, si post[38] corporis resolutionem animus, cui remuneratio haec debetur, non supersit, ex quo etiam necesse esse constat animum post obitum vivere. Magnum quidem iustitiae vere meritum, ea enim Deum recto corde toto, tota anima, omnibus viribus totaque mente diligimus diligereque perpetuo cupimus; quae virtus tanta est, ut in hoc tempore remunerari non possit, animum igitur vivere post obitum opus est. Et quare Dei munera virtuti immortali intentione flagranti atque intenti parata immortalia fore aequum est, immortalem igitur **94vb** esse animum necesse est, ut hiis muneribus merito valeat.

Frustra rursus Deus hominem ratione praeditum condidisset, si post hanc vitam brevem miseriis, erumnis laboribusque refertam nihil de homine superesset. Sed neque infamia Deus notari possit, animum esse immortalem necesse est. Si enim secus esset Deus, ad supplicia, angustias et afflictiones condidisse homines videretur, quod divinae bonitati penitus repugnaret; decepisse etiam maiorem hominum partem animas immortales esse credentium, si aliter contingeret, quod de Deo credere impium atque inexpiabile crimen esset. David ait Deo loquens 'signatum est super

---

[36] Ps. 43:2, 'Deus, fortitudo mea'.
[37] Ps. 46:2, 'Deus noster refugium et virtus'.
[38] 'resurrectionem' *add. sed del.*

nos lumen vultus tui, Domine',[39] quod sane verum est, ut supra constat. Sed quis tam vecors, ut putet divinum lumen vultus sui in re corruptibili signavisse, ergo, etc. Heraclitus Ephesius cognomine Scotinus ait animam esse lucem,[40] quae opinio prae multis aliis quodammodo mihi probatur, nihil enim videtur nisi lux divina qua animus, seu oculus Solis[41] radio illustratus, vivus efficitur. Hac autem luce deus homines a ceteris animalibus voluit esse distinctos, qua etiam cum omnis animus et ratio constet, quaque fretus atque illustratus se ipso maior[42] ammittatur effici potest, immortalitate praeditum esse est manifestum. Ille vero qui ait 'animam esse numerum se ipsum moventem',[43] ideo forsan 'numerum' dixit, quia imago aeternitatis. Est enim, intelligit, amat, ut ignis, qui subsistit, lucet, calefacit. **95ra** Quod autem se ipsam moveat, ingens quam plurimum quaestio est, at ego facile quo hoc pacto esse valeat enodabo. Si lux divina est ea, qua a ceteris differt, homo animalibus quodammodo et movetur, et movet. Movere autem et moveri in anima intelligere, ut mihi videtur, est atque intelligi. Quo enim pacto moveat corpus, alia quaestio est. Ea enim luce intelligit se, intelligit ipsam lucem, intelligitur ab ipsa luce, quo lux ipsa est animae tamquam essentialis. Non enim ipsa esset anima hominis, si ipsa careret luce, sicuti oculus non esset perspicax amoto radio, quin potentia illa visiva esset informis et manca. Est igitur numerus trinus Dei, hoc est trinitatis imago, se ipsum movens, eo ut dictum[44] est quod lux illa ei essentialis est quodammodo, quo fit, ut homines a Domino dii in sacris litteris appellentur.[45] Sed cum dicat 'dii estis et filii altissimi omnes', cum dignitatem eos suam nec novisse nec honorasse videret, sequitur 'vos autem sicut homines moriemini et sicut unus de principibus cadetis'.[46] Quasi dicat cum dii[47] essetis maiestatem animae vestrae negligentes atque aspernantes homines divinitate quodammodo expoliati tantum effecti moriemini, hoc est luce illa non ad vitam, sed ad poenam modo vobis relicta interibitis. Et sicut unus de principibus cadetis, principes vero fuerunt angeli, quos a Domino descivisse seu defecisse eadem scriptura testatur. Quod autem ea lux ad poenam homini restiterit in Iuda manifestum est, qui ait **95rb** 'peccavi tradens sanguinem iustum',[48] quod ea luce ab anima inseparabili optime novit, quare tamen illi relicta ad poenam tantum non ad meritum fuerat; non egit poenitentiam, sed desperans laqueo suis manibus suspensus interiit.

---

[39] Ps. 4:7.
[40] *Die Fragmente der Vorsokratiker*, ed. H. Diels and W. Kranz, vol. 1 (Berlin: Weidmannsche Verlagsbuchhandlung, 1960) B118: 'αὐγὴ ξηρὴ ψυχὴ σοφωτάτη καὶ ἀρίστη' 'A dry gleam of light is the wisest and best soul'; vide: M. Ficino, *Platonic Theology*, vol. 2, 6.2, p. 154. Cf. G. Steiris, 'Searching for the Routes of Philosophy: Marsilio Ficino on Heraclitus', *Mediterranea. International Journal on the Transfer of Knowledge*, 4, no. 4 (2019): 57-74; L. Saudelli, 'Lux sicca Marsile Ficin exegete d'Héraclite', *Accademia*, 10 (2008): 29–42.
[41] *iteravit*.
[42] 'si' *add. sed del.*
[43] Cf. e.g. Aristotle *Topica* 6.3.140b2, Plato, *Phaedrus* 245e, Cicero, *Academica* 2.39.124; Plutarch, *On the Generation of the Soul in Timaeus*, 1012D; M. Ficino, *Theologia Platonica*, vol. 1, 3.1, 224.
[44] 'dictum' *iter sed del.*
[45] Cf. St. Augustine, *De civitate dei*, l. IX.
[46] Ps. 82 (81): 6-7.
[47] 'essesiti' *add. sed del.*
[48] Mt. 27:4.

Miror quam plurimos de immortalitate animae disserentes ambages implicare verborum vagarique per tenebras inextricabiles, sed parum advertere, quod quanto magis ad id demonstrandum laborant, tanto minus veritatem aperiunt. Non enim ad fontem inexhaustum, sed ad Tantali aquas, ut sitim extinguant, sollicite confluunt. Pudet enim eos cedere auctori sacrorum librorum, quorum sententias de anima, si eo volumine, quae signatae supra, explanare nitantur; lucem quae est ratio in anima luce, quae eadem est utique cernant. Cum enim Iohannes ait: 'erat lux vera quae illuminat omnem hominem venientem in hunc mundum',[49] lucem illam intelligit, qua anima hominis ab animabus differt ceteris et qua animal rationale homo dictus est, qua quidem anima obsignatur, et divinitatis et aeternitatis capax efficitur, quam cum dignitatem ac maiestatem dicendam animadverteret, postquam dixit 'signatum est super nos lumen vultus tui, Domine, adhibuit dedisti laetitiam in corde meo'.[50] Gavisus est enim ob illud signaculum non solum cum deo, sed debet quodammodo se esse dignoscens. Inde etiam a philosophis dictum: 'nosce te ipsum et eris felix'. Plerosque, ut ante perstricti[51] sumus, pudet credere sacrorum litterarum oraculis, quo fit **95va** ut[52] gentilium dicta assumere interdum compellerent.[53] Si quis igitur norit se ipsum, Deum quodammodo se esse intelliget quapropter additum 'eris felix'. Non enim potest non esse felix, qui, ut eorundem ait quidam, teste apostolo, ipsius – hoc est – Dei genus sumus.[54] Inde etiam in Canticorum Cantico a Deo animae humanae loquente dictum 'si ignoras te, o pulcherrima inter mulieres, egredere'.[55] Si ignoras te, id est genus tuum, ideo autem 'pulchra' appellata, quare essentiali pulchritudinis fulgore et specie obsignata est. Cum autem ait Iohannes 'de plenitudine eius nos omnes accepimus',[56] hoc idem innuit, anima enim essentiali illo fulgore signata, aeternitate quodammodo ac divinitate praecellit, quo aeternam et immortalem esse contingit. Inde eodem Iohanne teste unum cum Deo, nisi nos ipsi despiciamus, futuri sumus.[57] Inde vel Hermes Trimegistus ait 'magnum, o Asclepi, miraculum est homo ac adorandum atque honorandum; hoc in naturam dei transit, quasi ipse sit deus'.[58] Cum autem in libro *De re publica* ait Cicero 'unus erit communis quasi magister et imperator deus',[59] lucem illam intelligit divinam, qua lex naturalis in nobis a nobis sancitur, ob quam a Domino dictum est in Evangelio 'unus est magister vester',[60] quae ratio illa aeterna est, qua animam signatam esse superius diximus et ob quam immortalem esse contingit. Sed si dicat quis 'quo quaeso pacto vel immaterialis est illa lux', licet etiam hoc supra perstrictum sit, attamen vel hic aliquid non pigebit dicere. Cum enim

---

[49] Io. 1:9.
[50] Ps. 4:7.
[51] *corr. ad sensum.*
[52] 'vel' *add. sup. lin.*
[53] *corr. ad sensum.*
[54] Cf. Acts 17:28.
[55] Cant. 1:8.
[56] Io. 1:16.
[57] Cf. ibidem, 17:21.
[58] Cf. *Corpus Hermeticum, Asclepius*, 301–302: 'Propter haec, o Asclepi, magnum miraculum est homo, animal adorandum atque honorandum. Hoc enim in naturam dei transit, quasi ipse sit deus'; Cf. G. Pico della Mirandola, *De hominis dignitate*, ed. E. Garin (Florence: Vallecchi, 1942), 102.
[59] Cicero, *De re publica*, III, 22, 33: 'unus erit communis quasi magister et imperator omnium deus'.
[60] Mt. 23: 10.

Domino dictum sit a psalmista 'si ascendero in caelum, tu illic es; si descendero',[61] etc., constat eum esse etiam apud inferos. Sed illic iudex **95vb** vermis immortalis, ignis inextinguibilis suppliciorumque illator omnium.[62] Hinc occasione sumpta etiam ex infernis suppliciis animorum immortalitas aperte deprehenditur; hac enim luce, hac divina vi praeditus homo noscit rationem iustitiae, credit Deum esse, credit nosse omnia. Ad poenam tamen huic lumen verum relictum est, cumque perversissime ac nequissime quid duxerit multo deterius maiorique impietate atque iniquitate denique moriturus; sicuti Iudas, sicuti Iulianus imperator, qui dicitur Apostata, qui moriens blasphemiam confexioni convinxit dicens: 'vicisti Galilaee' – sic appellabat Christum, et quam plurimi alii, qui, cum male vixissent, pessime denique mortui sunt.[63] Quorum si anima cum corpore moreretur, puniri de impietate blasphemiaque non possent, quo fieret ut iustitiae aeternae lex locum habere non posset, quod ne contingere oporteat animam immortalem est necesse esse.

Multi de animae immortalitate disputarunt, quorum rationes ideo non huc transtuli, quod inde haurire potest; si quis id cupit; praeterea eorum rationes non sunt ita communes, ut ab omnibus percipi possent facile. Insuper etiam non semper ex hiis fontibus sumunt argumenta, qui proprie Christianorum sunt. Sacrorum siquidem litterarum tanta est auctoritas, ut quae ab ea dicuntur probatione non egeant. Ponunt tamen argumentationem passim firmitudine fundata, ut cum dicitur in psalmo aperte: 'Deus scilicet est fons vitae',[64] vitae – inquit – hominum, non aliarum rerum. Vita vero est **96ra** qua anima vivit, cuius fons si apud Deum est, immo Deus ipse fons vite est, anima mori plane non potest, apud Deum enim nihil corruptibile. Si igitur vita animi corruptibilis non est, nec ipse animus. Quo autem haec vita ad animam pertineat verba ostendunt quae sequuntur, ait enim 'et in lumine tuo videbimus lumen'.[65] Cum ait 'videbimus se cum ceteris hominibus visurum in lumine', Dei lumen autumat. Quod vita et lumen idem fere sit, est ibi manifestum ubi dicitur 'vita erat lux hominum, et lux in tenebris lucet'.[66] Informis enim ac plane tenebrosus est intellectus, potentia videlicet intellectiva hac luce non[67] praedita ut oculus in tenebris positus sicuti vel supra pluries dictum est. Absque hoc lumine intelligere omnino nequimus. Inde ait 'et in lumine tuo videbimus lumen'. Sed quod multa? Lumen quod est in intellectu quod seu forma est ipsius, eo quod divinum sit aeternum atque immutabile, quo animae constat ratio causa est immortalitatis.[68] Qualitercumque vis ubicumque vis, ac si ab hoc aliud invenis, haud quaquam verum tenere te noris. Omnis autem animi immortalitas ratio hinc plane dependet. Et licet argumenta varie torqueantur, hinc tamen emanare oportet lumen quo ratione probantur omnia. Si tamen unum hoc per plura vel argumenta vel testimonia requiratur, ut res planus constet, haud quaquam inutile futurum existimo.

---

[61] Cf. Ps. 138:8: 'Si ascendero in caelum, tu illic es; si descendero in infernum, ades'.
[62] Is. 66:24: 'Et egredientur, et videbunt cadavera virorum, qui prævaricati sunt in me: vermis eorum non morietur, et ignis eorum non extinguetur: et erunt usque ad satietatem visionis omni carni.'
[63] Cf. Vincentius Bellovacensis *Speculum quadruplex*, vol. 4 (*Speculum historiale*), Douai 1624, p. 557b.
[64] Cf. Ps. 35(36):10 'Quoniam apud te est fons vitæ: et in lumine tuo videbimus lumen.'
[65] Cf. ibidem.
[66] Io. 1:4-5: 'In ipso vita erat et vita erat lux hominum. Et lux in tenebris lucet et tenebræ eam non conprehenderunt'.
[67] 'luce non' *iter.*
[68] Sic! Non ACI post 'constat'.

Multa enim alia aperiuntur nequaquam hiis fortasse minora. Quodsi ipse fecero haud iniocunda fore quae dixero arbitror. **96rb**

Dictum est igitur in psalmo 'mirabilia opera tua, Domine, et anima mea cognoscet nimis'.[69] Nimia anime cognitio maxima intelligitur qua dei mirabilia agnoscuntur opera, per quae, apostolo teste, invisibilia Dei intelliguntur sempiterna quoque virtus eius atque divinitas. Et est adhuc qui ambigat eam animam esse immortalem quae divinitatis capax est Deique virtutis, quae cum sint incorporea ac spiritus non nisi a natura incorporea et spiritu capi possunt; quo etiam animam immortalem esse manifestissime patet. Si dicat forsitan quis 'Salomon ait se plura quaesivisse ut inveniret rationem, et non invenit.[70] quo igitur quaeso pacto invenient alli quod omnium sapientissimus non invenit'. Quam igitur dicimus esse rationem quam ipse invenire non potuit. Puto igitur hanc rationem esse rationum, qua fiunt, constant, conservanturque universa, quae alibi lux est dicta inaccessa.[71] quae a sapiente non invenitur. 'Deum enim nemo vidit umquam. Filius tamen, qui est in sinu Patris, ipse enarravit';[72] videtur tamen et non videtur,[73] ut Sol iste corporeus. Nam cum cernatur nobis, ipsi videmur, sed cum septuplum maior globo terre, ut aiunt, sit, ipsius tamen bipedalem diametrum nobis esse videtur. Hoc quidem pacto cernimus ac non cernimus. Rationem, quae cuique nota est, invenit Ecclesiastes; qualis tamen et quanta sit, minime umquam vidit. Eodem modo, ni fallor, Deus notus est atque ignotus. Cum vero perspective **96va** instrumentis consideratur Sol, magnitudo eius pene immensa esse[74] deprehenditur. Attamen inter oculum et Solem nulla comparatio, ille siquidem est infinitus, hic autem finitus.

Haud quamquam tamen contemnenda est illa cognitio, qua cognoscimus Dominum, ob ipsius immensitatem agnosci plene non posse, immo, tam magna est, ut non nisi a magno ingenio seu intellectu et quadam Deo proportione ac similitudine respondente haberi non possit, quo item immortalem esse animam manifestissime patet. Inde maius fuit Ecclesiasti nosse rationem agnosci non posse, quam si ei posse agnoscere videretur. Inde ipsemet ait 'dixi: sapiens efficiar et ipsa longius recessit a me multo magis quam erat'.[75] Quanto enim magis agnoscimus Deum, tanto incompraehensibiliorem esse videmus, ita ut seu in ignorantiam versa videatur esse sapientia, quo enim quis plus agnoscit, eo minus agnoscere sibi videtur; per immensum excedentis sapientiae est, quo etiam mirabilis planeque immortalis humanae vis agnoscitur animae. Sed quod plura? Sufficiat nobis scripturae auctoritas, quae omni ratione validior atque potentior, in Evangelio ait dicens 'nolite timere eos qui occidunt corpus, animam autem non possunt occidere';[76] et 'qui odit animam suam propter me in vitam aeternam custodit

---

[69] Cf. Ps. 138:14: 'mirabilia opera tua, et anima mea cognoscit nimis'.
[70] Cf. Eccl. 7: 28-29: 'Ecce hoc inveni, dixit Ecclesiastes, unum et alterum ut invenirem rationem, quam adhuc qaerit anima mea, et non inveni'
[71] Cf. I Tim. 6:16; Anselm, *Proslogion*, cap. 16 (Patrologia Latina, vol. 158 [1864]).
[72] Io. 1:18.
[73] Cf. titulus xiv capituli sancti Anselmi *Proslogion*: 'Quomodo et cur videtur et non videtur Deus a quaerentibus eum'. Cf. St. Augustinus, *Confessiones* 7.10.16.
[74] 'creditur' *add. sed del.*
[75] Eccl. 7:24-25.
[76] Mt. 10:28.

eam';[77] et alia innumera, quibus anima immortalis esse asseveratur. Iob vero non solum animam immortalem, sed corpore iterum vestiendam **96vb** esse testatur, ita ut in carne sua dicat visurum se esse Deum salvatorem suum.[78] In *Apocalypsi* Iohannis plus de futura vita animae scribitur quam de praesenti.

Iam demum ipse tamquam epilogum faciens etiam ex dictis aliqua strictim percurram. Deus plane iustus est, quo remuneraturum eum bona ab hominibus gesta, puniturum esse mala minime ambigendum est. Quod cum non semper fiat in hac vita, necesse est, ne in aliquo iustitiae executio deficiat, ut sit in quo ipsius iustitiae[79] iura effectum pro meritis sortiantur, sed fieri nequit, si anima non sit immortalis, immortalem ergo necesse est esse. Praeterea iustitia, ut scriptum est, convenienda est in iudicium; quod cum in hac vita minime fiat, in alia fieri oportebit, quod quidem effici nequit nisi anima a corpore soluta viva permaneat, immortalis igitur anima. Cum rursus delinquentis in Deum animae peccatum quodammodo infinitum sit, eo enim, qui infinitus est, laeditur, ex quo ita peccantis infinitum fore supplicium aequum est. Sed hoc nisi infinite fore non potest, necesse igitur est, ut anima sit immortalis, quo poena culpae exequari saltem tempore valeat. Cum Deus bonus sit ac sapiens, si amicos suos non digne remuneret, nec bonus sit nec sapiens. Horum enim merita aut nescire aut aspernari videretur quod ne contingat necesse est, ut anima post hoc tempus viva permaneat. Si rursus boni ut Deo fideliter ac solide famulentur, vitae **97ra** mortalis bona contemnunt, mala iniuria propter Deum patiuntur. Quod cum in hac vita semper laborarint, semper afflicti fuerint, si post hanc vitam anima extinguatur, decepti et illusi ab eo et deteriori conditione quam mali esse videntur; quod de Domino cogitare inexpiabile crimen est. Relinquitur ergo, ut necesse sit animam post hanc vitam esse perpetuo permansuram.

Hoc idem per rerum ordinem ostendi potest. Inter creata enim quaedam sunt simplicia et[80] incorruptibilia quae sunt substantiae separatae, quaedam composita et corruptibilia, quae sunt alia ab homine omnia, necesse est igitur, ut ordo rerum constet, ut sint quaedam quae ex incorruptibili et corruptibili mixta sint, quae sunt homines, quorum pars simplex et incorruptibilis est anima, ex quo etiam immortalis[81] deprehenditur. Gregorius ait in *Dialogo* 'homo superior est pecudae, inferior angelo',[82] quo fit, ut aliquid habeat commune cum summo, aliquid cum infimo: immortale

---

[77] Haec est coniunctio sententiarum evangeliorum Matthaei et Ioannis.cf. Mt. 16:25: 'Qui enim voluerit animam suam salvam facere, perdet eam: qui autem perdiderit animam suam propter me, inveniet eam'; Io. 12:25.
[78] Iob 19: 26-27.
[79] 'vita' *add. sed del.*
[80] *corr. ad sensum*; in the text: 'est'.
[81] *corr. ad sensum*; in the text: 'immortalem'.
[82] Cf. Gregorius Magnus, *Dialogi* 4,3 (Patrologia Latina, vol. 77 [1849]), 321; Locus precisus, ad quod fortissime de Agli refert in praecedente (quod continet ordinem rerum) et insequente parte huius tractatus, legitur: 'Nam quia post mortem carnis vivat anima, patet ratio, sed fidei admista. Tres quippe vitales spiritus creavit omnipotens Deus: unum qui carne non tegitur; alium qui carne tegitur, sed non cum carne moritur; tertium qui carne tegitur, et cum carne moritur. Spiritus namque est qui carne non tegitur, angelorum, spiritus qui carne tegitur, sed cum carne non moritur, hominum; spiritus qui carne tegitur, et cum carne moritur, jumentorum omniumque brutorum animalium. Homo itaque sicut in medio creatus est, ut esset inferior angelo, superior jumento, ita aliquid habet commune cum summo, aliquid commune cum infimo: immortalitatem scilicet spiritus cum angelo, mortalitatem vero carnis cum jumento.'

cum angelo quod[83] est anima, mortale cum pecude quod[84] est quidquid inferius, est anima[85] igitur immortalis. Item, sicut materia, quod vilissimum in compositione est, non corrumpitur, multo fortius anima, quod est supremum, corrumpi non posse putanda est.

Avaritia, quae infinitus est amor habendi, inde est quod sufficientiam cupiunt omnes, quae in hac vita haberi non potest. Quod ne frustra illud desiderium adeo homini insitum esse contingat, immortalem animam esse oportet, ut quod in mundo nequit expleatur in caelo. Gloriae cupiditas immensa cuique homini insita esse videtur, quae est cla **97rb** ra cum laude notitia,[86] cuius rei fons est a Domino, sed depravatur ab homine, quae quare in terra haberi nequit, speranda est in caelo, ubi et plena et sine vitio futura est, nisi anima sit immortalis, immortalem igitur esse necesse est. Nam homo Deus-homo fieri desiderat, quem instinctum homini Deus inseruit, quod plene optineri non potest nisi anima sit immortalis, ergo, etc. Amari homo vult ab omnibus quod fieri nequit nisi ubi plena sit caritas, quae non est nisi ubi iusti sunt[87] omnes, quod non nisi in caelo est. Ut igitur tali desiderio fieri satis possit, est enim adeo, immortalem esse animam necesse est, igitur, etc. Cupit rursus homo divino instinctu motus ibi esse ubi omnia amore, nulla autem odio digna sint, sed hoc non potest esse nisi apud superos inter quos non potest esse nisi immortalis, ergo. Deus hominem ea natura creavit, ut nondum depravatus videre cupiat iustos amatoresque omnes iustitiae. Sed hoc non nisi in caelo consequi potest, quo non nisi immortalis sit, adire valet, ergo, etc. Nam etiam illi insitum videre remunerationem iustorum et supplicia iniquorum quod quare iustum est desiderium ac etiam divinitus motum compleri necesse est; quod fieri nequit nisi anima sit immortalis. Non enim nisi in altera vita videri contingit, quo adiri nequit[88] ab anima nisi viva post hanc permaneat, ergo, etc. Agnoscere facie ad faciem Deum omnes optant quod in hac vita fieri nequit. Cum autem hoc **97va** iustissimum desiderium sit a Deo animo insitum, expleri necesse est, ne frustra id Deus dedisse videatur, ut igitur impleri possit, necesse est immortalem esse animam. In caelo enim tantum hoc exuta corpore adipisci ei continget. Haec eadem de desiderio innato homini agnoscendae veritatis cuius ratio, cum incorporea et spiritualis et incorruptibilis sit, a corruptibili intellectu intelligi nequit, ergo, etc.

Sed quid multa? Haec iam sufficiunt. Multa dici possunt, ne quicquam tamen plura quaeruntur, contemptu enim digna sunt argumenta mea haec – scio – omnia, quapropter si quem haec legere fortasse contingat, sic teneat, sic probet, ut sacrarum litterarum auctoritatibus ac testimoniis in cunctis adhaereat, quibus si quis non movetur, hiis moveri haud quaquam sperandum est. Omnia tamen quibus fides, spes et caritas libenter legenda sunt studioseque amplectenda, cuiusmodi quae hoc libello a me scripta sunt, esse credimus non igitur penitus aspernanda, Deo honor, etc.

---

[83] *corr. ad sensum*; in the text: 'que'.
[84] *corr. ad sensum*; in the text: 'que'.
[85] 'anima' *iter.*
[86] Haec est descriptio 'gloriae' in S.t Augustini *Contra Maximinum Arianorum Episcopum* (Patrologia Latina, vol. 42 [1869]), II, XIII, 770.
[87] 'homines' *add. sed del.*
[88] 'cum autem hoc iustissimum desiderium sit nisi anima sit immortalis' *add. sed del.*

6

Leonardo Nogarola, *De immortalitate animae*, Biblioteca Medicea Laurenziana, Plut. 83.22, ff. 2r–65v; Ashb. 180, ff. 185r–249v

P 2r | A 185r

1 Quaeritur utrum anima intellectiva hominis sit incorruptibilis et arguitur quod non. Omne illud cuius esse dependet ab alio, remoto[1] a quo dependet, non potest remanere; sed anima hominis dependet a corpore; ergo remoto corpore, non remanebit. Maior est manifesta, quia si posset remanere sine eo a quo dependet, non dependeret ab illo; et per consequens dependeret et non dependeret. Loquor de dependentia quantum ad conservari in esse et permanentia. Minor probatur, quia anima est actus corporis 2. *De anima*,[2] et per consequens informat corpus; si autem informat, necessario inclinatur ad illud, et per consequens dependet ab illo.

2 In oppositum est Aristoteles et Commentator 3. *De anima* in multis locis, ut videbitur infra clare. Unde commento 5. magno dicit Averroës et universaliter ista intentio apparuit a remotis 'animam esse immortalem',[3] et paulo post 'et hoc apologizaverunt antiqui et in repraesentatione illius conveniunt omnes leges'.[4]

3 In ista quaestione primo videbimus an anima hominis intellectiva sit incorruptibilis, secundo – praesupposito quod sit incorruptibilis – videbimus utrum anima intellectiva sit una in omnibus hominibus aut plures, et si una, utrum informet corpus vel sit in corpore sicut intelligentia in caelo, vel tamquam motor in mobili et nauta in navi, et circa hoc videbimus quae fuerit opinio Aristotelis.

4 Dimissis ergo multis quae ad fastum possent adduci circa opinionem philosophorum antiquorum qui de anima locuti sunt, tam Platonis ponentis ipsas in numero finito et propter octavam sphaeram ponentis redire aliquid idem numero, etc.; et[5] dimissa opinione Pythagorae ponentis animas intrare corpora indifferenter tam brutorum quam hominum et aliorum multorum quas enarrare

---

[1] illo *add.* A
[2] Aristoteles., *De anima*, II, 1, 412b5.
[3] Averroës, *Commentarium magnum in Aristotelis De anima libros*, III, 5, 409.
[4] Ibidem.
[5] ed P.

longum esset; accepta opinione Alexandri quam recitat Commentator 3. *De anima* qui quasi solus philosophus visus est ponere animam intellectivam esse corruptibilem et ipsam multiplicari ad multiplicationem individuorum speciei humanae sicut aliae formae naturales, | **P 2v** et generari et corrumpi, ut illae per nobilissimam mixtionem qualitatum primarum et dissolutionem eiusdem mixtionis,[6] curabimus illam improbare et animae nostrae immortalitatem ostendere. Volebat | **A 185v** enim illae ex mixtione illa nobilissima generari in nobis quandam virtutem seu potentiam perfectissimam, corruptibilem tamen, mediante qua possemus intelligere ea quae intelligimus, etc.

<Pro opinione de mortalitate animae>

5   Pro ista opinione arguitur sic. Nihil affirmandum vel ponendum est esse in rerum natura per philosophum naturalem quod naturaliter probari non potest, sed animam esse immortalem per rationes naturales probari non potest, igitur physice animam esse immortalem dicere non possumus. Maior est manifesta per Aristotelem in multis locis. Minor patet, quia omnes rationes adductae a Philosopho et ab aliis de immortalitate animae facile solvuntur. Unde Porphyrius *Ad Boetum* de animae historia inquit 'communis quidem hominum sententia immortalem esse animam praedicat, rationes vero quae a philosophis adducuntur, facile refutatae sunt'.[7]

6   Secundo arguitur sic. Anima est immortalis per te et multiplicatur ad plurificationem individuorum in specie humana, et mundus est aeternus physice loquendo 8. *Physicorum*[8] et in libro *De caelo et mundo*[9] et 12. *Metaphysicae*,[10] et species sunt aeternae 1. *Posteriorum*[11] et 8. *Physicorum*,[12] et infiniti homines mortui sunt, ergo infinitus numerus animarum actu est. Consequens contra Philosophum 3. *Physicorum*[13] et primo *Caeli*,[14] ergo anima non est incorruptibilis, multiplicata ad multiplicationem individuorum, et per consequens non stabit opinio fidelium cum opinione Philosophi.

7   Et si dicatur quod anima separata non est ens actu perfectum, cum ipsa fuerit pars totius et inclinetur ad perficiendum corpus, contra. Philosophus primo hanc inclinationem non concedit, quia cum inclinatio naturalis non sit frustra

---

[6] Averr., *In De anima*, III, 5, 393–98.
[7] Cf. Eusebius, *De praeparatione Evangelica*, in: idem, *Opera* (Basileae: per Henricum Petri, 1559), lib. XIV, c. III, 191.
[8] Praesertim: Arist., *Physica*, VIII, 1.
[9] Arist, *De caelo*, I, 10–12.
[10] Praesertim: Arist., *Metaphysica*, XII, 7.
[11] Cf. Arist., *An. Post.*, I, 6, 8.
[12] Arist., *Physica* VIII cf. Arist., *Physica* III, 6, 206a25–27.
[13] Arist., *Physica*, III, 6, 206a14–24.
[14] Arist., *De caelo*, I, 5–7.

praesertim in infinitis et infinito tempore, ergo naturaliter posset probari resurrectio. Et praeterea ibi 3. *Physicorum* Aristoteles loquitur de potentia, cum unum post aliud accipitur successive, ita quod simul non sunt, sed proceditur semper in infinitum aliud post aliud, accipiendo ut de instantibus in tempore et de punctis in linea, quae | **P 3r** talia actu non sunt, licet sint infinita in potentia.[15] Sed animae separatae, si essent actualiter, existerent sicut si essent ens per se, quod aliud non posset informare. Est enim differentia dicere 'est actus perfectus' et 'actu vel actualiter existit'. Et hoc ultimum habet Philosophus pro inconvenienti de infinitis, et ideo stat argumentum.

8   Tertio arguitur sic. Corruptibile et incorruptibile differunt plusquam genere, 10. *Metaphysicae*,[16] sed anima hominis et equi sunt eiusdem generis, tam generis subiecti quam praedicamentalis. Subiecti patet et etiam generis praedicamentalis, quia homo et equus sunt eiusdem | **A 186r** generis, quia ambo sunt animal, ergo anima equi et anima hominis sunt eiusdem generis saltem reductive, quia ratio specifica sumitur a forma, ergo si anima equi est corruptibilis, et anima hominis.

9   Et confirmatur ratio, quia si non esset corruptibilis, ergo quando homo moritur, non esset corruptio animae sed separatio; sed non repugnat naturaliter aliqua separata remanentia reuniri, ergo naturaliter posset probari resurrectionem hominum esse possibilem, quod a philosophis nusquam conceptum est.

10 Quarto. Impossibile est informare aliquid corporeum nisi simul fiat coextensio, sed omne coextensum corpori est eductum de potentia materiae, ergo anima intellectiva esset educta de potentia materiae, ergo corruptibilis. Maior patet, quia informare quamlibet partem alicuius importat coextensionem partium.

11 Quinto. Omne quod inducitur in aliud mediantibus dispositionibus qualitativis videtur esse eductum de potentia materie et extensum secundum materiam in qua coextenduntur dispositiones qualitativae; sed sic videtur in generatione hominis; ergo anima intellectiva est educta de potentia materiae, et per consequens corruptibilis. Unde secundum Aristotelem primo *De generatione*[17] et Commentatorem *De substantia orbis*[18] omnis forma inhaerens materiae per transmutationem[19] est generabilis et corruptibilis.

12 Sexto. Omnis forma quae ad sui operationem principalem utitur organo, videtur esse extensa et corporea; sed anima intellectiva ad intellectionem quae est sua operatio perfectissima utitur organo; ergo anima intellectiva est corporea.

---

[15] Cf. Arist., *Physica*, III, 6, 206a14–25.
[16] Arist., *Metaphysica*, X, 10, 1058b26–29.
[17] Cf. Arist., *De gen. et corr.*, I, 3.
[18] Averr., *De substantia orbis*, in Aristoteles, *Opera cum Averrois commentariis*, vol. 9, Venetiis 1562, I, 4L.
[19] transmutionem P.

Maior probatur per Philosophum primo *De anima*, ubi dicit 'quod secundum operationem separatum est, id erit separatum secundum esse'.[20] Minor probatur, quia intellectus hominis senis debilitatur, | **P 3v** ergo utitur organo. Nam si non uteretur organo, cum in intellectu senis sint plures scientiae quam iuvenis, ergo in sene magis perficeretur et tamen videtur oppositum.

13 Septimo arguitur sic. Philosophus habet pro principio quod quicquid incipit esse, desinat esse. Unde primo *De caelo* contra Platonem habet pro impossibili quod aliquid inceperit esse et sit perpetuum et incorruptibile.[21] Unde cuius est principium, eius est finis, secundum eundem 3. *Physicorum* capitulo de infinito.[22]

14 Octavo arguitur sic. Si anima est incorruptibilis et non est una in omnibus hominibus nec per coniunctionem cum phantasmate nec per informationem, ergo essent plures animae separatae. Consequens videtur inconveniens, quia frustra essent in natura. Tenet consequentia, quia non ponitur nisi una intelligentia in una specie, 12. *Metaphysicae* et primo *Caeli*,[23] quia possunt perpetuari, et 2. *De anima*,[24] 'quoniam communicare | **A 186v** non possunt ipso semper esse',[25] etc. Unde Averroës ibi divina natura miserta est eis, talia ergo non habent materiam ex qua insurgat differentia numeralis, et ideo si anima est incorruptibilis, una sola sufficit.[26]

⟨Contra opinionem de mortalitate animae⟩

15 Contra hanc opinionem arguitur primo probando quod anima intellectiva hominis sit immortalis sic. Illa potentia spiritualis, indivisibilis, immaterialis, et per consequens incorruptibilis est quae organo in operando non utitur; sed anima intellectiva non utitur organo in operando; ergo etc. Maior patet et probatur, quia omne quod corrumpitur, aut per se aut per accidens corrumpitur. Solum autem compositum per se corrumpitur, ergo anima intellectiva, quae est pars hominis, per se non corrumpetur, loquor in substantialibus, neque per accidens ad corporis seu compositi corruptionem. Probo, quia si in operando seu in recipiendo operationem propriam non utitur corpore neque parte corporis neque corporeo organo, ergo neque[27] in essendo dependebit a corpore nec illo indigebit. Probo consequentiam per Aristotelem primo *De anima*, ubi inquit

---

[20] Cf. Arist., *De anima* I, 1, 403a10.
[21] Arist., *De caelo*, I, 10, 279b31–32; 280a23–35; ibidem, I, 12, 282b3.
[22] Arist., *Physica*, III, 4, 203b9–10.
[23] Cf. Arist. *Metaphysica*, XII, 6, 1071b21; cf. immo Averr., *In De anima*, III, 5, pp. 401, 419–92, 434; cf. Ioannes Dymsdale *Quaestiones super libros Metaphysicorum Aristotelis X-XI*, X q. 21, ed. L. J. Thro and Ch. J. Ermatinger, *Manuscripta* 37, no. 2 (1993): 148.
[24] natura *add. sed. del.* A.
[25] Arist., *De anima* II, 4, 415b3.
[26] Averr., *In De anima*, II, 34, 182.
[27] a nec P.

'quod secundum operationem separatum est, id erit separatum secundum esse'.[28] Et ratio est manifesta, quia nihil potest agere ultra id quod est.[29] Unde per illam maximam Platonis nihil agit ultra gradum proprium.[30] Minor est Aristotelis 3. *De anima* expresse.[31] Unde nulla pars determinata corporis est quae requiratur ad habendum intellectionem, sicut requiritur oculus ad habendam visionem. Anima enim et ipsum organum seu ex his compositum est ratio recipiendi in istis, ut habetur ab Aristotele in principio *De sensu sensato*.[32] Intellectus autem ad sui | **P 4r** operationem habendam non utitur aliqua parte corporis tamquam organo, nec toto corpore tamquam uniformiter receptivo, sed intellectio recipitur in ipsa anima tamquam in proximo receptivo. Et ideo quia aliae operationes animae recipiuntur in organo, quod est quid corporeum et extensum ut visio in oculo et sensatio in nervo, ideo extense et corporaliter recipiuntur, et per consequens ad corruptionem compositi seu organi possunt corrumpi. Quod autem operatio intellectiva extense et corporaliter non recipiatur, probat Aristoteles, quia numquam abstracte et in universali et sine hic et nunc intelligere posset. Omne enim quod extensum est, particulariter sive rem particularem locum et tempus determinatum, necessario intelligit. Aliter contra illam maximam Platonis ageret ultra gradum proprium. Materiale enim non potest agere nisi materialiter, ergo numquam abstracte et sine hic et nunc. Si igitur anima non indiget corpore in operando, ergo nec in essendo, ergo poterit esse sine corpore, | **A 187r** et per consequens sine materia, et per consequens incorruptibilis, quia materia est principium corruptionis et generationis seu transmutationis, primo *Physicorum*[33] et *De substantia orbis* Averrois.[34]

16 Confirmatur praedicta ratio. Aristoteles 3. *De anima*, ubi ponit differentiam inter intellectum et sensum, dicit excessivum sensibile sensum corrumpere, lux namque maxima visum destruit. Unde maxima visa luce male et diminute magis caetera alia videmus, et sic intensissimus ignis tactum corrumpit, etc. Intellectus autem maximo intelligibili cognito magis perficitur et post illius intellectionem minus intelligibile facilius comprehenditur, ergo potentia intellectiva non debilitatur, et per consequens neque extensa et materialis seu corporea erit.[35] Et ideo vult Aristoteles et Commentator 3. *De anima* quod intellectus non est mixtus neque virtus organica, aliter ipse esset qualis calidus vel frigidus, patet, quia reciperet passiones corporis et organi sicut caeterae virtutes organicae.[36] Unde concludit Commentator quod si hoc esset intellectus, esset virtus complexionabilis seu

---

[28] Ioannes Duns Scotus, *Opus oxoniense*, ed. Vivès, vol. 20, IV, dist. 43, q. 2, 44a, cf. Arist., *De anima*, II, 2, 413b25, 413b29-31.
[29] potest *ante corr.* P.
[30] Cf. Arist., *De anima*, II, 4, 416a16-17; *Auctoritates Aristotelis*, 181, n. 87.
[31] Arist., *De anima*, III, 4, 429a24-26.
[32] Arist., *De sensu et sensato* I, 436b3-7.
[33] Arist., *Physica*, I, 9, 192a26-34.
[34] Averr., *De substantia orbis, passim*.
[35] Cf. Arist., *De anima*, III, 2, 426a30-426b3 et III, 4, 429a33-429b5.
[36] Arist., *De anima*, III, 4, 429a24-27.

superaddita virtuti complexionabili. Et hoc non est verum, quia non est virtus corporalis neque sensitiva, et sequeretur quod intellectus esset quaedam species sensus vel consequens sextum sensum sicut imaginativa vel phantasia sensum communem.[37]

17 Confirmatur ratio. Aristoteles primo *De anima* dicit quod illud quod corrumpitur, saltem substantiale, lento gradu aliquando debilitatur. Cum igitur videamus | **P 4v** quod intellectus hominis nunquam debilitatur,[38] ergo neque corrumpetur, videmus enim quod caeterae potentiae sensitivae debilitantur ut visus,[39] etc., ergo cum intellectus hominis semper perficiatur, sequitur quod per tempus longum non debilitabitur. Et si dicatur quod videmus aliquando senes delirantes, dico quod hoc accidit ex occasione phantasiae seu imaginativae vel sensus communis, unde videmus saepe tales reduci ad intelligentiam pristinam purgata phantasia vel sensu communi, ergo defectus non erat in intellectu.

18 Confirmatur ratio, quia anima nostra 3. *De anima* recipit species omnium rerum materialium sine materia, sicut cera anuli sine auro et ferro recipit figuram,[40] et si igitur sensus ipsi quorumdam sensibilium recipiant species, non tamen omnium rerum materialium, ergo intellectus qui secundum Philosophum 3. *De anima* possibilis[41] dico, est omnia fieri, et per consequens omnium species recipere erit immaterialis. | **A 187v**

19 Confirmatur ratio principalis et haec ultima confirmatio, quia si intellectus omnium rerum materialium cognitionem habere potest, ipse erit immaterialis. Probo consequentiam per Aristotelem 2. *De anima*: sensibile positum supra sensum non facit sensum, hoc est sensationem, albedo enim supra oculum posita non videtur.[42] Si igitur intellectus materialis est, se materialem intelligere non posset, sicut nec suam pupillam videt oculus nec potentiam visivam, et per consequens non esset omnia fieri. Et praeterea nullus sensus vel potentia sensitiva habet in se suum obiectum per se nec contentum sub obiecto. Nam si visus esset coloratus vel rubeus, omnia visa ab eo viderentur rubea, ut patet de vitro rubeo ante oculos posito. 2. enim *De anima* Aristoteles dicit sensum ab omni sub suo obiecto contento esse denudatum,[43] igitur si intellectus esset materialis, omnia intellecta apparerent materialia et solum cognosceret materialia, et non posset cognoscere se, quod est contra Philosophum 3. *De anima* quod non cognoscat se[44] et contra Philosophum 12. *Metaphysicae*[45] et 8. *Physicorum*[46] quod non intelligat

---

[37] Averr., *In De anima*, III, 6, 413–17.
[38] debilitetur A
[39] Cf. Arist., *De anima* I, 4, 408b19–31; ibidem, III, 4, 429a32–429b6.
[40] Immo Arist., *De anima*, II, 12, 424a17–25.
[41] Ibidem, III, 5, 430a10–14.
[42] Ibidem, II, 11, 423b17–25.
[43] Ibidem, II, 12, 424a17–29.
[44] Ibidem, III, 4, 429b6–10.
[45] Arist., *Metaphysica*, XII, 9, 1075a1–5.
[46] Non inveni.

immaterialia. Unde et illa intelligeret ea materialitate, qua ipse esset. Aristoteles enim 2. *De anima* dicit 'separatur autem hoc ab hoc tamquam perpetuum a corruptibili',[47] quod quidem dictum sive accipias quod loquatur de potentia sive de actu, omni modo sequitur intentum per illud quod dictum est. Unde conditio recipientis et recepti | **P 5r** debet esse proportionata, et per consequens qui ponit istas rationes in unam, videbit argumentum concludere. Quomodo autem immateriale possit cognoscere immateriale et materiale, alia ratio est non hic pertractanda, sive sit immateriale[48] cognoscens per essentiam suam cuius cognitio est sua substantia, sive cognoscat per species innatas[49], sive per reflexionem quae non possunt accidere in re materiali, etc.

20 Scotus in 4. *Sententiarum* videtur quasi sentire quod non possit demonstrari[50] naturaliter animam esse immortalem et quod solum per Aristotelem persuadetur hoc, et quod dubiose loquitur, et quod varie locutus est in diversis locis, etc., ut ibi.[51] Et in rei veritate fuit expresse intentio Aristotelis quod anima non sit extensa nec quantum ad operationem nec quantum ad esse, scilicet secundum suam essentiam vel naturam. Unde licet expresse non dicat quod remaneat post corpus vel non sine dubitatione, tamen expresse dicit ipsam esse immortalem. Et bene verum est quod non semper fortasse expresse[52] dicit ipsam esse immortalem, sed in aliquibus expresse, tamen ex dictis eius hoc semper potest elici. Unde cum dicit quod non inhaeret et quod est immixtus corpori, potest probari immortalitas; tamen in 3. expresse hoc dicit, ut probabo infra conclusive, et quod sit immixtus, et quod informet, et quod remaneat post corpus.[53] Tamen in aliis | **A 189r (sic!)** locis aliquando locutus est dubitative antequam veniret ad probationem, nam saepe etiam videtur loqui dubitative, quia non separabat[54] intellectivam a cogitativa seu perspectiva vel phantasia, sed loquebatur de omnibus istis insimul, ut ostendam infra, et ideo de hoc erat dubietas, sed postquam separavit et distinxit animam intellectivam ab aliis perspectivis[55] aliter locutus est.[56] Unde hoc fuit probatum a Philosopho – ut videbitur – quod forma intellectiva informabat et non inhaerebat, et quod remaneret post corpus. Sed propter inconvenientia quae sequebantur contra sua principia, non dixit quomodo, an scilicet transiret ad informationem alterius corporis, sicut ponebant antiqui de omni anima, aut quomodo ita quod non sequitur immediate ipsam habere principium et necessario sequi numerum infinitum. Et ideo etiam[57] multotiens videtur loqui dubitative de separatione a

---

[47] Cf. Arist., *De anima*, II, 2, 413b25–26, *Auctoritates Aristotelis*, 178, n. 52.
[48] 'Immateriale sit', sed inversio notatur per 'a' et 'b' P.
[49] Innatatas *ante corr.* P.
[50] demostrari A
[51] Ioannes Duns Scotus, *Opus oxoniense* (vol.20), IV, dist. 43, q. 2, 46a.
[52] non *add sed del.* A
[53] Cf. Philippus Faventinus (Faber), *Philosophia naturalis Johannis Duns Scoti ex quatuor libris Sententiarum et Quodlibetis collecta* (Venice: Apud Ioannem Baptistam Bertonum, 1602), 370a.
[54] in *add. sed exp.* P.
[55] pespectivis P
[56] Nam ... locutus est *marg.* AP
[57] superscipsit AP

corpore. Et hoc, quia non spectabat ad Philosophum loqui de anima postquam est separata a corpore, quia non poterat concludi quid fieret de illa separata, praesertim ponendo mundum aeternum; tamen cognovit expresse et probavit animam esse inextensam. Et propter hoc Averroës, ut salvaret inconvenientia quae sequebantur contra principia Aristotelis, invenit suam phantasiam, ut anima esset immortalis et esset unica in omnibus hominibus, etc.

21 Scotus igitur in 4. distinctio 43. non facit hoc argumentum quod ego feci[58], sed | **P 5v** solum adducit illas duas auctoritates Aristotelis, scilicet 2. *De anima* quod intellectus 'separatur a caeteris sicut perpetuum a corruptibili',[59] et 1. *De anima*: si est separatum secundum operationem, etiam secundum esse. Huic enim rationi respondet quod Aristoteles intelligit illam separationem non praecise, sed in hoc quod intellectus non utitur organo in operando et per hoc est incorruptibilis in operando, loquendo de illa corruptione qua virtus organica corrumpitur propter corruptionem organi. Et illa sola corruptio competit potentiae organicae secundum Philosophum primo *De anima*: 'si senex acciperet oculum iuvenis, videret utique sicut iuvenis'[60], ergo ipsa potentia visiva non est minuta seu corrupta quantum ad operationem, sed quantum ad organum tantum. Nec tamen ex illa incorruptione intellectus, quia scilicet non habet organum per cuius corruptionem posset corrumpi in operando, sequitur quod sit simpliciter incorruptibilis in operando, quia tunc sequeretur quod in essendo, sicut tunc argutum est; sed tantummodo est incorruptibilis in operando illo modo quo potentia organica. Tamen poneretur simpliciter corruptibilis iuxta illud tertii *De anima*: intellectus corrumpitur in nobis quodam interius corrupto, et hoc pro tanto, quia poneret[61] principium ipsi communi composito operandi operationem propriam eius. Sed compositum est corruptibile, ergo et principium operationum eius quod autem sit principium operandi toti et operatio eius sit operatio totius, videtur Aristoteles dicere primo *De anima* ibi scilicet: 'si quis dixerit, etc'. | **A 189v**

22 Sed contra hoc arguitur, quia si operatio intellectus non est in organo vel in potentia organica seu intellectus in intelligendo non utitur organo, et est extensa in corpore vel in potentia extensa in corpore, ergo sua operatio imperfectior omni operatione virtutis organicae sensitivae. Probo consequentiam, quia nos videmus quod in formis nobilioribus et potentiis datur nobilius organum ascendendo usque ad phantasiam, et videmus alias virtutes[62] imperfectiores non uti organo ut in igne potentia calefactiva et sic in caeteris non animatis,[63] ergo si intellectus vel eius operatio sit extensa in corpore et non habeat organum, est imperfectior caeteris;

---

[58] Ioannes Duns Scotus, *Opus oxoniense* (vol. 20), IV, dist. 43, q. 2, 44a, 46b-47a (argumentum et responsum ad id respective).
[59] Arist., *De anima*, II, 2, 413b26-27.
[60] Arist., *De anima*, I, 4, 408b23-24.
[61] poneretur A.
[62] activas *add. sed exp.* A.
[63] nanimatis *ante corr.* P.

nam aut est extensa per totum corpus aut in parte, et per consequens aut illa pars erit organum ut in caeteris aut erit potentia extensa seu operatio in potentia extensa ad extensionem corporis minus dispositi quam caeterarum potentiarum, ergo minus cognoscet. Unde videmus quod potentia | **P 6r** ignis calefactiva nec ipse ignis potest videre, et per consequens non habet organum ad hoc dispositum. Et ideo non datur anima nisi in corporibus organicis propter excellentiam. Unde 2. *De anima*: 'anima est actus corporis organici',[64] et per consequens anima intellectiva ut intellectiva, saltem secundum illos qui ponunt plures formas, excludetur a definitione animae, aut habebit nobilius organum, contra te et Philosophum, aut non extendetur ad extensionem corporis; et per consequens erit immaterialis, ut declarabitur infra, et per consequens non corrumpetur ad materialis corruptionem, licet hoc expresse non dicat Aristoteles.

23 Item, quaero utrum ista anima vel potentia sit extensa vel inextensa. Si inextensa, ergo non dependet a corpore, quia omne inextensum est immateriale, immateriale autem non dependet a materiali, ergo ad corruptionem corporis non corrumpetur. Et maxime ista sunt vera in formis substantialibus. Si extensa, sive utatur organo sive non, aut est potentia activa vel passiva, aut utrumque. Si passiva, ergo recipit operationem extense, ergo nihil cognoscit sine hic et nunc. Si activa, vel activa et passiva, sive agat suam operationem in extrinsecum vel intrinsecum, non curo, licet tamen operatio immanens, de qua loquimur, capio illud in quo agit operationem suam, scilicet in quod recipitur utrum sit extensum ad extensionem corporis aut non. Si sic, ergo operatio recipietur in illo extense, ergo non poterit intelligere immaterialiter et abstracte et sine hic et nunc, cuius oppositum experimur in nobis. Si non, ergo ut supra. Aristoteles ergo non solum loquitur de organo, sed etiam de corpore, scilicet quod non est extensus ad extensionem corporis multo | **A 188r** magis. Unde in 3. dicit 'sensitivum quidem enim non sine corpore est, hic autem separatus est',[65] et in eodem capitulo supra: 'necesse itaque, quoniam omnia intelligit, immixtum esse',[66] et ibi quaeritur 'neque misceri rationabile est ipsum corpori, qualis enim aliquis utique fiet aut calidus aut frigidus, si organum aliquod erit sicut sensitivo, nunc aut[67] nullum est';[68] et in 3. *De anima*, ubi quaerit quomodo est intelligibilis, respondendo dicit 'ipse autem intelligibilis est sicut intelligibilia, scilicet abstracta', sequitur 'in his quidem enim quae sunt sine materia, idem est intellectus et quod intelligitur'.[69]

24 Illud autem quod adducit Scotus quod anima non intelligit, sed homo, etc.,[70] | **P 6v** ad hoc respondet Scotus in *Quolibetis* ibi utrum angelus possit informare

---

[64] Arist., *De anima* II, 1, 412a27–28.
[65] Ibidem, III, 4, 429b.
[66] Ibidem, III, 4, 429a.
[67] autem A
[68] Arist., *De anima* III, 4, 429a.
[69] Ibidem, III, 4, 430a2–5.
[70] Cf. Ioannes Duns Scotus, *Quaestiones quodlibetales*, q. 9, 14, in idem, *Opera omnia*, ed. L. Wadding, vol. 25, (Paris: apud Ludovicum Vivès, 1891), 389a.

materiam de proximo receptivo et remoto praeclarissime,[71] ut videbitis infra in declarando sensum Aristotelis contra Averroëm. Aristoteles ergo ibi non facit differentiam de corpore et organo, unde apud ipsum sequitur: si anima est extensa in corpore, ergo habet organum, quia anima extensa in operando utitur organo, ergo si non habet organum, non est extensa in corpore.

25 Ex ista prima[72] ratione possumus inferre illam potentiam esse abstractam et immaterialem quae se suumque actum cognoscere potest. Unde nulla potentia sensitiva se et suum actum cognoscit ut visus, etc. Sed damus potentiam superiorem quae inferiora cognoscit, ut sensum communem respectu quinque sensuum vel suorum actuum, et supra istam ponimus phantasiam, etc., ut patet 2. *De anima*.[73] Et cum non sit processus in infinitum et natura non sit frustra, et per consequens debeat dari aliqua potentia quae cognoscat illam potentiam ultimam et suos actus, maxime ponendo secundum Philosophum et Averroëm 12. *Metaphysicae* quod intelligentiae superiores non cognoscunt ista inferiora,[74] et per consequens tunc a nulla potentia intelligerentur, et ideo necessarium est quod illa potentia ultima sit reflexiva et circularis, et per consequens immaterialis, cognoscendo se et suum actum, quia materiale non potest se elevare. Et per consequens illa potentia est immaterialis quae intelligit aliqua quae solum per discursum possunt intelligi, ut sunt relationes et secundae intentiones et entia rationis. Concludere materiam primam esse et rem abstractam, ponere differentiam inter abstractam et non abstractam, intelligere abstracte et sine hic et nunc | **A 188v** discurrere, cognoscere aeternitatem et infinitatem, et velle probare se esse immaterialem, nihil enim agit ultra gradum proprium, scire se non posse decipi in aliquibus, ponere differentiam inter ens et non ens, possibilia et impossibilia, et per longum tempus futura iudicare, intelligere quid est discurrere notam illationis et conditionis, intelligere quantitatem distinctam a substantia et alia septem praedicamenta respectiva, distinguere motum a tempore, invenire influentias astrorum et geometricas conclusiones, arithmeticas et perspectivas, disputare de alia vita et illam probare, creationem rerum invenire vel aeternitatem | **P 7r** intelligere, et Unum omnibus providentem et ratione solum non coacte vel passione plus amare quam se, sic quae sola ratione non metu aut vi delectabilia fugere et nociva imitari, haec et his similia cognoscere et velle rem materialem est impossibile.

26 Ex hac etiam deducitur alia. Illa potentia est immaterialis et incorruptibilis quae habet pro obiecto suo aliquid commune materiali et immateriali, sed obiectum intellectus est ens vel verum quod est commune materiali et immateriali, ergo ipsa est immaterialis, et licet pro statu isto quidditas materialis dicatur obiectum intellectus, est obiectum immutativum non attingibile solum.

---

[71] Ibidem, q. 9, 379a–400b.
[72] prima *superscripsit* P
[73] Probabiliter refert ad secundum capitulum secundi libri *De anima*.
[74] Arist., *Metaphysica*, XII, 9, 1074b34; Averr., *Commentarium in libros Metaphysicorum*, in Aristoteles, *Opera cum Averrois Commentariis*, vol. 8 (Venice: apud Iunctas, 1562), XII, 51, f. 336vb.

27 Praeterea 2. *De anima* natura nihil frustra facit[75] et appetitus naturalis non est frustra, ergo si homo vel anima intellectiva appetit perpetuitatem vel semper esse naturaliter, ergo illud quod appetit non corrumpetur. Cetera enim omnia animantia licet fugiant mortem naturaliter, non tamen intelligunt perpetuitatem nec semper esse. Unde illam non possunt appetere nec intelligunt quid sit non esse. Et ideo homo esset omnibus animalibus miserior et magis posset imputare Deo et naturae, quia cetera animalia non intelligunt se in nihilum tendere et post mortem nihil esse, sicut intelligeret homo, et ideo valde deficeret natura in homine, ergo si natura non deficit, anima hominis immortalis erit. Et ex hoc sequitur quod illa potentia quae appetit esse simpliciter et illud cognoscit, illa est immaterialis, esse enim simpliciter abstrahit ab hic et nunc, et per consequens tale esse non subiacet corruptioni. Licet enim aliquis posset appetere esse, non tamen | **A 191r** intelligunt quid est esse simpliciter et abstracte, et hoc solum potentia immaterialis potest intelligere.

28 Ad istam rationem licet Scotus in 4. velit respondere distinguendo de desiderio naturali proprie dicto, quod non est aliquis actus elicitus sed sola inclinatio naturae, et de desiderio naturali minus proprie dicto quod scilicet est actus elicitus, sed concorditer inclinationi naturali, etc. Et de primo desiderio dicit quod tale desiderium non probatur esse in natura, nisi primo probetur possibilitas in natura ad illud; et secundum desiderium naturale non potest probari esse in natura, nisi prius probetur quod ad idem sit desiderium naturale primo modo; et multa alia ut ibi. Et cum probatur quod ad immortalitatem erat[76] | **P 7v** desiderium naturale, dicit quod illa probatio concluderet equaliter de quocumque bruto, et dicit quod hoc intelligitur in continuatione speciei in diversis individuis, tam in bruto quam in homine.[77]

29 Sed arguit contra se sic. Semper videtur stare quod fugiens unum oppositum, scilicet mortem, non fugit nisi propter amorem alterius oppositi, scilicet vitae. Respondet. Concedi potest quod ex hoc sequitur cum fugiat mortem pro nunc, ergo amat vitam pro nunc et sic de quolibet nunc signato, sed non sequitur ergo pro infinito.[78] Et ideo dixi tibi supra quod bruta non intelligunt illam perpetuitatem, et ideo homo qui potest illam intelligere et intelligit, potest illam appetere etiam naturaliter vel actu elicito concorditer inclinationi naturali et rationi rectae.[79] Probo, quia omnes naturaliter appetunt beatitudinem[80] et actu elicito rectae rationi conformi[81] appetunt beatitudinem in speciali, ut dicam nunc in alio argumento; et beatitudo in speciali vera quae potest probari ratione naturali, requirit

---

[75] *Immo* Arist. *De anima* III, 9, 432b21; 434a31.
[76] desi *add. sed exp.* P
[77] Ioannes, Duns Scotus, *Opus oxoniense* (vol. 20) IV, dist. 43, q. 2, 58ab.
[78] Ibidem, 160.
[79] Cf. supra, n. 27.
[80] in speciali *add. sed exp.* P
[81] rectae rationi conformi] conformi rectae rationi A

perpetuitatem et securitatem, ergo appetitu elicito conformi rectae rationi potest appeti perpetuitas essendi. Unde ipse concedit quod illud naturaliter desideratur quod apprehensum statim actu elicito secundum rationem rectam non erroneam desideratur, quia illa pronitas non videtur esse nisi ex inclinatione naturali. Et praeterea, ut dixi, miseria magis inesset homini quam caeteris animantibus, cum cognoscat illud semper esse et post mortem nihil esse. Nec valet dicere quod homo debet velle vivere secundum possibilitatem suae naturae,[82] | **A 191v** sicut arguit ipse quod fugiens unum oppositum non fugit nisi propter amorem alterius oppositi. Ita arguo: corruptio hominis est ipsi composito violenta, et per consequens contra naturam eius quandocumque hoc sibi accideret etiam per infinitum tempus; quia quocumque tempore dato in quo moreretur, illa corruptio esset sibi violenta et per consequens non naturalis, ergo appetitus oppositi erit sibi naturalis. Ergo in quocumque tempore et pro quocumque tempore appetit[83] vitam, appetit naturaliter, quia si pro illo appeteret mortem, appeteret quod est sibi violentum et contra naturam. Unde sicut bruta, quia non cognoscunt nisi ipsum nunc, non amant vitam nisi pro nunc naturaliter et desiderant, et sic de quocumque nunc, sic homines qui non solum cognoscunt nunc, sed etiam futurum in quantum futurum et perpetuitatem,[84] ideo possunt illam naturaliter desiderare sicut oppositum naturaliter fugere, ut dixi. | **P 8r**

30 Item, arguitur sic. Illa potentia quae est libera in agendo et ducit et non ducitur, est immaterialis; sed anima intellectiva est libera in agendo; ergo est immaterialis. Maior probatur, quia omnis potentia materialis naturaliter agit vel patitur, capiendo naturale ut opponitur libero. Minor patet, quia aliter destrueretur tota philosophia moralis Aristotelis, ut etiam ipse dicit de heremitis,[85] ut videbitur et nulla daretur virtus, quia nullus virtuosus nisi libere agat, et non laudaremur neque vituperamur, quod est contra totum librum *Ethicorum*. Et frustra divideret Aristoteles 2. *Physicorum* agens in naturale et a proposito, etc., ut in multis locis recitat de libero voluntario et[86] de partim voluntario ut[87] de proiciente merces in mari,[88] etc.

31 Item, arguitur sic. Natura esset frustrata, si species in nullo suo individuo posset attingere finem suum; sed homo vel anima intellectiva in hoc mundo non potest attingere finem suum, nisi ponas unicam animam in omnibus hominibus modo Commentatoris, et per consequens perpetuam; ergo necessarium est ipsam post corpus remanere, ut consequi possit finem suum, si non vis ponere

---

[82] Nam et bruta habent possibilitatem suae naturae, ut quocumque tempore possint mori et tamen in quocumque instanti *add. sed del.*; imminet mors fugiunt illam et si sint in extrema senectute vel debilitate et tamen ille appetitus est naturalis – in uncis A
[83] appetit *repetivit super lin.* P
[84] et *add.* P.
[85] Averr., *In Metaph.*, X, 16, f. 263va.
[86] *Sup lin.* P.
[87] *Marg.* P.
[88] Cf. Arist., *Ethica Nicomachea*, III, 1 1110a9–12.

modo Averrois. Minor est satis probata a me in libro sacro[89] et a Scoto in 4.,[90] et hoc in multis rationibus, et praesertim de nobilissimo contento sub suo obiecto, scilicet ente et clare viso ut ibi, etc., ergo anima remanet post corpus, aliter ista non posset comprehendere. Scotus in primo quaestione prima[91] et in 4. dist. 43. tenet oppositum[92], sed in eodem 4. distinctio 48. | **A 190r** probat pulchre quod vera beatitudo hominis potest ratione naturali demonstrari.[93] Et tunc, ut concordes ipsum, dicas quod licet noster finis possit probari ratione naturali, tamen illa quae reddunt finem appetibiliorem, non possunt ratione naturali probare. Et hoc dixit ipse in primo quando loquitur de istis, licet non expresse dicat: vide bene ibi et elige.

<Pro opinione de una anima intellectiva non informanti corpus>

32 Probata immortalitate animae, videndum est primo an[94] anima intellectiva scilicet sit una in omnibus hominibus vel plures. Et si una, aut una non informans corpus modo quo ponit Averroës, ut nunc declarabimus, aut una informans essentialiter tamquam pars omne corpus humanum, sicut dicit Paulus de Venetiis illam fuisse opinionem Aristotelis[95] quem vere in hoc non intellexit.

33 Est ergo prima opinio Averroës unicum esse intellectum in omnibus hominibus | **P 8v** non informando tamen, sed cuiuslibet hominis dedit propriam formam, quam cogitativam vocat, quae universalia comprehendere non posset, sed solum cuiuslibet praedicamenti singularia; et hanc dicebat informare materiam illamque esse corruptibilem sicut ceterae animae brutorum. Ultra autem istam propriam posuit animam intellectivam quam per se existere dicebat esseque indistantem a corpore humano nobisque coniungi ac uniri per phantasmata, phantasma enim causabat species in intellectum per quam causationem intelligitur coniunctio. Dicebat enim hominem intelligere per continuationem intellectus cum eo in actu, et intelligebat istam continuationem non quantitative nec alio modo nisi per dependentiam[96] actualem ipsius intellectionis ab aliquo existente in corpore nostro. Nam ipsum intelligere non solum dependet ab intellectu, sed ab intentione imaginata, scilicet ab actu virtutis cogitativae. Voluit enim quod intentio imaginata facit in intellectum formam repraesentantem ipsam formam materialem quae debet intelligi. Et postea intellectus agens perficit intellectionem in intellectu possibili disposito per speciem rei intelligibilis.

---

[89] Non inveni Nogarolae *Liber sacer.*
[90] Ioannes Duns Scotus, *Opus oxoniense* (vol. 20), IV, dist. 43, q. 2, 35a.
[91] Ibidem, *Prologus* (vol. 8), q. 1, 15a–b.
[92] Ibidem, (vol. 20), IV, dist. 43, q. 2, 58b–59b.
[93] Immo 7. quaestio 49. distinctionis: Ioannes Duns Scotus, *Opus oxoniense* (vol. 21), IV, dist. 49, 304a–313b.
[94] an *sup. lin.* A.
[95] Paulus Venetus, *Summa philosophiae naturalis*, pars V *De anima*, cap. 37 (1503; Hildesheim, New York: Georg Olms, 1974), f. 88vb.
[96] dependentia P.

34 Licet hoc dicatur diversimode a multis, Iohannes tamen de Gianduno dicit secundum Averroëm quod homo non dicitur intelligere, quia[97] phantasma eius causet speciem in intellectum, sed vult quod hoc totum, homo cum ista anima quae non est separata loco ab homine et eius phantasia, et inclinatur ad recipiendum species a phantasmate hominis; hoc totum dicitur intelligere. Unde dicit 'quod aliquod compositum esse unum secundum esse potest intelligi dupliciter. | **A 190v** Uno modo quod esse unius sit idem cum esse alterius et nullo modo diversa sunt esse; et sic est compositum ex materia et forma materiali. Alio modo intelligitur compositum esse unum secundum esse eo quod esse unius non est distinctum loco et subiecto ab esse alterius. Et cum hoc etiam actus unius illorum proprie et immediate dependet ex alio; et hoc modo compositum ex corpore et ex operante intrinseco incorporeo dicitur unum secundum esse'.[98]

35 Dicitque ulterius Averroës quod forma corporis potest sumi duobus modis. 'Uno modo dicitur quaecumque perfectio dans esse corpori et unita corpori secundum esse, sic quod esse ipsius corporis sit actuale esse illius perfectionis. Alio modo | **P 9r** sumitur forma corporis pro operante intrinseco appropriato corpori. Dico autem intrinsecum operans appropriatum corpori vel operans quod non est distinctum a corpore loco et subiecto, et cuius actus proprius et praecise dependet ab illo corpore vel ab aliquo existente in illo corpore, ita quod licet illud operans intrinsecum et ipsum corpus non sint unum secundum esse, tamen sunt unum in opere uno proprio, quod ab utroque dependet immediate. Et hoc modo intelligentia movens caelum dicitur forma eius'.[99] Dicebat praeterea hunc intellectum habere duplicem intellectionem: unam substantialem sicut cetera abstracta quae intelligunt per suam essentiam, et aliam quando unitur materiali per suam actionem faciendo, ut recipiat intellectionem istorum generabilium et corruptibilium. Unde haec sola erat substantia abstracta quae posset intelligere inferiora aut generabilia et corruptibilia. Illa igitur intellectio corruptibilium aliquando desinebat esse respectu alicuius propter dependentiam a phantasmatibus quae desinebat, tamen in se sua cognitio per suam essentiam remanebat et erat incorruptibilis. Esse tamen semper in ipsa anima cognitionem horum inferiorum, quia semper in aliquo erat unita mediante phantasmate. Volebat praeterea quasi in fine vitae homine facto, scilicet virtuoso scientiisque praedito, uniri intellectum agentem intellectui possibili iam fecundato, illumque intellectum agentem uniri proximiori intelligentiae, et illam proximiori, etc., usque ad primam. Et tunc dicebat hominem esse beatum esseque semper in aliquo homine beatitudinem, in quocumque tamen homine parvo durare tempore. Dicebat autem hoc, ut evitaret beatitudinem alterius vitae, bene enim videbat hic non posse esse hominem beatum. Et ideo ne homo privaretur fine suo qui est beatitudo, invenit illam phantasiam; ideo nota argumentum meum supra de fine hominis. Unde et intellectum agentem ausus est vocare spiritum

---

[97] per *add. sed exp.* P.
[98] Ioannes de Ianduno, *Super libros Aristotelis De anima subtilissimae quaestiones* (Venetiis: apud Iuntas, 1552), III, q. 5, ff. 59va–60ra.
[99] Ibidem, f. 58vb.

sanctum et intellectum fecundatum | **A 192r** vocavit intellectum adeptum. Unde etiam est sciendum quod aliquando accipitur intellectus pro intellectu agente et[100] aliquando pro intellectu possibili quem vocat intellectum materialem. Et isti duo sunt incorruptibiles, ut patet commento 17. et 19.,[101] et aliquando | **P 9v** pro utroque, et aliquando pro intellectu passibili, et ista est potentia animae cogitativae vel phantasia, et est corruptibilis; aliquando accipitur pro ipsis primis principiis, aliquando pro ipso actu, et aliquando pro ipso habitu. Et multa alia circa istam opinionem Averrois quae possunt videri in libro *De anima* et in libro *Metaphysicae*, et etiam infra arguendo intelligentur multa.

36 Pro ista opinione arguitur multis modis. Et primo posset argui accipiendo secundum argumentum factum in principio ad probandum animam non esse immortalem, quia infinitae animae numero essent[102] actu.[103] Et ita 3. argumentum ibi quod corruptibile et incorruptibile differunt plusquam genere et per consequens si anima informat, est corruptibilis. Et ita 4. argumentum quod informare importat coextensionem partium. Et ita 5. de eo quod inducitur mediantibus dispositionibus qualitativis. Et ita 7. quod quidquid incipit esse, desinit esse, primo *De caelo* contra Platonem. Et ita 8., quia frustra essent in natura tot animae, quia si sit immortalis, una sufficit ad conservationem speciei et per consequens non habet materiam, ex qua insurgit differentia numeralis.

37 Item, arguitur sic. Data ista opinione, sequitur quod si ego et tu habemus[104] diversos intellectus possibiles, quod respectu eiusdem obiecti habebimus diversas species intelligibiles, non diversas specie sed numero, quia respectu eiusdem obiecti. Ergo sequitur quod species intelligibilis non erit intellecta in actu, sed in potentia tantum, nam intentiones individuales sunt intellectae in potentia, non in actu, universales autem in actu. Unde per Philosophum 3. *De anima* intellectus abstrahendo a conditionibus individualibus, et per consequens universaliter facit potentia intellecta actu intellecta.

38 Item, non possunt esse plura numero in eadem specie nisi sit propter diversitatem materiae, sed intellectus non communicat materiae nec habet esse a materia, ergo nec differentiam. Unde cum intellectus non educatur de potentia materiae nec extendatur ad extensionem eius et possit esse sine materia, non multiplicabitur ad multiplicationem materiae, nec poterit dici quod multiplicentur vel sint plures per respectum quem habent ad materiam informandam, quia prius est res in se quam respiciat aliud, dico de absolutis, sed posita re in se immediate sequitur affirmatio vel negatio, idem vel diversum, quae sunt primae passiones entis, ergo ante respectum | **P 10r** ad materiam erunt diversae vel idem. | **A 192v**

---

[100] *om.* A
[101] Averr., *In De anima*, III, 17, 436-7; III, 19, 440-3.
[102] tamen *add. sed del.* A
[103] Cf. supra n. 6.
[104] *iter. sed exp.* A

39 Confirmatur, quia natura ipsa absoluta prior est natura aptitudine. Probatur, quia haec anima habet aptitudinem hanc ad hoc corpus. Et illi animae repugnat aptitudo huius ad hoc corpus et convenit ei alia aptitudo ad aliud corpus. Tunc arguo quod convenit huic et repugnat alii. Non convenit huic per se secundum id quod est commune istis, sed saltem necessario praeexigunt distinctionem huius ab illo, haec aptitudo convenit isti et repugnat illi, ergo necessario praeexigit distinctionem huius ab illo, ergo per aptitudinem non est prima distinctio nec prima singularitas huius et huius.

40 Confirmatur, quia anima non est propter corpus, sed potius econverso, ergo nec distinctio et pluralitas animarum est propter distinctionem corporum, sed potius econverso. Unde Commentator 7. *Metaphysicae* dicit quod 'membra leonis differunt a membris cervi', quia animae eorum differunt et non econverso.[105]

41 Confirmatur, quia anima est haec, habet talem inclinationem ad hoc corpus et non econverso, ergo etc. Praeterea ista inclinatio non est de essentia animae, quia anima natura absoluta in se, ergo potest intelligi sicut est sine tali inclinatione,[106] et per consequens intelligetur una distingui essentialiter ab altera sine illa inclinatione.

42 Ex istis ad principale inferuntur duo, quod omnis forma substantialis quae multiplicatur numeraliter, necessario est perfectio inhaerens materiae et extensa ad extensionem materiae, nam multiplicatio numeralis individuorum substantialium non est nisi per materiam diversam sive diversam et numeratam. Cum autem anima intellectiva non sit extensa nec inhaereat materiae, ergo non poterunt esse plures animae intellectivae numero. Secundum quod infertur, est, quia sequeretur quod anima intellectiva unius hominis non esset eiusdem speciei cum anima alterius. Patet, quia aut numeratur per se ipsam aut per materiam sive corpus. Non per materiam seu respectum ad materiam nec per inclinationem vel habitudinem, ut probatum est, ergo numeratur per se ipsam. Ergo illa numerata sunt diversa secundum speciem, quia in eadem specie non possunt esse differentiae secundum substantiam, nec per se, ut habetur 2. *Posteriorum*, licet possint esse aliae differentiae accidentales.[107]

43 Duo alia argumenta adduntur, scilicet quod anima esset in potentia intellectiva solum, et per consequens possit movere intellectum, et per | **P 10v** consequens idem movens et motum. Et probant consequentiam, quia omnis forma materialis extensa extensione materiae est intellecta in potentia. Et ita arguit Commentator quod idem reciperet se ipsum,[108] id est speciem sui ipsius, quia omnis forma materialis est intelligibilis per speciem sui receptam in intellectu materiali, etc.

---

[105] Averr., *In De anima*, I, 53, 75.
[106] Ergo … inclinatione *marg.* P.
[107] Cf. Arist., *An. post.*, II, 97a13–14.
[108] Cf. Averr., *In De anima*, II, 67, 232.

44 Ad quae quidem argumenta non respondebo, quia praesupponunt falsum quod forma intellectiva sit extensa, ut videbitur in corpore quaestionis, | **A 193r** quomodo autem angelus et anima separata quae non intelligunt per suam substantiam, possint intelligere se, vide alibi in 2. *Sententiarum* multos praeclarissimos doctores, qui ad longum super hoc dixerunt.

45 Item, arguitur sic ad principale, quia data illa opinione, sequitur quod intellectus noster non reciperet nisi individualiter, et sic non distingueretur a sensu, quia omnis cognitio quae recipitur hic et nunc, pertinet ad sensum.

46 Item, arguitur: si intellectus esset numeratus in diversis hominibus, sequitur quod in speciebus intelligibilibus abstrahendo speciem a specie esset processus in infinitum. Et probatur consequentia, quia cum istae species different numero et conveniant specie, ergo contingeret abstrahere unam speciem ab illis duabus speciebus.[109] Et cum illa species abstracta per intellectum meum et tuum per eandem rationem sit alia et alia, quia in alio et alio intellectu, ergo ab illis duabus contingit abstrahere unam speciem prius, et sic in infinitum.

47 Item, arguitur sic. Sequeretur quod scientia esset qualitas activa vel quod discipulus non disceret a magistro, quia qualitas existens in uno supposito vel individuo non potest facere similitudinem in alio distincto loco et subiecto nisi illa qualitas sit virtus activa, ut ignis non generaret caliditatem in aliquo alio, nisi haberet virtutem activam. Si ergo intellectus meus est distinctus loco et subiecto a tuo, quomodo per scientiam meam potero facere scientiam in intellectu tuo, nisi sit virtus activa, sicut dicebatur.

48 Arguitur praeterea per istos quod impossibile est aliquam formam immaterialem seu indivisibilem posse esse formam dantem esse, ita quod informet materiam. Et arguunt sic. Anima intellectiva est unita corpori secundum esse et dat ipsi corpori | **P 11r** humano esse substantiale specificum. Quaero tunc quid est esse unitum? Aut est ipsa essentia animae, aut accidens animae. Si substantia ipsius, ergo quando non erit coniuncta, non erit amplius ipsa anima, quia coniunctio non est, ergo erit corrupta. Si vero illa unio sit accidens, aut accidens proprium et inseparabile aut separabile. Si inseparabile, ergo si remanet substantia animae post mortem, remanebit eius unio ad corpus; vel si coniunctio ad corpus non remanebit, non remanebit substantia, quia substantia non remanet remoto accidente inseparabili. Si autem sit accidens separabile, tunc anima constitueret[110] hominem in esse substantiali specifico secundum accidens separabile, nam anima non constituit hominem in esse substantiali specifico nisi secundum quod est unita corpori.

---

[109] duabus speciebus] speciebus duabus A.
[110] constitueret P.

49 Item, quaerunt quid corrumpitur, quando homo corrumpitur, cum anima et materia remaneant. Et si diceretur quod corrumpitur totum quod distinguitur a | **A 193v** partibus, argumentum facile est solutum, et diceretur quod esse partis non est esse totius nec inconvenit in aliquo esse unum esse totale et aliud partiale. Ideo hoc argumentum tamquam frivolum aliter non solvetur. Et ita illud quod habent pro inconvenienti quod aliqua forma aliquando subsistat, aliquando non. Est enim inconveniens quod aliqua forma aliquando subsistat ex sui natura, ita quod non inclinetur ad informandum et ad sustentari et aliquando sic. Hoc enim implicat et econverso, quia est impossibile hoc in eadem natura. Sed quod aliqua forma aliquando informet et aliquando non,[111] et tamen semper ibi est inclinatio naturalis ad informare sive sustentari, non est inconveniens. Et miror de istis qui faciunt talia argumenta puerilia, et ideo nolo sibi respondere cum aliis.

50 Et per ista patet ad id quod adducitur de forma dante esse,[112] quia forma est ratio essendi. Et cessante ratione essendi alicuius, cessat illa forma; sed ratio essendi formae cessat cum compositum corrumpitur, quia ipsa amplius non dat esse. Conceditur enim quod non est amplius ratio essendi toto, et tamen ipsa remanet sicut ego sum ille qui aliquando sedeo et aliquando non. Sequitur ergo solum quod illud totum non remanet et ipsa non est amplius ratio essendi toto, et tamen ipsa est illamet quae erat | **P 11v** ratio essendi et nunc non est.

51 Item, deducunt quod anima intellecta esset intellecta in potentia, si informaret, quia materialis; et ita non reciperetur nisi individualiter et non abstracte.[113] Et ad ista non respondebo, quia in corpore quaestionis patebit quod non est materialis et de pluralitate individuorum quae videntur inferre hic et nunc, et per consequens non abstracte. Respondebitur de speciebus diversis numero in intellectu.

52 Item, arguunt quod manus intelligeret, quia ibi[114] est anima intellectiva et potentia etc., et per consequens ibi est intellectio, etc.[115] Et isti etiam non respondebo. Unde nec caput intelligit, licet phantasia sit in capite et phantasma. Totum ergo intelligit et non pars. Et licet intellectio sit[116] in intellectu seu in anima quae est in manu, non sequitur quod manus intelligat. Unde anima primo et per se est in toto corpore et non in parte primo et per se, sed in ordine ad totum. Et propter hoc non[117] quaelibet pars animalis est animal. Et oportet te habere memoriae quod dicam de proximo receptivo et remoto.[118] Et licet remotum receptivum totale cum forma[119] dicatur intelligere, non tamen pars istius totalis, quia operatio est

---

[111] *sup. lin.* P.
[112] Cf. supra n. 48.
[113] Cf. Ioannes de Ianduno, *Super De anima*, III, q. 5, f. 58rb
[114] *sup. lin.* P.
[115] Cf. Ioannes de Ianduno, *Super De anima*, III, q. 5, f. 58rb:
[116] sint *ante corr.* P.
[117] *sup. lin.* A
[118] Cf. supra n. 24.
[119] cum forma *marg.* A

totius et non partis. Immo, recte loquendo, licet potentia visiva extendatur per oculum, oculus non dicitur videre, sed animal oculo; tanto magis manus per quam nec potentia intellectiva nec | **A 194r** intellectio extenditur, nec ut ibi movetur a phantasmate. Conceditur ergo quod anima quae est in manu, habet intellectionem et habet phantasma praesens, licet non ut in manu; et est illa qua homo intelligit, et tamen manus non intelligit.

53 Adducunt etiam argumentum quod idem moveretur et non moveretur, ut si una manus quiescat et alia non. Huic argumento vide Scotum in 4.[120] et in meo libro facto de corpore Christi in diversis locis. Et nota bene ibi quod aliud est loqui de contradictoriis simpliciter et de contradictoriis secundum quid, et de contrariis. Unde moveri et non moveri simpliciter sunt contradictoria. Unde si anima in una manu movetur, non est concedendum quod illamet anima quae est in alia manu non moveatur et alia. Vide pulchre in libro meo. Beatus Thomas in *Quaestionibus* | **P 12r** *disputatis* respondet distinguendo de 'per se' et 'per accidens',[121] tamen vide ibi, ut dixi. Et ita ad illud argumentum quod adducunt de manu incisa, etc., non est dignum respondere.

54 Arguunt etiam argumento hectoreo sic supponendo quod nihil potest esse figuratum nec per se nec per accidens, nisi sit extensum, saltem per accidens.[122] Secundo supponunt quod materia prima non potest esse subiectum alicuius figurae proprium[123] nec alicuius accidentis proprii et determinati, et per consequens non potest esse subiectum propriae figurae hominis.[124] Unde Averroës *De substantia orbis* ponit materiam primam solum esse subiectum immediatum quantitatis indeterminatae.[125] Tertio supponunt quod in homine non possunt esse plures formae substantiales, quarum quaelibet sit propria et det esse substantiale specificum.[126] His suppositis arguunt sic. Si anima intellectiva est forma hominis constituens ipsum formaliter in sua specie propria, aut ipsa est aliquo modo subiectum figurae propriae hominis, aut nullo modo. Si dicas quod aliquo modo sit subiectum, ergo aliquo modo est figurata, cum omne subiectum figurae sit figuratum. Omne autem figuratum est quantum et extensum.[127] Si vero anima intellectiva nullo modo est subiectum propriae figurae hominis, tunc quaeritur quid sit proprium subiectum eius: non materia prima sola, ut suppositum est, nec materia prima cum quadam forma substantiali propria sive compositum ex his, quia talis non datur ultra animam intellectivam, per tertiam suppositionem; nec compositum ex materia prima et forma generali sive communi, scilicet cum forma corporeitatis vel cum sensitiva etc. potest esse subiectum propriae figurae

---

[120] Ioannes Duns Scotus, *Opus oxoniense* (vol. 17), IV, dist. 10, q. 2, 190–221.
[121] Thomas Aquinas, *Quaestio disputata de anima*, 10, 12. inconveniens et eius solutio.
[122] Cf. Ioannes de Ianduno, *Super De anima*, III q. 5, f. 58ra.
[123] subiectum alicuius figurae proprium] proprium subiectum alicuius figurae A.
[124] Cf. Ioannes de Ianduno, *Super De anima*, III q. 5, f. 58ra.
[125] Averr., *De substantia orbis*, 1, f. 4vb.
[126] Cf. Ioannes de Ianduno, *Super De anima*, III q. 5, f. 58ra.
[127] Cf. Ibidem.

hominis, quia illud quod est indifferens et indeterminatum ad figuram hominis vel alterius, non est subiectum proprium figurae hominis,[128] nam forma corporeitatis sive sensitiva in communi vel de se non determinat sibi hanc figuram | **A 194v** propriam et speciei propriae. Si vero dicatur quod materia prima in quibusdam dispositionibus propriis hominum est subiectum proprium figurae hominis, tunc quaerendum est de illis dispositionibus propriis, quid sit earum subiectum proprium. Omne enim[129] accidens proprium alicuius speciei habet aliquod subiectum proprium | **P 12v** de genere substantiae.[130] Multas istarum rationum accipit Iohannes de Gianduno a Beato Thoma in *Quaestionibus disputatis*.

⟨Contra opinionem de unica anima intellectiva non informanti corpora⟩

55 | **A 195r** Doceamus ergo primo istam opinionem non esse de mente Aristotelis expresse. Secundo arguemus rationibus contra illam, Aristoteles enim 2. *De anima* dat definitionem materialem et formalem. Unde materialis: 'anima est actus corporis',[131] etc., formalis: 'anima est qua vivimus, sentimus, movemur, et intelligimus primum'.[132] Docet autem semper a priori, semper per formalem posse demonstrari materialem, et econverso a posteriori. Cum autem nulla definitio eiusdem rei alteram excedat, cum in materiali solum locutus sit de anima quae est actus primus corporis, et in definitione formali fiat mentio de intellectiva, igitur anima intellectiva erit actus corporis.

56 Huic rationi videtur respondere Averroës et eius sequaces quod forma et perfectio in definitione animae ponitur aequivoce, quia dicitur de forma informante vel inhaerente[133] quae est altera pars compositi, et de forma quae non inhaeret, sed pro operante intrinseco appropriato corpori. Dicitur autem per istos intrinsecum operans appropriatum corpori vel operans quod non est distinctum a corpore loco et subiecto et eius actus proprius, et praecise dependet ab illo corpore vel ab aliquo existente in illo corpore, ita quod licet illud operans intrinsecum et ipsum corpus non sint unum secundum se, tamen sunt unum in opere uno proprio, quod ab utroque dependet immediate. Et hoc modo intelligentia movens caelum dicitur esse forma eius. Licet ergo Aristoteles dicat quod anima sit actus et forma, forma accipitur illis duobus modis et ideo dicitur aequivoce. Unde cum vidisset Averroës commentum 7., ubi Aristoteles dicit 'si igitur aliquid universale dicendum est in omni anima, dicamus quod est prima perfectio corporis naturalis organici',[134] cognovit hoc multum esse contra se; sed fugiendo dicit: 'et induxit hunc

---

[128] Cf. Ibidem.
[129] *sup. lin.* A
[130] Cf. Ioannes de Ianduno, *Super De anima*, III q. 5, f. 58ra–b.
[131] Arist. *De anima*, II, 1, 412b5.
[132] Ibidem, II.2, 414a13-15.
[133] vel inhaerente *om.* P *marg.* A
[134] Cf. Arist., *De anima*, II, 1, 412b4-6; Averr., *In De anima*, II, 7, 139.

sermonem in forma dubitationis, cum dicit *si igitur*'.[135] Deinde dicit: 'excusando se a dubitatione accidente in partibus istius definitionis, perfectio enim in anima rationali et in aliis viribus animae fere erit vel dicit pura aequivocatione, ut declarabitur post. Et potest aliquis dubitare, | **P 13r** dicere quod anima non habet definitionem universalem. Et ideo dicit "si igitur, etc". Et quasi dicat: si igitur fuerit concessum quod possibile est invenire sermonem universalem comprehendentem omnes partes animae, erit sermo quem diximus'.[136] Haec Averroës.

57 Sed contrarium manifestum est. Sequitur immediate: 'non est perscrutandum utrum anima et corpus sint idem, sicut non est perscrutandum universaliter in materia cuiuslibet et illo quod habet materiam'.[137] Igitur non loquitur dubitative, nam si anima intellectiva excluderetur, ita quod non informaret corpus, esset adhuc | **A 195v** perscrutandum de ea, quia non esset forma sicut figura in ferro. Et ideo si non est forma corporis, posset dubitari utrum sit corpus, quia forma per appropriationem non declarat ex se quod non sit corpus indubitanter, licet possit fieri per multa argumenta valde occulta. Sed bene, si est actus essentialis corporis, indubitanter habetur quod non possit esse corpus. Loquitur ergo universaliter de anima informante corpus et non sub modo dubitationis.

58 Unde sequitur commento 8. 'iam igitur diximus quid est anima',[138] confirmando praedicta, et iste est modus loquendi Aristotelis. Unde 2. *De anima* commento 121.[139] et dicendum est de omni sensu universaliter, scilicet quod est recipiens formas sensibilium sine materia, et haec universalis definitio non est aequivoca. Unde postquam Aristoteles divisit substantiam in materiam quae est quaedam potentia, et in formam quae est actus, et tertium quae ex his[140]. Et dixit quod corpora physica maxime videntur esse substantia illa, scilicet quae sunt composita ex his duobus. Et divisit corpora physica in habentia vitam et non habentia vitam, et per consequens corpus naturale participans vita erit substantia, et per consequens substantia composita. Et quoniam corpus habet vitam, anima non erit corpus; corpus enim non est in subiecto, sed magis est subiectum. Ex quibus concludit necessario: 'necesse est igitur animam substantiam esse sicut formam corporis physici potentia vitam habentis',[141] substantia autem actus huius igitur corporis actus. Ex divisione igitur substantiae in materiam scilicet et formam quae sunt partes compositi et compositum, concludit Aristoteles animam esse alteram partem compositi; ergo loquitur de forma quae est altera pars compositi et non de forma per | **P 13v** appropriationem. Ergo non loquitur dubitative prius cum dicat

---

[135] Averr., *In De anima.*, II, 7, 139.
[136] Cf. ibidem.
[137] Cf. Arist., *De anima*, II, 1, 412b6-8.
[138] Arist., *De anima*, II, 1, 412b10; Averr., *In De anima*, II, 8, 139.
[139] Arist., *De anima*, II, 424a15-24; Averr., *In De anima*, II, 121, 316-17.
[140] Arist., *De anima*, II, 1, 412a6-11; Averr., *In De anima*, II, 2, 129-30.
[141] Cf. Arist., *De anima* II, 1 412a19-20.

concludendo, scilicet necesse est igitur animam esse substantiam[142] sicut formam corporis, etc.

59 Non loquitur ergo dubitative Aristoteles quando loquitur 'si igitur, etc.', quasi dubitet quod ista definitio sit aequivoca propter animam intellectivam; sed loquitur dubitative, quia videbatur quid magnum invenire aliquid commune omni animae. Et ideo dicit quod si aliquid est commune, hoc est commune quod dixit, quia nihil aliud videbatur esse commune tam perfectum et proprium. Unde postquam posuit hoc, subdit de novo definitionem addendo 'cuius corporis sit actus, scilicet corporis naturalis habentis principium motus et quietis'.[143] Et ita dicit commento 9. et 10.[144] et in nova translatione 'corporis organici', etc.[145] Unde in isto commento 7. exemplificat de figuris rerum artificialium. Unde dicit: 'sicut non est perscrutandum de hoc in cera et figura, neque in ferro et figura', ergo Aristoteles expresse loquitur ibi de formis informantibus. Unde figuram ferri, licet accidentaliter informet ferrum, impossibile est quod sit | **A 196r** ferrum; ergo non loquitur de alia forma. Et expresse apparet quod in illo commento non fit mentio nisi de forma informante. Tu ipse legas: et hoc expresse apparet in commento sequenti, scilicet in 8. Unde dicit quod 'si aliquod instrumentum esset corpus naturale organicum ut securis, tunc acumen securis esset substantia ipsius et anima secundum hanc intentionem, et ideo cum istud est abstractum, non erit securis post nisi aequivoce'.[146] Igitur aut velit aut nolit, Averroës loquitur de forma dante esse, ut dictum est, neque in isto commento Averrois recordatus est suae opinionis; immo semper loquitur de forma informante.[147] Et cum dicat de omni anima, ut dictum est, unde in fine commenti recapitulat definitionem animae communem, sequitur quod forma in omni anima accipitur pro forma informante.

60 Ex hoc patet quod si quis accipiat commentum 8. Primi[148] et[149] secundi libri, videbitur intentio Philosophi. Nam in primo commento dicit: 'debemus autem praeservare nos ne ignoremus utrum definitio eius sit eadem ut definitio vivi[150] aut sit alia in quolibet, verbi gratia definitio equi, canis, hominis, et Dei'.[151] Patet enim quod talis definitio esset aequivoca, ergo[152] | **P 14r** cum det aliquid universale omni animae in commento 8., ut dicit, ergo non est aequivoca. Unde in commento primo non videtur facere maiorem differentiam de una anima quam de alia. Unde dicit 'aut sit alia in quolibet', ergo difficultas non erat propter animam intellectivam.

---

[142] esse substantiam] substantiam esse A
[143] Cf. Arist., *De anima*, II, 1, 412b16–17.
[144] Averr., *In De anima*, II, 9 and 10, 143–7.
[145] Arist., *De anima*, II, 1, 412b5–6.
[146] Cf. Arist., *De anima*, II, 1, 412b12–15.
[147] Cf. Averr., *In Da anima*, II, 8, 140–3.
[148] libri *add.* A.
[149] commentum 8 *add.* A.
[150] vini P.
[151] Arist., *De anima*, I, 402b5–9; Averr., *In De anima*, I, 8, 11.
[152] *iter*. P

Quod etiam quae dicta sunt, sint vera, patet per dicta Philosophi, nam postquam divisit substantiam et dixit quod anima est endelechia corporis,[153] etc., loquendo universaliter. Post omnia subdit commento 30:[154] 'Dicamus igitur quod manifestum est quod ex via unius exempli eadem erit definitio animae et definitio figurae. Non enim erit illic perfectio extra virtutes praedictas, sed possibile est in figuris etiam, ut sit definitio conveniens omnibus figuris et non sit propria alicui earum. Et similiter in omnibus praedictis'[155]. Vult igitur Aristoteles, ut sequitur, quod ista definitio sit universalis animae, licet in particulari sint definitiones generarum animae. Ergo cum definitio figurae sit una et non[156] aequivoca, sic erit definitio animae.

61 Unde et commento 3. incipit ponere unum genus vegetativum,[157] 31. ponit aliqua alia.[158] Unde inquit: 'et ex eis quae sentiunt, sunt quaedam quae habent in loco motum et quaedam non. Complementum autem et finis est id quod habet cognitionem et distinctionem, omne enim ex rebus corporalibus habens cognitionem habet omnia alia, habens autem aliquid illorum non est necesse ut habeat cognitionem, sed quaedam non habent imaginationem et quaedam non vivunt nisi per ista tantum. Intellectus autem speculativus et cogitatio sermo est in eo alius. | **A 196v** Declaratum est igitur quod sermo in unaquaque virtutum est sermo magis conveniens in anima'.[159] Ex his igitur apparet quod sermo universalis invenitur in quattuor generibus animae, et per consequens intellectivae secundum Aristotelem. Unde Averroës ibi: 'complementum autem animalium et finis eorum, qui intendebatur in generatione, est id quantum natura potuit pertingere, sicut est motus animalium habens virtutem speculativam et cogitativam, et intelligibilem'.[160] Igitur in quarto genere, ubi cadit definitio animae intellectivae, quod autem dicit postea Aristoteles: 'intellectus autem speculativus et cogitativus, sermo est in eo alius',[161] dico[162] primo quod si capit ibi cogitativum pro anima hominis, | **P 14v** quam ponit Averroës, tunc patet quod illa est corruptibilis; ergo cum excludatur etiam ipsa, non esset in definitione animae univoce, quod est contra ipsos. Si autem capit cogitativum pro intellectivo, dico quod Aristoteles ostendit ibi quod de ista parte vult facere librum de per se. Alia autem genera erant in hoc libro 2. Et ideo incipit librum 3. de parte autem animae qua intelligit et sapit, et vult dicere quod per ea quae dixit, nihil dixit de intellectivo, sed de aliis. Unde est sciendum quod Aristoteles ibi non facit maiorem differentiam de intellectu proprie dicto quam de phantasia perfecta, ut declarabitur declarando

---

[153] Arist., *De anima* II, 414a14–19.
[154] *corr. ex* 29.
[155] Arist., *De anima* II, 414b20–25; Averr., *In De anima*, II, 30, 173.
[156] *sup. lin.* A
[157] Arist., *De anima*, II, 412a11–16; Averr., *In De anima*, II, 3, 131.
[158] Arist., *De anima*, II, 414b–415a; Averr., *In De anima*, II, 31, 175.
[159] Arist., *De anima*, II, 415a6–13; Averr., *In De anima*, II, 32, 177.
[160] Cf. Averr., *In De anima*, II, 32, 178.
[161] Arist., *De anima*, II, 415a11–12.
[162] *iter sed del.* A

commentum 11.,[163] ita quod istud commentum 31. intelligitur sicut 11. Et ideo dicit in translatione Averrois: 'intellectus autem speculativus et cogitatio', sicut supra dixerat de intellectu autem et perspectiva potentia, ita quod non loquitur solum de intellectu, ut videbitis.[164] Et tunc est dicendum quod non est incipiendus tertius liber ibi 'de parte autem animae',[165] sed ibi 'quod autem non sit sensus alius praeter quinque',[166] quia vult tractare de phantasia quae includitur in istis verbis et de intellectiva, et de principio motus secundum locum quod includit phantasiam perfectam seu intellectum, ut videbitis. Et videte maledictum hominem, qui noluit incipere librum sicut est in translatione nova, sed ibi 'de parte autem animae', ut palliaret suam opinionem quod sermo esset in eo alius, scilicet loquendo de intellectiva solum et quod non esset locutus de perspectiva seu cogitativa, sive phantasia.[167] Concludit igitur quod est danda omnium definitio particularis; et hoc erat quod dixerat prius, igitur patet, cum habeat etiam sermonem particularem de anima intellectiva, quod sermo universalis erat etiam communis.

62 Unde commento 33. addit: 'et indiget necessario qui voluerit perscrutari de istis scire unamquamque istarum quae sit, et perscrutetur de contingentibus illis. Et si est dicere unaquaeque illarum quae sit, verbi gratia intellectus qui sit, etc.'[168] Igitur cum dixit quod ultra definitionem generalem oportet inquirere in speciali, et dicat esse inquirendum in speciali de intellectu, sequitur quod in generali et univoce comprehenditur anima intellectiva. Unde in primo capitulo secundi, cum dicit 'similiter autem se habent ei quod de figuris, et quae secundum animam sunt, semper enim in eo | P 15r quod consequenter, est potentia quod prius est, in figuris et in animatis, ut tetragono quidem trigonum, in sensitivo autem vegetativum',[169] et immediate sequitur quare et secundum unumquodque, etc., ergo si anima intellectiva non est | A 197r forma corporis, et per consequens non est causa operationum animae, sed est separata et nihil ad ipsam de operationibus potentiae et animae sensitivae declarent mihi quomodo anima sensitiva est sicut trigonum in tetragono, et praesertim si definitio non dicitur univoce, haec vere non intelligo.

63 Aristoteles ergo, ut declaret melius suam opinionem in capitulo sequenti, postquam dixit 'est autem anima viventis corporis causa et principium',[170] et loquitur universaliter, quia sequitur prius dicta, et sequatur 'et sicut substantia animatorum corporum causa anima',[171] et sequatur: 'quod quidem igitur sit sicut substantia, manifestum est, causa enim ipsius esse omnibus substantia est, vivere

---

[163] Arist., *De anima* II, 413a; Cf. Averr., *In De anima*, II, 11, 147-8.
[164] ibi *add.* A
[165] Averr., *In De anima*, III, 1, 379.
[166] Cf. Averr., *In De anima*, II, 128, 323.
[167] et videte ... phantasia *marg.* A
[168] Arist., *De anima*, II, 415a14-17; Averr., *In De anima*, II, 33, 179.
[169] Arist., *De anima*, II, 414b28-31.
[170] Ibidem, II, 415b8.
[171] Ibidem, 415b11.

autem viventibus, causa autem principium horum anima'.[172] Ergo loquitur de forma et principio quod dat esse rei, nam per ipsum, si per animam datur vivere, quia per ipsam vivimus, ergo datur esse quia vivere viventibus est esse. Igitur cum ponat commento 30.[173] quod definitio animae est sicut definitio figurae, quae est definitio univoca et est universalis, unde figura est termino vel terminis clausa. Et dicitur uno modo de omnibus. Unde cum posuerit definitionem formalem, movet immediate quaestionem in commento sequenti, scilicet 19., scilicet 'utrum unaquaeque istarum sit anima',[174] etc. Igitur in commento 21., cum dicit quod 'non est declaratum adhuc',[175] sequitur quod intelligitur, ut dictum est. Ex hoc patet quod illud dictum Averrois commento 5. est male dictum, cum inquit 'manifeste dicit Aristoteles quod non est manifestum secundum actum in omnibus partibus animae, dicere enim *formam et primam perfectionem* est dicere aequivoce de anima rationali et aliis partibus animae'.[176] Haec replicat saepe ille bonus Averroës. Nam primo, ut arguunt illi qui probant ens esse univocum, dictio distributiva affirmativa communis, ut ly 'omnis', non potest distribuere terminum aequivocum. Unde non distribuimus istam 'omnis canis currit' loquendo de hoc termino 'canis', ut est communis ad stellam, piscem, et latrabile.

64 Sed Aristoteles dicit supra 'si autem aliquod commune in omni anima' et 12 *Metaphysicae*: 'ut si est anima tale non omnis, sed intellectus, | **P 15v** omne namque impossibile forsan',[177] ergo Aristoteles loquitur distributive de omni anima. Ergo si signum distributivum cadit super animam, ut includit intellectivam, ergo 'anima' non est terminus aequivocus, sed univocus. Ut vult Averroës, hoc est etiam[178] contra Philosophum commento 24. secundo *De anima*[179] et 25.[180], nam commento 24.[181] distinguit substantiam, ut fecit etiam supra, in materiam, formam, et compositum ex eis et dicit quod est ex eis, est animatum. Tunc corpus non est perfectio animae, sed anima est perfectio alicuius corporis, ergo loquitur de forma informante et perficiente ibi eodem modo et univoce in omni anima. | **A 197v** Unde de informatione animae immediate in commento sequenti subdit 'bene existimaverunt antiqui dicentes quod anima non est extra corpus neque est corpus. Corpus autem non est, sed perfectio corporis et propter hoc est in corpore et in tali corpore'.[182] Igitur non capit aequivoce perfectionem et formam, quia est idem contextus, ubi loquitur de forma quae est altera pars compositi. Unde prius dividit substantiam et subdit, forma autem est perfectio, ergo loquitur de forma

---

[172] Ibidem, 415b12–14.
[173] Corr. ex 29. Averr., *In De anima*, II, 30, 173.
[174] Arist., *De anima* II, 413b13; Averr., *In De anima*, II, 19, 157.
[175] Cf. Averr., *In De anima*, II, 21, 159.
[176] Cf. ibidem, III, 5, 397.
[177] Arist., *Metaphysica*, XII, 3, 1070a.
[178] *sup. lin.* A
[179] Arist., *De anima*, II, 414a; Averr., *In De anima*, II, 24, 163–5.
[180] Arist., *De anima*, II, 414a, Averr., *In De anima*, II, 25, 165–6.
[181] *Immo* com. 25.
[182] Cf. Arist., *De anima*, II, 414a19–21; Averr., *In De anima*, II, 26, 166.

quae est altera pars compositi. Unde etiam secundum Iohannem, pertinacissimum discipulum Averrois, non debemus in eodem contextu loqui aequivoce nisi velimus dicere quod forma non capitur in illa divisione pro forma quae est altera pars compositi, ut vult etiam ille discipulus.[183]

65 Sed contra, quia Aristoteles dividendo substantiam dicit 'et compositum ex his', ergo loquitur de formis ex quibus fit compositum. Et dicit ibi de forma quae perficit et dat esse, ut[184] patet, ut diximus supra. Unde loquitur de materia quae est altera pars, ergo extra propositum loqueretur, si non intelligit ut diximus. Unde dicit: 'non est perscrutandum, etc.', 'sicut in figuris, etc.', 'in materia cuiuslibet et in illo quod habet illam, etc.' Et in primo commento 7. inquit 'nos enim invenimus omnes loquentes et perscrutantes de anima quod non videntur considerare nisi de anima hominis',[185] ergo videtur quod forma magis proprie dicatur de anima intellectiva quam de alia anima. Unde quod dicatur univoce ibi forma et anima, quantum ad hoc quod est forma corporis, patet ibi in 2. Postquam dixit 'universaliter quidem, igitur dictum est quid sit anima', subdit 'substantia enim est quae[186] secundum rationem, hoc autem est quod quid erat esse cuius |**P 16r** corpus. Sicut si aliquod organorum physicum esset corpus, ut dolabra,[187] erit quidem enim dolabrae esse substantiae ipsius, et anima haec, divisa autem hac, non utique amplius dolabra erit, sed aequivoce, nunc autem est dolabra. Non enim huiuscemodi corporis quod quid est esse et ratio anima, sed physici huiuscemodi corporis habentis in se ipso principium motus et status, etc.'[188] Ergo loquitur de forma quae est quod quid erat esse huius corporis, nihil autem est quod quid erat esse alicuius nisi sit ipsa quidditas vel altera pars compositi, ut saepe vult Philosophus in libro *Metaphysicae* et praesertim in 7.[189] Unde vide ibi expresse quod loquitur de formis quae si separentur a materia vel sint dimissae, illud cuius erant formae non remanebit secundum suam denominationem specificam, sed dicetur aequivoce de priori et isto quod remansit, ut si figura dolabrae esset substantia vel anima eius remota, illa diceretur aequivoce. Sed remota forma per appropriationem non tollitur nomen specificum, ergo loquitur de forma dante esse et informante. | **A 198r** Unde nota quod ibi dicit 'quod quid est esse et ratio anima', declarat enim quod est ratio, id est forma, et forma quidquid est esse, scilicet a qua sumitur quod quid est esse rei, aliter frustra posuisset ly 'ratio'.

66 Sequitur ibi Aristoteles: 'considerare autem in partibus oportet quod dictum est. Si enim esset oculus animal, anima utique ipsius visus esset. Hic enim substantia est oculi autem secundum rationem, oculus autem materia visus est, quo deficiente

---

[183] Cf. Ioannes de Ianduno, *Super De anima*, III q. 5, f. 58vb.
[184] *Iter.* P.
[185] Arist., *De anima*, I, 402b3–5; Averr., *In De anima*, I, 7, 10.
[186] *Iter.* P
[187] dolobra A
[188] Cf. Arist., *De anima* II, 412b10–17.
[189] Arist., *Metaphysica*, VII, 4, 1030a.

non est adhuc oculus nisi aequivoce, sicut lapideus aut depictus. Oportet igitur accipere quod est in parte, in toto vivente corpore. Proportionabiliter namque habet sicut pars ad partem, totus sensus ad totum corpus sensitivum secundum quod huius'.[190] Ergo patet expresse quod loquitur de forma quae substantia eius. Unde ex partibus – dicit – possumus iudicare de toto, nam remota anima vel visu ab oculo, si oculus esset animal, potentia visiva esse anima eius, nam oculus esset materia et illa forma, et illa deficiente non diceretur oculus nisi aequivoce. Ergo loquitur de forma informante et dante esse, et in ista includit animam intellectivam, quia dicto quod hoc competit universaliter omni animae, subdit declarando quomodo hoc sit verum, ergo loquitur universaliter de omnibus.

67 Quod vero dicat postea in illo capitulo, commento scilicet 11 'quod | **P 16v** quidem igitur non sit anima, etc.'[191] vel secundum translationem Commentatoris 'quoniam anima non est abstracta a corpore, etc.',[192] quam quidem litteram Averrois adducit pro se paulo post 'pulchre declarabo' et mirabiliter facit pro nobis. Discipulus autem ille arguit quod forma dicatur aequivoce in illa divisione, quia sequeretur quod non esset sufficiens divisio, quia sunt aliquae formae,[193] scilicet intelligentiae moventes corpora caelestia.[194] Sed contra, quia tunc Deus vel prima causa esset exclusa, quia per Commentatorem 12. *Metaphysicae*[195] prima causa non movet nisi tamquam amata,[196] Aristoteles igitur[197] ibi solum dividit substantiam materialem. Unde patet ex intentione Philosophi quod forma non dicitur illic multipliciter, quia Aristoteles ibi, commento scilicet 25, immediate post divisionem substantiae subdit 'et materia istorum est potentia et forma est endelechia',[198] ergo loquitur de forma respectu potentialitatis et materiae. Ita in commento 5 Aristoteles 'et ista substantia est perfectio', sequitur 'est igitur perfectio naturalis corporis' et 'quia perfectio dicitur duobus modis, quorum unus est sicut scire et alius sicut aspicere', scilicet actus primus et actus secundus. Sicut ergo Aristoteles distinxit formam duobus modis. Si etiam intelligeret de forma | **A 198v** modo Iohannis posuisset etiam illos, scilicet de forma per appropriationem et de forma informante,[199] unde et commento 4., ut diximus supra, inquit 'et quia corpus vivum est corpus, et est tale, impossibile est, ut anima sit corpus. Corpus enim non est eorum quae sunt in subiecto, immo est sicut subiectum et materia. Unde necesse est, ut anima sit substantia secundum quod est forma, secundum quod est corporis naturalis habentis vitam in potentia',[200] haec ibi. Ex quibus dictis patet expresse quod forma

---

[190] Arist., *De anima*, II, 412b19–25.
[191] Ibidem, 413a4–5.
[192] Averr., *In De anima*, II, 11, 147.
[193] *Iter. sed exp.* P.
[194] Cf. Ioannes de Ianduno, *Super De anima*, III, q. 5, f. 58vb
[195] Cf. Averr., *In Metaph.*, XII, 36, f. 318ra.
[196] Contra ... amata *del.* A
[197] *Del.* A
[198] Arist., *De anima*, II, 414a16–17; Averr., *In De anima*, II, 25, 165.
[199] Cf. Ioannes de Ianduno, *Quaestiones in duodecim libros metaphysicae* XII, 13 (Venice: sumptibus haeredum Octaviani Scoti, 1525), f. 135rb.
[200] Cf. Arist., *De anima*, II, 412a16–21; Averr., *In De anima*, II, 4, 132–3.

accipitur ibi pro forma informante et pro forma existente in subiecto et sibi dante esse, velit aut nolit Averroës et sui sequaces vel argumentum Aristotelis nihil valet.

68 Unde etiam in commento 26. inquit Aristoteles: 'bene existimaverunt antiqui quod anima non est extra corpus neque est corpus, corpus autem non est, sed est perfectio corporis et propter hoc est in corpore'. Capio ultimam partem, scilicet 'et propter hoc est in corpore', ergo anima est in corpore, quia est eius perfectio; sed secundum opinionem Averrois non sic est in | **P 17r** corpore, quia recipere species a corpore non est perfectio corporis, sed magis animae. Ergo non loquitur de perfectione, ut vult Averroës, et commento 9. dicit: 'quia si oculus esset animal, visus esset anima',[201] et secundum Averroëm ibi – ut declaret – quid sit anima, dat exemplum de oculo et visu, ergo anima universaliter informat. In commento etiam 40. in tertio valde loqueretur Aristoteles aequivoce, cum inquit 'quia animae animalium definiuntur per duas virtutes, quarum una est distinguens, quod est ad actum sensus et intellectus, et in alia ad motum localem'.[202] Unde habetur clare quod si datur definitio ad virtutem vel habentis virtutem ad actum sensus et intellectus, et ad habens virtutem ad motum localem,[203] et anima dicitur univoce de anima habente virtutem ad actum sensus et habente virtutem ad actum localem, quae[204] sunt virtutes disparatae,[205] ergo tanto magis dicetur univoce de anima habente eandem virtutem, sicut distinguere quod pertinet ad actum sensus et intellectus. Aristoteles etiam commento 36. loquendo de intellectu in[206] actu, ait: 'et cogitatio nostra erit in postremo utrum possit intelligere aliquam rerum abstractarum,[207] cum hoc quod ipse non est abstractus a magnitudine'.[208] Super hoc enim valde laborat Averroës, qui si fecisset differentiam inter informare et inhaerere, tales fatuitates non scripsisset et ideo 'non est abstractus a magnitudine', quia est forma informans.

69 Intelligatur etiam commentum 47. et 48. tertii *De anima*,[209] | **A 199r** quia licet ibi fiat mentio quod virtus cogitativa est in rationali tantum et quod numerat ipsum unum, etc., virtus autem scientialis non movetur, sed quiescit, non credat Averroës quod loquatur Aristoteles de forma propria homini secundum suam phantasiam, scilicet de anima sua cogitativa, sed dat duas virtutes animae rationalis: unam quae considerat singularia et ideo dicit quod considerat ipsum unum – considerat tamen per conceptus universales, ut alibi diximus diffuse –, et est alia virtus quae considerat solum in communi. Considerando autem in universali numquam ad aliquid movemur, etc., ut patet 3. *De anima*. Unde neque intellectus speculativus

---

[201] Arist., *De anima*, II, 412b18–19; Averr., *In De anima*, II, 9, 143.
[202] Arist., *De anima*, III, 432a15–18; Averr., *In De anima*, III, 40, 507.
[203] Unde habetur clare quod *add. sed exp.* P.
[204] Quae *iter. sed exp.* P.
[205] *Corr. ex* disperate.
[206] *Sup. lin. et add. sed exp.* P.
[207] q *add sed del.* A
[208] Arist., *De anima*, III, 431b18–19; Averr., *In De anima*, III, 36, 479.
[209] Averr., *In De anima*, III, 47, 48, 515–16.

neque operativus sive practicus est causa motus, si solum considerat in communi. Sed de hoc non est cura pro nunc, vult ergo Aristoteles quod in caeteris animantibus invenitur | **P 17v** imaginativa, quia habent appetitum. Imaginativa autem oritur ex quinque sensibus, si sunt animalia perfecta; sed virtus cogitativa quae est circa singularia per conceptus universaliter invenitur solum in homine, et potest esse causa saltem partialis motus, quia considerat circa singularia. Non ergo loquitur Aristoteles de cogitativa secundum phantasiam Commentatoris. Unde miror de tanto Commentatore quod ponat virtutem cogitativam vel animam corruptibilem et extensam cognoscere singularia omnium praedicamentorum. Unde impossibile est talem virtutem cognoscere hanc relationem et hunc respectum, et hoc ubi, immo vix intellectus potest ista cognoscere, et multi philosophorum illa non poterunt intelligere. Immo 12. *Metaphysicae* dicit Averroës quod propter suam minimam entitatem multi crediderunt relationem esse nihil,[210] ut tamen est in rei veritate et alibi probavi. Unde impossibile videtur quod potentia materialis cognoscat illud de quo est dubium, utrum possit esse in rerum natura aut non.

70   Unde in prohoemio *Metaphysicae* patet quod intelligentiae, licet sint maxime intelligibiles, propter defectum intellectus nostri male intelliguntur, alia autem male intelliguntur quia sunt minime intelligibilitatis, quia[211] minime entitatis, ut materia prima. Intelligibilitas enim est passio entis et illud insequitur, quia quanto magis ens, tanto magis intelligibile, et per consequens respectus et talia praedicamenta sunt minime intelligibilitatis, et per consequens multo minus possunt cognosci a potentia materiali. Et licet sint singularia, talia non possunt cognosci per aliquem sensum, sed solum cognoscuntur abstractive et per discursum, et prius cognoscuntur in universali quam in particulari, si sunt aliquid, neque istorum aliquis sensus recipit speciem, ut mittat notitiam ad cogitativam. **A 199v**

71   Illa etiam littera quam Averroës adducit pro se commento 11. non est nobis contraria, sed maxime pro nobis cum inquit: 'quoniam autem anima non est abstracta a corpore, aut pars eius,[212] si innata est dividi quod non latet. Est enim quarumdam partium perfectio, sed nihil prohibet hoc esse in quibusdam partibus, quia non sunt perfectiones alicuius extra corpus. Et cum hoc non declaratur utrum anima et corpus sint sicut gubernator in navi. Secundum igitur hunc modum determinatum est hoc de anima secundum exemplum et | **P 18r** descriptionem'. Ex hoc Averroës infert quod non est manifestum ex hac definitione quod aliquae partes animae non sint abstractae, et per consequens quod definitio superius data de anima de actu corporis erat accepta aequivoce vel multipliciter. Et subdit: 'et nos loquemur de hoc, quando loquemur de virtute rationali'[213] et capit ibi partem pro parte subiectiva. Unde in principio commenti dicit: 'incepit declarare ex hac

---

[210] Averr., *In Metaph.*, XII, 19, f. 306ra.
[211] *Marg.* P.
[212] pars eius *corr. ex* per se vis.
[213] Averr., *In De anima*, II, 11, 148.

definitione de abstractione et non abstractione',[214] et cum reverentia non vult habere sensum magistri sui. Est enim intentio Aristotelis ibi primo nobis ex his quae dixerat de definitione animae quod anima non est abstracta a corpore aut eius potentia, tamen quia forte non esset inconveniens quod anima informaret solum unam partem et non totum corpus. Diceretur enim quod anima esset in una parte solum corporis et alia in alia, si possunt esse in uno plures animae vel plures partes animae seu potentiae in diversis locis, si anima divisibilis; vel si non est divisibilis, quod esset in una parte solum. Et staret definitio, partes enim corporis non sunt formae et ideo sunt materia, et tunc posset esse quod esset sicut nauta in navi; verbi gratia, si poneretur quod anima sit in corde solum et quod informet illam partem solum, quia si est perfectio, necessario est alicuius existentis in corpore, quia non informat aliquid extra corpus, et tunc ista pars posset movere corpus et se ipsam per accidens et esset sicut nauta movens navem.

72 Unde Aristoteles propter opiniones antiquorum aliqualiter duobus mediis reprobatas. In primo quorum quidam ponebant animam in cerebro, alii in corde, alii in hepate, et distinguebant alii de irascibili, concupiscibili, et rationali in diversis partibus, etc. Dixit illa verba commenti 11. in 2. 'si innata est, dividi',[215] unde in primo *De anima*, in ultimo capitulo dixerat, scilicet in capitulo praecedenti, 'dicunt itaque quidam partibilem ipsam et alio quidem intelligere, alio autem concupiscere'.[216] | **A 200r** Quid igitur continet animam, si partibilis est apta nata, ecce expresse verba propter quae posuit ista in primo capitulo secundi commento 11., scilicet 'si partibilis apta nata est'[217] vel secundum litteram Commentatoris 'si innata est, dividi', loquitur ergo de diversis partibus sive potentiis animae in diversis partibus | **P 18v** corporis et non de partibus subiectivis solum. Et si loqueretur etiam de partibus subiectivis, nihil refert, quia idem sequitur.[218]

73 Unde notate primum argumentum, cum dicit: 'quid igitur continet animam, quia corpus non potest continere animam, sed magis econverso, quia corpus corrumpitur remota anima'.[219] Unde ibi primo ponit dubitationes duas: 'quoniam autem cognoscere animae est, et sentire est, et opinari, adhuc autem et concupiscere, et deliberare, et omnino appetitum; fit autem ad secundum locum motus ab anima in animabus, adhuc autem et augmentum, et status, et detrimentum, utrum toti animae unumquodque eorum insit et omni, et intelligimus, et sentimus, et aliorum unumquodque facimus et patimur aut partibus alteris altera?'[220]' Notate 'toti et omni'.

---

[214] Cf. ibidem, 147.
[215] Averr., *In De anima*, II, 11, 147.
[216] Arist., *De anima* I, 5, 411b5-6.
[217] Ibidem, II, 1, 413a5.
[218] Et si ... sequitur *marg.* A.
[219] Ita quod omnino loquitur de partibus integralibus *add. sed del.* A; cf. Arist. *De anima*, I, 5, 411b6-9.
[220] Cf. Arist., II, 1, 411b1-6.

74 Et ponit aliam dubitationem sequendo: 'et vivere igitur utrum in aliquorum sit uno aut in pluribus, aut in omnibus, aut aliqua alia causa? etc.[221]' Aristoteles enim in 11. commento secundi respondet quod per ea quae dicta sunt, sive anima habeat partes integrales quae sunt in diversis partibus, sive non. Et sive omnis anima habeat omnes operationes quae apparent in anima, ita quod sit unum solum genus animae vel plura, per ista quae dixit figuraliter de definitione animae, apparet solum quod anima est forma informans.

75 Sed non est declaratum adhuc utrum anima sit sicut nauta in navi, ita quod posset esse in una parte solum, informando tamen et movere alias partes. Unde vult concludere Aristoteles quod omnino informat aliquam partem: sive sit divisa in diversas partes, ut volebant antiqui, sive sit una in toto; vel una in una parte solum vel plures in toto, omnino informat corpus et est forma corporis, quia non est forma partis existentis extra corpus. Licet ergo prius probaverit[222] quod non sint diversae partes in diversis partibus, tamen non adhuc probavit utrum sit in una parte vel toto, et licet in illo ultimo capitulo primi respondendo secundo qui declaravit quod vivere invenitur in omnibus animalibus, tamen non declaravit de quattuor[223] generibus animae, ita quod aliqua operatio animae non inveniatur in omnibus generibus, sicut vivere, unde sentire et intelligere non est in omnibus generibus. Et ideo licet sit declaratum quod anima sit actus corporis aut tota | **P 19r** aut partes, si esset divisibilis, tamen non est declaratum adhuc utrum sit sicut nauta in navi, et licet sit declaratum quod vivere sit in omnibus animalibus, tamen non est declaratum de quattuor generibus. Et ideo | **A 200v** usque huc de anima est declaratum figuraliter. Unde etiam licet in ultimo capitulo primi probaverit contra antiquos quod anima non sit divisa in diversas partes corporis, tamen in secundo capitulo secundi apparet expresse quod excepta intellectiva et perspectiva diversae operationes animae non sunt in diversis partibus corporis, et ideo dicit ibi: 'reliquae autem partes animae, manifestum ex his quod non separabiles sint, sicut quidam dicunt'[224]. Ecce refert se ad antiquos, sequitur: 'ratione autem quod alterae', manifestum.

76 Vult ergo Aristoteles expresse in isto primo capitulo secundi quod quomodocumque ponas animam informare corpus, sive scilicet sint diversae partes, seu potentiae, seu operationes in diversis partibus corporis, seu sit in una parte solum corporis, seu sit in toto corpore, quod anima informat corpus; et tamen non est declaratum adhuc, utrum sit sicut nauta in navi vel ne. Unde – ut dixi – posset informare unam partem et non totum, et etiam, si opinio antiquorum esset vera, scilicet quod 'nata esset, dividi', adhuc non esset declaratum, utrum esset sicut nauta in navi, quia non esset divisa in diversas partes, si per totum apparet omnis operatio. Et cum in ultimo capitulo primi, ubi antiqui dividebant animam in diversas partes et

---

[221] Cf. ibidem.
[222] Improbaverit *ante corr.* A
[223] et *add. sed del.* A
[224] Arist., *De anima*, II, 2, 413b27–28.

potentias, ponitur etiam ibi intellectiva, ut patet, et in isto capitulo primo secundi dicit 'quod anima non sit separabilis a corpore',[225] etiam si esset partibilis, patet quod in istis verbis includitur expresse anima intellectiva aut velint aut nolint, et ideo illud quod sequitur non est excludere animam intellectivam. Unde videte textum Averrois, 'est[226] quarumdam partium perfectio. Sed nihil prohibet hoc esse in quibusdam partibus, quia non sunt perfectiones alicuius extra corpus',[227] quia enim in translatione nova dicitur: 'propter id quod nullius corporis sunt actus', crediderunt multi – etiam beatus Thomas[228] et Iohannes de Gianduno[229] – quod diceretur de anima intellectiva et non dicit sic. Et licet ipse Averroës fundet se super illud sicut nauta in navi, tamen Dei gratia suus textus clare positus est, scilicet 'quia non sunt perfectiones | **P 19v** alicuius extra corpus', et sic[230] vult dicere noster textus propter id quod nullius corporis sunt actus, id est non sunt actus partium, quae in nullo corpore sunt.

77 Vult dicere Aristoteles: si anima est actus informans corpus, necessario informat totum vel aliquam partem corporis, quia si est actus corporis, non est actus alicuius partis quae non sit in corpore, sed extra corpus, quia sic non esset actus illius corporis; si igitur est actus alicuius partis corporis vel quae est in corpore, est actus. Referuntur igitur illa verba ad ultimum capitulum primi *De anima* in fine, ubi sunt | **A 201r** motae illae dubitationes et manifestum est ibi quod non plus loquitur ibi de una anima quam de reliqua, ergo etiam ita facit in 11. commento secundi. Unde in illo textu Aristoteles non magis loquitur de anima intellectiva quam de alia, sicut in generali erat posita definitio, ita generaliter loquebatur de omni anima.

78 Et ideo postea incipit tractare de his, ex quibus poterimus cognoscere quae animae sunt in toto et quot[231] genera animarum sunt. Unde ex nutritione cognoscitur quod anima nutritiva est in toto corpore, unde dicit 'non enim sursum quidem augentur aut deorsum non, sed similiter in utroque'.[232] Et videmus quod planta incisa est in utraque parte anima quae erat in planta, una in actu et plura in potentia, et sic videmus de sensitiva, ut patet in animalibus anulosis divisis; et quia in aliquibus invenitur nutritiva, in quibus non invenitur sensitiva, et in aliquibus sensitiva, ubi non erit motiva secundum locum ut in ostreis,[233] et in aliquibus motiva secundum locum, ubi non est intellectiva, ut in brutis, poterimus comprehendere diversa genera animarum.

---

[225] Ibidem, II, 1, 413a4.
[226] enim *add.* A
[227] Arist., *De anima* II, 1, 413a4–9; Averr., *In De anima*, II, 11, 147.
[228] Thomas Aquinas, *De unitate intellectus*, c. 1, 291b–292a; idem, *Sentencia De anima*, lib. 2 l. 2 n. 8.
[229] Ioannes de Jandun, *Super De anima*, II, 5, f. 22va.
[230] Sicut *ante corr.* A
[231] *Sup. lin.* A
[232] Arist., *De anima*, II, 2, 413a28–29.
[233] 'h' *sup. lin.* P

79 Dicit ergo Aristoteles: 'de intellectu autem et perspectiva potentia non est manifestum adhuc. Et videtur genus alterum esse animae, et hoc solum contingere separari sicut perpetuum a[234] corruptibili',[235] continuat enim se ad ea quae dixit. Unde apparebat in aliquibus animabus quod erant per totum, immo de omnibus excepta intellectiva et perspectiva seu cogitativa secundum textum Averrois.[236] Et ideo dicit sequendo: 'reliquae autem partes animae manifestum est ex his quod non separabiles sint, sicut quidam dicunt'.[237] Ergo cum dicat: 'reliquae autem partes animae', patet quod per perspectivam non intelligit animam intellectivam solum seu id quod pertinet solum ad animam intellectivam, | **P 20r** quia certum est quod non erat probatum neque manifestum quod phantasia et aliae potentiae sensitivae perfectae sint in toto[238] propter organum determinatum quod habent. Unde cogitativa et phantasia in animalibus perfectis non videtur esse per totum; et ideo dicendo sicut quidam dicunt, refert se ad antiquos. Capit ergo ibi perspectivam pro omni eo quod potest apprehendere vel cognoscere non existentibus in actu ipsis quinque sensibus. Et ideo non loquitur ut Averroës quod intellectus sit separatus, ita quod non informet corpus, sed vult dicere quod licet in aliquibus appareat quod non sint separata sed per totum, tamen de intellectu et perspectiva potentia non est manifestum, ut dixi, quod non sint in aliqua parte determinata propter organum, ut dixi. Et quia in omni parte non invenitur anima intellectiva nec phantasia perfecta, et quia ista intellectiva et perspectiva potentia non videntur esse per totum corpus, ideo hoc solum videtur | **A 201v** esse separatum sicut perpetuum a corruptibili. Aliae autem animae quae insequuntur corpus in omni parte, non videntur posse separari a corpore, quia sunt extensae per totum corpus, ut patet incisa planta si plantetur. Non negat ergo Aristoteles quod anima non informet corpus, quia non loquitur magis de intellectiva quam perspectiva, sed bene est clarum contra antiquos. Ideo dicit, sicut quidam dicunt, quod aliquae animae non sunt divisae in diversas partes. Unde in isto[239] 2. capitulo secundi ibi 'utrum autem unumquodque eorum est anima aut pars animae. Et si pars, utrum sic[240] ut sit separabilis ratione solum aut loco',[241] subdit: 'de quibusdam autem horum non est difficile videre, quaedam autem dubitationem habent'.[242] Et ideo propter hoc verbum ultimum dixit illa verba 'de intellectu autem et perspectiva potenti nihil adhuc manifestum est', etc.

80 Vult ergo Aristoteles quod non est difficile videre in aliquibus quod anima sit per totum, ut vegetativa et sensitiva, et phantasia, et appetitiva, loquendo de phantasia et appetitiva imperfecta. Et non dicit ibi quod anima motiva secundum

---

[234] *Sup. lin.* A
[235] Cf. Arist., *De anima*, II, 2, 413b24–27.
[236] Cf. Averr., *In De anima*, II, 21, 159.
[237] Arist., *De anima*, II, 2, 413b28–29.
[238] tototo P
[239] Capitulo *add. sed exp.* A
[240] *Corr. ex* sit.
[241] Arist., *De anima*, II, 2, 413b13–15.
[242] Ibidem, 413b15–16.

locum sit in omnibus partibus, sed dicit quod incisis animalibus anulosis habent motum secundum locum. Et non dicit quod potentia motiva secundum locum sit ubique. Unde ista sententia prima potest colligi ex dictis Aristotelis in libro *De causa motus animalium*. Unde dicit: 'existimandum autem constare animal | **P 20v** quemadmodum civitatem bene legibus rectam. In civitate enim quando semel stabilitus fuerit ordo, nihil opus est separato monarcho quem oporteat adesse per singula eorum quae fiunt, sed ipse quaelibet facit quae ipsius, ut ordinatum est, et fit hoc post hoc propter consuetudinem. In animalibus autem[243] quidem hoc propter naturam fit: et quia natum est unumquodque sic constantium facere proprium opus, ut nihil opus sit in unoquoque esse animam, sed in quodam principio corporis existente alia quidem vivere, eo quod adducta sunt, facere aut proprium opus propter naturam, etc.'[244] Beatus Thomas in *Quaestionibus disputatis* respondendo huic auctoritati dicit quod 'loquitur Philosophus[245] de anima quantum ad potentiam motivam, quae primo fundatur in corde'.[246]

81 Sed quomodocumque sit, ex verbis Aristotelis prius dictis in libro *De anima*, non erat adhuc manifestum utrum anima esset sicut nauta in navi, quia poterat informare unam partem et non aliam, et tamen illam movere et totum corpus, et se per accidens, ut patet ex isto textu allegato. Et tunc esset sicut nauta in navi. Et ideo de anima in omni animali non erat manifestum, et ideo in isto textu Aristoteles loquitur de animali. | **A 202r**

82 Est igitur sciendum secundum Aristotelem in 3. quod duplex est phantasia: indeterminata et determinata. Unde animalia perfecta habent phantasiam determinatam, et imperfecta – indeterminatam, sicut enim moventur, ita inest eis phantasia et concupiscentia. Moventur autem non determinante animalia imperfecta, ita quod intendant aliquem determinatum locum, sicut accidit in animalibus perfectis quae imaginatur locum distantem et ad illum moventur. Animalia autem imperfecta non imaginantur aliquod distans, quia nihil imaginantur nisi secundum praesentiam sensibilis. Unde cum laeduntur, imaginantur hoc ut nocivum et retrahunt se. Est igitur phantasia indeterminata inquantum imaginantur et concupiscunt aliquid ut conveniens, non autem ut hoc aut id,[247] aut hic, aut ibi, sed habent confusam imaginationem. De phantasia igitur perfecta non erat manifestum utrum esset separata loco, etc. Et ideo dicit de intellectu autem et perspectiva, capit enim ibi perspectivam pro omni eo quod potest apprehendere vel cognoscere non existentibus in actu ipsis quinque sensibus vel capit pro phantasia perfecta. Et ideo probat | **P 21r** Aristoteles in 3. quod phantasia non est sensus.[248] Non erat ergo determinatum de intellectu nec

---

[243] *Om.* P.
[244] Arist., *De motu anim.* 10,703a29–38.
[245] loquitur Philosophus] Philosophus loquitur A.
[246] Thomas Aquinas, *Quaestio disputata de spiritualibus creaturis*, a. 4 ad 1.
[247] hid *ante corr.* A
[248] Arist., *De anima*, III, 3, 428a–b.

opinione seu fide, seu scientia, seu phantasia perfecta, et ideo dicit de intellectu et perspectiva.

83 Et licet Aristoteles in 3. quaerat etiam de potentia motiva sive anima utrum sit separata loco ab aliis, etc.,[249] debes intelligere de motu determinato[250] et non de indeterminato.[251] Unde in 2. cum dicit de anulosis incisis quod habent motum secundum locum,[252] loquitur de motu indeterminato, unde motus indeterminatus secundum locum insurgit a potentia sensitiva et causatur a phantasia indeterminata. Sed motus animalis determinatus videtur ab alio procedere. Unde in 3. quaerit utrum procedat ab intellectiva sive a perspectiva potentia, scilicet phantasia vel opinione, etc. Unde vult quod motus principium secundum locum in animalibus non sit potentia vegetativa neque sensitiva, quia omne animal hoc modo moveretur, nec etiam intellectus speculativus videtur principium motivum nec etiam practicus, quia multotiens praecipiente intellectu practico aliquid esse fugiendum aut prosequendum, non propter hoc homo movetur, sed agit secundum concupiscentiam; nec etiam appetitus est principium huius motus, quia videmus quod continentes et eremitae appetunt et | **A 202v** concupiscunt, sed non operantur ea quorum habent appetitum. Vult ergo quod licet haec duo sint moventia, scilicet appetitus et intellectus, ita tamen quod sub intellectu phantasia comprehendatur, quae habet aliquid simile intellectui in quantum movet absentia sensibilium sicut et intellectus, et loquitur de intellectu practico. Et licet ista duo dicantur esse moventia, tamen obiectum sive ipsum appetibile est primum movens, quia est movens non motum, quia enim ipsum appetibile movet quod est primum consideratum ab intellectu practico. Propter hos dicitur intellectus practicus movere, quia scilicet eius principium quod est appetibile movet. Et sic dicatur de phantasia, quia cum phantasia movet, non movet sine appetitu, nihil enim movet nisi inquantum[253] repraesentat appetibile. Et ideo haec duo moventia, intellectus et appetitus, reducuntur ad unum movens quod est appetibile. Intellectus enim vel phantasia apprehendit appetibile quod movet appetitum, etc. Et ideo si de phantasia vel intellectu et appetitu est dubium utrum sint separata loco | **P 21v** ab aliis, de principio motus seu potentia motiva erit etiam dubium. Et ideo Aristoteles non tractat ibi, nisi quia inveniat quid sit principium motus et eius organo.

84 Unde patet quod cum in 3. quaerat de istis, quod non solum in 2. locutus est de intellectu, sed etiam de aliis potentiis perspectivis, quia si esset manifestum de aliis, non amplius quaereret. Et quando dicit: 'et hoc solum contingere separari sicut perpetuum a corruptibili',[254] capit ly 'solum' non faciendo differentiam plus de una potentia perspectiva quam de alia. Dicebat enim quod sola perspectiva

---

[249] Cf. ibidem, III, 9, 432a15–433a9.
[250] 'de-' *sup. lin.* P
[251] '-de-' *sup. lin.* P
[252] Arist., *De anima*, II, 2, 418b18–418b23.
[253] quantum P.
[254] Arist., *De anima*, II, 2, 413b26–27.

potentia videbatur illa[255] quae poterat dici perpetua, quia videbatur separata loco. Et ideo loquitur dubitative et dixit 'videtur', et non dixit 'sicut credunt aliqui' – praesertim Scotus meus – quod loquatur dubitative propter intellectum nostrum. Sed loquitur dubitative, quia sub perspectiva potentia comprehendit alias potentias quam intellectum, de quibus[256] non erat certum quod essent incorruptibiles. Sed postea in 3. determinat quae sit illa quae sit perpetua, et ideo dicit de intellectu et hoc solum immortale et perpetuum est,[257] quasi dicat: 'licet sint aliae potentiae perspectivae, quia videbantur separatae loco, etc., et propter hoc possent dici perpetuae, sola intellectiva est perpetua et non aliae, quia utuntur organo, etc'. Notate in 3. ly 'solum', quia | **A 203r** refert se ad ly 'solum' quod dixerat in 2. quod dixerat dubitative, quia comprehendebat alias partes quam animam intellectivam; sed in 3., quia loquitur 'solum' de intellectiva, loquitur affirmative et non dubitative, et non loquitur amplius includendo alias potentias quam intellectivam. Unde notate etiam ibi quod dicit 'separatur autem solum[258] hoc[259]', refert se ad illud in 2. 'et hoc solum contingere separari', ita quod excludit alias potentias in isto 3. quae non excludebantur in 2. Sequitur in 3. 'et hoc solum immortale et perpetuum est', refert se ad illam copulativam in 2. quae sequitur ibi 'sicut[260] perpetuum a corruptibili'. Inferebatur enim ibi quod, quia videbatur separata loco ab aliis, ideo videbatur perpetua. Et hic in 3. excludit omnia praeter[261] intellectum, intelligendo per intellectum ipsam animam intellectivam includentem intellectum agentem et possibilem, quia ipse non est extensus per totum sicut anima vegetativa et sensitiva, nec utitur organo sicut aliae potentiae, quae non | **P 22r** videbantur extensae per totum. Ponit ergo copulativam in 3. contra copulativam in 2. Unde in secundo dicit: 'et hoc solum contingere separari sicut et perpetuum a corruptibili', et in 3. dicit: 'separatum autem est solum hoc quod vere est, et hoc solum immortale et perpetuum est'. Non refert ergo se ibi ad intellectum agentem sicut volebat Alexander, sed quantum ad potentiam.[262] Unde concedo quod ly 'solum' refertur etiam ad intellectum agentem, scilicet ad operationem eius, non ad potentiam, ut videbitis in corpore quaestionis. Unde vult dicere: 'ego probavi quod sola anima intellectiva est immortalis, quae habet duas potentias, scilicet intellectum agentem et possibilem'.

85 Tamen scias quod post mortem anima separata non habet operationem nisi intellectus agentis, quia operatio intellectus possibilis deficit cum phantasia in morte corrumpatur, a qua dependet sua operatio. Illud ergo solum denotat id quod dixi, i. e. licet dixerim quod inter omnes animas perspectivas sola anima intellectiva sit incorruptibilis. Intelligas etiam quod sola operatio intellectus

---

[255] *Iter. sed del.* A
[256] Erat *add. sed del.* A
[257] Arist., *De anima*, III, 5, 430a23–24.
[258] *Sup. lin.* P
[259] Ab hoc *add.* P. Cf. Arist., *De anima*, III, 5, b23.
[260] et *add.*, A.
[261] Per P.
[262] Cf. Averr., *In De anima*, III, 20, 443–4.

agentis post mortem remanet, et ideo omni modo refertur ad id in 2.²⁶³ Sequitur Aristoteles in 3.: 'non reminiscimur autem, quia hoc quidem impassibile, passivus vero intellectus corrumpitur et sine hoc nihil intelligit'.²⁶⁴ Probat Aristoteles quomodo non possumus reminisci post mortem, quia nec per intellectum agentem, nec per intellectum possibilem, quia intellectus agens est impassibilis et per consequens non recipit aliquam intellectionem, per quam possimus reminisci. Intellectus autem possibilis non²⁶⁵ poterit etiam reminisci, quia non intelligebat sine phantasia, ergo cum illa sit corrupta, etiam intellectus possibilis non potest reminisci. Non ergo excludit intellectum possibilem, immo includit, cum dicit: 'et sine hac nihil intelligit', quia ista non possunt dici de intellectu agente, quia ipse nihil recipiebat a phantasia, ergo loquitur de intellectu possibili, qui praesupponit ad sui intellectionem phantasiam. Et propter hoc non potest stare opinio Alexandri, quia frustra fuisset dictum 'et sine hac nihil intelligit'.²⁶⁶

86   Mirum est autem, si ponitur anima modo Averrois, quoniam dicat Aristoteles: 'non reminiscimur autem', nam si nihil nostri remanet, | **A 203v** quis nescit quod 'non reminiscimur'? Loquitur enim de anima et non de toto, i. e. anima nostra non reminiscitur. Unde dicit: 'et sine hac nihil | **P 22v** intelligit', anima autem Averrois semper aliquid intelligit. Et licet illa anima Averrois non recordetur illorum, quia non habet phantasmata, etc., contra: quia dicit 'non reminiscimur', ergo loquitur de nobis et de anima nostra, sed anima, quam ponit Averroës, nihil spectat ad nos, licet spectet ad hominem accipiendo hominem eo modo quo accepit Iohannes, scilicet pro aggregato.²⁶⁷ Salva ergo quod loquatur de nobis et de anima, id est quod loquatur de anima nostra. Dico ergo quod in 2. non loquitur de parte intellectiva proprie solum, ut facit in 3. Unde in 3., quando vult inquirere de movente utrum una pars separatur loco aut ratione, etc., aut tota anima separetur ab aliis, aut omnis moveat, etc., dicit: 'quoniam autem anima secundum duas definita est potentias, quae animalium est: et discretio quod intelligentiae opus est et sensus, et adhuc in movendo secundum locum, etc.',²⁶⁸ ecce quod capit ibi discretionem, ut est commune ad intellectum et sensum, et ita facit in 2., cum dicit de perspectiva potentia.

87   Aristoteles ergo facit librum 3. *De anima*, in quo primo tractatur de phantasia, et ostendit quod habet organum, et per consequens non est immixta et immaterialis. Secundo ostendit quod anima intellectiva est immixta et immaterialis et quod non habet organum, et²⁶⁹ quod haec sola est immortalis. Postremo tractat de potentia motiva sive principio motus, et posuit istam partem post fantasiam et intellectum,

---

²⁶³ Unde concedo … id in 2 *marg.* A.
²⁶⁴ Arist., *De anima*, III, 5, 430a23–25.
²⁶⁵ *Sup. lin.* A.
²⁶⁶ Cf. Averr., *In De anima*, III, 20, 443–4.
²⁶⁷ Cf. Ioannes de Ianduno, *Super De anima*, III, 8, f. 67va:
²⁶⁸ Arist., *De anima*, III, 9, 432a15–17.
²⁶⁹ *Sup. lin.* A.

quia cum illa concurrant tamquam principia motus, ideo prius oportebat cognoscere illa, et ideo posuit in fine. Unde in primo, in ultimo capitulo, ubi movet illas duas dubitationes, dicit: 'quid autem ad secundum locum motus ab anima in animalibus,[270] adhuc autem et augmentum, et status, et detrimentum, utrum toti animae unumquodque eorum insit et omni, et intelligimus et sentimus, et aliorum unumquodque facimus et patimur aut partibus alteris altera?'[271]

88 Ecce quod de principio motus localis erat dubium, utrum esset 'separata loco vel divisa', etc. Et ideo de ista non erat manifestum adhuc, et ideo quia perspectiva potentia concurrebat tamquam principium istius motus localis, necessarium fuit determinare de ipsa in 3. et primo de phantasia, secundo de intellectu, et tertio de ipsa, quia cognitio ipsius | **A 204r** dependet a cognitione illorum. Cum ergo probaverit Aristoteles animam intellectivam non esse extensam per totum nec habere organum,[272] | **P 23r** ut istae aliae perspectivae, quia videbantur etiam ipsae incorruptibiles, probavit ipsam esse immortalem, ut declaravi supra contra Scotum. Nec vult quod sit separata a magnitudine, ita quod non informet corpus, ut vult Averroës, unde in 3. dicit quod non est separata a magnitudine. Vult ergo quod sit[273] actus corporis informans et quod non sit extensa per totum in 2., ut aliquae, nec utatur organo ut aliquae aliae in 3., et ideo poterit remanere post corpus.

89 Valde ergo aequivoce locutus esset Aristoteles in commento 11., si loqueretur modo Averrois de parte. Unde Averroës ibi incipit primo ly 'partium', scilicet ibi 'quarumdam partium perfectio' pro partibus corporis, et immediate ibi 'nihil prohibet hoc esse in quibusdam partibus'. Accipit ly 'partibus' pro partibus dividentibus animam, ita quod in eodem contextu loquitur multum aequivoce. Legite textum. Unde Aristoteles in 2. in[274] 2. capitulo postquam dixit illa verba de intellectu et perspectiva potentia[275] ponendo definitionem formalem animae includendo etiam animam intellectivam, probat quod anima sit forma dans esse corpori, quia 'illud quo primo aliquid operatur est forma eius, sicut dicimus scire anima et scientia, et prius scientia quam anima, quia per animam non scimus nisi quantum habet scientiam. Similiter dicimur sanari et corpore et sanitate, ergo scientia erit forma animae, sanitas – corporis.' Dicit ergo Aristoteles: 'anima est principium quo vivimus et intelligimus primum',[276] et concludit: 'quare ratio quaedam utique erit et species, sed non ut materia et ut subiectum'.[277] Et immediate dividit substantiam in materiam, et formam, et compositum, et concludit: 'horum autem materia quidem potentia, species autem actus, postea ex utrisque animatum,

---

[270] *Corr. ex* animabus.
[271] Arist., *De anima*, I, 5, 411a28–b3.
[272] *Marg.* P
[273] sic P
[274] isto *add.* A.
[275] potentio P
[276] Arist., *De anima*, II, 2, 414a12.
[277] Ibidem, 414a13–14; cf. Thomas Aquinas, *De unitate intellectu*, c. 1, 393b.

non enim corpus est actus animae, sed ipsa corporis cuiusdam. Et propter hoc bene opinantur quibus videtur neque sine corpore esse neque corpus aliquod anima. Corpus quidem enim non est, corporis autem aliquid est; et propter hoc aliquid in corpore est, et in corpore huius, et[278] non sicut priores ad corpus aptabant ipsam, nihil definientes in quo et quali. Et vere cum non videatur accipere quodlibet contingens, sicut autem fit et secundum rationem uniuscuiusque enim | **A 204v** actus in potentia existente et in propria materia aptus[279] est in fieri. Quod quidem ergo actus est quidam et ratio potentiam habentis | **P 23v** esse huius, manifestum ex his'.[280] Ex quibus dictis, cum in definitione formali posuerit intellectum et ex illa tamquam a nobis magis nota probet definitionem materialem, scilicet 'anima est quo vivimus, etc.', est forma dans esse, aut velit aut nolit mundus. Aristoteles voluit animam intellectivam esse formam dantem esse corpori, et quod dicit de antiquis quod 'non bene definiebant in quo et quali, etc.', est ad propositum[281] illius quod dixi supra, quia Aristoteles voluit probare quod quomodocumque ponitur anima, aut pars, aut tota, necessario informat, etc.

90 Beatus vero Thomas alio modo sentit de illis verbis in primo capitulo secundi, scilicet 'quod quidem igitur anima non sit[282] separabilis, etc.', dicit 'quod ista verba non possunt intelligi nisi de his quae pertinent ad partem intellectivam, scilicet de intellectu et voluntate'.[283] Et dicit quod propter ista verba non erat manifestum, si anima sit actus corporis sicut nauta navis, et dicit: 'quia igitur post praemissa adhuc hoc dubium remanebat, concludit: figuraliter quidem igitur sic determinetur et describatur de anima, quia nondum ad liquidum demonstraverat veritatem. Ad hanc igitur dubitationem tollendam consequenter procedit ad manifestandum id quod est secundum se et secundum rationem certius, per ea quae sunt minus certa secundum se, sed magis certa quo ad nos, id est per effectus animae qui sunt actus, etc.'.[284] Et licet quantum ad hoc dicat verum quod postea probet illud, tamen non fuit intentio Aristotelis in illis verbis in primo capitulo. Et illud multum placeret Averroi, et diceret quod omnino definitio animae fuisset aequivoca, quia posita definitione animae et aliqualiter etiam probata, ut patet cum dividit substantiam, etc. Et licet non sit ultimate probatum, non debet aliquo modo esse dubium neque immanifestum quod anima non sit actus corporis dans esse, etc.

91 Unde, o magister mi praeclarissime, quaero utrum definitio materialis animae sit univoca, ita quod dicatur de anima intellectiva univoce aut non. Si sic, ergo illa verba non pertinent ad partem intellectivam, ita quod sit magis dubium de ipsa quam de aliis. Si aequivoca vel secundum anologiam, ergo | **A 205r** cum per te Aristoteles

---

[278] *Sup. lin.* A
[279] natus *add.* A.
[280] Cf. Arist., *De anima*, II, 2, 414a16–28.
[281] prius *add. sed del.* A.
[282] anima non sit] non sit anima A
[283] Thomas Aquinas, *De unitate intellectus*, c. 1, 292a.
[284] Ibidem.

et bene per definitionem formalem demonstrative probat materialem, sequitur quod nihil plus erit probatum de anima intellectiva quam ante, quia eo modo quo accipiebatur aequivoce in materiali definitione, eo modo demonstrabitur | **P 24r** aequivoce per definitionem formalem, et sic nihil habebimus contra Averroëm. Si quis tamen vellet tenere quod Aristoteles locutus sit solum figuraliter et quod non sit declaratum adhuc nisi figurative, utrum anima sit sicut nauta in navi, ita quod licet sit forte dictum et descriptum quod sit forma informans et dans esse loquendo de omni anima, et tamen quod non sit probatum demonstrative sed solum figuraliter, ita quod licet habeatur definitio quod sit forma informans et sit declarata figuraliter, tamen non est processum nisi figurative.

92 Dicas tamen quod loquitur simpliciter de omni anima et non dicas aliquomodo quod hoc[285] dicatur propter animam intellectivam, sicut dicunt beatus Thomas, Averroës, et Iohannes, et alii multi, ita quod simpliciter loquatur de omni anima, et non magis de intellectiva quam sensitiva. Et intelligenda sunt illa verba ibi 'quod quidem igitur non sit anima separabilis a corpore, etc.', ut declaravi supra, sed non erat expresse demonstratum quod esset forma informans quousque venit ad illam litteram, quoniam autem 'quo vivimus et sentimus, etc.', ita quod hic de omni etiam[286] anima intellectiva probat demonstrative quod est forma informans. Et prius in primo capitulo erat solum dictum de omni[287] anima figuraliter quod esset forma informans, non excludendo plus animam intellectivam quam alias, ita quod definitio materialis erat univoca omni animae et non secundum analogiam vel aequivoce. Et sic quando dat definitionem formalem, non magis loquitur de una anima quam de alia, et ideo concludit in fine illius capituli 'et non sicut priores ad corpus aptabant ipsam'. Unde cum priores, scilicet antiqui, loquerentur magis de anima intellectiva quam de alia, cum dicat 'priores', necesse est inclusa anima intellectiva, et declaratum quo et in quali. Unde in primo capitulo dicit in primo 'et quaerentes de anima, de humana solum videntur intendere',[288] sed constat quod non esset declaratum adhuc quomodo anima intellectiva esset in corpore secundum opinionem Averrois, constat autem quod dixit se declarasse quomodo anima est in corpore et in quo et quali. Ergo cum | **A 205v** dicat quod antiqui non declaraverant quomodo anima esset in corpore neque bene aptabant ad corpus, et ipsi loquerentur solum de anima intellectiva, ergo Aristoteles declaravit quomodo anima intellectiva est in corpore.

93 Et ideo concludit Aristoteles quomodo anima est in corpore, cum dicit: 'uniuscuiusque enim actus in potentia existente et in propria materia | **P 24v** aptus natus est in fieri', sequitur 'quod quidem igitur actus est quidam et ratio potentiam habentis esse huius manifestum ex his', ita quod licet prius posuerit et declaraverit figuraliter quod anima est actus[289] potentia vitam habentis, nunc demonstrative

---

[285] hoc *om.* P.
[286] *Sup. lin.* AP.
[287] etiam *add. sup. lin.* A
[288] Arist., *De anima*, I, 1, 402b3–4.
[289] *Marg.* P

declaravit quod est actus, etc. Utraque ergo istarum expositionum est vera, et in idem revertuntur dummodo non exponas illud 11. commentum secundi in 2. capitulo quod fiat ibi differentia de anima intellectiva ab aliis, quia illa numquam fuit intentio Aristotelis. Et propter hoc[290] neque Averroës neque sui sequaces aliquid habebunt contra nos.

94 Et qui aliter sentit de opinione Aristotelis ibi, non habet ipsum. Nam cum in 2. capitulo revertatur ad probandum quod anima est actus corporis, quia ipsa est quo vivimus, ita quod demonstrat ignotum per magis notum quo ad nos, et ibi includatur anima intellectiva, scilicet in formali definitione, sequitur quod in primo capitulo loquebatur de omni anima simpliciter quod informabat corpus. Ideo non magis dubitat de una anima quam de alia in illa littera. Unde notetis illud verbum in principio secundi capituli 'tentandum iterum est sic aggredi de ipsa',[291] notetis ly 'iterum', ita quod ostendit se prius declarasse de omni anima quod est actus informans, sed vult declarare demonstrative hoc et non solum figuraliter. Et ideo dicit: 'non enim solum, quia oportet definitivam rationem ostendere, sicut plures terminorum dicunt, hoc est definitionum, sed et causam inesse et demonstrare',[292] Unde licet veram definitionem dederit, tamen non demonstravit expresse sic esse. Non ergo prius plus loquebatur de una anima quam de alia, sed prius de omni locutus erat non demonstrative quod informabat. Postea procedit demonstrando quod informat, quia est quo vivimus, et per consequens est actus. Unde aut necessario opportet te dicere quod in primo capitulo secundi de nulla anima universaliter erat certum quomodo esset in corpore, aut opportet te dicere quod locutus est univoce de omni anima quomodo erat in corpore. Unde etiam cum Aristoteles dicat in principio secundi capituli in 2. quod 'non solum oportet definitivam rationem ostendere, sed et causam inesse et demonstrare', patet ex verbis quod non erat demonstrative processum, sed solum figuraliter et etiam ex illis verbis[293] sequitur quod definitio sit univoca, quia licet possit dari aliqua definitio secundum analogiam, tamen quod ipsa demonstretur | **A 206r** et possit ingredi conclusionem demonstrationis per definitionem formalem impossibile est quod sit aequivoca, quia in nulla demonstratione, | **P 25r** neque praemissae, neque conclusiones, neque termini accipiuntur aequivoce, quia esset ex quattuor terminis.

95 Unde necessario in ista definitione 'anima est actus corporis', ly 'actus' esset terminus aequivocus, si acciperetur secundum opinionem Averrois, et non solum secundum analogiam, quia actus informans et actus per appropriationem nullum habent ordinem inter se, ut patet. Et licet unum diceretur perfectius reliquo, hoc non tollit aequivocationem sicut in cane latrabile est perfectius pisce. Oportet ergo quod sit ibi ordo, si debet esse analogia inter ipsos secundum prius et posterius,

---

[290] *Sup. lin.* A.
[291] Arist., *De anima*, II, 2, 413a12–13.
[292] Ibidem, 413a13–15.
[293] Patet ... verbis *marg.* A.

ita quod unum dependeat in essendo vel in operando ab alio, ut ens respectu substantiae et accidentis. Actus ergo omnino esset aequivocum in definitione materiali, ergo non potest ingredi conclusionem demonstrationis, ut facit Aristoteles ibi in 2. capitulo in 2., ubi concludit definitionem materialem ex formali, cum dicit: 'anima autem hoc quo vivimus, sentimus, et movemur, et intelligimus primum'. Sequitur concludendo definitionem materialem ex ista formali, 'quare ratio quaedam utique erit et species (…) corporis cuiusdam', et in fine concludit definitionem etiam materialem ibi 'quod quidem ergo actus est quidam et ratio potentiam habentis esse huius manifestum ex his'. Unde patet expresse ibi quod cum declaravit quod anima est actus, declarat quis actus dividendo substantiam in materiam, et formam, et compositum, et vult quod sit forma quae est altera pars compositi, ergo loquitur de forma informante.

96 Ex his igitur apparet quod in commento 21., scilicet in 2. in 2. capitulo, non excluditur a definitione animae intellectus.[294] Unde postquam dedit definitionem animae formalem, scilicet quod est principium, etc., movet in commento 19. dubitationem 'utrum unaquaeque istarum sit anima aut pars animae, et si est pars', etc.[295] Et in primo commento Averroës exemplificat de intellectu, ergo intellectus est sub ista definitione formali, scilicet secunda, ergo commentum 21. non excludit a genere animae intellectum, in commento vero 22.[296] dicit: 'aliae vero partes animae manifestum est quod non sunt abstractae',[297] in partibus ergo animae includitur intellectiva. Aristoteles ergo ibi cum dicit: 'sed videtur alterum genus esse animae', non excludit quod anima intellectiva et perspectiva non sint animae informantes, sed sunt unum aliud genus, vel videntur ab illis quae sunt extensae per totum, | **A 206v** et ideo in definitione formali posuit diversa genera, et non excludit aliquod a definitione | **P 25v** animae materiali. Non capit ergo ibi supra alterum genus pro aliquo genere quod non sit forma corporis, immo vult dicere quod hoc genus alterum comprehenditur sub definitione animae, et est distinctum genus ab anima quae est expresse extensa per totum, et non capit hic solam intellectivam, ut dixi, sed pro phantasia perfecta, etc. Unde cum dicat: 'reliquae autem partes animae manifestum quod non separabiles sint' et de illis sit manifestum ibi quod non sunt separabiles, id est non sunt in diversis locis, sed extensae per totum, ergo cum dicit quod intellectus et perspectiva videantur separata, loquitur de separatione locali, ut dixi supra, scilicet quod non sint extensae per totum. Et quod sequitur ibi 'sicut et perpetuum a corruptibili' vult dicere 'quia ista videntur separata loco, posset dici de istis quod essent perpetua et incorruptibilia sicut dicebant antiqui de omni anima', sed de his quae sunt extensae per totum, vult dicere Aristoteles 'hoc non posset dici'.

---

[294] Averr., *In De anima*, II, 21, 159–60.
[295] Ibidem, com. 19, 157.
[296] *Corr. ex* 20.
[297] Averr., *In De anima*, II, 22, 161.

97 Beatus vero Thomas dicit quod 'in hoc est alterum genus, quia intellectus est quoddam perpetuum, aliae vero partes animae corruptibiles. Corruptibile autem et perpetuum non videntur[298] in unam substantiam convenire, sed non est intelligendum quod contingat intellectum separari a corpore, scilicet quod non informet, sicut perverse exponit Averroës'.[299] Haec beatus Thomas. Et licet illud quod dicit sit verum, tamen videtur mihi quod illa non sit intentio Aristotelis, ut probavi. Unde cum dixit quod 'reliquae partes animae non sunt separabiles, sicut quidam dicunt, scilicet loco', subdit: 'ratione autem altere',[300] id est licet non sint separatae loco, tamen differunt ratione. Aliqui ergo antiqui[301] ponebant omnem animam incorruptibilem, et per consequens posse remanere post corpus. Aristoteles ergo dicit quod si aliquae animae possent esse perpetuae, viderentur esse illae quae non sunt extensae per totum, quasi dicat quod de extensis est impossibile, quia insequuntur corpus.

98 Praeterea mirum est quod omnes expositores Graeci numquam intellexerunt istam opinionem Averrois, nec in tota Graecia hoc umquam fuit auditum. Unde et beatus Thomas adducit Themistium et Theophrastrum[302], Avicennam, et Algazalem, ponentes intellectum possibilem esse formam substantialem hominis dantem esse[303]. Et mirum est quod tanta ac tam gravis opinio ab aliquo discipulo Aristotelis non fuerit promulgata et notata, et venerit ad | **A 207r** aures aliorum. Quia certum est quod Aristoteles ipsam dixisset, et magis mirandum esset de Alexandro tanto commentatore qui ita | **P 26r** per multum temporis fuit existimatus, ut recitat ipse Averroës, quod nullus reputabatur esse[304] philosophus et scire Aristotelem nisi esse Alexandrista.[305] Immo, Alexander in tantum vidit definitionem Aristotelis de anima quod informabat corpus quod credidit ipsum intellectum possibilem esse corruptibilem, licet Aristoteles demonstrasset hunc esse denudatum ab omni re materiali, quia aliter eas intelligere non posset, et quod non est mixtus neque naturam corporis habet, ut de aliis animabus per suas passiones patet, de timore enim et ira satis manifestum est, et quia excellens sensibile corrumpit sensum, non sic est in intellectu, sed magis perficitur. Et commento 17. in unoquoque genere est[306] aliquid quod est sicut materia et potentia, et aliud quod est causa et agens, et per consequens inquit necesse est, ut anima existant hae differentiae[307], ergo si sunt hi[308] duo intellectus eiusdem generis, si unum incorruptibile et aliud. Unde commento 19. dicit Averroës 'et mirum est quomodo omnes concedunt hanc

---

[298] *Iter.* P
[299] Cf. Thomas Aquinas, *De unitate intellectus*, c. 1, 293a.
[300] Cf. Arist., *De anima*, II, 2, 413b29.
[301] Antiqui aliqui ergo, *sed corr. per* c, a, b A.
[302] *Corr. ex* Theophastrum.
[303] Cf. Thomas Aquinas, *De unitate intellectus*, c. 2, 301a-302b.
[304] *Om.* P.
[305] Cf. Averr. *In De anima*, III, 5, 395; Ioannes de Ianduno, *Super De anima*, III, 5, f. 57vb.
[306] *Iter.* A.
[307] Arist., *De anima*, III, 5, 430a10-14; Averr., *In De anima*, III, 17, 436.
[308] hii A

demonstrationem esse veram, scilicet de intellectu agente, et non conveniunt in demonstratione de intellectu materiali; et licet etiam sint valde consimiles, ita quod oportet concedentem alteram concedere aliam'[309]. Et ponit unam rationem, quae erat Avempace, quia intellectus in propositione universali, id est conceptu universali, iudicat res infinitas in numero. Unde cum quidditas de se possit esse in infinitis, et ista intelligat eam, dicitur cognoscere infinita abstracte. Sed Avempace dicebat quod iste erat intellectus agens; sed hoc est falsum et contra Aristotelem[310]. De intellectu ergo passibili erat sermo, ut commento 7. docuerat, declarat enim eo loco differentiam inter passiones, sensus, et intellectus, quia non eodem modo sunt quod diximus[311]. Cum ergo dicat quod intellectus agens tantum est immortalis[312] secundum aliquos qui sic exponunt Aristoteles ibi, et materialis sit immortalis, necessarium erit quod intellectus agens et materialis vel non distinguantur realiter, quod a me tamen alibi est improbatum, vel quod ex intellectu agente et possibili fiat unum tamquam unum fiat forma alterius, quod est impossibile, contra Philosophum, vel quod sint duae potentiae in eadem anima. Unde Aristoteles inquit commento 17.: 'necesse est, ut anima existant hae differentiae', et ideo Aristoteles dicit: 'et iste intellectus est etiam abstractus, non mixtus'.[313] Unde cum dicat 'etiam', includit intellectum etiam materialem, et ista videtur intentio Averrois. Mirum est autem | **A 207v** cum Alexander intellexerit omnia ista, posuerit intellectum possibilem esse corruptibilem, | **P 26v** et praesertim cum Aristoteles expresse dicat intellectum agentem esse incorruptibilem, hoc autem fuit, quia intelligebat ex sententia Aristotelis intellectum possibilem informare materiam, et credidit propter hoc ipsum corrumpi, et quia credidit intellectum agentem esse substantiam per se stantem quae non informaret materiam, et ideo esset incorruptibilis. Volui etiam tangere ista, quia ex istis, ut videbitur in arguendo, videbitur clare esse impossibile ponere intellectum agentem et intellectum materialem modo quo ponit Averroës, ut videbitis clare.

99 Aristoteles etiam et Porphyrius[314] in infinitis locis ponunt rationale tamquam per se differentiam hominis,[315] ergo est de essentia hominis; sed non est per se rationalis nisi per animam intellectivam; ergo anima intellectiva est de essentia hominis. Sed si est per se stans non informans, non potest esse de essentia hominis, ergo anima intellectiva informat corpus. Et confirmatur, quia differentia specifica constituens aliquam speciem sumitur a forma, ergo rationale sumitur a forma humana; sed rationale sumitur ab eo quod est intellectivum, ergo anima intellectiva erit forma hominis dans sibi esse et ponens illud in esse specifico.

---

[309] Averr., *In De anima*, III, 17, 441.
[310] Ibidem, p. 442.
[311] Arist., *De anima*, III, 4, 429a29–b5.
[312] materia *add. sed exp.* A.
[313] Arist., *De anima*, III, 5, 430a17.
[314] Porphiryus A.
[315] Cf., e.g., Porphyrius *Isagoge*, 9.13, trans. Boethius, ed. L. Minio-Paluello (Bruges, Paris: Desclée De Brouwer, 1966), 15.

100 Si dicatur, sicut dicit Iohannes, esse de intentione Averrois quod homo dicit hoc totum, scilicet materiam cum anima cogitativa et anima quae non est separata loco ab homine et eius phantasia, et inclinatur ad recipiendum species a phantasmate cogitative, hoc totum dicitur intelligere et esse homo.[316]

101 Sed contra, ex duobus per se vel[317] existentibus per se saltem substantialibus non fit vere unum, ergo sequitur quod homo non sit vere unum, et per consequens non potest per se definiri, et per consequens non[318] erit in praedicamento substantiae per se nec in linea praedicamentali. Consequens contra Philosophum undique et praesertim 7. *Metaphysicae*, ubi ponit quod homo per se definitur et non homo albus, et quod homo est per se unum.[319] Et dicit fortius 7. capitulo 11: 'secundum primam autem substantiam est ut hominis quae animae ratio. Substantia namque est species quae inest, ex qua et materia, tota dicitur substantia, ut concavitas. Nam ex hac et naso simus nasus, in tota vero substantia aut naso simo[320] aut Callia inest materia et quod quid erat esse'.[321] Ergo ex istis verbis vult quod anima informet corpus et homo | **A 208r** sit per se unum, unde etiam paulo ante[322] de definitione et definito loquens dicit 'palam enim quia res una, scilicet definitum. Res vero quae una quomodo partes habeat speculandum est, posterius'.[323] Fuit enim argumentum | **P 27r** sophistarum, ut recitat ipse et Averroës, quomodo vero possibile quod aliquid sit unum et[324] plures, declaravi alibi. Unde eodem capitulo dicit: 'palam autem et quod anima quidem substantia prima, corpus autem materia, homo vero animal quod ex utrisque',[325] constat autem quod corpus non est materia animae intellectivae, quam ponit Averroës, immo magis habet rationem formae, quia mediante phantasmate agit in ipsam. Et si homo est ex materia et forma, falsa opinio Iohannis quod illud totum sit homo, scilicet aggregatum.[326] Unde et 12. *Metaphysicae* dicit Aristoteles quod 'homo generat hominem'[327] et 2. *Physicorum* quod 'Sol et homo ex materia generant hominem',[328] quomodo ergo,[329] si accipias hominem modo Iohannis, poterunt ista verificari. Unde et 2. *Physicorum*, 12. commento, Aristoteles: 'et ista forma est inseparabilis nisi ratione. Compositum autem ex istis non est natura, sed per naturam, verbi gratia homo, illa autem est dignior materia, ut sit natura. Omne enim dicitur esse illud quod est cum fuerit in sua perfectione. Et illud tunc est dignius ei quam cum fuerit potentia'[330]. Et

---

[316] Cf. Ioannes de Ianduno, *Super De anima*, III, 5, f. 59ra.
[317] *Sup. lin.* A.
[318] *Sup. lin.* A.
[319] Arist., *Metaphysica*, VII, 4, 1029b31–33.
[320] *co add sed exp.* A.
[321] Cf. Arist., *Metaphysica*, VII, 11, 1037a28–35.
[322] dicit *add. sed exp.* A.
[323] Arist., *Metaphysica*, VII, 11, 1037a19–20.
[324] vel; et *sup. lin.* A.
[325] Arist., *Metaphysica*, VII, 11, 1037a5–6.
[326] Cf. supra n. 86.
[327] Ibidem, XII, 7, 1032a25.
[328] Arist., *Physica*, II, 2, 194b13.
[329] *Marg.* P.
[330] Arist., *Physica*, II, 1, 193b4–8; Averr., *In De anima*, f. 25rb.

tunc sequitur 13. commentum quod 'ex homine[331] homo'.[332] Unde ibi et forma est natura, fit enim ex homine homo, et lege bene ibi etiam ipsum Averroëm, quia non potest accipi homo, ut dicit Iohannes[333]. Et multa alia ibi sunt quae mihi videntur superflua adducere et nimis longa. Ex quibus sequitur quod Socrates et Callias non est homo quidditative nisi capias Socrates pro duobus existentibus in actu. Et sequitur quod homo non sit animal quidditative, et tamen per Aristotelem in 7. et alibi, animal dicitur de homine et equo eodem modo.[334] Aristoteles etiam 2. *De anima* ponens definitionem formalem animae dicit: 'anima est quo vivimus, intelligimus, etc', non dicit, quo homo intelligit, sed quo nos intelligimus, ergo nos sumus illi qui intelligimus et non homo, modo quo dicit Iohannes, quia illo modo accipiendo homo non est nos, ergo nos sumus illi, qui intelligimus, et per consequens intellectus est forma nostra dans esse, et ita dicit in primo quod nos intelligimus et sentimus.

102 Aristoteles etiam primo *De anima* dicit: 'dicere autem irasci animam simile est, si aliquis eam dicat texere vel aedificare. Melius autem fortassis est non dicere animam misereri, aut adiscere, aut intelligere, sed hominem anima'.[335] Sed cum anima separata per te sit, licet a se non possit recipere intellectionem, poterit dici intelligere cum sit intellectio solum in anima, et sit per se stans, et non sit pars totius quod dicatur intelligere. Unde Aristoteles dicit eodem capitulo: 'intelligere et considerare | **P 27v** marcescunt quodam interius corrupto. Quare et hoc corrupto neque memoratur, neque amat, non enim illius erant, sed communis'.[336] Ergo vult quod si esset alicuius per se stantis, illud posset intelligere. Iohannes dicit quod Aristoteles loquitur ad eos,[337] qui dicebant intellectum esse organicum | **A 208v** quod ipsa intelligere non posset.[338] Sed Aristoteles ostendit oppositum: primo quia dicit 'si quis', ergo loquitur omnibus; secundo reddit causam, quia erat communis; tertio dicit 'melius autem fortassis est non dicere animam intelligere sed hominem anima'; ergo loquitur determinate et docet quis sit intelligens.

103 Unde accipimus commentum 64[339], 65., et 66. In primo enim commento inquit quod anima non intelligit,[340] in commento vero 65 dicit quod intellectus est substantia incorruptibilis et secundum Averroëm ibi loquitur de intellectu materiali qui scilicet est in pura potentia,[341] in commento vero 66. ostendit quod intelligere tamen corrumpitur quodam interius corrupto, scilicet actu phantasiandi,

---

[331] fit *add.* A.
[332] Arist., *Physica*, II, 1, 193b9.
[333] Unde et 12 … dicit Iohannes *marg.* A.
[334] Arist., *Metaphysica*, VII, 13, 1038b
[335] Arist., *De anima*, I, 4, 408b11–15.
[336] Cf. ibidem, 408b24–29.
[337] 'ad eos' *iter. sed. exp.*
[338] Cf. Ioannes de Ianduno, *Super libros De anima*, III, 5, f. 60ra.
[339] ac *add.* A.
[340] Arist., *De anima*, I, 4, 408b14–15; Averr., *In De anima*, I, 64, 85.
[341] Arist., *De anima*, I, 4, 408b18–19; Averr., *In De anima*, I, 65, 87.

vel phantasmatibus, vel phantasia, vel intellectu passibili.³⁴² Respondet ergo quomodo intellectus non corrumpatur, et eius intellectio quae est sua actio propria est generabilis et corruptibilis. Licet Averroës respondeat secundum suam phantasiam, tamen non tangit illud quod dicit Aristoteles, scilicet non enim illius erant, sed communis, et ideo homine corrupto non intelligimus, quia homo erat ille qui intelligebat. Non ergo loquitur antiquis, sed secundum intentionem propriam. Unde intentio eius expresse est quod licet intellectus non corrumpatur in morte, et hoc dicit in 3.: 'non reminiscimur autem, passivus vero intellectus corrumpitur, etc.',³⁴³ ex his igitur concluditur quod secundum Aristotelem quod anima intellectiva est forma informans corpus et dans esse. Ex his igitur tribus commentis habebimus profecto animam esse actum et post corpus remanere, nam si Socrates mortuo nihil eius remanet, quid mirum, si non reminiscitur neque amat. Philosopho enim haec dicere non convenit, voluit ergo dicere Philosophus: 'licet intellectus Socratis remaneat, non tamen intelligit', addas tamen eo scilicet 'modo quo hic intelligebat, quia totum compositum erat intelligens'. Et ideo alio interius corrupto, quia necesse est intelligentem phantasmata speculari, et ideo post mortem eo modo non potest intelligere, modum autem intelligendi post mortem non dat Philosophus neque de eo mentionem facit, quia hoc ad Philosophum non spectabat, tamen si anima remanebat, | **A 209r** sciebat illam operatione propria non privari. Unde cum dixit 'quare et hoc corrupto neque memoratur | **P 28r** neque amat, non enim illius erant, sed communis quod quidem destructum est, intellectus autem fortassis divinus aliquod et impassibile est',³⁴⁴ intelligebat ergo intellectum post compositum remanere et habere alium modum quem non habet. Et fortasse³⁴⁵ cum species intelligibilis dependeat a phantasmate, illo corrupto non potest habere memoriam illorum quae hinc intellexit, et per consequens nec amare, nec intelligere, scilicet quae hic intellexit, scilicet mediantibus illis intellectionibus.

104 Sed quoque sit sufficit contra Iohannem, cum secundum Aristotelem intellectio recipiatur in solam animam intellectivam tamquam in proximum receptivum et in composito tamquam in receptivo remoto, et tamen partem formalem sui. Unde homo non recipit intellectionem nisi per hoc quod anima quae est forma eius proximius recipit eam, tamen homo dicitur primum intelligens quando anima est unita, quia convenit homini tamquam toti per formam; et ideo homo dicitur per se intelligere tamquam receptivum remotum. Et ideo quia anima est ratio operandi suo toto, non dicitur quod anima per se intelligat hoc modo, non sic de operationibus aliarum formarum, nam visio recipitur in potentiam sensitivam et eius organum vel in composito ex organo et potentia seu anima. Ideo non erit inconveniens animam intellectivam post separationem posse habere suam operationem, et per consequens si operationem et esse non habebit, ergo operationem quae sit totius vel illo modo. Sed cum sit in sola potentia et non in

---

³⁴² Arist., *De anima*, I, 4, 408b24–31; Averr., *In De anima*, I, 66, 88–9.
³⁴³ Arist., *De anima*, III, 5, 430a23–24.
³⁴⁴ Arist., *De anima*, I, 4, 408b24–29.
³⁴⁵ *Del.* A

toto, ut supra, poterit omnino habere aliquam operationem, cum illud remaneat in quo erat. Et hoc proprie est quod dicit Aristoteles in 3., scilicet quod sit immixtus neque misceri rationabile sit ipsum corpore, omne enim quod miscetur corpori tale est quod species non recipitur in ipso, sed in toto composito ex corpore vel organo et potentia, ut dictum est.[346] Non sic est in anima intellectiva, ut declaravi de proximo et remoto, et primo receptivo; primum enim et per se intelligens est homo, sed proximum receptivum est intellectus. Et ideo bene dicit Aristoteles in 3. 'et bene iam dicentes sunt animam locum esse specierum nisi quod non tota sed intellectiva,[347] ita quod proximum receptivum est sola anima intellectiva, | **A 209v** non autem alia anima sed compositum ex organo vel ex corpore et potentia, vel ex materia extensa est proximum receptivum, quia non fundatur in potentia sola, sed in potentia et organo vel ex composito ex utrisque. Non nego tamen quod Aristoteles non loquatur de sola anima intellectiva, quia aliae non possunt recipere species omnium rerum materialium. Bene igitur concludit Aristoteles quod non sit similis impassibilitas | **P 28v** sensitivi et intellectivi, quia unum est separatum et reliquum non est sine corpore, etc.[348]

105 Et ista responsio videtur magis satisfacere quam responsio beati Thomae in quaestione *De unitate intellectus*, ibi enim dicit: 'intelligere dicitur esse actus coniuncti non per se sed per accidens in quantum eius obiectum, quod est phantasma, est in organo corporali, non quod iste actus per organum corporale exerceatur, etc'.[349] Nam cum homo sit per se unum et per se in praedicamento substantiae, et per te et Philosophum cuiuslibet quod est per se unum, est per se et propria operatio, ergo homo, secundum quod homo est, secundum quod est per se unum, habebit per se et non solum per accidens operationem propriam, propria autem operatio hominis secundum omnes est intelligere. Unde et beatus Thomas ibi paulo ante dicit quod Aristoteles in illo primo capitulo *De anima*, ubi dicit quod intelligere et odire non sunt passiones animae, sed totius, non facit differentiam inter sensum et intellectum, et allegat ibi Themistium, etc.[350] Vide ibi. Quod tamen non mihi videtur verum per illud[351]. Tamen nota est[352] quod ponitur in fine capituli, ubi dicit: 'intellectus autem fortassis divinius aliquid impassibile est',[353] ut declarabo paulo post. Unde etiam si[354] in resurrectione corporum homo non intelligeret per phantasmata et posset recipere intellectionem rerum sive materialium sive immaterialium corpore glorificato, vel si immediate in homine glorificato vel non intellectio fieret a Deo in homine, hoc totum diceretur intelligere,

---

[346] Cf. Arist., *De anima*, III, 4, 429a15–27.
[347] Ibidem, III, 4, 429a27–28.
[348] Cf. ibidem, III, 4, 430b5.
[349] Thomas Aquinas, *De unitate intellectus*, c. 1, 299a. Non sufficit Thomas in *De unitate intellectus marg.* A.
[350] Cf. ibidem.
[351] Quod ... per illud *del.* A.
[352] tamen nota est *om.* P *marg.* A.
[353] Arist., *De anima*, I, 4, 408b29.
[354] *Sup. lin.* P.

et tamen non per accidens, quia ibi non concurrisset phantasma. Et fortius posito quod Deus per suam potentiam causet intellectionem in homine immediate, et cum illa potentia sensitiva tam interior quam exterior non exeat in actum suum etc., et clarius in visione divina certum est quod ad illam cognitionem intuitivam homo nullo modo phantasmate utitur nec potest uti, ergo erit intellectio hominis per se et non per accidens. Unde beatitudo et visio divina est finis hominis, | **A 210r** finis autem hominis non consistit in operatione per accidens.

106 Item, Aristoteles 2. *De anima* dicit: 'anima est hoc quo vivimus et intelligimus primum', ergo si ipsa est 'quo', ergo nos sumus quod primum intelligimus et per se, quia omni 'quo per se' correspondet aliquod 'quod per se', quia non est 'quo per se' alicuius nisi sit aliquod 'quod per se'. Revertendo igitur si volumus exponere illud tertii *De anima*, scilicet 'et hoc solum immortale', etc., aliter quam ego exposui, scilicet quod excludat per ly 'solum' alias potentias sensitivas includendo tam intellectum agentem quam possibilem. Si volumus dicere primo quod loquatur de intellectu agente, tunc dicatur quod loquitur de ipso quantum | **P 29r** ad eius operationem, ostendens quod operatio intellectus possibilis non remanet, ut probatur ibi. Sed intellectus agens potest habere post mortem intellectionem perpetuam non a phantasmatibus, sed per suam essentiam. Unde Averroës ibi de intellectu agente, ubi dicitur 'substantia actu ens', dicit, id est 'sua substantia est sua actio'.[355] Iste ergo intellectus non aliquando intelligit et aliquando non,[356] ideo substantia actu ens et hoc quod vere est. Et hanc expositionem tangam in corpore quaestionis. Scias tamen quod licet Averroës faciat differentiam inter cogitativam et fantasiam non inveniens in Aristotele. Unde possit dici quod per ly 'solum' excludatur ista cogitativa et perspectiva quae cognoscunt futura vel aestimativa quae elicit secundum aliquos non sensatum ex sensato, ut dicit Algazel;[357] et multae cellulae appareant in cerebro, ex quibus possent elici diversae potentiae, sicut etiam dicit Scotus in primo,[358] et apparet in anatomia[359] et quotidie legitur in scholis. Hoc solum sufficit quod sola anima intellectiva excluditur vel post mortem sola operatio intellectus agentis.

107 Aristoteles etiam in 3. Dicit: 'de parte autem animae qua cognoscit anima et sapit sive separabili existente sive inseparabili secundum magnitudinem vel secundum rationem, etc.'[360] Ibi enim tangit opinionem Platonicam et loquitur de anima intellectiva, et dicit: 'sive anima intellectiva sit separata subiecto sive loco ab aliis partibus animae, ita quod sit in alia parte subiecti, sive solum sit separata

---

[355] Averr., *In De anima*, III, 19, 443.
[356] Cf. Arist., *De anima*, III, 5, 430a22.
[357] Algazel, *Physica*, 4.4.3.
[358] Ioannes Duns Scotus, *Quaestiones super secundum et tertium De anima*, q. 2, n. 13, ed. B. Bazànet al. (Washington, DC: The Catholic University of America Press, St. Bonaventure, NY: Franciscan Institute Press2006), 17.
[359] enothomia A
[360] Arist., *De anima*, III, 4, 429a10.

secundum rationem'.³⁶¹ Ergo utroque modo Aristoteles | **A 210v** intendebat quod anima intellectiva non esset separata a subiecto sicut nec aliae, legite vos.

108 Item, Aristoteles in 3. Dicit: 'quoniam autem anima secundum duas definita est potentias quae animalium est et discretio quod intelligentiae opus est et sensus, et adhuc in movendo secundum locum motum, etc.'³⁶² Ergo cum dicat et ponat intelligentiam esse potentiam vel actum potentiae animalis, sequitur quod animal habet intellectum vel potentiam intellectivam. Sed cum animal habeat formam informantem et sensum tactus, sequitur quod anima intellectiva est forma informans, nec valet dicere, ut dicebatur de homine.³⁶³ Nota, o Iohannes, quid licet³⁶⁴ aggregatum ex anima intellectiva et composito ex materia et forma imaginativa, etc. vel cogitativa, etc. mediantibus phantasmatibus, etc. esset homo, quia quaero quid dicatur animal, si aggregatum ut supra.³⁶⁵ Consequenter ergo esset animal per aliquid sine quo esset animal vel cum aliquo addito sine quo esset animal, quia accipio Socrates cum sua anima cogitativa et sua materia et aliis requisitis sine anima intellectiva, et patet quod est animal sine illa, sicut leo, | **P 29v** quia habet omnia requisita, etc., ergo frustra ponitur anima intellectiva ut aggregatum ex omnibus illis dicatur animal. Si vero dicas quod illud totum non dicatur animal, sed solum compositum ex materia et forma cogitativa, ergo sequitur contra Aristotelem hic quod intelligentia non est potentia animalium et per consequens sequitur supra quod intelligentia vel intellectus non sit potentia hominis, quia si esset potentia hominis, esset potentia animalis, quia animal dicitur quidditative de homine. Et tunc oportebit recurrere ad hoc ultimum inauditum refugium quod animal dicitur aequivoce de homine et ceteris animalibus, quod est contra Porphyrium et Aristotelem, et quod homo est duo animalia vel duobus modis animal, scilicet compositum ex materia et forma cogitativa et postea aggregatum, etc. Et ita diceretur de homine quod nunquam³⁶⁶ auditum est in philosophia. Vult enim Aristoteles 7. *Metaphysicae* quod homo dicatur aequivoce de homine vero et picto, etc.,³⁶⁷ et non hoc modo, ut dictum est.

109 Aristoteles³⁶⁸ etiam 2. *Caeli*, ubi probat Deum et intelligentias non posse desinere esse, dicit 'adhuc autem sine labore propter neque una³⁶⁹ indigere violenta necessitate quae detineat prohibens fieri³⁷⁰ aptum natum ipsum aliter. | **A 211r** Omne³⁷¹ enim tale magis laboriosum quanto itaque sempiternus sit et dispositionis

---

³⁶¹ Cf. Averr., *In De anima*, I, 90, 121.
³⁶² Arist., *De anima*, III, 9, 432a15–17.
³⁶³ Contra Johannes de Janduno *add. marg.* A.
³⁶⁴ *Sup. lin.* AP.
³⁶⁵ Cf. supra n. 86.
³⁶⁶ nusquam A
³⁶⁷ Cf. Boethius, *Liber de divisione* (Patrologia Latina, vol. 64 [1891]), 890B.
³⁶⁸ 2 celi *Add. marg.* A.
³⁶⁹ In *add. sed exp.* P
³⁷⁰ feri A.
³⁷¹ *Corr. ex* omnne P

optime expers',[372] et infra 'sed adhuc neque ab anima rationabile cogente manere sempiternum. Neque enim animae possibile esset talem vitam sine tristitia'.[373] Aristoteles ergo a sempiterno excludit omnem tristitiam et dolorem et laborem. Unde quanto res est magis sempiterna, tanto peius est quod habeat tristitiam. Cum autem[374] anima intellectiva eo modo quo ponit Averroës sit sempiterna, et tristetur aliquando – loquor de intellectu possibili, quia aliquando gaudet, unde[375] conclusione scientifica inventa multotiens gaudet, nam Aristoteles dicit in libro *De caelo* quod habet mirabiles delectationes philosophia,[376] ergo quando non potest investigare nec invenire unam conclusionem scientificam, tristatur; et non potest dici quod ista tristitia sit in cogitativa, quia ipsa non attingit illam cognitionem et nescit se esse privatam illa cognitione. Et licet in illa anima esset illa conclusio scientifica propter respectum ad phantasmata alterius, tamen quomodocumque sit sive respectus istius sive alio modo in illa anima est illa tristitia. Et sic modo in uno, modo in alio, ergo continue sempiternum habet tristitiam, contra Philosophum ibi, et per ipsum ibi in sempiternis debet esse quies, | **P 30r** et requies, et tranquillitas, quod falsum est in ista anima sempiterna. Vult etiam ibi et[377] 8. *Physicorum* quod suus motus et sua operatio[378] non habeat finem[379], sed operatio istius animae potest deficere naturaliter per aliquod tempus, ergo anima non est aeterna. Unde si poneretur, quia hoc est possibile, quod essent solum decem homines in mundo masculi et feminae, et quod dormirent, tunc ista anima nihil intelligeret. Et si etiam essent decem infantes masculi et feminae qui non haberent usum rationis, tunc anima non haberet suam operationem, et tamen esset sempiterna. Casus est possibilis naturaliter, et quod sequitur est impossibile apud Philosophum, ergo non datur talis anima.

110 Unde Aristoteles 2. *Caeli* dicit: 'dei autem operatio immortalitas, haec autem est vita sempiterna',[380] itaque necesse deo motum sempiternum, ergo Aristoteles ex re sempiterna concludit operationem sempiternam et continuam. Unde 12. *Metaphysicae*: 'unum igitur et numero primum movens immobile ens et motum, semper ergo et continue unum solum, unum ergo solum caelum',[381] i.e. mundum. Cum igitur ista anima sit sempiterna et non habeat aliam operationem et sua | **A 211v** operatio non sit continua vel possit non esse continua, erit contradictio et contra Aristotelem. Licet enim velles dicere quod semper in aliquo intelligit,

---

[372] Cf. Arist., *De caelo*, II, 1, 284a13–18; cf. Thomas Aquinas, *Commentarium ad De caelo et mundo*, c. 1, lect. 1, 7, in idem, *Opera omnia*, vol. 3 (Rome: Comissio Leonina, 1886), 122ab; *corr. ex* expars.

[373] Cf. Arist., *De caelo*, II, 1, 284a27–29; Thomas Aquinas, *Commentarium ad De caelo et mundo*, c. 1, lect. 1, 10–11, 123a.

[374] ergo A.

[375] de *add.* A.

[376] Immo Arist. *Metaph.* XII, 7, 1072b24.

[377] *Sup. lin.* P

[378] Opetratio A.

[379] De argumento de infinito motu cf. Arist., *Physica*, VIII, 1, 251b21–252a5. De catena mobilium et immobilium vide etiam: ibidem, VIII, 5, 256b21–256b28.

[380] Arist., *De caelo*, II, 3, 286a8–9.

[381] Arist., *Metaphysica*, XII, 8, 1074a37–39.

tamen casus est possibilis quod in nullo intelligat[382], ex possibili autem non sequitur impossibile. Et licet velles dicere quod intellectus agens semper intelligit per suam essentiam, ego loquor de intellectu possibili, unde per ipsum Averroëm intellectus possibilis non unitur neque intelligit intellectum agentem nisi quando factus est intellectus adeptus. Sed in casu nostro si dormirent, actu non intelligerent, et si essent ignorantes, etiam non haberent intellectum adeptum.

111 Et praeterea aut intellectus agens et[383] possibilis sunt duo distincta aut non. Si distincta, ergo intellectio intellectus agentis non est ad propositum, quando quaero de intellectu possibili. Si vero sunt duae potentiae ipsius animae, sive sint distinctae realiter sive formaliter, si realiter, frustra ponitur intellectus possibilis in anima, quia si per intellectum agentem semper intelligit essentialiter, frustra ponitur intellectus possibilis ad recipiendum speciem a phantasmate. Unde si potentia visiva per sensum agentem semper videret, frustra poneretur | **P 30v** potentia receptiva ad recipiendum species ab obiecto. Licet ergo intellectus possibilis non possit uniri et intelligere intellectum agentem nisi esset factus intellectus adeptus, et per consequens prius species a phantasmate, tamen si intellectus agens intelligit de per se, ut vult Averroës, si sit potentia animae, frustra ponitur in anima illa alia potentia, scilicet intellectus possibilis. Si autem diceres quod intellectus agens nihil intelligit nisi intellectus possibilis prius recipiat species, etc., ergo stabit argumentum in casu posito. Et illud etiam est falsum, quia si sua actio est sua substantia, non indigebit operatione intellectus possibilis, praesertim cum nihil possit recipere ab illo.

112 Ex auctoritate autem Aristotelis superius adducta,[384] licet hoc quod adducam non sit ad propositum, habetur quod melius est non esse simpliciter quam in sempiternum esse in tristitia. Declaravi autem alibi quomodo est melius simpliciter esse in tristitia in sempiternum quam nihil esse, sed non est melius mihi. Est enim melius simpliciter quia respectu universali, nam simpliciter melius est quod hoc ens sit et sit punitum pro sua culpa quam quod non[385] sit. Nam appetit iustitia divina in illo et iusti | **A 212r** laudant Deum et nemini iniuria sit, nam omne demeritum requirit poenam, ut probavi in meo libro sacro, et est sententia Aristotelis in *Ethicis*.[386] Tamen non est melius illi, ut hic vult Aristoteles, immo quanto magis sempiternum tanto peius,[387] melius ergo erat homini illi, si natus non fuisset, sive in utero sive extra uterum.[388] Et ideo ut ista quae non videntur dicta ad propositum, sint ad propositum, non est inconveniens nobis quod aliqua anima perpetuo sit in poena, quia licet sit peius isti sic esse, tamen simpliciter et

---

[382] es *add. sed del.* A.
[383] *Sup. lin.* A.
[384] Cf. supra n. 109.
[385] non quod P.
[386] Probabiliter Arist., *Ethica Nicomachea*, III, 1, 1109b30–1109b35.
[387] Immo q *add. sed del.* A.
[388] Quomodo intelligere illud melius fuisset bene illi, si namque natus non fuisset *add. marg* A.

respectu universi est melius quod ista sit cum poena perpetua quam nihil sit. Deus autem debet operari quod simpliciter melius est, ergo non imputabitur Deo et legi naturae quod aliquid sit perpetuum a parte post et sit semper in tristitia, quomodo autem poena perpetua iuste detur peccanti, vide in meo libro sacro.

\<Contra opinionem per rationes\>

113 Nunc istam opinionem rationibus improbemus, arguo ergo sic. Data tua opinione, sequitur quod aliquid abstractum a quantitate et a materia indivisibile potest per se moveri vel mutari. Consequens contra Magistrum tuum in infinitis locis et contra te in illis, et *De* | **P 31r** *substantia orbis*, quia nec per se nec per accidens talia possunt moveri nec mutari.[389] Unde Aristoteles 8. *Physicorum* nullus motor movens aliquod corpus immediate movetur ad motum illius per accidens nisi illud inceperit esse cum corpore.[390] Probo consequentiam. Pono quod nunc antichristus nascatur et arguo sic. Intellectus materialis et agens est in isto, qui prius non erat, capias esse in isto secundum tuam opinionem, non curo, ergo incepit esse in illo vel indistanter ab illo localiter vel a phantasmatibus quae sunt in ipso. Igitur cum esset ante in me et in te vel non remotus a phantasmatibus quae sunt in nobis, sequitur quod per motum vel mutationem incepit esse in illo, quia de novo non creatur cum ante fuerit. Nec impossibile est intelligere quod aliquid non sit creatum vel causatum de novo et incipiat esse hic, sive capias definitive sive circumscriptive, sive alio modo, et non moveatur sive mutetur ad istum locum, ubi prius non erat per se ipsum vel per alium. | **A 212v**

114 Et fortius est argumentum, si ponatur casus quem ponit Paulus de Pergula in suis *Dubiis*, ubi ponit et probat quod possibile est aliquem hominem nasci vel incipere esse hominem in utero matris, et quod in illo primo instanti pater non vivat neque mater.[391] Hoc dico, ne dicas illam animam esse genito immediatam, quamvis tamen stet argumentum sine hoc, quia duo corpora non se penetrant. Et ideo licet unum sit contiguum alteri, tamen omnino sequeretur motus vel mutatio, et per illum casum posset probari animam intellectivam naturaliter etiam in nullo loco esse, ponendo matrem habere in utero simul masculum et feminam, et quod mater per modicum tempus ante ut ibi, scilicet materia omnino disposita ut infundatur anima, interficiatur a lupa, quae nutriat illos pueros. Et per consequens stabit species humana, et tamen in tempore intermedio nullus homo erit. Quid ergo tunc de tua anima, o Averroës?

115 Et confirmatur ratio, quia aut ponitur quod talis anima sit in qualibet parte Socratis, quod tamen videtur superfluum cum illas partes non informet. Et sic, si poneretur

---

[389] Cf. Averr., *De substantia orbis*, 6, ff. 12vb–13rb.
[390] Unde ... corpore *marg.* A; cf. Arist., *Physica*, VIII, 6, 258b–259b.
[391] Paulus Pergulensis *Dubia*, dubitatio 16 (Venetiis: Johann Leoviller, 1488), f. G4rb – G4va.

in toto et non in parte aut ponitur solum esse, ubi unitur mediante phantasmate et recipit a phantasia. Et tunc cum potentia cogitativae seu phantasiae sit extensa et per consequens etiam phantasma, et consequenter diversa phantasmata sive diversae partes phantasmatis in diversis partibus phantasiae extensae. Ergo cum illa | **P 31v** anima recipiat speciem omnium phantasmatum, erit unita, et per consequens non distabit ab aliqua parte phantasiae, hoc autem concesso sequitur necessario quod illa anima moveatur vel mutetur localiter. Probo consequentiam, quia phantasia seu potentia illa occupat maiorem locum et est magis extensa in homine quam in puero parvulo, quia habet plus de cerebro et maius organus, ut potest cognosci ex cellulis capitis, ut patet in potentia visiva in puero et in viro, quia habet maiorem oculum, et per consequens potentiam visivam magis extensam. Ergo si illa anima intellectiva in viro unitur et non est separata loco a tota sua phantasia seu a tota potentia animae cogitativae, et in puero vel adolescente illa potentia non erat ita extensa, ergo est mota vel mutata multiplicando se in maiori loco; et ita sequitur, si est in toto corpore, quia maius est corpus viri quam pueri.

116 Et confirmatur, quia impossibile est dicere quod intellectus materialis est ubique infra orbem Lunae, quia ipsi non ponunt intelligentias in aliquo loco, sed per appropriationem movendo scilicet etc., igitur est aliquis locus in quo non est, | **A 213r** ne forte posses dicere quod non movetur, quia prius erat ibi, unde si esset ubique, esset in aliquo loco ubi non habebat operationem, ergo frustra per eos esset ibi. Et praeterea si ita esset, ipsa esset immediata intelligentiae quae movet orbem lunae, ergo cum simpliciter sit separata a materia, posset ipsam immediate intelligere sine phantasmate, praesertim cum per te, o Averroës, non ponatur intellectus agens nisi ut faciat potentia intellecta actu intellecta vel fiat irradiatio, etc., ergo tanto magis poterit intelligere immaterialia et non oportebit quod phantasma prius accipiat speciem ab obiecto. Unde praeclare in 3. Aristoteles bene concludit: 'neque non sentiens nihil utique adiscit, neque intelligit, sed cum speculetur, necesse est simul phantasma aliquod speculari'.[392]

117 Nota bene Averroës magistrum tuum, quia idem est quod intelligit et quod phantasiatur, et per consequens cum Socrate non capiendo pro aggregato, ut tu accipis hominem, sit ille qui phantasiatur et sentiat, erat etiam ille qui intelligit. Et per consequens nec illa anima nec illud aggregatum dicetur intelligere, quia ergo anima nostra informat corpus, non potest recipere speciem nisi sit species in phantasiante, ita quod necessario simul in eodem haec sunt phantasiari et intelligere, et inter se habent ordinem. Sed si anima sit separata, hoc non requiritur, | **P 32r** ergo tua anima sine phantasmate poterit intelligere sive recipere speciem saltem rei immaterialis. Anima igitur nostra intellectiva, quia informat corpus, non potest immediate recipere intellectionem vel speciem intelligibilem, sicut faceret separata, tamen quia est immaterialis, ut recipiat speciem, requiritur quod sensus sive phantasia recipiat speciem sine materia. Unde potentia extensa potest

---

[392] Arist., *De anima*, III, 8, 432a 7–9.

recipere speciem a re materiali, potentia vero inextensa simpliciter et abstracta, quae scilicet non informat, potest recipere immediate a re immateriali, potentia vero abstracta medio modo recipit, scilicet a re aliquo modo materiali et aliquo modo non, scilicet a phantasmatibus. Unde Aristoteles in 3. ibi 'phantasmata autem sicut sensibilia sunt praeter quod sunt sine materia'[393], et ideo supra dicit 'sensibilia separata in speciebus sensibilibus intellectibilia sunt'[394].

118 Quod autem fuerit opinio Aristotelis quod anima separata possit intelligere res materiales, hoc non dico vel solum | **A 213v** immateriales, sed bene hic sufficit contra Averroëm expresse quod anima nostra, quia informat materiam[395], necessario requiritur phantasma sine materia. Sed si esset separata simpliciter, hoc non vult Aristoteles, et sufficit saltem quod posset intelligere res immateriales, quae intellectio est perfectior quam rerum materialium, immo per eos vilescit intellectus superior, ergo frustra ponitur talis unio, ut intelligat materialia. Confirmatur etiam, quia impossibile est quod aliquid finitum ex sui potentia possit esse in duobus locis adaequate vel totaliter, vel totus, vel secundum se ipsum, et non sit in partibus intermediis. Dico autem 'ex sui potentia', quia per potentiam divinam concedo, sed hoc hoc non concedis tu, ergo cum inter te et me sit aliqua[396] distantia et sit in ambobus, tamen non erit in medio.

119 Confirmatur ratio ulterius, quia si intellectus materialis est in me et non informat, et in principio mei esse, patet quod nihil intelligo, ut pueri qui non habent usum rationis, et tamen sunt homines. Quaero, si puer movetur de loco ad locum, quomodo intellectus est ubi est puer, nam aut voluntarie insequitur puerum aut est affixus sibi, ita quod ipso moto necessario insequitur ipsum. Et sic etiam posset dici de me qui intelligo, licet non sit ita clarum; haec vere non intelligo, dicat Averroës quomodo vult. Et si etiam poneres quod intellectus materialis esset ubique intra orbem Lunae, non | **P 32v** video quin phantasma leonis non posset agere in intellectum materialem. Licet enim non habeat cogitativam, tamen ista est extensa una sicut reliqua, et non video, si unum phantasma indistans extensum potest agere in intellectum materialem, quare non etiam reliquum, et per consequens leo erit animal rationale et homo.

120 Item arguitur sic. Sequitur quod in quolibet homine est habitus prudentiae et iustitiae, et omnis alius habitus intellectivus. Nam cum ultra species in intellectu ponatur habitus causatus ex frequentatis actibus per Philosophum,[397] et loquor de habitibus in parte intellectiva, sive sit habitus practicus, sive speculativus. Tunc patet quod talis habitus, licet dependeat in fieri a specie vel ab actu, tamen in facto esse non dependet; patet in | **A 214r** dormiente, igitur non magis habebit habitum

---

[393] Ibidem, 432a9–10.
[394] Ibidem, 432a4–5.
[395] *Corr. ex* naturam, materiam *sup. lin.* P
[396] aliqua] magna *ante corr. sup. lin.* A.
[397] Cf. Arist., *Ethica Nicomachea*, II, 1, 1103a26–1103b22.

philosophiae Aristotelis dormiens quam alius ignorans. Tenet consequentia, quia in intellectu numero qui est amborum, est ille habitus numero, nec suum esse dependet ab imaginatione unius magis quam alterius, licet quantum ad fieri fuerit dependens. Unde non potest fugere quod iste habitus respiciat actus istius et non illius ex quibus est factus, quia cum tales actus vel species sint corrupti, ponatur ille habitus non magis habebit respectum ad actum vel speciem futuram istius vel illius. Nec valet dicere quod habet respectum ad imaginativam istius[398] et non illius seu cogitativam, quia non respicit imaginativam nisi mediante actu vel specie. Ergo cum actus, ex quibus est causatus, non sint, et ille habitus non sit in potentia imaginativa, ergo non magis respiciet imaginativam vel actum futurum unius quam alterius, ergo ita dicetur virtuosus vel sapiens[399] ignorans sicut Aristoteles, quia ab habitu denominatur quis virtuosus, et per consequens sequitur quod respectu eiusdem virtutis aliquis dicetur virtuosus et vitiosus, ponendo quod habitus vitiosus sit in aliquo alio, et in parte intellectiva ut iniustitia et infidelitas, licet ergo Averroës fugiat de actu, vere non fugiet de habitu.

121 Item arguitur sic. Data ista opinione, sequitur quod in eodem intellectu numero sint contraria. Patet, nam ponatur quod habeam fidem seu credulitatem quod Deus est trinus, et alius credat oppositum; patet quod ista sunt in intellectu et sunt actus contrarii, ergo, etc. Et licet species intentionales contrariorum ut albedinis et nigredinis possint esse in eodem intellectu, patet quod ista non sunt[400] contraria; sed credulitas et | **P 33r** discredulitas respectu eiusdem, assentire et dissentire, sunt actus contrarii in eodem numero, et licet causentur a diversis agentibus sive phantasmatibus et ab illis dependerent, hoc non tollit contrarietatem. Unde si in eadem materia numero introduceretur forma albedinis et nigredinis[401] vel in eadem superficie, non tolleretur quin contraria essent in eodem, et ita licet per actum meae cogitativae et tuae ista contraria inducantur in intellectum materialem, non tollitur quin contraria sint in eodem. | **A 214v** Unde si etiam in essendo albedo et nigredo dependerent a suo agente, non possent esse in eodem. Unde in oculo meo licet visio dependeat a specie, est impossibile quod a diversis agentibus causetur visio Socratis albi et Socratis nigri in eodem instanti. Cum ergo intellectus sit per se existens et sit ille qui intelligat, impossibile est quod habeat illos diversos actus. Unde fortius est argumentum hoc quam illa quae facit Commentator contra se quod si unus sciret, alii scirent, et si unus ignoraret, etc., et de magistro et discipulo legente. Respondet enim ipse quod non sequitur quod iste dicitur intelligere et alius non propter actum cogitativae, scilicet imaginationem quae causat speciem in intellectu ex parte unius et non ex parte alterius.[402] Ego vero non sic loquor, sed loquor non negative, sed de actibus oppositis positivis qui sunt in illo intellectu per se stante qui intelligit, et per consequens ipse est ille qui credit. Nam credere est

---

[398] vere *add. sed del.* A.
[399] et *add. sed exp.* A.
[400] *Corr. ex* sun P.
[401] et in eadem *add. sed del.* A.
[402] Cf. Averr., *In De anima*, III, 5, 411–12.

quoddam intelligere et discredit respectu eiusdem, et in eodem instanti causetur vel dependeat ista credulitas vel discredulitas a diversis, quo vis fugere non potes.

122 Unde arguatur sic. Credulitas et discredulitas in eodem respectu eiusdem, in eodem instanti sunt contraria. Accipiatur ergo A phantasma Socratis causans in illum intellectum credulitatem[403] et B phantasma Platonis causans discredulitatem in illo intellectu. Et arguitur sic. Posito prius quod aequaliter agant ad suum effectum, ita quod unus ita firmiter credat sicut alius discredat, ista duo agentia causant actus contrarios in eodem instanti in eodem numero, ergo vel nihil causabunt vel intellectus unus numero insimul habebit contraria. Tu enim fugis ad diversa phantasmata, et ego dico tibi reflectendo argumentum quod diversa phantasmata non possunt causare effectus contrarios in eodem et in eodem instanti, sicut nec una causa sola potest causare contrarios effectus in eodem. Unde posito | **P 33v** quod credere et discredere in eodem credente respectu eiusdem et in eodem instanti sint contraria, impossibile est quod ista contraria causentur a diversis sive ab uno in eodem, etc. Dicere ergo quod non sunt contraria, quia sunt vel dependent a diversis, est petitio principii | **A 215r** et satis leviter dictum. Loquor autem de contrariis simpliciter et in esse completo, etc., nam scio quod caliditas ut quattuor et frigiditas ut quattuor possunt causari vel esse in eodem subiecto a diversis, sed illa non sunt contraria simpliciter. Et ex hoc patet quod si accipiantur habitus contrarii in intellectu, illi non dependent a phantasmatibus, ut dictum est supra.[404] Si tales sunt contrarii, non potes sic fugere, sed posito quod causentur in Socrate et Platone in eodem tempore ut habitus scientiae et habitus erroris contrarii scientiae, tunc patet quod est impossibile quod tales habitus simul causentur, quia impossibile est in eodem tempore causari habitum scientificum et habitum contrarium.

123 Item, arguitur sic per Commentatorem et eius expositores. Homo dicitur intelligere vel Socrates per continuationem intellectus cum eo in actu, et intelligunt illam continuationem non quantitative nec alio modo nisi per dependentiam actualem ipsius intellectus ab aliquo existente in corpore nostro. Nam ipsum intelligere non solum dependet ab intellectu sed ab intentione imaginata, scilicet dependet ab actu virtutis cogitativae. Unde volunt quod intentio imaginata facit in intellectum speciem repraesentantem ipsam formam materialem quae debet intelligi, et postea intellectus agens perficit intellectionem in intellectu possibili disposito per speciem rei intelligibilis. Arguo ergo. Si hoc est verum, sequitur quod si per impossibile virtus imaginativa posset facere speciem in intellectu intelligentiae quae est in orbe Solis, et postea per ipsam fieret intellectio, sequitur quod propter illud diceretur intelligere. Et ita si intellectus iste, quem ponit Averroës, esset in orbe Lunae et per intentionem meam imaginatam posset fieri in ea species, et quod intellectus agens ibi existens causaret in ea intellectionem quod tunc per illum intellectum

---

[403] *Marg.* A.
[404] Cf. supra n. 120.

ibi existentem possent dici intelligere. Consequentia est manifesta, licet hoc sit impossibile, sed non implicat. Nam et Averroës commento 5. magno ponit quod excepta prima intelligentia quae non intelligit aliud extra se, in omni | **P 34r** alia est accipere aliquid simile materiae et aliquid | **A 215v** simile formae,[405] et ex hoc posset deduci quod non intelligunt per suam essentiam. Licet haec forte non sit sua intentio, igitur si potest recipere aliquid recipiendo speciem, ponamus quod actus[406] qui est in imaginativa vel phantasia leonis sit indistans vel possit causare speciem in illa intelligentia, saltem in illa quae intelligit ista inferiora ultra animam secundum Avicennam, fiat ergo per intellectum agentem intelligentiae intellectio illius imaginati, igitur leo dicitur intelligere. Nec valet dicere quod intelligentia sine illa specie posset intelligere, quia hoc non est ad propositum. Nam actus denominans non habet respectum a quo sit vel a quo dependeat quantum ad denominationem, albedo enim sive sit a Deo immediate, sive ab alio, omnino dat suam denominationem. Si igitur iste vocatur 'intelligere', puta Socrates, quia eius intentio imaginata causat speciem in intellectu, etc., igitur et leo. Licet hoc posset intelligere aliter et illud non, quantum enim ad denominationem et dici 'intelligere' non est maior ratio[407] de uno quam de alio.

124 Et si dicatur quod homo dicitur intelligere accipiendo totum insimul, scilicet Socrates et formam intellectivam quae non distat loco etc., ut dictum est, hoc enim totum intelligit, quia pars intelligit. Sed contra primo. Indistantia enim loci non requiritur nisi vel propter informationem, scilicet ut ex istis possit fieri unum per se vel per accidens, vel continuum sive contiguum, vel ut agens possit agere, vel patiens recipere; ergo cum hic non fiat unum et praesupponatur quod agens possit agere[408], et patiens pati, frustra requiritur indistantia. Dimissa ergo indistantia tamquam non simpliciter necessaria dicam de hoc toto, sicut dicis tu. Praeterea sequitur quod Socrates non intelligit, nec ego intelligo, nec aliquid scio, nec tu. Nam ego qui habeo animam cogitativam, per te non habeo illam intellectionem nec aliquid ad me spectat, sicut nec visio spectat ad obiectum causans illam, et per consequens nos sumus bestiae, et non dico quod homo sit bestia, sed Socrates et Plato, et tu, et ego. Sed hoc videtur falsum, quia non solum homo intelligit, sed ego intelligo me intelligere, aut velis aut nolis. Unde Aristoteles dicit: 'difficile est scire se scire',[409] ergo si ego sum ille qui intelligam, intelligo per propriam formam. Unde patet quod cognosco me esse unum et eundem qui | **P 34v** aliquid imaginor et aliquid intelligo. Sed si intellectus per se | **A 216r** intelligeret, cognosceretur in nobis ista differentia et intelligeret me non intelligere, sed se animam intellectivam per se intelligere. Unde secundum Philosophum primo *Posteriorum* contra Platonem: 'impossibile est habere nobilissimos habitus et latere nos',[410] ergo si

---

[405] Averr., *In De anima*, III, 5, 409–10.
[406] *Corr. ex* hactus P.
[407] *Sup. lin.* A.
[408] *Corr. ex* hagere P.
[409] Cf. Arist., *An. post.* I, 76a26.
[410] Immo Arist., *An. post.* II, 19, 99b25–27.

anima intellectiva per se intelligeret, sciret se esse illam quae intelligeret et non[411] compositum ex materia et forma. Consequens autem falsum, quia si hoc esset de hoc, non esset quaestio. Unde experimento apparet quod quilibet quando intelligit, scit se intelligere, et nusquam apparet quod illa anima sciat se intelligere. Nam quando intelligo aut sum ego ille compositus et habetur intentum aut est anima, et tunc illa anima sciret se intelligere. Quod videtur esse falsum, quia licet ego vel anima separata disputem et intelligam vel intelligat, tamen nescio vel nescit quod scit[412] illa anima, et tamen si esset illa, sciret se esse illam, sicut scio me esse illum. Aut igitur haec nihil intelligit aut id quod intelligit scit se esse illud. Nusquam autem apparet quod anima sciat se esse illam, sed bene apparet et considero me esse illum qui intelligat, aut igitur nec anima nec ego intelligo, aut qui[413] intelligit scit se intelligere. Scimus autem et disputamus de intelligere, et tamen non scimus quod anima disputet, ergo nos sumus illi qui sciunt se disputare.

125 Et confirmatur, quia intelligo et cognosco me esse illummet qui speculatur et phantasiatur, et qui cognosco differentiam inter speculari quod intelligo in me et phantasiari quod sentio in me, ergo anima intellectiva separata a me non est illa quae intelligat. Sed sicut egomet per phantasiam phanatasior, ita per intellectivam intelligo, licet illud aggregatum secundum tuam opinionem includat animam intellectivam et phantasiam, scilicet homo secundum te. Tamen numquam, aut velis aut nolis, poterit esse secundum illam viam quod ego sim ille quod intelligam et phantasior, cuius oppositum experimur in nobis. Nam ego sum ille qui intelligo me intelligere et phantasiari, et per consequens hoc erit negare experientiam propriam, nam quilibet hoc in se experitur, ut patet. Et ista videtur expresse intentio Aristotelis in 3. cum dicit 'neque non sentiens nihil utique adiscit neque intelliget. Sed cum speculetur, necesse simul phantasma aliquod speculari'.[414] Idem ergo secundum ipsum est intelligens et phantasians seu sentiens. Unde dicere quod homo intelligit et sentit quia anima intelligit, et compositum ex corpore et | **P 35r** anima cogitativa sentit, | **A 216v** et per consequens homo quod est hoc aggregatum intelligit et sentit, est puerile dictum. Quia hoc non est unum per se quod sentiat et intelligat sicut experimur in nobis, nam si non esset unum per se intelligens et sentiens, numquam crederetur a nobis quod idem esset sentiens et intelligens, sed anima intelligeret[415] et compositum ex anima cogitativa phantasiaretur et cognosceretur ista differentia expresse.

126 Confirmatur, quia appetitu voluntario imperamus quod anima intelligat, et inquirat, et disputet, sed anima separata per ipsam[416] non habet voluntatem talia facientem, ergo illa anima separata non est illa quae intelligat, quia eadem est anima

---

[411] *Sup. lin.* A.
[412] sit P.
[413] Nihil *add. sed. exp.* P.
[414] Arist., *De anima* III, 7, 432a 7-9.
[415] Non *add sed del.* A.
[416] Ta *add. sed del.* A.

quae intelligit et imperat voluntate ad intellectionem. Non loquor enim de appetitu naturali insequente intellectum, sed loquor de voluntate quae imperat intellectui vel ut intellectus intelligat, talis enim non potest esse appetitus sensitivus, ergo est in anima intellectiva; talis autem voluntas a Commentatore non datur. Et ideo ex istis sequitur quod si aliquid possum libere velle, hoc est per actum voluntatis quae[417] est pars animae intellectivae. Unde Aristoteles 3. *De anima*, commento 48. dicit: 'principalitas igitur in hoc motu non est cogitationis, neque etiam desiderii, eremitae enim desiderant et concupiscunt, sed non agunt ea ad quae moventur per desiderium, quia non sequuntur[418] intellectum'.[419] Constat autem quod removere se a desiderio et appetitu non potest esse per intellectum ut intellectus est, quia intellectus est solum intelligere et est potentia naturalis, et se habet ad intelligibile sicut sensus ad sensibile, 3. *De anima*.[420] Ergo oportet ponere potentiam liberam, scilicet voluntatem ultra intellectum, quae praecipiat eremitae quod se removeat vel non insequatur desideria voluptuosa. Unde Aristoteles 3. *De anima* commento 43. ostendit diversitatem appetituum et quod contrariantur ad invicem.[421] Unde unus non movet nisi ad rem quae est in actu voluptuoso, alius prohibet hoc propter nocumentum futurum. Unde Averroës exemplificat de coitu et crapula, ergo cum voluntas vel talis appetitus non dependeat a phantasmate, quia non recipit speciem ab illo, aliter non posset libere imperare. Sequitur necessario quod ista potentia vel appetitus sit in me vel in anima mea quae me informat formaliter, aliter eeremitae non essent illi qui se abstinerent, quia hoc totum aggregatum non potest dici 'eremitae', cum non sit in illa | **A 217r** potentia species causata a phantasmate, nisi dicas quod sufficit species | **P 35v** causata in intellectu.

127 Sed contra, quia potentia separata a me saltem indivisibilis non movet me localiter, nisi uniformiter movetur sicut intelligentia caelum, ergo ista anima, si per voluntatem moveret me de loco ad locum, continue moveret me et uniformiter. Unde Averroës nullibi ponit quod anima sua separata habeat talem motum respectu nostri. Constat autem quod appetitus sensitivus non potest esse primum movens in talibus, quia non insequitur cognitionem intellectivam, ergo sequitur quod prius necessario[422] est ponere appetitum, qui insequatur cognitionem intellectivam, et talis necessario erit separatus a nobis sicut intellectus.

128 Et tunc sequitur maxima difficultas apud te, Averroës, quomodo iste, si est separatus a nobis,[423] poterit esse principium activum motus localis corporis nostri? Et[424] idem sequitur argumentum, si velles ponere intellectum esse principium

---

[417] *Sup. lin.* A.
[418] Per *add.* A.
[419] Arist., *De anima*, III, 9, 433a5–9; Averr., *In De anima*, III, 48, 515.
[420] Arist. *De anima*, III, 4, 429a17–18.
[421] Probabilius Nogarola refert ad comm. 42. Cf. Arist., *De anima*, III, 9, 432b1–7; Averr., *In De anima*, III, 42, 510–11.
[422] necessarium A; *corr. ex* neccessarui.
[423] Quomodo *add.* A.
[424] *Iter. sed del* A.

motuum.⁴²⁵ Et ideo Aristoteles in 3. qui ponit intellectum practicum qui considerat particularia esse principium motus, non ponit ipsum esse separatum a nobis.⁴²⁶ Aperte tamen non distinguit intellectum a voluntate, licet nominet duos appetitus. Unde licet intellectus separatus possit recipere a nobis, tamen non potest fugi quomodo intellectus vel voluntas separata a nobis moveat nos libere et voluntarie, et removeat, et praecipiat relinquere delectabilia et quod propter hoc laudemur et vituperemur. Unde arguitur sic: aut ista voluntas vel intellectus separatus movet necessario compositum ex corpore et anima cogitativa, aut non; si sic, ergo nullus laudabitur de virtute vel vituperabitur de vitio. Si non, sed voluntarie praecipit bonum intellectus, quaero quomodo tale compositum illud cognoscat: aut per intellectivam⁴²⁷ aut per potentiam sensitivam. Non per intellectum,⁴²⁸ quia illud non habet, nec per potentiam sensitivam,⁴²⁹ quia ad illud non potest attingere, ergo numquam movebitur ad bonum intellectus nisi necessitetur per ipsam voluntatem. Et si dicas quod hoc totum compositum, scilicet ex anima cogitativa, et corpore, et anima intellectiva movetur ad bonum intellectus, hoc non potest stare⁴³⁰ per ea quae dicta sunt, et praeterea 7. *Physicorum* quando aliquid movetur, oportet dare aliquid per se movens et aliquid per se motum.⁴³¹ Et tunc anima intellectiva erit per se movens, et tunc quaeram, ut prius, quomodo moveatur, etc. Data ergo ista opinione, impossibile esset dicere in nobis esse velle et nolle saltem voluntarium.
| **A 217v**

129 Item arguitur sic. Accipiatur⁴³² intellectus agens et intellectus possibilis | **P 36r** et quaero secundum opinionem Averrois, utrum ista duo sint duae substantiae distinctae realiter et quod unum uniatur alteri? Sed hoc est impossibile, quia tunc essent duae intelligentiae per se stantes, et per consequens dicerentur 'duae animae', non 'una anima', nec umquam hoc fuit de mente Aristotelis et infinita sequerentur inconvenientia, quae per se sequuntur. Si vero dicas quod illa duo sunt due potentiae distinctae formaliter et idem realiter, contra: hoc est impossibile in creaturis, ut alibi probavi. Et praeterea idem sequitur, ut dicam nunc, si essent duae potentiae animae unius distinctae realiter, nam si hoc vis sustentare, quaero utrum intellectus agens habeat intellectionem essentialem et propriam, et per consequens perpetuam. Et si sic, ergo frustra ponitur intellectio in intellectu possibili, quia illa est nobilior et perpetua, et non est potentia ante actum nec umquam est sociata⁴³³ tristitiae, ut dixi supra de intellectu possibili, ergo frustra ponitur intellectio in intellectu possibili. Et si dicas quod intellectus agens non intelligit, vel anima non potest intelligere per intellectum agentem, nisi intellectus

---

⁴²⁵ motivum A.
⁴²⁶ Cf. Arist., *De anima*, III, 10, 433a10-31.
⁴²⁷ Intellectum A.
⁴²⁸ Non per intellectum *marg.* A.
⁴²⁹ quia … sensitivam *iter. marg.* A.
⁴³⁰ Ad *add. sed del.* A.
⁴³¹ Cf. Arist., *Physica*, VII, 1, 241b24-242a16.
⁴³² *Sup. lin.* A.
⁴³³ *Corr. ex* sotiata.

possibilis sit fecundatus omnibus scientiis, et per consequens quod fiat intellectus adeptus; contra: aut intellectus agens est substantia quae per se ipsam intelligit et per consequens alio non indiget, ut intelligat. Si vero est potentia, ergo non[434] est quod intelligat, ergo anima mediante illa potentia intelliget, aut ergo illa potentia intelligendo aliquid recipiet aut non. Si non aut semper per illam intelliget aut numquam intelliget. Si ergo intellectus agens non intelligit passive nec est potentia qua anima sic intelligat, ergo sequitur quod solum intellectus possibilis vel anima mediante intellectu possibili intelliget et solum intellectus agens concurrit active. Et si sic, ergo sequitur quod intellectus agens nullam habeat intellectionem, et per consequens quod anima intellectiva facto intellectu adepto non beatificatur in intelligendo intellectum agentem, quia nihil beatificatur videndo aliquid imperfectius se. Si autem intellectus agens esset potentia animae distincta realiter ab anima, esset imperfectior ipsa anima, nisi ponas quod intellectus agens sit spiritus sanctus; et tunc non est potentia animae, et contra totam philosophiam Aristotelis. Et idem sequitur argumentum, si ponatur quod intellectus agens sit potentia animae | **A 218r** idem realiter cum anima, sed distinctum formaliter, scilicet quod intellectus agens non intelligeret, et quod anima non beatificaretur intelligendo intellectum agentem, quia | **P 36v** secundum Philosophum, Averroëm, Avicennam, et Proclum, prima intelligentia bene beatificatur in videndo se ipsam, sed aliae beatificantur in superiori, quia non vilescunt in videndo perfectius se. Et si dicas quod intellectus agens videt intelligentiam superiorem sibi proximiorem et illa aliam usque ad Deum, etc., ergo intellectus agens intelliget, quod est contra praedicta. Aut ergo non poteris salvare phantasiam Averrois quam recitat 3. *De anima*[435] et 12. *Metaphysicae*,[436] aut necessario oportebit te ponere intellectum agentem esse quandam substantiam per se intelligentem, etc. Et tunc aut frustra ponetur intellectus possibilis aut erunt duae intelligentiae, et per consequens duae animae, et alia quae facile possunt confutari. Unde si sufficienter inquires distinguendo subtiliter de intellectu agente et possibili quid sunt ipsius animae, scilicet vel duae partes integrantes ipsam animam, vel duae intelligentiae, vel duae potentiae, deduces opinionem Commentatoris facile ad contradictionem.

130 Et licet diceres quod ponitur intellectio in intellectu possibili propter hominem, contra: licet per te hoc totum aggregatum dicatur homo, tamen nihil intelligit nisi ipsa anima intellectiva quae[437] non informat per te, sed est per se stans, ergo omnino stabit argumentum. Et fortius esset argumentum, si non essent in mundo nisi pueri et puellae parvae. Casus possibilis; et tunc nulla esset intellectio in intellectu possibili, ergo cum per ipsum necessario sit ibi intellectio, intellectus agens intelligeret, etc.

---

[434] *Iter.* P
[435] Cf. Averr., *In De anima*, III, 9, 421; III, 48–50, 516–19.
[436] Probabiliter Averr., *In Metaph.*, XII, 37, ff. 319va.
[437] Omni *add sed exp.* A.

131 Item arguitur sic. Capiatur Socrates cum sua materia et sua anima cogitativa non includendo animam intellectivam. Et arguitur sic. Socrates sic acceptus habet quicquid requiritur ad esse Socratis et bene esse Socratis, quia habet omnes sensus et suas potentias requisitas, quibus uti potest tam necessarias ad esse et vivere eius, ut sunt sensus tactus et gustus, quam necessarias ad bene esse, ut visus et auditus, etc., ut patet 3. *De anima* in fine.[438] Ergo frustra ponitur coniunctio ipsius ad animam intellectivam. Et si dicatur quod ponitur talis coniunctio, | **A 218v** ut Socrates agat conformiter rectae rationi, contra: aut intellectus necessario praecipit animae cogitativae Socratis, ita quod ipsum necessario moveat ad effectum; et tunc sequitur quod Socrates nihil virtuose agit, quia necessario ab intelligentia necessitatur vel intellectu superiori ipso. Si vero libere movet Socrates, ita quod libertas | **P 37r** sit ex parte Socratis in agendo, ergo sequitur quod Socrates cognoscit, vel anima cogitativa Socratis illud quod sibi ostendit intellectus; aliter non posset agere secundum illud rectum dictamen rationis. Consequens falsum, quia cogitativa nihil intelligit. Si vero dicatur quod non ponitur intellectus coniunctus Socratis propter Socratem, sed propter ipsam animam, scilicet ut possit recipere intellectionem et perfici, contra: sequitur quod perfectius ordinatur vel dependet ab imperfectiori simpliciter, quia secundum eius primam operationem seu perfectionem. Consequens autem est falsum. Unde videmus quod intelligentia non indiget caelo, sed econverso, ut audietis *De substantia orbis*.[439] Unde sua prima operatio seu perfectio est sua intelligentia, inconveniens ergo videtur quod necessario perfectius colligetur imperfectiori, ut necessario consequatur suam perfectionem. Si vero dicatur quod ista unio est propter totum, scilicet pro aggregato ex Socrate et anima intellectiva, etc., contra: hoc non est unum totum per se sed solum aggregationis, ergo non restabit quin possimus quaerere quae pars ordinatur ad aliam; et sic stabit argumentum. Unde si acciperem hoc totum caelum et intelligentiam suam, hoc totum, scilicet unitum, necessarium est quaerere utrum caelum recipiat perfectionem ab intelligentia vel econverso, etc.

132 Item, impossibile est aliquod dependens vel quod ordinatur ad aliquem finem et per consequens omne ens post Deum esse aeternum, ergo non datur talis anima modo Averrois. Antecedens credo esse satis probatum in meo libro sacro. Sed quia illa[440] res praesupponit rem valde difficilem et apud multos dubiosam, ideo supersedeo pro nunc quantum ad hoc.

133 Item, arguitur per beatum Thomam in sua quaestione *De unitate intellectus*, quia sequeretur quod si Socrates et Plato intelligerent idem intelligibile in eodem tempore, quod eadem esset intellectio Socratis et Platonis, quia in eodem intellectu

---

[438] Arist., *De anima*, III, 13, 435b19–25.
[439] Cf. Averr., *De substantia orbis* 2 f. 6vb.
[440] *Sup. lin.* P

numero et respectu eiusdem numero, et in eodem tempore, et licet sint a diversis phantasmatibus, hoc non tollit quod non sit una intellectio, etc. Vide ibi.[441]

134 Item arguit beatus Thomas in *Quaestionibus disputatis*: 'magis est alligata | **A 219r** anima intellectiva corpori humano, quam corpori caelesti motor eius. Sed Commentator dicit in 3. *De anima* quod si essent plura corpora mobilia, essent plures motores in orbibus caelestibus, ergo magis cum sint plura corpora humana, essent multae animae intellectivae, ergo non unus tantum intellectus possibilis.'[442] Sed forte responderet Averroës | **P 37v** quod motor caelestis movet caelum et non recepit a caelo, sed anima intellectiva recipit a phantasmatibus corporis, ideo a pluribus in diversis corporibus potest recipere. Sed quid de intellectu agente, nonne ex hac causa sequetur quod diversa corpora habebunt diversos intellectus agentes? Et multa circa hoc possem dicere, quae tu vide et argue.

<Contra opinionem Pauli Veneti de una anima intellectiva informanti corpora>

135 Reprobata opinione Averrois, facile possumus comprehendere quid sit dicendum de opinione Pauli Veneti, quae duo continebat: scilicet quod esset una sola anima intellectiva informans omnia corpora humana,[443] secundo quod esset tota in toto, et tamen in nulla parte corporis, et exemplificat de figura quae est in toto, et tamen in nulla parte, ut figura circuli tota rotunda, et similiter universale est in suis singularibus et tamen in nulla parte[444] ipsorum.[445] Prima ergo pars, scilicet quod sit una in omnibus hominibus informans, apud omnes philosophos videretur impossibilis, scilicet quod una forma informans possit esse in diversis locis distantibus non[446] continuis, et quod possit habere plures materias adaequatas. Sed quia apud theologos posset dubitari utrum Deus de potentia absoluta possit facere quod una anima informet diversa corpora, ideo argumentis ducentibus ad impossibile et demonstrativis non poterit argui quod anima non possit esse una in[447] omnibus hoc modo, sed solum per ea quae apparent in nobis, scilicet, propter diversa velle et intellectiones contrarias seu credulitates et discredulitates, ut dictum est.

136 Et tunc esset dubium, utrum esset dicendus 'unus homo' vel 'plures'. Nam quaecumque habent idem esse, videntur esse idem, forma autem est quae dat esse

---

[441] Cf. Thomas Aquinas, *De unitate intellectu*, c. 4, 308b.
[442] Thomas Aquinas, *Quaestio disputata de spiritualibus creaturis*, art. 9, s. c. 3 (In idem, *Opera omnia*, ed. J. Cos, Rome: Comissio Leonina, Paris: Éditions Du Cerf, 2000).
[443] Cf. e. g. Paulus Venetus, *Summa philosophiae naturalis*, pars V: *Liber de anima*, c. 5, f. 68vb.
[444] Corporis *add. sed. exp.* P
[445] Cf. Paulus Venetus, *Summa philosophiae naturalis*, pars V: *Liber de anima*, c. 5, f. 68vab.
[446] *Sup. lin.* P
[447] *Iter. sed exp.* A.

rei,[448] | **A 219v** ergo eadem forma dat idem esse. Unde si eadem forma informaret diversas materias in diversis temporibus, non simul videretur idem homo, quia licet materia requiratur ad esse hominis, tamen ad esse huius hominis dummodo sit eadem forma, quaecumque materia accipiatur, videtur sufficere; nam materia secundum Averroëm *De substantia orbis*[449] non est quid. Ergo diversa materia numero non variabit quid, et per consequens nec hoc quid. Et per hoc patet quod illi qui faciunt argumentum contra animam intellectivam, quia tunc posset esse per potentiam divinam in pluribus corporibus, non arguunt contra animam intellectivam | **P 38r** in eo quod anima intellectiva, quia sic posset argui de omnibus formis materialibus, scilicet per potentiam Dei absolutam. Et ideo in hoc recurrendum est ad theologos et intelligere prius, utrum possit esse in diversis locis simul, et tunc loqui consequenter. Per ea autem quae apparent in nobis, ut dixi, etiam remota fide, impossibile quod sit nunc[450] eadem anima in omnibus hominibus. Quod autem ista non fuerit intentio Aristotelis, potest expresse patere consideranti verba eius, et praesertim qui ponit plures homines in eadem specie, et habet pro impossibili quod una forma numero informet diversas materias non continuas loco distinctas. Et alia pene infinita quae nolo nunc adducere.

137 Secunda autem pars opinionis, scilicet quod anima sit in toto corpore et in nulla parte informando tamen totum, implicat contradictionem, quia si realiter et in re non est in parte, non est in toto. Licet quantum ad intellectum possim considerare de aliquo toto non ut totum, et per consequens melius dicendo de aliquo toto considerare et non considerare de aliqua parte nec de aliqua parte considerare. Unde exemplum suum de figura nihil est, quia licet tota figura non sit in aliqua parte, tamen pars figurae est in aliqua parte, et ideo si aliquid non habet partes integrales ut anima intellectiva, si est in toto, necessario est in parte, quia pars non potest esse in parte vel partibus, ex quibus resultet illud totum. Et ita universale non est quoddam reale, ut alibi declaravi, et sicut universale est totum, | **A 220r** ita sua singularia sunt partes in quibus universale, si esset reale, invenitur. Et praeterea est sermo de formis particularibus, non universalibus, et ideo est impossibile quod aliquod particulare sit realiter in aliquo toto quod habet partes et non sit in aliqua parte vel partibus, vel pars non sit in parte. Unde bene sequitur hoc non informat aliquam partem istius totius quod habet partes nec pars informat partem, ergo hoc non informat illud totum. Unde aliud est dicere 'hoc est in se' et 'hoc informat illud'. Unde si totum distinguitur a partibus, concedo quod totum est in se et non est in aliqua parte, quia totum non est in parte nec in toto, quia totum substantiale est per se stans et non in alio. Secus est de aliqua re informante, quia si est in toto, necessario est in parte vel pars est in parte. | **P 38v A 220v**

---

[448] Cf. Arist., *Metaphysica*, VIII, 5, 1043a2;
[449] Averr., *De substantia orbis*, 1, f. 3vb; ibidem, 2, f. 7rb.
[450] quod sit nunc] est quod nunc sit A.

<Ad quaestionem>

138 Ad quaestionem igitur dico quod ad intelligendum immortalitatem animae oportet intelligere differentiam inter informare et inhaerere. Unde duo corpora non dicuntur proprie inhaerere, licet ipsa essent continua vel contigua, vel unum penetraret reliquum, quia omne quod inhaeret, informat et non econverso, et ideo solum ubi invenitur forma, potest esse inhaerentia. Ad hoc igitur quod sit inhaerentia, requiritur quod sit informatio cum extensione partis ad partem, vel quod unum informet reliquum et recipiat esse ab eo quod informat, scilicet quod sustentetur ab illo sicut accidens. Nam accidentis esse est inesse, non sic forma substantialis, quia non recipit suum esse a materia, sed econverso, quia forma est quae dat esse rei. Et primo *De anima* contra antiquos: 'anima continet corpus et non econverso',[451] et ideo informare abstrahit ab inhaerere, quia informare in[452] se non dicit extensionem partis ad partem, vel quod habeat suum esse ab illo quod informat, sive quod suum esse stet in illo informare vel inhaerere, et ideo est communius. Informatio etiam et coextensio partium non facit semper quod sit inhaerentia, nam si duo corpora se tangunt ut aer et lapis quaelibet superficies extrema amborum corporum informat suum corpus et coextenditur parti alterius, et tamen non inhaeret alteri superficiei nec alteri corpori, ubi est altera superficies. Patet, quia potest esse distans ab illo alio corpore, ergo non inhaeret, quia dependeret ab illo et per consequens non posset esse sine illo, ergo requiritur quod sit informatio et coextensio partium et quod sint in eodem corpore vel quod habeat suum esse ab illo, ut dictum est. Et hoc adhuc non sufficit, quia si esset albedo et caliditas in eodem corpore, ambo informarent idem corpus et essent coextensae, et tamen una non inhaereret alteri. Patet, quia indifferenter una potest remanere alia corrupta, ergo una non inhaeret alteri, quia dependeret ab altera; et per consequens aliqua illarum non posset esse sine alia. Requiritur ergo ad hoc quod sit inhaerentia, quod sit informatio et coextensio partium, et quod unum informet reliquum vel quod informet et habeat suum esse ab eo quod informat. | **A 221r** Inhaerere ergo dicit informationem cum extensione partis ad partem vel informationem alicuius a quo recipit esse.

139 Unde forma substantialis non recipit esse a materia quam informat, sed converso, ut dixi, sed bene omne accidens. Et ideo licet accidens spirituale ut intellectio in | **P 39r** intellectu et caritas[453] in voluntate non coextendantur subiecto, quia ibi nulla est coextensio, tamen inhaerent,[454] quia suum esse dependet a subiecto et est in esse. Ex his sequitur necessario quod inhaerentia sit inter materiam sive subiectum et formam, vel inter formam substantialem et accidentalem. Unde secundum Averroëm *De substantia orbis* capitulo 3. - corpus caeleste est materia existens in actu et magis dicitur subiectum quam materia,[455] et ideo est forma

---

[451] Cf. Arist., *De anima*, I, 14, 411b6–18.
[452] Ex A.
[453] Karitas P
[454] Inhaeret P.
[455] Averr., *De substantia orbis*, 2, f. 6vb.

simplex, et in[456] ista forma est quantitas secum coextensa. Unde in 2. capitulo et 4. dicit: 'manifestum est sensui quod corpora caelestia recipiunt dimensiones',[457] unde accidens non recipit formam substantialem sed bene forma substantialis accidens. Ex quo sequitur quod materia non inhaeret formae, quia materia non informat formam sed econverso, et forma praesupponit materiam vel subiectum, si est forma inhaerens.

140 Aliqui tamen, ut Scotus in *Quolibetis*, aliter loquitur de inhaerere. Unde dicit 'inhaerere non dicit per se informare, quia inhaerens non est actus simpliciter sed secundum quid, nec cum illo cui inhaeret facit per se unum, opposita conveniunt ei quod per se informat'.[458] Sed ego capio inhaerere magis commune, nam omnis forma informat, sed non inhaeret, aliquae ergo formae substantiales et[459] accidentales informant et inhaerent. Unde capio inhaerere pro informare cum extensione vel informare cum habere esse ab illo quod informat ut accidens, et ideo informare est communius.

141 Et saltem si inhaerentia invenitur in formis substantialibus, informare est communius[460] illis, forma ergo quae informat materiam vel subiectum et coextenditur illi, vocatur inhaerere illi materiae, et per consequens non potest esse sine illa.[461] Et de talibus formis bene loquitur Philosophus quod non possunt post corruptum remanere naturaliter, ratio autem huius est, quia si inhaereret[462] illi, recipit suam extensionem ab illo mediate vel immediate. Unde Averroës *De substantia orbis* primo capitulo dicit: 'et cum invenit[463] substantiales formas dividi[464] secundum divisionem huius subiecti, divisio autem non est huic subiecto nisi inquantum habet | **A 221v** quantitatem, scivit quod primum eorum quae existunt in hoc subiecto, sunt tres dimensiones, quae dicuntur corpus'.[465] Cum ergo ex natura sui illa forma naturaliter habeat quod sit extensa, ablato illo a quo habet suam extensionem, aufertur sua extensio. Et cum ex natura habeat quod sit extensa ablata sua extensione, auferetur naturaliter illa forma. | **P 39v** Dico autem 'naturaliter', quia per potentiam divinam posset conservari sine extensione, et ideo extensio non est de quidditate sua simpliciter, sed naturaliter insequitur formam materialem sicut esse in ipsum accidens, et tamen non est de quidditate eius. Unde omnis forma prius potest considerari in se quam extensa, sed pro nunc sufficit ad propositum quod naturaliter necessario extensio insequitur tales formas materiales, et per consequens abstracto illo a quo habent extensionem, destruetur forma.

---

[456] *Sup. lin.* A.
[457] Immo Averr., *De substantia orbis*, 2, f. 5rab; ibidem, 5, ff. 10vb–11ra.
[458] Duns Scotus, *Quaestiones quodlibetales*, q. 9, ch. 7.
[459] *Sup. lin.* P.
[460] In *add*. A.
[461] Quia *add. sed del*. A.
[462] Inhaeret A.
[463] *Corr. ex* innuit
[464] Sed *add. sed del*. A.
[465] Averr., *De substantia orbis*, 1, f. 4vb.

Utrum autem aliqua forma inhaereat quantitati mediate vel immediate, vel solum materiae, vel composito, non est praesentis speculationis. Si enim albedo vocatur informare quantitatem, dicetur fortasse inhaerere quantitati, unde in sacramento altaris albedo est in quantitate et si naturaliter illa quantitas corrumperetur, albedo non posset esse sine illa. Sufficit autem mihi quod inhaerentia sit respectu illius quod informatur mediate vel immediate cum extensione partium, vel quod habeat esse ab illo ut accidens, etc., et per consequens forma informans solum est illa quae inhaeret, licet non omnis.

142 His igitur praeintellectis possumus intelligere quomodo aliqua forma substantialis potest informare et[466] non inhaerere. Nam si informare abstrahit ab inhaerere, ergo poterit informare sine inhaerere, quia prius potest esse sine posteriori sine repugnantia. Unde et de facto invenitur informatio sine extensione, ut intellectio angeli in angelo, et in anima intellectiva Averrois, quia sua intellectio non erat substantia, ut patet in 3. *De anima*[467] et 12. *Metaphysicae*. Ergo si est sua operatio, neccessario informat 2. *De anima*[468] et tamen ibi non est coextensio partium. Ergo si accipiamus aliquam formam substantialem, quae ex sui natura sit indivisibilis, ita quod nec a se | **A 222r** nec ab alio possit extendi, poterit informare aliquid sine inhaerentia. Unde si ista forma est indivisibilis, et potest informare indivisibiliter, et per consequens in puncto ut intellectio intellectum, ut diximus, ergo poterit informare in alio puncto indivisibiliter et in alio, et per consequens poterit esse in qualibet parte, et tamen in nulla erit extense. Unde sicut Averroës ponit intelligentiam in qualibet parte vel puncto orbis sui non informando, quia est forma per se stans, ita poterit poni forma, quae est apta nata informare, in quolibet puncto corporis et tamen non extense. Unde Averroës *De substantia orbis* | **P 40r** capitulo 2. loquens de formis caelestibus dicit: 'et cum fuerit declaratum de corporibus superioribus eorum formas existere in suis subiectis, tali existentia quod non dividuntur per divisionem sui subiecti, et quod causa est in hoc quod non existunt in subiectis secundum quod sunt divisibiles, fuit declaratum quod istae formae non constituuntur secundum subiectum, immo sunt abstractae in esse',[469] etc., ut ibi.

143 Et bene verum est quod aliquae formae ut anima intellectiva possunt esse abstractae, ita quod non inhaerent, sed non sequitur quod non informent. Unde Averroës ibi adducit tria inconvenientia. (1) Primum quod suum movere esset finitum, cum non moverent nisi cum moverentur, quia forma, a qua corpora caelestia non esset illa ad quam moverentur, et ideo obiectum extrinsecum moveret intelligentiam.[470] Ad hoc enim dicitur quod motus intelligentiarum potest esse infinitus, quia non fatigantur in movendo, et licet moveantur recipiendo intellectionem, hoc est eius

---

[466] *Om* A.
[467] De intellectione vide: Averr., *In De anima*. III, 23, 24, pp. 458–60; ibidem, III, 36, 493–5.
[468] Averr., *In De anima*, II, 21, 159–61.
[469] Averr., *De substantia orbis*, 1, f. 5rb-va.
[470] Cf. ibidem, 1, f. 5rb.

perfectio. Sed hoc non est ad propositum, nec ponimus[471] intelligentias moveri localiter ad motum sui orbis nec informare caelum. Et de motu seu eius perpetuitate dictum est alibi ad longum. Tamen istud dictum Averrois videretur contradicere illi quod dicit in 3. de intellectu possibili, qui recipit intellectionem ab alio et tamen est aeternus. Et licet illa operatio[472] semper sit in ipsa a diversis, tamen cum non sit a se, non poterit esse aeterna. Et licet operatio intellectus agentis diceretur aeterna propter suam essentiam, nos nunc loquimur de intellectu possibili. Sed nunc ista dimittimus. (2) Secundum inconveniens quod adducit Averroës est quod illae formae caelestes moverentur, et per consequens dividerentur | **A 222v** per divisionem suorum subiectorum. Unde inquit: 'motum essentialiter, si movetur, est divisibile essentialiter, et si per accidens[473], per accidens'.[474] Licet non concedamus intelligentias moveri motu locali ad motum sui orbis,[475] tamen propter animam intellectivam, quae[476] per accidens movetur. Dico quod hoc non sequitur nisi sit forma extensa ad extensionem sui subiecti, ut etiam ipse videtur concedere ibi, sed si est indivisibilis et informat, bene sequitur quod moveatur per accidens, sed non sequitur quod sit divisibilis neque per se neque per accidens. Unde bene albedo quae movetur per accidens ad motum subiecti, quia est extensa, est divisibilis, sed | **P 40v** punctus in corpore quanto moto movetur per accidens, et non est divisibilis neque per se neque per accidens. (3) Tertium inconveniens quod adducit, est quod istae intelligentiae non essent aeternae,[477] quod concedo tam de angelo quam de anima a parte ante, et tamen possunt perpetuo durare. Et cum arguit quod non habet materiam essendi aeternum, non potest acquirere aeternitatem ab alio, bene dicit quod numquam natura, quae ex se et per se non est aeterna, numquam potest hoc modo acquirere aeternitatem ab alio, quod ex se sit aeterna. Et ideo solus Deus est talis naturae, et ideo angelus et anima sunt naturae tendentis ex se ad nihilum. Unde Avicenna in sua *Metaphysica* bene declarat quod omnis res tendit in nihilum excepta manutenentia Dei et nulla habet ens ratum nisi respectu primae faciei,[478] vide in meo libro sacro; sic Plato in *Timeo* ad longum et Trismegistus, vide ut supra.[479] Sed bene potest Deus facere naturam, quae per se non sit aeterna, sed talis quod cum manutenetia generali et conservatione perpetuetur. Unde sunt aliquae naturae, quae etiam posita manutenentia generali non perpetuantur, tamen possunt perpetuari cum manutenentia speciali. Aliquae sunt naturae, quae cum manutenentia generali perpetuantur, tamen sine illa in nullum tenderent, et ideo non[480] potest facere Deus sic aliquod aeternum quod essentialiter et per se sine

---

[471] ponumus A.
[472] non *add. sed del.* A.
[473] *Iter. sed exp.* P.
[474] Averr., *De substantia orbis*, 1, f. 5va.
[475] Ad ... orbis *marg.* A.
[476] Est *add. sed exp.* P.
[477] Averr., *De substantia orbis*, 1, f. 5vab.
[478] Cf. Avicenna, *Liber de philosophia prima*, ed. S.Van Riet and G. Verbeke, vol. 2 (Louvain: Peeters, Leiden: Brill, 1977) VIII c. 6, 413.
[479] Unde ... supra *marg.* A.
[480] *Sup. lin.* A.

manutenentia sui sit aeternum, et ideo non datur naturae temporali nisi id quod est suae naturae, et ideo non transmutatur natura temporalis in aeternam.

144 Unde et ipse in eodem libro capitulo 3. ait: 'corpus caeleste, quia est simplex non transmutabile ab aliquo extrinseco, non indiget in suo esse anima sensibili neque imaginativa, sed tantum indiget anima ipsum movente in loco, quae non sit corpus neque in corpore ad largiendum ipsi permanentiam aeternam et motum aeternum, quod non habet principium neque finem. Et debemus scire quod corpus caeleste non indiget virtute movente semper in loco tantum, sed etiam virtute largiente in se, et in | **A 223r** sua substantia permanentiam aeternam; quoniam et etiam si sit simplex et non habet potentiam ad corruptionem, tamen est finitae[481] actionis necessario, quia est finitarum dimensionum et terminatarum[482] a superficie concernente ipsam. Et omne tale, cum intellectus | **P 41r** posuit ipsum existens per se absque eo quod aliud largiatur quam permanentiam et aeternitatem, necesse est ut ita sit de finitate[483] suae permanentiae, sicut est de finitate[484] suae actionis. Et ideo necesse est in intellectu potentiam esse largientem ipsi permanentiam aeternam, etc'.[485] Et ita dicam ego quod Deus largitur animae et intelligentiae permanentiam aeternam. Et sicut ipse dicit quod licet 'corpus caeleste sit substantia simplex non transmutabilis ab aliquo extrinseco, tamen indiget virtute dante permanentiam aeternam', ita dico de angelo et anima. Licet sint intransmutabilia,[486] tamen indigent manutenentia Dei generali. Et si diceretur quod corpus caeleste non est transmutabile, ideo solum requiritur virtus dans permanentiam aeternam et forma informans, et per consequens extensa est corruptibilis, dico quod verum est de forma extensa, sed non informante, ut dictum est, et ideo in suis dictis fundavi meam opinionem. Et ista etiam est opinio Aristotelis, ut ipse <i. e. Averroës> dicit in fine illius capituli, unde dicit: 'et hoc ignoraverunt quidam esse de opinione Aristotelis et dixerunt ipsum non dicere causam agentem totum,[487] sed tantum causam moventem. Et istud fuit valde absurdum'.[488] Unde cum paulo ante Averroës dicat: 'videmus caelum habere unam virtutem non tantum moventem omnia, sed agentem et conservantem omnia, sicut est dispositio in corpore hominis et in corpore facto propter finem proprium'.[489] Sicut ergo caelum habet virtutem conservantem inferiora et virtutem conservantem ipsum caelum, et tamen ista inferiora non durant nisi in specie, licet caelum duret perpetuo, ita dico de manutenentia generali Dei, haec inferiora non durant nisi in specie, et tamen angelus et anima, quia ex sui natura sunt intransmutabilia simplicia, per solam manutenentiam generalem durant perpetuo.

---

[481] infinite P.
[482] *Corr. ex* denominatarum.
[483] *marg.* A desiderande P
[484] *marg.* A desiderande P
[485] Immo refert ad capitulum 2. Cf Averr., *De substantia orbis*, 2, f. 6vab.
[486] In – *sup. lin.* P
[487] vel totum *corr. marg.* A.
[488] Averr., *De substantia orbis*, 2, ff. 6vb–7ra.
[489] Ibidem, 2, 6vb.

145 Dico ergo revertendo quod cum talis forma superius dicta non requirat ad suum esse extensionem et substantiae non repugnet per se esse, licet auferatur materia quam informabat, non auferetur aliquid necessario naturaliter requisitum ad sui esse, sicut erat extensio in forma extensa, et per consequens poterit post separationem a[490] materia remanere. Unde Averroës *De substantia orbis* vult quod forma extensa, quia non habet materiam, sit incorruptibilis ut forma caeli et etiam quantitas quae est | **A 223v** in caelo, quae habet | **P 41v** subiectum, scilicet ipsam formam, quanto ergo magis anima intellectiva, quae non est forma extensa. Unde si de facto reperitur forma extensa sine materia, quare forma inextensa non potest esse sine materia, unde forma extensa magis videtur indigere materia quam inextensa. Bene ergo de talibus inextensis loquitur Philosophus 12. *Metaphysicae*, ubi postquam ostendit formam esse simul cum toto, inquit: 'quando enim sanatur homo, tunc et sanitas est. Si autem posterius aliquid manet[491] perscrutandum est, in quodam enim nihil prohibet, ut si anima est tale non omnis sed intellectus'.[492] Unde ibi secundum Commentatorem 'si enim homo est sanus, tunc sanitas, homo insimul sunt et figura sphaerae cupri et sphaera cupri sunt insimul'.[493] Sequitur commento 18.: 'si autem aliquid remanet in postremo, quaerendum est de hoc in quibusdam enim non est impossibile; verbi gratia, anima est talis dispositionis, non tota sed intellectus, tota enim fortasse impossibile'.[494] Unde Commentator ibi: 'dixit Alexander quaerendum est, si aliqua istarum formarum remanet postquam compositum corrumpitur, deinde narravit, unde venit ad hanc quaestionem, quoniam, quia anima hominis est forma, cuius intellectus est aliqua forma et virtus animae remanens postquam homo corrumpitur, possibile est, ut aliqua forma naturalis remaneat postquam compositum corrumpitur,[495] sed non tota anima remanet'.[496] Et primo *Metaphysicae* commento 16. inquit: 'videtur quod tota natura fere admiscetur cum materia',[497] unde Averroës ibi dixit: 'fere propter intellectum, intellectus enim, qui est postrema perfectio hominis, est abstractus a materia',[498] quae quidem sententia non potest accipi sicut glossat Averroës de sua unica anima. Nam Aristoteles exemplificat ibi de sanitate et de forma cupri, quae omnes informant, et postea dicit: 'postquam compositum corrumpitur, etc', ergo dat intelligere quod loquitur de forma quae est altera pars compositi, et talis forma, licet informet, non inhaeret, ut dictum est. Et ideo bene dicit Aristoteles primo *Metaphysicae* quod non est admixta cum materia. Unde ibi 12. *Metaphysicae* dicit quod materia tam artificialium quam naturalium praecedit compositum, sed species sive forma incipit simul esse cum composito. Unde post praedicta dicit: 'quae autem ut ratio simul scilicet sit quando enim sanatur homo, tunc et sanitas

---

[490] *Sup. lin.* P.
[491] *Corr. ex* neque.
[492] Arist., *Metaphysica*, XII, 3, 1070a23–26.
[493] Averr., *In Metaph.*, XII, f. 302va.
[494] Ibidem, f. 302I. Non comm. 18.
[495] Deinde narravit unde venit ad hanc quaestionem *add. sed exp.* A.
[496] Averr., *In Metaph.*, XII, 17, f. 302vab.
[497] Arist., *Metaphysica*, II, 3, 995a17; Averr., *In Metaph.*, II, f. 35va.
[498] Averr., *In Metaph.*, II, 16, f. 35vb.

est, etc. Si autem et posterius aliquid manet, perscrutandum est in quibusdam enim | **A 224r** nihil prohibet, etc.' ut supra, | **P 42r** ergo anima intellectiva incipit simul esse cum homine et dubitat de ista, utrum possit remanere post compositum. Ergo loquitur de forma informante et quae de novo incipit esse simul cum composito et sibi non repugnat quod aliquid possit habere principium quod non habet finem. Et per hoc respondebimus ad illud *De caelo et mundo*.

146 Unde et hic dicit quod tres sunt substantiae: materia, forma, et tertia quae ex his singularis, ut Socrates et Callias.[499] Et loquitur de Callia et Socrate homine, ut non dicas secundum Iohannem quod Socrates non est homo, sed aggregatum, etc.,[500] quia immediate ante dicit: 'nam autem principium in ipsa, homo namque hominem generat'.[501] Ergo per Aristotelem hic, aut velit aut nolit Averroës, Socrates est compositus ex materia et forma, ex quibus resultat compositum singulare, quae forma incipit esse quando compositum, scilicet homo, generatur, et non repugnat tali composito corrupto talem formam remanere. Unde 2. *Physicorum* dicit: 'usque ad quantum igitur physicum oportet cognoscere speciem et quod quidem est, aut quemadmodum medicum nervum et fabrum es, usque quo?[502] Cuius enim causa unumquodque et esse hoc quae sunt separatae quidem species, in materia autem. Homo enim hominem generat ex materia et sol. Quomodo autem se habeat haec separabilis et quid sit, philosophiae primae est determinare'.[503] Sed si autem anima est, ut dicit Averroës, quomodo homo et sol ex materia generant hominem? Et de sua anima non tractatur nisi in physicis. Vult ergo ibi Aristoteles quod aliquae formae non sunt eductae de potentia materie, et tamen sunt in materia, et ideo sunt separabiles. Et ideo dicit: 'in materia autem', scilicet informando illam, et ideo sunt separatae et in materia. 'Quomodo autem se habet separabilis et quid sit, etc.', non spectat ad philosophum naturalem aliquid loqui de anima separata sed solum de operationibus et potentiis quas exercet in nobis. Sicut ergo in philosophia naturali demonstratur Deum, et in metaphysica declaratur quid est Deus, ita in philosophia naturalis probatur animam intellectivam esse et quid est, et quas virtutes habet in corpore, et ipsam separabilem esse a corpore, et de sic separabili[504] ut separata debet tractari in metaphysica. Unde ex operatione Dei in physicis demonstratur Deum esse, et ita ex operatione animae demonstratur animam intellectivam esse separatam a materia. Quomodo autem se habeat haec separabilis, philosophiae | **P 42v** primae est determinare, | **A 224v** ut habetur 2. *Physicorum*. Et ideo non miretur aliquis quod Aristoteles in libro *De anima* de hoc nihil dicit, immo in *Metaphysica* nihil aliud dixit de ipsa nisi quod non erat inconveniens ipsam post compositum remanere, sicut etiam pauca dixit de Deo. Unde sibi videtur in 12. maxima quaestio, si Deus intelligat alia a se. De Deo

---

[499] Cf. Arist. *Metaphysica*, XII, 3, 1070a10–13.
[500] Cf. supra n. 86.
[501] Arist. *Metaphysica*, XII, 3, 1070a8–9.
[502] Et *add sed exp.* A.
[503] Cf. Arist., *Physica* II, 2, 194b10–13.
[504] inseparabili *ante corr.* A.

ergo et intelligentiis, quantum ad quid et quomodo, pauca dixit, et ita de anima separata; et in hoc valde erat[505] dubius.

147 Et quantum ad quid et quomodo de illa separata, bene diceret verum Scotus quod erat valde dubius, quia videbat necessario sequi aliqua contraria principiis suae philosophiae et ideo tacuit libenter.[506] Ex principiis ergo philosophiae potest probari aliquam formam esse, quae informat et non inhaeret, et quae sit immixta et immaterialis, et incorruptibilis, et talem posse remanere post corpus. Tamen non spectat ad Philosophum dicere de passionibus istius animae, nisi ut unitur corpori, non autem ut separata a corpore, et ideo dixit 2. *Physicorum*: 'quomodo autem se habeat haec separabilis et quid sit, philosophiae primae est declarare'. Et ideo vult Philosophus quod habeat alias passiones sic separata, et ideo dicit in 3. *De anima*: 'non reminiscimur autem', habet enim aliam passionem secundum ipsum quam quae erat totius. Et ideo dicit in primo: 'quare et hoc corrupto neque memoratur neque amat, non enim illius erant, sed communis, quod quidem destructum est. Intellectus autem fortassis divinus aliquid et impassibile',[507] loquitur dubitative, quia non spectat ad Philosophum dicere quomodo intelligat separata. Unde dicit quod separata videtur habere aliquid divinius, i. e. perfectiorem modum intelligendi.

148 Et ideo dicit in 3. loquens de intellectu agente: 'et hic intellectus separabilis et impassibilis, substantia actu ens. Et hoc solum immortale et perpetuum est'.[508] Unde si ibi loquitur de intellectu agente, ut volunt aliqui,[509] vult dicere: si anima remanet post corpus, cum non remaneat intelligere neque reminisci quod erat totius, habebit intellectionem aliam quae fortasse erit per suam essentiam. Et iste erit intellectus agens, et istud cum sua intellectione remanebit, quia sua intellectio | **A 225r** est sua essentia. Et hoc non intellexit Alexander credens quod intellectus possibilis corrumpatur, sed loquitur de operatione eius, quae non remanet post mortem. Et licet Averroës dicat verum quod intellectus passivus, cogitativa scilicet vel phantasia, corrumpatur et[510] ideo illo corrupto, quia sine illo nihil intelligimus, | **P 43r** homo non intelligit, etc.[511] Non enim loquitur Aristoteles ibi de homine, sed loquitur de potentiis animae post mortem et vult quod sola cognitio intellectus agentis potest esse in anima post mortem et non illa[512] intellectus possibilis, quae dependebat a phantasia corrupta, et hoc intelligere intellectus agentis est aliquid divinius et perfectius. Unde ibi Aristoteles vult quod in intellectu possibili prior est potentia actu, ita quod aliquando intelligit et aliquando non, intellectus vero agens separatus non ita se habet quod aliquando intelligat et aliquando non, et ideo

---
[505] *Iter. sed exp.* P.
[506] Cf. Ioannes Duns Scotus, *Opus oxoniense* (vol. 20), IV, dist. 43, q. 2, 46a.
[507] Arist., *De anima*, I, 4, 408b26–31.
[508] Arist., *De anima*, III, 5, 430a17, 23–24. *Auctoritates Aristotelis*, p. 187, n. 151.
[509] cf. Ioannes de Ianduno, *Super De anima*, III, q. 23, f. 82vb.
[510] ill *add. sed del.* A.
[511] *Marg.* A.
[512] In *add.* P.

post separationem semper intelligit. Unde componas hunc textum cum illo primi *De anima* ibi 'quare et hoc corrupto', etc., et videbis quod loquitur de operatione intellectus agentis postquam homo mortuus est. Unde si loqueretur modo Averrois, non oportebat dicere 'non reminiscimur autem' vel quod intelligere marcescat, quia licet Socrates sit corruptus, intellectio non erat in Socrate. Licet illud totum secundum Iohannem diceretur intelligere,[513] quia hoc non est ad propositum, ut dixi supra. Et ideo, o Alexander, licet Aristoteles dicat operationem intellectus possibilis non remanere post mortem, tamen non negavit quod anima, cuius passio vel potentia est intellectus possibilis, non remaneat. Unde ibi in 3. docet intellectum agentem et intellectum possibilem esse duas differentias seu potentias animae. Et tu, o magne Averroës, cum intellectus possibilis sit incorruptibilis sicut agens, quare dixit quod solum intellectus agens est immortalis, et praesertim cum semper intellectus possibilis sit in aliquo in actu secundum te, et licet non continuetur isti, ita dicam de intellectu agente. Et ideo non est dubium in opinione Aristotelis quod anima sit immortalis, neque vult quod sit unica, ut vult Averroës, nec est dubium, utrum sit extensa vel inextensa,[514] nec est dubium, utrum informet vel non.

149 Unde probato quod sit forma informans et per consequens quod constituat unum, et quod non inhaereat, nec sit extensa, et per consequens immaterialis, | **A 225v** necessario sequitur quod sit incorruptibilis et possit post compositum remanere, ut affirmavit in 3. Unde cum ipse 12. *Metaphysicae* dicat: 'quando enim sanatur homo, tunc et sanitas est' et 'figura aereae sphaerae et aerea sphaerae', videtur enim quod forma informans simul incipiat esse et desinat esse cum composito. Et per consequens, si anima intellectiva informabat et simul incipiebat esse cum composito, poterat dubitari quod simul desineret esse cum composito; et – ut dictum est supra – quando forma est principium, | **P 43v** ipsi composito operandi operationem propriam ipsius, nam tunc videtur, quodsi compositum est corruptibile, quod etiam principium operationum eius sit corruptibile. Quod autem anima sit principium operandi toti et operatio eius sit operatio totius, dicit Aristoteles primo *De anima* ibi: 'si quis dixerit animam intelligere, etc.',[515] causa ergo dubitationis erat ista. Sed in 12. <*Metaphysicae*> declinat non esse inconveniens aliquam formam remanere post compositum,[516] quae scilicet informat et non inhaeret, et ita tacite respondet primo argumento. Et ita in primo *De anima* cum dixit quod sunt passiones compositi, subdit 'intellectus autem divinius fortassis aliquid impassibile est', hoc est respondendo quod licet non remaneat intellectio et operatio, quae erat totius, tamen remanet sibi aliqua alia operatio propria, quae est diversa ab illa quae est totius. Ad formam autem argumenti responsum est supra de proximo receptivo et remoto.[517] Ista ergo fuit via Aristotelis quod anima

---

[513] Cf. supra n. 86.
[514] Vel inextensa *in marg.* P.
[515] Cf. Arist., *De anima*, I, 4, 408b11-15.
[516] Cf. Arist., *Metaphysica*, XII, 3, 1070a25-28.
[517] Cf. supra nn. 24, 52.

informaret et non esset extensa nec inhaereret, et per consequens esset abstracta et immaterialis, et posset post compositum remanere. Et hoc dixit expresse et non dubitative, quando venit ad 3. *De anima*. De operatione autem animae et eius essentia separata a corpore non declaravit modum clare, beatus tamen Thomas dicit quod 'potest colligi certissime Aristotelem solvisse quaestiones de intellectu in quaestionibus, quas scripsit de substantiis separatis',[518] et dicit: 'quos etiam libros vidi numero 32., licet nondum in lingua nostra translatos'.[519]

150 Sed quomodocumque sit, modum non dedit expresse ne aliquid sequeretur contra principia suae philosophiae. Unde non declaravit quod essent numero infinitae, licet mundus esset aeternus nec quod fuerit creata. Sed si fuisset ab aeterno finitus numerus animarum intellectivarum et iste transirent de corpore in corpus, sicut volebant antiqui de | **A 226r** omnibus animabus, quos Aristoteles deridet et dicit esse fabulas. Si hoc enim poneret Aristoteles de solum animabus intellectivis, non sequeretur inconveniens de numero infinito neque de creatione, neque quod aeternum habeat principium. Paulus de Venetiis fugeret dicendo quod est unica forma informans,[520] hos ergo modos tacuit Aristoteles, ne caperetur in sermone. Et quia ad ipsum non spectabat in libro *De anima* et cum dixit 'non reminiscimur post mortem', fortasse insinuat illam opinionem de transmutatione ad corpus. Unde Plato fuit etiam istius opinionis et posuit numerum finitum animarum, nec ista debet dici resurrectio, quia non est idem corpus. | **P 44r** Unde si anima remanet et antequam informaret, omnis materia mediate vel immediate est in potentia ad recipiendum hanc formam, quare licet informaverit unam materiam separata ipsa et remanente non poterit informare aliam materiam, quae erat in potentia ad recipiendum hanc formam mediate vel immediate. Sed quos modos voluerit Aristoteles, nec scimus neque curamus, sufficit autem mihi quod ex eius principiis potest demonstrari formam post compositum remanere. Formae ergo substantiali informanti non inhaerenti non repugnat per se esse.

151 Quattuor ergo sunt genera formarum substantialium se habentia per ordinem. Aliquae sunt formae substantiales quae informant et inhaerent, et informantur accidentaliter, dico, ut formae materiales. Aliquae sunt formae, quae informant et informantur accidentaliter, sed non inhaerent, ut animae intellectivae. Aliae sunt formae quae non informant neque inhaerent, sed informantur accidentaliter, ut angeli. Alia est forma quae non informat, neque inhaeret, nec informatur, ut Deus. Sola autem materia prima est substantia saltem reducibilis[521] quae informatur substantialiter. Accipimus ergo ad litteram verba Averrois *De substantia orbis* 2. capitulo, dicit enim sic: 'si ergo aliqua forma est quae non recipit magis et minus, nec dividitur per divisionem sui subiecti, nec subiectum[522] dividitur per

---

[518] Cf. Thomas Aquinas, *De unitate intellectus*, c. 1, 299a.
[519] Cf. Ibidem, pp. 299ab. Aquinatus facit mentionem de 10 libris.
[520] Cf. Paulus Venetus, *Summa philosophiae*, pars 5, c. 36, f. 88ra.
[521] reductive A.
[522] non *add. sed exp.* P.

divisionem suae formae, scilicet per eius diversitatem, manifestum est quod in subiecto istius formae non existent dimensiones primitus, sed postquam forma existit, et intelligo secundum esse, non post secundum tempus'.[523] Haec ille. Ex quibus dictis potest colligi quod si aliqua forma potest informare materiam non mediantibus dimensionibus, non sequitur illam esse extensam nec dividi per | **A 226v** divisionem subiecti; ergo cum Deus non requirat in agendo materiam extensam vel quantitatem ut agens naturale quod agit per partem ante partem, sequitur quod poterit introduci forma substantialis quae informet, et per consequens non erit extensa, et per consequens non inhaerebit. Unde licet dimensio interminata sit prius in materia quam forma, tamen forma non fundatur in dimensione, sed in materia, sicut ipse dicit de accidentibus ibi. Unde dicit: 'sicut est dispositio in omnibus accidentibus existentibus in prima materia, scilicet quod non inveniuntur in ea nisi secundum quod habet formam existentem in actu'.[524] Ergo sequitur solum quod coextensio est ex parte introductionis, ita quod non introducitur nisi per partem | **P 44v** ante partem; ergo si aliqua forma non habeat partes et introducatur in subiectum immediate, quia non potest introduci mediante quantitate quod non habeat partes, ergo erit in subiecto informando illud et non inhaerebit, et per consequens non erit coextensio.

152 Ex his patet quid est esse eductum de potentia materiae. Non enim ponitur eductio de potentia materiae, quia detur incohatio formarum vel ponendo quod in materia sit aliquid realiter distinctum a materia concreatum in illa quod vocetur incohatio[525] formarum vel ratio seminalis vel forma imperfecta; et quod ista sit una universalis respectu omnium in omni materia semper manens; et quod vocetur potentia activa, si coagit generanti; vel vocetur incohatio[526] secundum aliam viam, ut in materia sint concreatae formae propriae respectu quarumcumque, sive ponas quod sint secundum partem et imperfecte, et per agens et generationem perficiantur; vel quod sint perfecte et complete in materia, non tamen sint unitae materiae sic quod informent materiam et per generans uniantur materiae. Qui enim teneret istas opiniones, facile concluderet animam esse immortalem, quia non esset educta de potentia materiae istis modis, etc. Sed in rei veritate istae opiniones sunt falsissimae et non recitandae, contra totam philosophiam Aristotelis et Commentatoris tam in libro *Physicorum* quam in libro *De generatione et corruptione*, et in *Metaphysica*, et in Averroi *De substantia orbis*, et alibi per totum. Unde miror de illis qui insudaverunt circa hoc, et praesertim de Scoto meo quod in 2. *Sententiarum* in tota distinctio 18.[527] et in *Quaestionibus Metaphysicae* in 7. tantum laborat. Unde physicum non est istos repraehendere et refellere. | **A 227r**

---

[523] Immo Averr., *De subst. orb.*, 1, f. 4I.
[524] Cf. ibidem, f. 4I–K.
[525] Inchoatio A.
[526] Inchoatio A.
[527] Ioannes Duns Scotus, *Opus oxoniense* (vol. 13), II, dist. 18, 81–98.

153 Dico ergo quod educi de potentia materiae non est quod materia simul concurrat in suo genere causandi cum generante, ita quod concauset, et materia, quantum est ex se, cum agente concauset, quia solum concurrit materia receptive et non active. Unde ut etiam dicit Scotus materia proprie non est causa formae nec econverso, sed materia est causa materialis compositi et forma causa formalis.[528] Unde Avicenna 6 *Metaphysicae* dicit: 'forma est forma materiae, non causa formalis, sed compositi';[529] forma est causa formalis, similiter materia est materia formae, non causa materialis, sed compositi, materia est causa materialis. Quomodo autem intelligatur illud secundi *Physicorum* quod causae sibi invicem sunt causae[530]? Vide ibi Aristotelem et Averroëm. Tamen si materia | **P 45r** concausaret formae et econverso, facilius intelligeretur quid esset educi de potentia materiae, scilicet quando ipsa concausaret, et per consequens intelligeretur quod anima intellectiva non esset educta de eius potentia, quia non concausaret creationi animae a Deo, qui non praesupponit materiam.[531] Educi ergo de potentia materiae est quando agens praesupponit materiam informem tali forma, quae informetur, ita quod agens non prius producat formam in se quam in materia,[532] et per consequens necessario praesupponit materiam. Et ita educi de potentia subiecti est quod agens praesupponat subiectum in quod inducit formam, et non prius producatur forma in se quam in subiecto, et per consequens sequitur quod omne agens naturale omnem formam, quam producit, educit de potentia materiae vel subiecti, quia necessario praesupponit materiam vel subiectum, et non prius producit formam quam inducat in subiectum. Unde Scotus in 4. dicit quod 'nulla creatura potest formae materiali dare esse in se vel per se, hoc est, absque hoc quod informet suum potentiale, quia si posset sic dare esse, posset et illud conservare, ut realiter virtute creaturae maneret in aliqua duratione talis forma sine materia'.[533] Et dum ego essem iunior de hoc feci unam quaestionem. Deus ergo potest producere omnem formam tam materialem quam immaterialem et omne accidens absolutum non praesupposita materia vel subiecto, et per consequens sequitur quod nullum agens naturale[534] potest creare, et licet anima intellectiva[535] creetur a Deo in materia, tamen non debet negari quin sit creata. Unde in creatione animae in materiam est duplex mutatio: unam est de nihilo simpliciter ad esse ipsius, alia mutatio est ex parte susceptivi, inquantum scilicet prius est informe tali forma et postea formatum – et ista est mutatio, non creatio. Et quia istae mutationes sunt in eodem instanti, videtur una, et tamen prima potest esse sine secunda, scilicet creare animam et quod materia non informetur. Et ex hoc sequitur quod Deus potest

---

[528] Ioannes Duns Scotus, *Lectura in secundum librum Sententiarum*, dist. 18 q. 1–2. n. 66, in idem, *Opera omnia*, vol. 19, ed. Commissio Scotistica (Vatican City: Typis Polyglottis Vaticanis, 1993).
[529] Immo Avicenna, *Liber de philosophia prima*, vol. 2, VI, 1, 294.
[530] Arist., *Physica*, II, 3, 195a8.
[531] Quomodo … non praesupponit materiam *marg.*; Aristotelem et Averoim *del.* A.
[532] Marginale A.
[533] Ioannes Duns Scotus, *Opus oxoniense* (vol. 16), IV, dist. 1, q.1, 89a.
[534] *Sup. lin.* P.
[535] Prius *add. sed del.* A.

praeservare omnem formam et omne accidens absolutum, quia respectivum non datur sine materia, per illam rationem Scoti, quia prius producit in se, etc. | **A 227v**

154 Unde ut[536] Averroës, ut dixi, *De substantia orbis* ponit corpus caeleste esse quandam formam simplicem sine materia. Quod autem possit esse ista prioritas naturae et non temporis, patet per Averroëm *De substantia orbis* in 2. capitulo, ubi dicit quod dimensiones interminatae sunt prius in subiecto quam formae, sed dimensiones terminatae sunt posterius, scilicet postquam forma extitit, sequitur et intelligo secundum | **P 45v** esse, non post secundum tempus[537]. Pulchre enim ibi Averroës declarat et in capitulo primo, scilicet praecedenti, quomodo dimensiones interminatae praecedunt formam, et terminatae sequuntur illam.[538] Unde si ex aqua generetur aër, dimensio terminata, quae convenit aquae, non cessabit donec forma aëris introducatur, nam sua dimensio stat cum sua forma, et per consequens nisi adveniente alia forma dimensiones primae non cessabunt. Et ideo nisi adveniat forma aëris, non advenient suae dimensiones terminatae, tamen sibi[539] semper erit dimensio interminata, quia materia numquam sine aliqua quantitate, et ideo prius est quantitas in materia quam forma, et ideo concludit quod forma recipitur extense in materia. Et ideo est dicendum quod forma habet extensionem a quantitate vel a materia quanta, et ideo in tali materia non possunt introduci ab agente naturali nisi formae, quae ex natura sui sunt extensibiles ad extensionem sui subiecti, et per consequens ablato subiecto non remanebit eorum natura, et per consequens non tolletur per hoc quin agens quod potest agere in subiectum non extensive, sed ut est prius natura quantitate quae est in ipso. Dico quod tale agens non possit introducere formam inextensam vel inextensibilem ad extensionem subiecti quanti, quia quantitas est per se causa extensionis, per ipsum in eodem libro,[540] nam illud agens aget in materiam, ut natura praecedit quantitatem. Non requiritur ergo necessario quod forma non educta hoc modo corrumpatur, dico autem non necessario, quia si Deus crearet formam extensam et dimitteret in se vel corrumperetur subiectum, omnino corrumperetur, quia illa, quantum est de se, est educibilis de potentia materiae, et similiter si crearet in se caritatem, licet non sit educibilis de potentia subiecti, tamen quia ex se requirit esse in, desineret esse. Sed anima intellectiva, quia non potest educi de potentia materiae nec creari ab agente naturali, nec necessario requirit esse in, ut accidens in se derelicta non corrumperetur, quia talis etiam non recipit extensionem a subiecto.

155 Sed quid de forma caeli? Certum est quod non potest induci ab agente | **A 228r** naturali, et tamen ablata materia corrumperetur. Dico quod hoc est propter extensionem quam recipit a materia quanta, sine qua non potest esse. Qui poneret tamen modo Averroës quod in caelo non sit materia, facile est solutum argumentum.

---

[536] et A.
[537] It regards the first chapter. Cf Averr., *De substantia orbis*, 1, f. 4rab, 4vb.
[538] See the previous footnote.
[539] Ibi A.
[540] Cf. Averr., *De substantia orbis*, 1, 4ra.

Sed ponendo materiam in caelo dicitur incorruptibilis, quia talis forma non potest induci ab agente naturali, et per consequens nec corrumpi. Unde[541] licet extensa in materia non est extensa mediantibus | **P 46r** mediis naturalibus, scilicet per qualitates activas et passivas, et agens naturale agit mediantibus ipsis, et ideo ista non est educta de potentia materiae. Oportet ergo respicere ad formam productam et ad modum producendi, forma ergo caeli, licet sit extensa, non est producta nec productibilis modo naturali, ideo incorruptibilis. Anima autem intellectiva non est extensa, et per consequens ad istam non attingit agens naturale. Tamen modus praevius potest esse ab agente naturali, quia mediantibus dispositionibus et qualitatibus activis, etc., vel istis praesuppositis, non necessario tamen anima creatur. Quantum ergo ad modum producendi praevium, anima videtur magis educta de potentia materiae quam forma caeli. Sed quantum ad rem productam econverso, quia anima est inextensa et forma caeli extensa. Tamen si necessario anima intellectiva inciperet esse mediantibus qualitatibus activis, necessario esset extensa, et per consequens corruptibilis. Extensio ergo sola non concludit aliquid esse eductum de potentia materiae, sed extensio et modus producendi. Licet ergo omnis forma educta de potentia materiae sit corruptibilis, non sequitur quod omnis forma extensa sit corruptibilis. Et licet ablata materia corrumperetur, non sequitur quod sit educta de potentia materiae, sed requiritur quod per agens naturale possit separari ab illa et quod[542] tunc corrumpatur. Anima vero intellectiva separatur a materia, sed remanet; ideo non est educta de potentia materiae. Caelum ergo, si ibi sit materia, non diceretur simpliciter incorruptibile, quia ibi est potentia contradictionis. Tamen non posset reduci ad actum per potentiam naturalem, nec est frustra, sed sufficit quod per agens naturale vel supernaturale. Et hoc est propter perfectionem formae, quae non fuit inducta modo naturali nec ab agente naturali. Nec dicas quod hoc sit, quia forma satiet materiam vel quod sit materia alterius rationis, quia istae sunt fatuitates. Unde si forma extensibilis induceretur a Deo in materiam sine quantitate, non posset | **A 228v** corrumpi ab agente naturali quod agit modo quantitativo, scilicet per partem ante partem. Non habere ergo modum quantitativum sive qualitativum facit quod forma non possit corrumpi ab agente naturali, loquor de formis substantialibus, et sic esse inextensam ex se facit ipsam esse incorruptibilem. Non debet ergo simpliciter inferri quod omnis forma corrumpatur, cuius compositum corrumpatur.

156 Unde est sciendum quod aliquid transmutari potest esse multis modis, | **P 46v** et stricte et large. Transmutatur enim aliquid, quia recipit vel amittit novam formam vel partem illius, et sic proprie materia transmutatur.[543] Secundo, aliquid transmutatur largo modo, quia ipsum incipit esse vel desinit esse; et sic compositum transmutatur, et sic simplex si incipit esse vel desinit esse.[544] Potest autem compositum desinere esse vel quia forma desinit esse, vel quia forma

---

[541] talis forma ... unde *del.* A.
[542] *Sup. lin.* P.
[543] Capiendo materia pro subiecti *add. marg.* A.
[544] *Om.* A.

separatur a sua materia, vel quia per potentiam divinam materia desinit esse, vel materia et forma. Transmutatur etiam aliquid, quia pars ipsius desinit esse; et sic forma extensa transmutatur, ut cum forma ligni desinit esse in aliqua parte ligni vel anguillae, vel cum forma amittit vel recipit aliquam formam, vel cum forma incipit esse, vel desinit esse, vel cum informat subiectum, vel cum separatur a subiecto. Haec enim omnia dicuntur transmutari large vel stricte, vel habere aliquam mutationem, sive sit subiective, sive terminative, sive completive,[545] sive divisive, sive inceptive, sive desinative, sive informative, sive separative, etc. Et per consequens non sequitur quod si aliquod totum desinit esse, quod necessario forma desinat esse, et hoc illud erat quod dixit Philosophus 12. *Metaphysicae* quod forma est simul cum composito, et in quibusdam non inconvenit quod compositum desinat esse,[546] et tamen forma non desinat esse; et hoc, quia est transmutata solum separative, et non terminative in tota seu in parte; et hoc, quia non erat extensa, ut actio agentis naturalis, quod agit extense, scilicet per partem ante partem, posset attingere ad ipsam vel ad partem eius, corrumpendo scilicet per partem ante partem. Bene tamen agens naturale agit in aliquid, vel producit aliqua, vel corrumpit aliqua, sine quibus vel cum quibus anima non informat vel desinit informare. | **A 229r**

157 Ad immaterialitatem autem animae[547] non repugnare posse informare materiam est subtiliter indagandum, ut ex hoc possimus demonstrare talem formam esse in rerum natura. Est igitur primo sciendum secundum Averroëm 3. *De anima* commento 5. magno, in omni intelligentia excepta prima esse aliquid simile materiae et aliquid simile formae,[548] et secundum ipsum *De substantia orbis* forma, inquantum recipit aliquid, est materia vel quasi. Et melius secundum ipsum dicitur subiectum quam materia. Recipere ergo ut recipere est ratione materiae vel quasi, informare autem est ratione formae, non materiae. Ergo si omni formae non repugnat habere quasi | **P 47r** materiam, ergo alicui formae etiam abstractae a materia non repugnabit informare, quia informare se tenet ex ratione formae. Nam si formae abstractae limitatae tamen vel creatae, immo etiam secundum Averroëm infinitae excepta prima, non repugnat quasi[549] materia, ergo nec omni repugnabit quod se tenet ex parte formae, scilicet informare. Loquor de formis abstractis, scilicet non extensis. Licet ergo huic formae non extensae[550] repugnat informare, tamen non sequitur quod formae inextensae simpliciter repugnet informare. Et licet ab intelligentia sit abstractum illud quod erat imperfectionis ex parte formae, scilicet informare, non tamen sequitur quod sit abstractum illud quod est ex parte materiae, quia hoc soli Deo reservatur. Licet etiam omne imperfectum ex parte formae non sit abstractum ab intelligentia sicut esse limitatum et finitae

---

[545] complective A.
[546] Cf. Arist., *Metaphysica*, XII, 3, 1070a13-21.
[547] *Sup. lin.* P.
[548] Averr., *In De anima*, III, 5, 409-10.
[549] Forma *add, sed. exp.* P.
[550] Non *add. sed del.* A.

perfectionis, nam perfectio cuiuslibet est ex forma 7. *Metaphysicae*, et ita esse dependens et habere causam finalem[551] et efficientem, nam illa intelligentia et dependet, et habet causam finalem et efficientem, etiam inquantum est haec forma. Potest ergo esse aliqua forma inextensa, a qua non removetur informare, et alia, a qua removetur, a qua tamen non[552] removebitur quod sit finita et dependens, etc., et similiter non removebitur[553] aliquid simile materiae. Unde et philosophi aliqui posuerunt intelligentias informare caelum et ponebant ipsas intelligere per suam essentiam, ergo maius inconveniens videbatur illis habere intellectionem accidentalem quam informare. Ergo cum ratione naturali possit demonstrari omnem intelligentiam excepta prima habere intellectionem accidentalem, ergo non omni formae inextensae videbitur repugnare quod informet. Unde cum forma sit illa quae dat esse rei, si forma materialis potest dare esse rei, et forma immaterialis, ne et quia Deus et intelligentiae non possunt dare esse rei formaliter, hoc est, quia | **A 229v** sunt immaterialia, nam compositum non potest dare esse rei hoc modo, et tamen est quid materiale, materia etiam non dat esse rei, sed recipit esse, solum ergo formae est dare esse rei.

158 Duplex autem est forma: (1) Aut in se totaliter completa, ita quod alio non indiget ad sustentari, vel non inclinatur ad aliud, ita quod sit ens per se, hoc est quod habeat actualitatem ultimam, ita quod non est per se ordinabile ad aliquem actum simpliciter ultra illum quem habet, qui quidem actus | **P 47v** ulterior possit esse actus eius per se, et hoc vel primo vel participatione. Forma enim substantialis per se ordinatur ad esse totius quod quidem esse est actus simpliciter compositi primo, sed formae participatione; et isto modo forma non potest dare esse, et omne aliud sive materiale sive immateriale. (2) Alia est forma quae non est ens in se perfectum, hoc modo scilicet quod non requirat aliud ut sustentetur, vel non inclinetur ad aliud; et hoc potest reperiri tam in immaterialibus quam materialibus. Immaterialitas ergo non est causa quod forma non possit informare, sed potentialitas et esse ens completum vel totale,[554] ut dictum est. Informare ergo non[555] insurgit ab ipsa actualitate et non a materia, sed ab actualitate quae non sit in totali esse perfecto, ut dictum est. Cum ergo plus actualitatis inveniatur in formis immaterialibus quam materialibus, quare repugnabit formae immateriali quod possit informare, si non habet suum esse totale, etc.

159 Et si dicatur quod est impossibile esse formam immaterialem quae non habeat suum esse totale, etc., hoc habes probare. Quod non video, ergo 'non posse informare' non erit ratione immaterialitatis nisi hoc probes. Et non probes esse impossibile quod sit aliqua forma immaterialis quae non habeat suum esse totale et perfectum, et per se subsistens, et vocatur 'proprie' quod vere est. Sicut igitur

---

[551] formalem *ante corr.* P.
[552] tamen non] non tamen A.
[553] quod habeat *add.* A.
[554] totate P.
[555] *Om.* A.

possumus considerare formam extensam informare materiam, ita quod pars sit in parte, ita possumus considerare quod quaelibet pars sit ubi est alia, et per consequens quaelibet erit in quolibet puncto, et per consequens tota erit in quolibet puncto. Et per consequens si non auferamus[556] informare quod prius faciebat, licet abstraherimus extensionem partium, intelligemus aliquid indivisibile posse informare totam materiam et quamlibet eius partem, et tamen non coextendi partibus. Sicut si acciperemus superficiem | **A 230r** extensam in corpore, quae est in corpore, et informat illud, et consideraremus quamlibet partem esse ubi est alia, ita quod quaelibet sit in puncto, tunc esset esse in, et informare praesertim ponendo lineam et superficiem componi ex indivisibilibus, et per consequens non esset ibi coextensio. Ille ergo punctus esset ubique et informaret, et haberet esse in, et quia est accidens, non posset esse sine subiecto, et si esset substantia, non repugnaret ipsum posse esse | **P 48r** sine subiecto. Et ita si ponatur punctum indivisibilem multiplicari per totum unum corpus, tunc patet, cum sit accidens, quod omnino est subiecti tamquam informans; et non extenditur, ergo si esset forma immaterialis, informaret et non extenderetur. Immaterialitas ergo non est causa quod forma non possit informare, nam – ut dixi[557] – etiam multi philosophi ponebant intelligentias informare caelum. Et nostri quaerunt, utrum per potentiam divinam active possit fieri quod angelus informet materiam. Unde est sciendum quod repugnantia ad informandum materiam insurgit in angelo ex hoc quod est per se subsistens, nam per se subsistens non potest facere per se unum cum alio, actus autem substantialis facit per se unum cum eo quod informat, et eadem est ratio de composito materiali per se uno.

160 Istis ergo omnibus intellectis veniamus ad primum intentum in hac tota quaestione et probemus formam immaterialem, quae inextense informat, esse actu in rerum natura. Arguamus igitur sic. Probavimus alibi quod omni quidditati absolute et per consequens in sua ratione formali dicenti aliquam perfectionem, quae in suo conceptu non implicat contradictionem, posse esse in rerum natura. Et per consequens si non[558] possit esse a se, posse esse ab alio; ergo si talis quidditas, ut declaravimus de anima intellectiva, non implicat contradictionem in suo conceptu, et dicit perfectionem, cum sit quid absolutum, ergo non repugnabit sibi posse esse in natura. Ergo in materia prima erit potentia receptiva ipsius vel respectiva ad ipsam, aliter non esset possibilitas ipsius animae essendi. Nam omnis forma quae potest esse altera pars compositi, est in potentia in ipsa materia vel est possibilitas in materia ipsam recipiendi; ergo si per vos philosophos non potest esse immediate a Deo, ergo est in rerum natura ex se. Tenet consequentia, quia ille appetitus materiae esset frustra in natura, si illa forma non posset induci nec ab agente supernaturali nec naturali. Ergo cum mundus per vos fuerit aeternus, sequitur | **A 230v** quod illa anima fuerit in esse. Aliter appetitus materiae per

---

[556] Quod *add. sed del.* A.
[557] *Sup. lin.* P.
[558] Non *iter. sed del.* P.

infinitum tempus fuisset frustra; et si ista forma fuit, ergo est, quia species sunt aeternae 8. *Physicorum* et in libro *Posteriorum* primo.[559]

161 Voluit ergo ille divinus Aristoteles, licet ita[560] expresse non dicat, animam intellectivam informare corpus et non extendi ad extensionem | **P 48v** corporis. Nam in 3. *De anima*, postquam posuit illa tria genera animae divisibilis ad divisionem subiecti vel organi, ponit tractatum incipientem 'de parte autem animae qua cognoscit anima et sapit sive separabili existente, sive non separabili secundum magnitudinem, sed secundum rationem considerandum, quam habet differentiam quomodo quidem sit ipsum intelligere'.[561] Aristoteles enim ibi dicit: 'sive anima intellectiva sit separata secundum magnitudinem sive non', id est, sive sit separata loco ab aliis, ita quod sit in alia parte subiecti, etc., ut supra, sive non, quia de aliis erat probatum quod cum essent extensae dividebantur ad divisionem subiecti. Et dixerat quod anima intellectiva etiam informabat propter universalem definitionem animae, et tamen videbatur separata, ideo dicit: 'nunc quaeramus de potentiis istius animae', scilicet de intellectu agente et possibili, et de actu ipsius animae. Et tunc intelligemus quid erit dicendum, nam in primo dixerat quod 'accidentia magnam partem conferunt ad cognoscendum quod quid est',[562] et quod dicto de accidentibus animae, tunc de substantia habebimus dicere.

162 Primo ergo probat quod si anima[563] intelligit, ista potentia non erit mixta, et per consequens non miscebitur corpori, et per consequens neque erit calida nec frigida, nam si organum aliquod haberet sicut potentiae sensitivae, esset calida vel frigida. Et arguit ulterius quod non sit similis passibilitas[564] sensitivi et intellectivi, quia excellens sensibile corrumpit sensum, etc., ut dictum est supra. Et per consequens vult concludere quod ista potentia est separata a corpore, sed vult declarare, quomodo est separata et quomodo non, ut salvetur quod sit forma corporis, et per consequens non separata et separata. Ad hoc autem ostendendum incipit ibi: 'quoniam autem aliud est magnitudo et magnitudinis esse, etc.',[565] et dicit 'sive', ut aliqui dicunt exponere Averroëm, quod per magnitudinem intelligit | **A 231r** singularia et per magnitudinis esse universalia.[566] Licet istud non videatur mihi ibi, licet in commento sequenti nominet universalia.[567]

---

[559] Immo solum Arist., *An. post.* I, 24 85b15–18.
[560] *Sup. lin.* P.
[561] Cf. Arist., *De anima*, III, 4, 429a10–13.
[562] Arist., *De anima*, I,1 402b21–22.
[563] Omnia A.
[564] impassibilitas ante corr. A.
[565] Arist., *De anima*, III, 4, 429b10.
[566] Cf. Ioannes Buridanus, *Quaestiones in Aristotelis De anima*, III, q. 8, ed. J. A. Zupko, in J. A Zupko, 'John Buridan's Philosophy of Mind: An Edition and Translation of Book III of His Questions on Aristotle's de Anima', with Commentary and Critical and Interpretative Essays' (Ph.D. diss., Cornell University, 1989), 64.
[567] Cf. Averr., *In De anima.*, IV, 10, pp. 423–4.

163 Sed quomodocumque sit, sive loquatur de forma quae dat esse rei, quae differt a composito materiali, non autem in rebus immaterialibus, sive loquatur de singulari et universali, sive loquatur de abstractione quae est formae mathematicae a continuo vel quantitativae, ut postea declarat, vult dicere quod intellectus habet virtutem seu operationem qua intelligit abstrahendo a singularibus, licet universale non sit abstractum | **P 49r** a suis singularibus, et forma potest considerari sine materia, licet non sit abstracta, et ita in abstractione mathematica. Sicut ergo universale non est abstractum in re et potest considerari abstracte, et forma non est abstracta a materia, sed potest considerari abstracte, et ita in mathematicis, ita erit ipse intellectus in[568] re. Vult igitur ex operatione intellectus in abstrahendo demonstrare quomodo est abstractus, intellectus enim non cognoscit nisi materialia, tamen abstracte, licet in re non sint abstracta. Et ideo, quia intellectus, notate carissimi, non intelligit abstracta simpliciter, ideo simpliciter non est abstractus. Unde in 3. ibi 'abstractione autem dicta intelligit, sicut simum secundum quod simum, etc.',[569] ut ibi, unde sequitur.

164 Utrum autem contingat aliquod separatorum intelligere ipsum existentem non separatum a magnitudine aut non, considerandum posterius, scilicet in libro *Metaphysicae* vel alibi. Non est ergo separatus a magnitudine, quia intelligit res materiales; et ideo informat corpus, et dat esse corpori, et est forma corporis, sicut intelligit formam quae non est separata a corpore. Tamen, quia non intelligit materialiter, sed abstracte, ideo est abstractus et non est divisibilis nec extensus secundum divisionem corporis. Et ideo dixerat quod separatur hoc ab hoc sicut perpetuum a corruptibili. Intelligentiae ergo, quia[570] intelligunt res abstractas, et abstractae sunt separatae simpliciter, et non sunt in magnitudine aliquo modo. Anima vero intellectiva, quia non intelligit res abstractas sed materiales vel in materia, ideo non est abstracta a magnitudine, et ideo informat corpus. Quia tamen intelligit abstracte, ideo non inhaeret nec est extensa, quia si esset extensa, numquam posset abstrahere nec posset se circumflectere. Concludit ergo Aristoteles ibi supra: 'omnino ergo sicut separabiles res a materia, sic et quae circa intellectum sunt'.[571] Licet autem intellectus | **A 231v** noster possit intelligere Deum et intelligentias, tamen quidditas rei materialis est obiectum intellectus nostri, et non intelligimus illas nisi per discursum et per conceptus communes, qui simul iuncti competunt illis, ut dixi alibi, et semper phantasmata speculando. Unde Aristoteles 3. *De anima* dicit: 'quoniam autem neque res nulla est praeter magnitudines, sicut videntur sensibilia separata, in speciebus sensibilibus intelligibilia sunt; et quae abstractione dicuntur et quaecumque sensibilium habitus et passiones. Et ob hoc | **P 49v** neque non sentiens nihil utique adiscit neque intelliget. Sed cum speculemur, necesse simul phantasma aliquod speculari: phantasmata autem sicut sensibilia sunt praeter quod sunt sine materia'.[572] Hanc

---

[568] *Sup. lin.* P.
[569] Arist., *De anima*, III, 7, 431b12–13.
[570] *Sup. lin.* non *add.* P
[571] Arist., *De anima* III, 4, 429b21–22.
[572] Arist., *De anima*, III, 8, 432a3–10.

enim sententiam habere possumus 7. *Metaphysicae*, ubi Aristoteles 'quaecumque quidem igitur simul sumpta species et materia sunt ut simum aut aeneus circulus, haec quidem corrumpuntur in hoc et pars ipsorum materia; quaecumque vero non concipiuntur cum materia sed sine materia, ut rationes speciei solum, haec non corrumpuntur, aut omnino aut totaliter non'.[573] Ergo cum intellectus se habeat ut illa quae concipiuntur sine materia, ut dicit hic in[574] 3. *De anima*, is erit incorruptibilis, tamen homo, qui concipitur cum materia, erit corruptibilis, ut dicit hic in 7. Et ideo totum non remanet, tamen non sequitur quod intellectus, qui est in re sicut illa quae concipiuntur sine materia, non[575] sit incorruptibilis, et ideo dicit in 12. *Metaphysicae* quod non inconvenit in aliquibus formam post compositum remanere.[576]

165 Dico ergo quod intellectus non est abstractus simpliciter, et ideo informat corpus. Sed quia intelligit abstracte, ideo non extenditur, ut dixi. Et ideo Aristoteles dicit: 'omnino autem intellectus est qui secundum actum res'.[577] Ergo res, ut intelligitur, habet esse abstractum, ergo necessario intellectus habebit esse abstractum, quia res abstracta non potest recipi in rem non abstractam. Unde et secundum philosophum intellectus est ipsa intelligibilia, ut sunt intellecta, ergo si intelligibile ut intellectum est abstractum, ipse intellectus erit abstractus. Unde ibi in 3. dicit: 'cum autem sic singula fiat ut sciens, dicitur qui secundum actum, etc.';[578] et infra: 'omnino autem intellectus est qui secundum actum res', ergo cum intelligibile ut intellectum sit idem cum intellectu, si intelligibile ut intellectum est abstractum, et intellectus erit abstractus. Ex his ergo docet Aristoteles intellectum esse abstractum et quomodo sit abstractus. Unde ipse Aristoteles | **A 232r** non ponebat intelligentias separatas intelligere ista materialia, ut patet 12. *Metaphysicae* et ideo erant separata simpliciter. Unde Aristoteles volebat quod materiale non posset cognosci nisi a materiali, et ideo dicit: 'quoniam autem aliud est magnitudo et magnitudinis esse, et aeque et aeque esse, et sic in multis alteris, non autem in omnibus, in quibusdam enim idem est esse carni et carnem, aut alio ergo aut aliter se habente discernit'.[579] | **P 50r** Vult dicere cum forma rei materialis distinguatur a re habente materiam, et ista forma possit considerari sine materia, differentia erit inter potentiam quae considerat istam formam sic abstracte, et illam quae cognoscit rem materialem. Unde dicit: 'aut alio ergo aut aliter se habente discernit', itaque aut est alia anima, vel alia potentia, vel vult dicere quod per ipsam ut non separata a materia intelligit res materiales, et per ipsam ut in aliqua parte separata intelligit immaterialiter et abstracte. Et ideo dicit: 'aut aliter se habente'. Unde sequitur: 'caro autem non sine materia, sed sicut simum, hoc in hoc; sensitivo

---

[573] Cf. Arist., *Metaphysica*, VII, 10, 1035a25–30.
[574] *Om.* A.
[575] *Marg.* A.
[576] Cf. Arist., *Metaphysica*, XII, 4, 1070a25–28.
[577] Idem, *De anima*, III, 7, 431b16–17.
[578] Ibidem, III, 4, 429b5–6.
[579] Ibidem, 429b10–13.

quidem igitur calidum et frigidum iudicat, quorum ratio quaedam caro',[580] id est per potentiam sensitivam cognoscit res materiales et ipsa singularia et formam non abstractam. 'Alio autem, aut separato aut sicut circumflexa se habet ad <se> ipsam cum extensa sit, carni<s> esse discernit',[581] id est formam autem abstracte considerat per aliud abstractum a materia, vel si non est abstractum a materia, alio modo considerat, scilicet circumflectendo se supra ipsam rem materialem abstrahendo, etc. Unde potentia materialis solum cognoscit recipiendo, potentia autem immaterialis potest reflectere se abstrahendo et cognoscendo abstracte.

166 Vel secundum beatum Thomam cum anima comparat universale ad singulare, quia opportet quod sit una potentia quae cognoscat utrumque, sed alio et alio modo cognoscit, nam cognoscit naturam speciei sive quod quid est directe extendendo se in ipsum, singulare autem per quandam reflexionem inquantum redit supra phantasmata, a quibus species intelligibiles abstrahuntur.[582] Potest etiam dici quod tangit difficultatem, utrum sint plures animae in vivente, ita quod per unam cognoscatur materiale et per aliam abstracte. Et si ponitur una anima quod per diversas potentias, quarum una fundatur in composito, alia in ipsa anima | A 232v intellectiva, et ideo licet istae operationes dicantur animae unius, scilicet intellectivae, tamen aliter et aliter se habet, ut cognoscit materiale et ut cognoscit abstracte vel universaliter, quia per potentiam sensitivam, quae est ab ipsa vel in ipsa, cognoscit materiale,[583] et per potentiam intellectivam cognoscit abstracte; et ideo propter istas potentias diversimode fundatas, quibus mediantibus aliter et aliter dicitur se habere, et fortasse melius, quia si est una anima, ut videtur intentio Philosophi, aliter et aliter se habet in cognoscendo sensibilia et abstracta[584] quia illa cognoscit mediante organo, | P 50v et alia potentia non utitur organo. Et ista sententia est ad propositum eius quod dixerat supra in textu, scilicet quod anima intellectiva non utitur organo, etc.[585] Elige quod videtur melius.

167 Sequitur Aristoteles: 'iterum autem in his quae abstractione sunt, rectum sicut simum: cum continuo enim; quod autem aliquid erat esse, si alterum est recti esse et rectum, aliud. Sit enim dualitas',[586], id est praesupponatur pro nunc quod dualitas sit definitio lineae rectae, sicut volebat Plato, et unitas puncti. Nam Plato volebat quod numeri erant species et quidditates mathematicorum, unde hic ponit aliam abstractionem quae est formae mathematicae a continuo vel quantitate. Unde rectum circumcernit continuum vel quantitatem, ratio enim recti est cum continuo, sicut ratio simi est cum naso; continuum autem est materia

---

[580] Ibidem, 429b13-16.
[581] Ibidem, 429b16-17.
[582] Et tunc Aristoteles loquitur ibi solum de operatione intellectus *add. sed del. sive exp.* A.
[583] *Marg.* P.
[584] *Corr. ex* abstracte.
[585] Cf. supra, n. 15.
[586] Arist., *De anima*, III, 4, 429b18-20. *Corr ex*: 'iterum autem in his, quae abstractione sunt, rectum sicut simum: quae cum continuo erit, quod autem quid erat esse sicut alterum, ut recti esse et rectum, aliud. Sit enim dualitas.'

intelligibilis sicut simum materia sensibilis, sed recti esse abstrahit a quantitate. Unde infra dicit Aristoteles sic: 'mathematica non separata tamquam, si separata sint, intelligit'[587] vel loquitur de abstractione universali a particulari in prima, ut dicunt velle Averroëm, et in secunda loquitur de abstractione formae a materia vel quantitate, sive sit naturalis, sive mathematica. Sed mihi videtur quod in prima loquitur de abstractione loquendo de forma naturali et in secunda loquitur de forma mathematica. Sed si vis quod loquatur in secunda de abstractione universalis[588] a particulari, dicas hoc modo quod hic ponit aliam abstractionem quae est universalium a singularibus, id est potentia sensitiva cognoscit singulare non abstrahendo universaliter, ut si video hunc simum vel hunc nasum, qui est quoddam singulare et habet quantitatem, et ita hoc rectum; sed si considero unitatem in communi vel rectitudinem, | **A 233r** tunc ista est quaedam abstractio, et ita si video duo ova, sed si considero rationem dualitatis in se, hic est abstractio universalis a singulari, ergo concludit ut prius: 'altero itaque aut aliter se habente'. Iudicatur: sunt ergo duae abstractiones, una formae a materia sive sit materia naturalis sive mathematica, et alia universalis a particulari. Et per consequens differentia est inter potentiam quae istis modis abstrahit, et quae non potest abstrahere, et per consequens ista potentia, quae abstrahit, erit immaterialis, sed non ita quod non informet materiam, sicut etiam ipsae res, quae abstrahuntur, sunt in ipsa materia. Concludit ergo: 'omnino ergo sicut separabiles res a materia, sic et quae circa intellectum sunt'. Et non vult dicere quod quia res possunt considerari separatae, quod sola intellectio sit separata, nam intellectio non potest esse separata nec | **P 51r** esset talis, nisi potentia eius sit separata; et esset petitio principii: 'est separata, quia est separata'; scilicet intelligit res separatae,[589] ergo est separata hoc modo et non inferre aliam separationem a materia. Est ergo separata, ut dixi, et sicut res materiales per intellectum separantur a materia, ita intellectus potest separari a materia, et per consequens remanere post corpus. Et ideo informat et inhaeret, et ideo est abstractus et non abstractus simpliciter, sicut intelligentiae. Licet ergo Aristoteles non ita clare dixerit de ista abstractione et non abstractione, tamen ista est sua intentio bene consideranti et valde subtilis.

168 Unde cum operatio eius, scilicet intellectio, sit abstracta, quia intelligit abstracte et sit in potentia intellectiva ipsius animae, et per consequens in anima, ergo anima non est extensa ad extensionem corporis seu organi, quia si anima esset extensa, necessario operatio, quae est in anima, esset extensa, ergo non esset abstracta nec cognosceret abstracte. Et pro tanto non utetur organo et tanto magis corpore, ut dixi supra contra Scotum, ergo informabit corpus et non erit extensa ad extensionem corporis, et per consequens non inhaerebit. Et per consequens intellectio est in anima ut in proximo receptivo et non in composito ex corpore et anima ut caeterae aliae, ut dixi supra. Et ideo anima non utitur corpore et organo in operando ut

---

[587] Arist., *De anima* III, 7, 431b15–16.
[588] universali P.
[589] separatae res *cum* 'a' *supra* 'res' *et* 'b' *supra* 'separatae' P.

aliae, quia non est extensa ad extensionem illorum, et ideo non miscetur corpori et immaterialiter cognoscit. Et haec est doctrina Aristotelis et hoc colligitur ab ipso in libro *De animalibus*, ubi postquam dixit 'intellectum solum de foris advenire et divinium esse solum', reddit causam ibi dicens: 'nihil enim ipsius operationi communicat corporalis operatio'.[590] | **A 233v**

169 Ex his[591] ergo possumus considerare quod aliqua est forma summe abstracta et quae consequenter cognoscit abstracta et abstracte, et per essentiam suam. Et per consequens aut ista omnia intelligit, quia non est maior ratio de uno quam de alio, sive materiali, sive immateriali. Omnia dico intelligibilia, si intelligit per suam essentiam, aut nihil intelligit extra se, ut male vult Aristoteles et Commentator 12. *Metaphysicae*.[592] Alia est forma quae est abstracta, sed non summe sicut prima, quia habet aliquid simile materiae et aliquid simile formae, licet non informet materiam vel habeat materiam, ut audistis Averroëm,[593] et ideo non intelligit per essentiam suam, licet hoc parum considerans non velit Averroës. Et ista forma cognoscit abstracta et abstracte, sed non cognoscit per suam essentiam, et ideo | **P 51v** non omnia intelligit actu sicut prima. Alia est forma quae non est abstracta simpliciter, quia informat, tamen non est mixta materiae neque extensa, et per consequens non cognoscit per substantiam propriam. Et ista non potest cognoscere abstracta, sed solum materialia, abstracte tamen.[594] Alia est forma quae nullo modo est abstracta,[595] tamen utitur organo in operando; et ista non cognoscit nisi materialia et materialiter. Alia est forma quae nullo modo cognoscit, quia non habet potentiam cognitivam vel non habet organum.

170 Omnis ergo forma cognoscens immateriale potest cognoscere materiale et non econverso. Unde nec dicitur imperfectio nec vilescit intellectus superior cognoscendo inferiora, sed vilesceret, si illud solum inferius cognosceret vel si materialiter cognosceret. Et divinus intellectus vilesceret, si aliquid cognosceret recipiendo vel intelligeret per aliud a sua essentia, vel abstrahendo, vel materialiter. Unde si est finis omnium et conservat omnia, et ab ipso omnia dependent, ergo haec sua essentia potest comprehendere et intelligere se esse finem, et a quo alia dependent, ergo intelligit quorum est finis, aliter non intelligit se esse finem, etc. Unde fatuum est dicere cognoscere se esse finem aliquorum in confuso et non intelligere distincte, quia notitia distincta est nobilior notitia confusa, ut habetur in prohoemio *Physicorum*.[596] Et praeterea si cognoscit in confuso se esse finem omnium quae sunt infra se, ergo cognoscit saltem in communi quid est esse infra se, et per consequens | **A 234r** alia esse ipso imperfectiora. Ergo cognoscit

---

[590] Arist., *De generatione animalium* 2, 3, 736b27-28; cf. *Auctoritates Aristotelis*, 224, n. 190.
[591] Istis A.
[592] Cf. Arist., *Metaphysica* XII, 9, 1074b36–39; Averr., *In Metaph.*, XII, 334vb; ibidem, XII, 51, 335ra–vb.
[593] Ut ... Averroëm *del.* A.
[594] Non potest ... abstracte tamen *del.* A.
[595] *Sup. lin.* P.
[596] Arist., *Physica*, I, 184a17–18.

rationem imperfectionis saltem in communi, ergo non solum cognoscit rationem essentiae suae, ergo intelligendo illam rationem imperfectionis, quae non est ratio suae essentiae, vilescet per istos.

171 Item, ipse est finis omnium, et hoc est, ergo est finis istius. Unde in libro *De causis* dicitur: 'omnis intelligentia scit quod est supra se et quod est sub se, verum tamen scit quod est sub se, quoniam est causa ei; et scit quod est supra se, quoniam acquirit ab eo bonitates'.[597] Ergo concedit quod cognoscit ea quorum est causa, ergo ex sua essentia hoc potest cognoscere. Aliter non perfecte cognosceret suam essentiam, quia non cognosceret quicquid necessario sequitur ad eam, licet ergo beatitudo primae causae sit in solum cognoscendo suam essentiam et non sit in cognoscendo inferiora. Tamen si non posset cognoscere inferiora, et per consequens non cognosceret, non esset beatus, quia sua essentia non esset sua essentia, si non posset illa demonstrare. | **P 52r** Sicut si non posset esse finis omnium, et per consequens si non esset finis, et ita conservans non esset Deus etiam secundum philosophos, et tamen sua beatitudo non stat in hoc quod sit finis. Unde si nihil esset et per impossibile nihil posset esse nisi ipse, licet hoc implicet contradictionem de posse, adhuc ipse videndo suam essentiam esset beatus. Cognitio ergo, ut cognitio respectu cuiuscumque sit, non dicit imperfectionem, sed modus cognoscendi rem, aut materialiter intelligendo, aut aliquid recipiendo, aut quod cognitio inferioris in eodem instanti impediat cognitionem superioris, et per consequens per aliquid aliud a se, et in tempore, et per discursum, et inferendo aliquid ex alio etiam instantanee, et quod cognitio sit nova, et quod sit corruptibilis, et ab alio dependeat vel quod sit accidens. Taliter enim cognoscere hanc rem dicit imperfectionem, sed cognoscere hanc rem de se, quaecumque res sit, non dicit imperfectionem. Unde cognoscit hanc albedinem modo quo cognoscit visus, dicit imperfectionem; et cognoscere illam modo quo cognoscit sensus communis, dicit minorem imperfectionem; et modo quo cognoscit phantasia seu imaginativa, minorem; et modo quo cognoscit intellectus noster, minorem; et modo quo cognoscit angelus, minorem. Ergo cognoscere modo infinite magis perfecto nullam dicit imperfectionem | **A 234v** in cognoscendo. Et talis est modus cognoscendis Dei, cuius essentia, per quam cognoscit, est infinita secundum etiam Philosophum et Commentatorem. Nobilius ergo est cognoscere hoc[598] quam non cognoscere et cognoscere infinita quam illa non cognoscere, sed modus cognoscendi bene potest dicere imperfectionem. Unde Scotus in primo ex cognitione infinitorum praeclare docet essentiam divinam esse infinitam, ergo cognoscere infinita non dicit de se imperfectionem.

172 Ulterius ad formae maiorem intellectionem et multorum argumentorum solutionem est sciendum quod sicut fit arbor Porphyrii et ordinatio generum et specierum cum suis differentis in rebus compositis, ita potest fieri in formis. Unde

---

[597] *Liber de causis*, VII, 72.
[598] *Iter. sed del.* P.

forma in communi potest dividi in formam substantialem et accidentalem. Forma substantialis constituit corpus sive corpus substantiale, et vocatur forma dans esse rei. Et iterum[599] forma dans esse rei[600] dividitur in formam quae est actus corporis organici physici potentia vitam habentis, et ista vocatur anima vel forma qua vivimus, et constituit vivens; et in formam quae est actus corporis non organici, | **P 52v** et constituit corpus inanimatum. Iterum anima dividitur in formam corporis vegetabilis et sensibilis, et[601] vocatur anima qua sentimus et insurgit animal, et in formam quae est actus corporis vegetabilis tantum et insurgit planta. Iterum forma qua sentimus vel est principium sentiendi, dividitur in formam quae est principium vegetandi, sentiendi, et secundum locum movendi, et constituit animal perfectum, et vocatur anima qua secundum locum movemur vel secundum locum motiva; et in formam quae est principium sentiendi tantum et constituit animal imperfectum. Iterum anima secundum locum motiva dividitur in formam quae est principium vegetandi, sentiendi, secundum locum movendi, et intelligendi, et constituit hominem, et vocatur anima intellectiva; et dividitur in animam quae est principium vegetandi, sentiendi, et secundum locum movendi tantum, et constituit bestiam seu brutum perfectum. Unde est notandum secundum Philosophum 2. *De anima* quod vegetativum est in sensitivo sicut trigonum in tetragono.[602] Unde licet Aristoteles ponat vegetativum genus diversum a sensitivo, etc., tamen vegetativum et sensitivum non sunt disparata,[603] sed se habent superius et inferius secundum etiam Philosophum 2. *De* | **A 235r** *anima*. Tamen vegetativum tantum et sensitivum faciunt diversa genera, et ita dico de sensitivo et intellectivo. Et si non vis dicere quod anima intellectiva sit sensitiva, dicas quod est principium sentiendi; forma ergo proprie non dicitur sensitiva, sed est qua compositum sentit. Ideo principium sentiendi est commune ad omnes formas per quas sentimus. Et per ista intelliges responsionem et fundamentum ad 3. argumentum principale, et in arboribus hic inferius depictis intelliges unde insurgit corruptibilitas in forma, et scies quod anima sive forma potest dividi in formam extensam et inextensam, sicut dicimus de substantia corporea et incorporea. Videamus ergo in arbore tres divisiones: unam physicam, aliam metaphysicalem, tertiam vero theologicalem.

P53r A235v
Divisio philosophica
P53v A236r
Divisio metaphysicalis
P54r A 236v
Divisio theologica non repugnans intelligenti principiis philosophiae

---

[599] Ista *add.* A.
[600] Et ista *add. sed del.* A.
[601] Qua *add. sed del.* A.
[602] Arist., *De anima* II, 3, 414b32.
[603] *Corr. ex* disperata.

173 **P 54v A 237r** Ex fundamentis igitur praelibatis possumus subtiliter considerare difficilius esse intelligere esse aliquam animam quae non sit intellectiva et extensa, et substantialis forma informans materiam in rerum natura quam intelligere formam intellectualem et inextensam non inhaerentem informare materiam. Sed quia 'intellectus noster se habet ad manifestissima in natura sicut oculus noctulae ad lucem solis' in prohoemio *Metaphysicae*,[604] ideo alta comprehendere difficile est. Nemo tamen credat me esse istius opinionis, sed quae dico, hoc facio ad dilucidandam veritatem Christianae fidei. Antiqui enim philosophi hoc intellexisse videntur, unde primo *De anima* Aristoteles: 'nunc quidem enim dicentes et quaerentes de anima, de humana solum videntur intendere'.[605] Plato omnem animam immortalem facit. Pythagoras, qui transferri animas vult, idem sentit. Democritus primo *De anima* dicit idem esse animam et intellectum.[606] 'Anaxagoras licet minus certificet de ipsa primo *De anima*, tamen ibi multotiens quidem enim causam eius bene et recte dicit intellectum';[607] sequitur ibi, 'alii autem intellectum habent esse animam, in omnibus enim ipsum inesse animalibus magnis et parvis honorabilibus et inhonorabilibus'.[608]

174 Difficilius enim videtur sustentare modum generationis et corruptionis ponendo animam esse formam substantialem, animam dico extensam, quam non ponendo. Aristoteles enim *De generatione* dicit quod generatio unius est corruptio alterius,[609] sed si anima vegetativa vel sensitiva est forma substantialis, non video quomodo quando corrumpitur bestia, ut per suffocationem vel alio modo quo non corrumpitur corpus, introducatur ibi nova forma, quia nulla alia forma in corruptione talium videtur introducta. Et si dicitur quod introducitur[610] forma cadaveris vel a datore formarum vel a corrumpente per accidens, secunda pars non potest stare, quia corrumpens per accidens aut inducit formam univoce aut aequivoce; non univoce, quia forma cadaveris a nullo agente naturali introducitur univoce, ut patet, nec ab agente aequivoco, quia agens aequivocum semper est nobilius effectu. Constat autem quod multotiens forma cadaveris potest introduci ab agente habente imperfectiorem formam quam sit forma cadaveris. | **A 237v** Prima etiam pars non potest dici quod introducatur a datore formarum, quia agens separatum, scilicet Deus et intelligentiae, non agunt in ista inferiora nisi tamquam causa universalis, secundum omnes philosophos. Sed ultra agens universale requiritur agens particulare, et tunc quaeretur, ut prius, utrum sit univocum | **P 55r** vel aequivocum, etc. Et si diceretur quod sufficit agens particulare imperfectius

---

[604] Arist., *Metaphysica*,.
[605] Arist., *De anima*, I, 1, 402b3–4.
[606] Democritus ... intellectum *marg.* P.
[607] Cf. Arist. *De anima*, I, 2, 404b1–2.
[608] Cf. ibidem, 404b3–4.
[609] Arist., *De gen. et corr.* I, 3, 317b.
[610] Introducatur A.

effectu cum agente universali perfectiori effectu, contra: tunc sequitur quod omne agens imperfectum cum agente universali universaliter causando posset producere quemcumque effectum quantumcumque perfectissimum dummodo esset imperfectior agente universali.

175 Et praetera non poteris fugere[611] de introductione animae, nam corpora caelestia, ut patet *De substantia orbis*,[612] non sunt animata, ergo cum angelus vel intelligentia non agat in ista inferiora nisi mediante motu caelesti, et per consequens cum animatum sit nobilius inanimato, anima non poterit generari a re non animata cum virtute corporis caelestis nec poterit introduci illa anima in virtute seminis, quia stat in primo instanti generationis semen non esse, nihil autem introducitur in virtute eius, quod non est. Licet Burleus, ut etiam recitat Iacobus de Furlivio, hoc libere concedat et credat probare, sed inutiliter; et licet aliqua pars seminis diceretur remanere, ut dicunt aliqui de virtute activa in parte grani, tamen non poteris fugere quod nihil agit ultra gradum proprium. Et ideo Galienus propter ista posuit virtutes divinas.[613] Unde nec semen potest agere in virtute eius a quo est decisum, quia stat tale non esse. Unde inter ista non est ordo essentialis, et licet de aliquibus animabus posset dici quod sunt ab ipsa matre in corpore femellae, tamen in omnibus non possumus fugere. Unde de apibus generatis ex cadavere bovis et de avibus ex ovis vide Scotum in 2. distinctio 18. et in 3. distinctio 4. quaestione prima et ultima.[614] Videtur igitur inconveniens iuxta philosophiam istorum quod si anima est forma substantialis etiam extensa,[615] non possit introduci nisi immediate a virtute divina, et tamen necessario habent hoc dicere. Minus autem videtur inconveniens quod anima[616] intellectiva inextensa incorruptibilis et immortalis non possit esse nisi a Deo, ergo magis conveniens videbitur negare alias animas esse formas substantiales, sed magis harmonias quasdam, quam negare animam intellectivam esse formam substantialem corporis. Nam | **A 238r** secundum Philosophum videtur esse necessarium quod si aliqua forma substantialis corrumpatur, quod alia generetur.

176 Aliquibus autem videretur impossibile quod si vivens corrumpatur per accidens vel per ablationem partis, quod immediate generetur forma cadaveris, quae sit substantia. Unde diceretur quod animatum anima sensitiva est quoddam corpus heterogeneum et non unum per se, et per consequens quod anima est quaedam harmonia, ut declarabo infra de harmonia, quia non capio pro consonantia, etc. Et per consequens | **P 55v** non oportet in corruptione induci novam formam

---

[611] *Marg. P.*
[612] Cf. Averr., *De substantia orbis*, 2, 6rb–va.
[613] Cf. Jacobus Forliviensis, *Expositio super primo Canonis Avicenne cum questionibus eiusdem*, fen I do. 5, Venice 1495, f. 38vb (80b).
[614] Ioannes Duns Scotus, *Opus oxoniense* (vol. 13), II, dist. 18, q. unica, 81a–98b; III, dist. 4, q. unica, 180a–203b.
[615] Et *add. sed del.* A.
[616] *Sup. lin. P.*

substantialem, quia nulla est corrupta. Unde ista forma introducta, ut puta forma cadaveris vel corporeitatis, cum sit quaedam res singularis; et per consequens in aliqua specie, ut probavi, ponetur ipsum cadaver in aliqua specie. Non videtur autem in qua specie sit, sed videtur unum integrale ex multis partibus. Unde videtur impossibile quod duo individua diversarum specierum determinent[617] sibi eandem figuram specie et fortasse numero. Averroës enim *De substantia orbis* ponit in materia primo quantitatem interminatam, postea formam substantialem, et tertio quantitatem terminatam, ut declaravi, ergo cum in cadavere videatur eadem figura quae in corpore vivente, ergo diversae species determinabunt sibi eandem quantitatem terminatam et eandem figuram, saltem specie. Videmus enim quod aliae formae substantiales perfectae, quae sunt in aliqua specie, non ita tendunt ad corruptionem sicut est in forma cadaveris. Videtur praeterea inconveniens quod forma, quae non est anima, determinet sibi tot partes heterogeneas et organicas sicut anima. Constat autem quod in cadavere remanet omnis pars quae erat animata, licet non remaneant fortasse aliquis sanguis, vel humor, vel spiritus. Et licet aliqua pars esset consumpta, tamen in aliquo corpore talis pars posset remanere eius qui cum minori alteratione esset mortuus. Hoc dico in specie. Omne ergo quod erat animatum poterit remanere, licet non semper, et per consequens omnes partes organicae; nam de illis loquitur Philosophus in definitione, quia 'est actus corporis organici', etc., ergo loquitur de partibus organicis quae animantur. Forma etiam corporeitatis, loquendo de corpore ut est genus, non ponit in aliqua specie. Praeterea grandis videtur sequi difficultas his qui ponunt unicam | **A 238v** animam in corpore, et praesertim secundum beatum Thomam, quia licet ipse dicat et bene quod anima sensitiva sit in intellectiva sicut trigonum in tetragono et quod differat solum ratione, et ista possit exercere actus qui pertinent ad alias animas sensitivas, quia virtualiter continentur in ipsa, tamen si capiatur aliqua potentia sensitiva in homine, ut puta visiva, sensus communis, et phantasia, certum est quod ipsae sunt extensae ad extensionem corporis vel organi.

177 Quaero igitur quomodo sunt potentiae animae intellectivae, aut enim illa potentia est pars animae, aut in illa anima. Non[618] pars animae intellectivae, patet; nec in anima, quia nullum extensum recipitur in indivisibile; ergo nullo modo dicantur potentiae animae, nec valet dicere quod est in composito ex corpore et anima, quia non[619] | **P 56r** recipiuntur in composito[620] nisi mediante corpore et organo. Ergo propter hoc non dicantur potentiae animae, sicut intellectus, qui recipitur in anima immediate, non dicitur potentia compositi nec corporis, sed animae. Unde figura quae recipitur in toto composito, et accidentia, quia primo recipiuntur in corpore, non dicuntur potentiae animae. Et ideo non videtur quomodo potentia sensitiva sive visiva dicantur potentiae animae intellectivae, quomodocumque includat sensitivam. Et ideo Aristoteles in 3. dum dicit 'de parte autem animae qua intelligit

---

[617] Determinant A.
[618] Est *add. sed del.* P.
[619] Reccipiuntur in *add. sed del.* P.
[620] Ex corpore *add. sed exp.* A.

et sapit, sive separabili existente secundum magnitudinem, sive non sed secundum rationem', non videtur excludere ultra animam intellectivam animam sensitivam, sive sit in diverso loco, sive non; sed ponendo animam sensitivam et alias esse quasdam harmonias, nullum sequetur inconveniens, et anima intellectiva in virtute poterit exercere omnia requisita, etc. Unde licet posses fugere quantum ad actus potentiae sensitivae quod essent ab anima intellectiva ut continet sensitivam, tamen de potentiis pro nunc non video responsionem.

178 Beatus Thomas in libro quem facit de virtute quae est fidei, dicit ad hoc, non tamen quod faciat hoc argumentum sic: 'non solum autem intellectus agens et possibilis in una essentia humana conveniunt, sed etiam omnes animae potentiae quae sunt principia operationum animae. Omnes enim huiusmodi quaedam non in anima radicantur: quaedam quidem, sicut potentiae vegetativae, sensitivae partis, in anima sicut in principio, in coniuncto autem sicut in | **A 239r** subiecto, quia eorum operationes[621] coniuncti sunt, et non solum animae – cuius enim est actio, eius est potentia; quaedam vero in anima sicut in principio et in subiecto, quia eorum operationes sunt omnino absque organo corporali, et huius<modi> sunt potentiae intellectivae partis. Non est autem possibile esse plures animas in homine, opportet igitur quod omnes potentiae ad eandem animam pertineant'.[622] Haec ille.

179 Sed contra, ut dixi supra, nihil vocatur potentia alicuius quia sit ab illo, unde isto modo potentia visiva filii posset dici potentia visiva patris. Et praeterea in cane patet quod potentia sensitiva non solum est in composito et corpore vel organo, sed etiam est in anima sensitiva. Ergo cum potentia sensitiva canis et hominis sint eiusdem rationis, si in susceptivo unius concurrit anima, concurret et in alio, aliter aliqua eiusdem rationis habebunt diversa susceptiva, primo diversa dico specie. Unde si habent easdem operationes eiusdem rationis, ut visio in potentia visiva canis et hominis, non video quomodo potentia visiva canis et hominis non | **P 56v** sint eiusdem rationis, licet visio recipiat[623] magis et minus, ita quod unum intensius videat quam reliquum. Diversus enim modus cognoscendi vel intelligendi bene arguit diversitatem potentiarum in ratione et in specie, sed non intensius et remissius. Unde si duae potentiae habent idem obiectum primum, et totale, et adaequatum, et eodem modo cognoscunt intensius et remissius, non variabit rationem formalem potentiae. Unde videmus quod potentia visiva et sensus communis, sive phantasia, sive intellectus, habent diversum modum cognoscendi, et ita intellectus humanus, angelicus, et divinus. Sed potentia visiva hominis et leonis sive aquilae non habent diversos modos videndi, licet unum intensius videat quam reliquum.[624] Unde non video quomodo dicatur potentia animae nisi sit in anima.

---

[621] Sunt omnino absque organo corporali et huius sunt potentie intellective partis *add. sed scriv.* 'vacat' A.
[622] Thomas Aquinas, *Compendium Theologiae*, 1, c. 89, (Romae: Comissio Leonina, 1979), 112a.
[623] Suscipiat A.
[624] Unde si habent easdem ... quam reliquum *marg.* A.

180 Unde Aristoteles vult quod anima per suas potentias operetur, sed per ipsum etiam quomodo erit principium operandi nisi sit in ipsa? Unde Aristoteles etiam dicit quod 'anima est quo sentimus primum', sed si non habet potentiam sentiendi in se, non poterit dici quo sentimus, quia non possumus sentire nisi mediante potentia sensitiva. Dictum est autem supra et declaratum quomodo intellectio et intellectus est in anima, et quomodo sensatio et potentia sensitiva est in anima.

181 Item, Aristoteles in 3. et in 2. vult quod potentia sensitiva recipit actum, scilicet sensationem, ita quod licet actus sit in coniuncto, tamen est in potentia sensitiva. Unde in 3. dicit 'quaecumque quidem ipsi tangentes sentimus' tactu sensibilia sunt, quem existimus habentes,[625] et ibi 'sensitivum enim susceptivum est sensibilis',[626] et similiter 'visio dicitur visus actus',[627] etc., in multis locis; ergo actus potentiae sensitivae in nobis erit in potentia sensitiva. Sed actus sensitivus est extensus, ergo potentia sensitiva in nobis erit extensa. Ergo si potentia sensitiva non erit in anima intellectiva, ergo actus nostri erunt in potentia animae nostrae, et non erunt in anima nostra mediate nec immediate.[628] Praeterea, si non ponitur anima sensitiva in cane, quae sit forma, faciliter poterit responderi argumento de cane cadente de turri qui moriatur in medio itineris, ubi probatur quod in medio quiescit, etc.,[629] nam si non[630] ponitur alia forma, nullum sequitur inconveniens, et similiter de homine, licet compositum corrumpatur, tamen nova forma | **A 239v** non introducitur et faciliter solvetur argumentum.

182 Licet ergo Aristoteles dicat 'anima est quo vivimus, sentimus', etc., ita quod primum principium et per se operationes alicuius est forma eius, dico quod de anima intellectiva hoc necessario sequitur, et contra Averroëm, quia cum ego sim ille, qui intelligam, | **P 57r** necessario per aliquid quod est in me intelligam, et ideo non erit extra me. Cum autem anima intellectiva sit inextensa, ut probatum est, et per consequens non possit esse in me vel in corpore meo tamquam accidens vel accidentia extensa, necessario, si est principium vel aliquid quo ego intelligo, erit forma mei substantialis. Aliter non intelligerem per ipsam sicut nec per animam, quam ponit Averroës, ego, scilicet[631] non dico homo, non possum dici intelligere. Sed in aliis animalibus, quia illae harmoniae sunt extensae per illud aggregatum, licet mediantibus illis sentiat vel moveatur, non sequitur quod sint formae substantiales illius aggregati, sed sequitur solum quod sint formae substantiales vel accidentales illius aggregati quae sunt in ipso. Et licet formae accidentales sint illae, tamen in aggregato sunt plures formae substantiales, sed de anima intellectiva non potest dici quod sit forma accidentalis, etc.

---

[625] Cf. Arist., *De anima* III, 1, 424b29.
[626] Ibidem, III, 2, 425b23–25.
[627] Ibidem, III, 2, 426a13.
[628] Immeditate P.
[629] Cf. Bero Magni de Ludosia, *Disputata super libros De anima*, III q. 20 n. 2–4, Vienna, Österreichische Nationalbibliothek, M 1128/05.
[630] *Sup. lin.* P.
[631] *Sup. lin.* A.

183 Praeterea in omnibus quae dicunt perfectionem simpliciter, scilicet perfectionem sine imperfectione, videtur quod principium vel causa formalis talis perfectionis habet in se talem perfectionem, verbi gratia forma quae dat esse, quia ens dicit perfectionem sine imperfectione, est etiam ens; et sic quae dat esse substantiam, est substantia, et sic erit quae dat esse vivens et quae dat esse intelligens. Unde quia nostra anima intellectiva dat nobis intelligere, ideo ipsa potest per se intelligere separata et sic vivere. Anima autem sensitiva, si daret vivere, viveret vel posset per se vivere, quod est falsum, quia nec vivit nec potest post compositum remanere. Forma autem dans esse, licet post compositum non remaneat, tamen dum est, est ens; et ideo nisi esset ens, non potest dare esse, et ita nulla anima dabit vitam nisi ipsa sit vita vel possit per se vivere. Et ista fuit opinio Platonis in libro *De immortalitate animae*, et ideo coactus est ponere animam immortalem.[632] Nulla ergo forma substantialis dat vitam nisi sit incorruptibilis et possit per se vivere, ergo non datur in cane forma substantialis quae sit anima eius. Et si dicatur quod anima canis dicitur vivere nunc, contra: omne quod vivit potest habere operationes vitales, | **A 240r** sed anima canis non habet operationes vitales, patet, quia tales[633] operationes sunt ipsius canis, non animae. Non habet ergo in se neque virtutem, neque organa, quibus possit habere operationes vitales vel vivere. Anima autem intellectiva in se et in sua substantia habet quo possit vivere et habere operationes vitales, scilicet intelligere.

184 Et licet ista ratio videatur magis persuasiva quam demonstrativa, tamen qui considerat subtiliter res divinas et divina opera, intelliget forte aliquid | **P 57v** ad quod nunc non aspicit, sed pro meliori nunc taceo. Sequeretur etiam quod non fuisset idem corpus Christi in sepulcro et in vivente, et quod in sepulcro vel in cruce fuisset nova assumptio individui per se stantis alterius speciei a Christo, quod nec esset nec forma nec materia eius, nec ipsum nec pars ipsius. Patet accipiendo totum compositum ex materia et forma noviter introducta. Sed de anima intellectiva, licet ponatur necessario forma substantialis corporis, nullum horum sequitur inconveniens, quia non est extensa. Et per consequens non sequitur quod si homo corrumpatur, quod nova forma introducatur, quia non corrumpitur ab agente per partem ante partem, cum non sit extensa. Omne enim agens naturale praesupponit materiam cum quantitate indeterminata, et per consequens agit et corrumpit per partem ante partem. Et per consequens anima intellectiva, si desinit informare corpus, non sequitur quod alia forma introducatur, quia non fuit expulsa vel corrupta per partem ante partem. Ubi ergo introducitur et corrumpitur forma per partem ante partem, necessario generatio unius est corruptio alterius, et hoc apparet in mixtis inanimatis et maxime in elementis. Et ideo dicit philosophus in libro *De generatione* quod priores non tetigerant nisi de generatione et corruptione elementorum.[634]

---

[632] Cf. Plato, *Phaedo*, 102b–107b.
[633] *Sup. lin.* P.
[634] Arist., *De gen. et corr.* II, 3, 318a23–25.

185 Substantia igitur, licet non suscipiat magis et minus aut intensius et remissius, tamen suscipit extensionem, et ideo dum una corrumpitur, alia[635] introducitur. Qui ergo esset istius opinionis, diceret alias animas esse harmonias seu quandam temperantiam, seu qualitatem resultantem ex temperantiis. Et ad Platonem et Aristotelem, qui probant multis rationibus et praesertim ad illam de motu, scilicet quod anima sit causa motus, respondetur. Unde si quis accipiat paleam parvam et ponat super una corda lahuti, et accepto alio lahuto, si corda consimilis alterius lauti[636] reducatur ad concordantiam cum illa ubi est | **A 240v** palea, immediate saltabit palea. Et ad illam quod anima non suscipit magis et minus, harmonia autem sic. Qui poneret latitudines inter harmonias eiusdem speciei et latitudines genericas, et poneret naturam animae consistere in certa latitudine a certo gradu ad gradum certum, ita quod quaecumque temperantia esset inter istos gradus vocaretur anima, facile responderet ad ista sicut una anima est perfectior reliqua, licet non sit magis anima. De speciebus autem animalium dicerent isti quod sunt diversa corpora heterogenea, et quodlibet de per se est unum totum integrale, et quod epar cervi et leonis differunt specifice et sic de aliis membris, ut bene cognoscitur | **P 58r** differentia in animalibus aquaticis et terrestribus, et in corpore hominis, et alterius animalis, <isti> ponerent formas substantiales, ita quod in homine non esset alia forma totalis nisi intellectiva et plures formae partiales. Et miror de Paulo Veneto, qui in aliis animalibus non ponit nisi formas partiales et unam totalem, et in homine ponit formam cogitativam et intellectivam, et illam informare corpus.[637] Quia, ut argutum est a me alibi, illa anima cogitativa est singularis, et omne singulare est in aliqua specie vel aptum natum constituere aliquam speciem quantum est ex se. Et sic quod ex se ordinatur ad constituendum speciem disparatam,[638] ordinabitur ad suscipiendum formam alterius speciei. Nam licet commune possit ordinari ad inferius, tamen nulla species ordinatur ad suscipiendum aliam speciem, praesertim in speciebus quae non sunt elementa, ita quod nullum animatum ordinetur ad aliud alterius speciei; sed de hoc dixi alibi.

186 Sed quia esset haeresis in turba novorum philosophorum et peripateticorum, et maxime Aristotelis et Averrois, ponere animam esse harmoniam, ideo illud[639] affirmare non volo nec dico. Sed quae dixi, adduxi maiorem difficultatem esse fortasse in aliis animabus secundum etiam principia philosophiae quam in anima intellectiva. Unde licet per harmoniam posses sustentare motum et alia quae adducuntur, tamen videtur impossibile quod per virtutem seu vim aliquam in corpore possit defendi quod sit cognitio abstracta et aliae cognitiones, ut declaratum est supra. Et in hoc valde erravit Alexander. Voco autem hic harmoniam non proprie dictam, quae est consonantia in sonis, sed voco harmoniam quandam complexionem vel proportionem vel temperantiam[640]

---

[635] Ali P.
[636] Lahuti P.
[637] Cf. Paulus Venetus *Summa philosophiae naturalis*, pars V *De anima*, f. 112vb.
[638] *Corr. ex* disperatam.
[639] *Marg.* P
[640] Temperamentum A.

| **A 241r** contrariorum in compositis vel mixtis, ita quod dicat, vel ipsas res reductas ad quoddam temperamentum vel sit qualitas resultans ex illis rebus temperatis vel proportionatis. Et licet in corpore sint aliquae qualitates quae resultant ex humoribus temperatis ut sanitas, etc., de aliis complexionibus, tamen harmonia erit una qualitas quae resultabit ex certis rebus vel partibus organicis sibi invicem proportionatis et habebit latitudinem, ut dixi, a certo gradu usque ad certum gradum. Et quaecumque erunt in illa latitudine, dicentur vivere; nec omne quod erit in illa latitudine habebit sanitatem vel complexionem cholericam, etc., ita quod alia erit qualitas, vel proportio, vel temperantia, vel latitudo proportionis, vel res proportionatae, per quam dicentur vivere, et per quam dicentur sani vel taliter complexionati. | **P 58v**

187 Ex his bene intellectis, intelliges quid valent in primo *De anima* illae quattuor rationes Aristotelis in reprobando animam non esse harmoniam, et illae tres contra Empedoclem,[641] ut dixi tamen,[642] hoc non accipio, quia 'anima est quo vivimus, sentimus', etc., vos tamen considerate. Plato etiam multas rationes adducit *De immortalitate* libro, ubi vult probare animam non esse harmoniam. Dicit enim nullam animam magis dici altera animam, sed harmoniae temperantia suscipit magis et minus, quia una magis temperantia quam alia, ergo, etc.[643] Ad hanc enim qui poneret latitudines[644] inter harmonias eiusdem specie et latitudines genericas, facile responderet.[645] Nam omnis harmonia quae erit a certo gradu usque ad alium certum gradum, dicetur anima, et tamen una harmonia erit perfectior reliqua, et tamen non erit magis anima, sicut nullum ens[646] est magis ens quam reliquum, licet unum ens perfectius reliquo. Arguit etiam quod in aliquibus hominibus est scientia per quam vocantur scientes, et in aliis bonitas et virtus per quam vocantur boni et virtuosi, et in aliis similiter inesse ignorantiam et vitium. Istae igitur virtutes aut vitia quae cognoscuntur esse in anima, si harmonia anima est, aut igitur sunt ipsa anima, scilicet harmonia, aut sunt quae nascuntur ex harmonia quemadmodum modulatio et concinnatio. Haec autem falsa esse cognoscuntur, quia nulla anima magis altera anima, ergo nulla anima magis harmonica, ergo nulla virtuosior neque vitiosior. Nam si nulla anima altera magis harmonica | **A 241v** nullam in se maiorem concordantiam altera habebit, neque modulationem, omnia namque haec ex maiori minorique harmonia nascuntur. Ex hoc infert Plato nullam animam posse esse vitiosam, si ipsa sit harmonia, nam ubi harmonia, dissonantia, vel inconcinnitas esse non potest. Vitium autem dissonantia animae dicitur, si virtus consonantia, quamobrem omnes aeque boni erunt, quia anima magis et minus non suscipit. Sed huic argumento nolumus respondere, quia dicit de anima intellectiva, quam concedimus non esse harmoniam. Arguit etiam quod

---

[641] Arist., *De anima*, I, 4, 407b27–408a28.
[642] ut dixi tamen] tamen ut dixi A.
[643] Plato, *Phaedo*, 92e–94a.
[644] Eiusdem speciei *add. sed del.* P.
[645] Cf. Paulus Venetus *Summa philosophiae naturalis*, pars V *De anima*, f. 87ra.
[646] *Sup. lin.* P.

nihil[647] potest imperare corpori nostro nisi anima nostra, praesertim quae mente non caret. Cum igitur haec anima saepe adversetur corpori et praecipiat contra appetitum naturalem, ut quod fame moriatur, etc., ergo si ipsa anima harmonia quae oriatur ex partibus corporis, ipsa sibi ipsi quaeret mortem. Ad hoc, si loquitur de anima intellectiva, patet; si loquitur de sensitiva, idem est argumentum contra omnes. Si autem aliqua anima | **P 59r** sensitiva possit appetere mortem per se aut per accidens solum, considera. Arguit praetera: si anima oritur ex proportione corporis, posterior est corpore; nihil autem posterius praecipit priori; anima autem praecipit corpori, ergo non harmonia. Responde: si loquitur de intellectiva, concedatur. Si loquitur de sensitiva, respondeas tu etiam quia anima sensitiva est imperfectior toto composito cui praecipit, et dicas[648] quod anima bruti[649] ducitur et non ducit. Et ideo nemo admiretur de intellectiva quod dicatur inextensa, non educta de potentia materiae, incorruptibilis, et immaterialis a solo Deo creabilis, et de novo incipiens esse, et quod informat materiam, et per consequens inclinetur ad illam. Et ex hoc, scilicet ex ista inclinatione quae est talis naturae, ut talis natura est, poterit argui resurrectio hominum, ne appetitus naturalis sit frustra in perpetuum, ut alibi ad longum cum multis replicationibus declaravi. Unde Avicenna in sua *Metaphysica* tamquam philosophus naturalis non negat post separationem animae intellectivae a corpore remanere ipsam, sed vult ipsam intelligere abstracta, et Deum gloriosum, et[650] quod finis eius est in videndo ipsum. Et multa alia quae in meo libro sacro poteris videre. Et qui teneret istam opinionem, adduceret Averroëm in primo capitulo *De substantia orbis* dicentem unam enim formam habere nisi unum subiectum est impossibile.[651] Et loquitur ibi quod subiectum non potest habere nisi unam formam,[652] vide. Et loquitur de forma substantiali, et ideo dicerent isti: cum in carne[653] sit forma carnis, non poterit ibi esse anima sensitiva. Et ideo beatus Thomas non ponit nisi unam animam et nullam partialem. Sed cum anima intellectiva non sit extensa, dicerent quod non est inconveniens quod ultra formas partiales detur forma intellectiva, quae non extenditur, sed de aliis sic. | **A 242r**

\<Ad argumenta pro opinione Averrois\>

188 Ad argumenta pro opinione Averrois, ad secundum argumentum quod assumebatur de argumentis ad principale, et 3., et 4., et 5., et 7., et 8., respondebitur ad argumenta principalia. Ad primum ergo speciale cum arguebatur quod species intelligibilis non esset intellecta in actu, etc., dico quod ipsa species intelligibilis est

---

[647] Nihi P.
[648] Dicat A.
[649] Dicitur *add. sed del.* A.
[650] Ex P.
[651] Averr., *De substantia orbis*, 1, f. 3vb.
[652] Et *add. sed del.* P.
[653] Carnes *ante corr.* A.

intellecta in actu, quia est immaterialis et est abstracta ab obiecto intelligibili, sicut dicit | **P 59v** Aristoteles quod species sensibilis est abstracta ab obiecto sensibili, et licet sit singularis, tamen per illam intelligimus universaliter et abstracte, ut declaratum est alibi. Angelus etiam est quid singulare et immateriale, ut declaravi alibi ad longum, et non est ipsa quidditas universalis. Non est ergo inconveniens in eadem specie etiam immateriali esse duo individua, immo, ut dixi, excepta natura divina, quae est communicabilis, omnis alia natura est plurificabilis. Et videantur ibi argumenta mea.

189 Et potest responderi ad secundum argumentum quod anima non plurificatur propter diversitatem materiae, sed ex natura sua est plurificabilis, quia est limitata, et per consequens in certo gradu perfectionis, gradui autem gradus similis non repugnat, infinito autem et primo simile repugnat, etc. Et ita concedo illas confirmationes quod anima non plurificetur propter materiam, immo mihi concludunt.

190 Ad illa duo quae inferuntur ad principale, ad primum dico quod per ea quae sunt dicta hic et etiam alibi satis patet responsio. Ad secundum etiam similiter patet responsio. Et ad illud quod adducitur 2. *Posteriorum* dico quod duae formae in diversis materiis ignis sunt eiusdem speciei, et sic duae sensitivae duorum equorum.[654] Et licet habeant diversam materiam, tamen prius differunt in se quam per materiam, ut etiam ipse Iohannes arguit de anima intellectiva et de habitudine ad materiam.[655] Dico ergo, ut salvetur Aristoteles quantum ad illud de anima, quia de angelis non teneo secum, licet alibi illud dictum primo *Caeli*, qui dicit 'caelum' dicit formam et qui dicit 'hoc caelum' dicit materiam,[656] sit ad longum et ad litteram declaratum. Unde pro nunc quantum ad animam intellectivam accipiendo materiam pro materia prima, ut accipiunt isti, dico quod duae animae non distinguuntur per habitudinem ad materiam, | **A 242v** neque per respectum, neque per ipsas materias, sed possunt esse duae animae numero intellectivae in eadem specie, quia sunt talis naturae quod possunt informare materiam. Unde non dico quod distinguantur per habitudinem vel respectum, sed dico quod posita tali natura necessario ipsa potest informare materiam nec habeo respectum magis ad istam materiam quam aliam. Unde[657] natura angelica (diceret Aristoteles) non potest aliquo modo informare materiam, quia est actus totalis per se subsistens, ut declaravi. Et[658] hoc habet ex sui natura intrinsece, non sic anima intellectiva, | **P 60r** quia ex sui natura habet quod possit informare materiam, et ideo ex sui natura est plurificabilis et divisibilis in plura eiusdem speciei. Unde si non esset talis naturae quod posset informare materiam, ut angelus, adhuc esset divisibilis, sed tunc esset alia natura. Distinguuntur ergo duae animae ex se et sui natura et

---

[654] Cf. Arist., *An. post.* II, 97a13–14.
[655] Non inveni.
[656] Arist., *De caelo*, I, 9, 278a13–14.
[657] Unde quia PA
[658] Ex *add. sed exp.* P.

non per respectum ad diversas materias; sed si non posset informare materiam, non fuisset talis natura. Non distinguuntur ergo per posterius, sed se ipsis et ex sui natura, quae est talis quod potest informare materiam. Unde si duae animae informarent eandem materiam, adhuc illae duae animae distinguerentur, licet ergo posset informare materiam, non sit de quidditate ipsius animae, tamen si non posset informare materiam, non esset talis natura. Unde Deus est Deus per suam deitatem quidditative, et tamen si ex sui natura non sequeretur quod esset primum efficiens et finis omnium, non esset Deus, et tamen esse finem non est de quidditate ipsius. Dicatur ergo ad Aristotelem, ut omnino tollatur suspicio aliquorum de Aristotele circa animam intellectivam quod non posset esse distinctio numeralis in anima intellectiva nisi posset informare materiam, quia si non posset, non esset anima. Et tamen non est ibi distinctio propter materiam vel respectum ad materiam, sicut[659] dixi alibi. Plurificatio invenitur in specie, quia est limitata, et tamen ista non distinguuntur primo numero propter limitationem, sed se ipsis. Tamen, quia est talis natura, necessario est[660] limitata, et si non esset limitata, non posset plurificari. Et ita diceretur secundum Aristotelem quod si anima non | **A 243r** posset informare materiam, non esset talis natura, et per consequens non plurificaretur nec posset plurificari, et tamen non plurificatur primo propter materiam, sed quia est talis natura limitata. Ad alia duo argumenta responsum est.

191 Ad aliud principale quod intellectus reciperet individualiter, etc., concedo, sed non recipit extense sicut sensus, et ideo mediante intellectu agente intelligit universaliter, licet species sit singularis et sic abstracte quod non facit sensus. Unde res singularis immaterialis in virtute intellectus agentis repraesentat universaliter. Dixi autem alibi quomodo species singularis in intellectu in anima abstracta et angelis possit repraesentare singulariter vel non; et utrum intellectus agens concurrat vel non ad intellectionem quae repraesentat singulariter, et si illa est perfectior cognitio quam cognitio in universali; | **P 60v** et quomodo intellectus cognoscat differentias individuales proprias quas non cognoscit sensus; et utrum hoc solum possit fieri ab essentia vel voluntate[661] divina et non ab alio concurrente ipsa tamquam causa totali et intellectu solum passive; et si hoc solum est in notitia intuitiva, etc., vide ibi.

192 Ad aliud quando arguitur quod esset processus in infinitum in speciebus intelligibilibus, etc., dico primo quod videns Iohannes militare argumentum etiam contra se fecit quaestionem specialem supra hoc, et multa dicit satis inutilia.[662] Ideo volo respondere et pro ipso, et pro me. Et primo quando dicit quod 'si conveniunt specie, contingit abstrahere unam speciem ab illis duabus',[663] etc. Vere miror de tam magnis magistris qui faciunt talia argumenta, quia quod infert non est ad

---

[659] Ut *add. sed del.* A.
[660] *Iter.* A.
[661] Vel voluntate *marg.* AP.
[662] Cf. Ioannes de Ianduno, *Super de anima*, III, q. f. 63rb.
[663] Cf. Ibidem, III, q. 7, p. 60ra.

propositum, quia aut ponis quidditates ex parte rei, aut non. Si ponis, concedatur quod istae species conveniunt in sua quidditate et non est processus in infinitum in talibus. Si non ponis quidditates, tunc, ut dixi alibi, possum habere conceptum communem repraesentantem istas duas universaliter et non determinate, et quid ad propositum de conceptu universaliter repraesentante vel in universali, et ex specie repraesentante in particularis; non curo nunc sive sit per conceptus universales, sive particulares, etc., ut dixi alibi. Unde si accipis A speciem repraesentantem Socratem et B repraesentantem Platonem particulariter, dico, et C repraesentantem in communi, quid ad propositum quod ista | **A 243v** species conveniat cum illa specie specifice? Si ergo ab istis duabus speciebus volo abstrahere speciem, quia conveniunt specifice, tunc habebo conceptum repraesentantem mihi istas species in universali et non particulariter. Utrum autem species repraesentans particulariter et repraesentans universaliter differant solum numero, alibi est tractandum. Et praesertim si ponatur quod nihil intelligitur particulariter nisi per diversos conceptus universales simul iunctos, etc., ut dixi alibi, non oportebat ergo facere argumentum de duabus speciebus abstrahendo, etc., sed sufficiebat accipere unam speciem, et iterum intelligere illam, et iterum illam aliam, et sic in infinitum. Et ita eodem modo sequitur argumentum intelligenti, et melius sequitur argumentum de actibus intellectus quam de speciebus. Sed est differentia inter actum et speciem, quia secundum multos speciei non est species; et si est, forte differunt specie. Unde species Socratis differt specie a Socrate, et ita species differt specie a specie; et ideo speciei non | **P 61r** ponitur species, secundum multos, sed cognoscitur per discursum vel per se ipsam, etc. Licet ergo possint esse successive infiniti actus eiusdem speciei, hoc non est inconveniens. Unde si mundus fuit aeternus, necessario fuerunt infinitae species vel actus eiusdem speciei.[664] Unde alibi dictum est de ordine essentiali et accidentali. Unde vere sive ponas in intellectu eodem abstrahente, sive in duobus, nullam vim argumenti video.

193 Ad aliud cum dicitur[665] quod scientia esset qualitas activa, vere credo quod isti dormiant arguendo. Unde cum primo *Posteriorum* omnis nostra cognitio ortum habeat a sensu,[666] conceptus in anima fuerunt causati ab obiecto sive a phantasmate et fuerunt imposita nomina in voce ad significandum res et ea quae sunt in anima, secundum Philosophum primo *Peri hermenias*.[667] Magister ergo non agit active cum sua scientia quae est in anima sua in animam meam, sed profert verba sua quae veniunt ad aures discipuli, et illa verba audita, et per consequens intellecta eius significatione mediantibus speciebus et phantasmatibus per sensum communem et phantasiam, etc., et sic causatur species intelligibilis in intellectu. Et ideo bene dicit Philosophus quod auditus est sensus disciplinae.[668] Et alia dicas per te ipsum, et vere nescio quid dicam de istis argumentis ita extraneis. | **A 244r**

---

[664] Hoc non est inconveniens add. sed exp. A.
[665] Arguitur A.
[666] Probabiliter Arist., *An. Post.*, II, 19, 99b35–100a13; cf. idem, *Metaphysica*, I, 1, 980a22–b24.
[667] Arist., *De interpretatione*, I, 16a1–10.
[668] Cf. Arist., *De sensu et sensato*, I, 437a 10–15.

194 Ad alium argumentum quod tangit novam materiam, scilicet de forma informante, etc., dico primo quod anima intellectiva dat esse corpori humano specificum. Et dico quod esse totius non est esse partis, nec esse unitum est esse totius, sed est quoddam totum substantiale quod resultat ex partibus, ut habetur 2. *De anima* in primo et secundo capitulo dividendo substantiam,[669] et in libro *Metaphysicae* in multis locis. Et istud, ut alibi dixi, est proprie informare substantialiter, scilicet quod ex materia et forma resultet tertium. De differentia autem esse totius et formae eadem difficultas est in aliis formis quae in anima intellectiva, licet ipsa remaneat. Et hoc habet tractari in libro *Metaphysicae*. Sed omnimodo esse partis non est esse totius, licet totum habeat esse per formam, et hic multum est distinguendum de quo et quod. Et licet esse rei materialis non remaneat, quia forma non remanet, respondeant mihi obsecro[670] si compositum et forma sint eiusdem speciei et eiusdem rationis formalis specifice, et ego respondebo sibi.

195 Ad tria argumenta sequentia responsum est cum arguebatur, licet aliter posset responderi. | **P 61v**

196 Ad aliud quod anima intellectiva esset intellecta in potentia, responsum est ubi est responsum de diversis speciebus. Ad alia tria argumenta sequentia dictum est in arguendo.

197 Ad argumentum autem hectoreum declaravi alibi quod in homine ultra animam intellectivam dantur formae partiales et non formae communes, nec aliae formae quae ponant hominem in esse specifico. Unde do formam ossis, nervi, etc., unde dico quod figura habet pro subiecto totum istud aggregatum ex istis partibus heterogenis simul unitis per continuationem et informatis ab anima. Unde sicut sunt diversae partes, ita figura componitur ex diversis partibus, et patet quod etiam separata anima remanet eadem figura, quia remanent eaedem[671] partes heterogeniae simul unitae. Et sic facile solutum est hectoreum argumentum.

198 Illi vero qui ponerent unam solam formam in homine et nullam partialem, aliter responderent, secundum quam viam non teneor respondere, quia illud mihi videtur impossibile. Tamen ipsi habent multas responsiones. Et est una quaestio non[672] parva, utrum omnia accidentia fundentur in materia prima, vel secundum | **A 245v** (**sic!**) opinionem Averrois in *De substantia orbis* excepta quantitate indeterminata cetera accidentia saltem absoluta fundentur in composito.[673] Et si fundarentur in materia prima, tunc illa figura posset sibi determinare multas dispositiones seu qualitates, quibus omnibus simul positis et coniunctis insurgeret illa figura, licet non insurgeret posito aliquo illorum vel parte illorum, et forte

---

[669] Arist., *De anima*, II, 1-2, 412a3–414a28.
[670] Isti *add*. A.
[671] Heedem *ante corr.* P.
[672] Iter. sed del. A.
[673] Cf. Averr., *De substantia orbis*, 1, f. 4ra.

dicerent quod figura hominis fundatur in toto homine, scilicet in composito, et tamen non in anima.

199 Et si[674] dicitur quod haec figura insurgit a forma propria quae determinat sibi talem figuram, ergo forma erit figurata – dico quod figura insurgit a composito habente talem formam et non a forma in tali composito, et per consequens non sequitur quod forma sit figurata. Unde potest etiam[675] dici quod anima intellectiva praesupponit vel requirit illas partes heterogenias, ut introducatur ibi,[676] quia[677] aliter non esset in illo composito nisi omnes illae partes necessario requisitae ibi essent. Anima ergo intellectiva, si debet introduci, praesupponit vel requirit illas partes sic figuratas, sicut requirit talem materiam et taliter organizatam, et diversas formas partiales ibi existentes.

200 Et figura non insequitur formam, sed econverso: forma sibi determinat figuram talem, si debet introduci.[678] Et licet, ut audistis supra Averroëm *De substantia orbis*, quantitas interminata praecedat in materia formam, et terminata sequatur formam, et per consequens necessario | **P 62r** figura insequitur quantitatem determinatam et sic videatur sequi formam. Dico quod hoc est verum ubi non est nisi forma substantialis, sed ubi ponuntur plures partiales quae integrant unum totum, hoc non sequitur,[679] quando ponitur una forma inextensa quae illas praesupponit vel requirit ad sui esse ibi vel in, non ad esse simpliciter, nota bene.[680] Et tunc vide bene quomodo dicas de aliis animabus extensis, quia si anima esset harmonia, figura insurget ab illis formis praesuppositis vel requisitis partialibus, ut ex illis complexio insurgeret et figura. Et sicut ex illis insurgit figura et complexio, ita in homine ex illis potest insurgere figura, et tamen forma intellectiva introducitur illis praesuppositis vel requisitis, sicut in illis insurgit complexio vel harmonia illis et figura praesuppositis, de mixtis autem non animatis. Utrum sint ibi formae elementorum formaliter vel | **A 245r** virtualiter, non est hic ad propositum. Tamen dicas consequenter, si bene intelligis, et tamen tibi dixi, sed expecta[681] alias, ipsi tamen aliter respondent et respondeant, quia has responsiones pro ipsis pro nullo pono. Secundum ergo me proprium et determinatum subiectum figurae hominis est corpus heterogenium aggregatum ex multis partibus substantialibus informatum anima intellectiva, si in solo homine invenitur talis figura.[682] Unde et illi qui ponerent animam esse harmoniam vel temperantiam, etc., consequenter haberent dicere, sicut ego dico. Alii tamen fortasse dicerent quod figura non est propria homini, quia invenitur

---

[674] Si*ante corr.* A.
[675] *Sup. lin.* A.
[676] Ut introducatur ibi *marg.* A.
[677] quia *om.* A.
[678] Si debet introduci *marg.* A.
[679] Praesertim *add. sed exp.* A.
[680] Ibi ... nota bene *marg.* A.
[681] Ut *add. sed exp.* A.
[682] Informatum ... figura *marg.* A.

etiam in cadavere, ergo non insequitur formam hominis. Et sic dicerent de corpore immediate vel paulo antequam infundatur anima.

Ad argumenta pro mortalitate animae

201 Ad argumenta principalia. Ad primum dico quod per Philosophum potest probari animam esse immortalem, ut patet in 3. *De anima*. Et ad Porphyrium dicitur quod locutus est ibi ut rhetoricus. Nam ipse in aliis locis non solum confitetur animam immortalem, sed ponit bonos daemones et kakodemones, et ipsos facit mobiles, ut patet in Eusebio *De praeparatione evangelica* et in Augustino *De civitate Dei*. Unde in istis multum diversimode locutus est et multum recedit a principiis suae philosophiae, ita quod illae auctoritates non sunt adducendae, quia tunc non loquitur philosophice.

202 Ad secundum dico quod illud non sequitur quod inducitur, nam, ut dixi in corpore quaestionis, potuisset esse opinio Aristotelis quod esset finitus numerus | **P 62v** animarum et quod transirent de corpore in corpus, etc., ut dixi de intellectivis solum. Praeterea hoc est pro nobis, quia ex hoc potest concludi mundum esse creatum, cum probaverimus quod non possit esse una anima in omnibus, etc. Et licet hoc Aristoteles non velit, tamen dicit quod est problema neutrum, et ideo veritas multotiens cogit homines dicere id quod non volunt.[683] Et est mirabile in nostra fide quod omnia sequuntur ordinatae, ita quod una pars non repugnat alteri, sicut esset hic in philosophia, si mundus esset aeternus, etc. Et ideo laudetur Deus, quia omnia sunt in confirmatione nostrae verae fidei.

203 Ad tertium quando dicitur: 'corruptibile et incorruptibile differunt plus quam genere', aut accipitur pro genere praedicamentali aut subiectivo. Si praedicamentali, tunc patet quod solum compositum vel per se ens completum, ut dictum est supra, est in genere substantiae per se, caetera reductive, ergo loquitur de corruptibili complective, non terminative. Unde sicut forma generatur |**?A** terminative, ita etiam corrumpitur; homo ergo, quia corrumpitur, non differt plus quam genere ab asino. Aristoteles ergo de anima quae corrumpitur terminative non loquitur, tamen posset etiam dici quod duplex est genus praedicamentale: proximum et remotum. Unde asinus et angelus sunt eiusdem generis remoti, et tamen angelus incorruptibilis et asinus corruptibilis. Dico quod inter hominem[684] et asinum, et animam hominis et asini, est genus brutale vel anima extensa, in quibus ista conveniunt. Et cum dicebatur quod ratio specifica sumitur a forma, concedatur. Et non sequitur: 'si anima asini est corruptibilis, ergo et hominis', licet homo et asinus sint corruptibiles. Unde, ut dictum est, inter animam bovis et leonis est unum

---

[683] non volunt] Nolunt A.
[684] *Corr. ex.* Hominen.

genus magis proximum quam inter animam hominis et leonis, ut puta corporea, quod non competit animae hominis.

204 Unde anima simpliciter constituit vivens et est commune ad bruta, vegetabilia, et hominem; anima inextensa sive incorporea constituit hominem, anima extensa vel corporea, largo modo accipiendo 'corporeum', constituit unum genus, quod est commune ad bruta et vegetabilia tantum. Et iterum anima extensa propter hoc dividitur in sensitivam et non sensitivam; sensitiva constituit brutum, non sensitiva constituit vegetabile solum seu plantam. Et iterum sensitiva in sensitivam tantum et in sensitivam et secundum locum motivam simul, prima constituit brutum imperfectum, alia brutum perfectum. Licet ergo homo et asinus ratione | **P 63r** formae specificae conveniant in genere animalis, et viventis, et substantiae, non tamen conveniunt in genere magis propinquo. Et ideo non sequitur quod si anima asini est corruptibilis, quod anima hominis sit corruptibilis, quia anima hominis non convenit cum anima asini in differentia a qua sumitur corruptibilitas. Licet ergo homo et asinus sint eiusdem generis, non sunt eiusdem generis proximi, quia ambo non sunt bruta. Coextensio ergo vel corporeitas cum qualitatibus activis et passivis est causa corruptibilitatis et non anima simpliciter, sed anima extensa vel corporea, etc. Et licet homo sit animal, et omne animal sit corruptibile, non sequitur quod omnis[685] | **A 246r** forma dans esse animal sit corruptibilis[686], quia non dat esse animal per formam ut est corruptibilis vel extensa, sed ut anima est principium sentiendi, et potest esse principium sentiendi, licet sit inextensa. Ut autem est talis anima vel forma, potest non animare, et per consequens totum corrumpetur. Sed non sequitur quod ipsa corrumpatur, sed anima extensa, si non animat, necessario corrumpitur, quia non potest per se esse, ut declaratum est in corpore quaestionis.

205 Ad formam ergo argumenti concedo quod anima hominis et equi sunt eiusdem generis, sed non generis proximi, a qua sumitur corruptibilitas, et conveniunt in genere remoto quod est anima et in genere adhuc magis propinquo, scilicet in anima quae est principium sentiendi, et non conveniunt in genere proximo vel differentia quod est corporea vel extensa, a quo vel a qua sumitur corruptibilitas. Et licet omnis anima constituat animal vel vivens sive animatum, et omne animal sit corruptibile, non sequitur quod omnis anima sit corruptibilis, quia non sequitur: 'omne animal est corpus, capiendo corpus pro genere subalterno, ergo omnis anima est corporea'. Et haec est illa a qua insurgit differentia corruptibilitatis. Sed bene sequitur: 'ergo omnis anima est actus corporis', 2. *De anima*, et non sequitur: 'est actus et informat, ergo est extensa et corporea'. Animal ergo aliquando corrumpitur propter corpus et animam, aliquando propter deteriorem partem, scilicet propter corpus vel separationem animae a corpore. Homo ergo est corruptibilis sicut et omne animal, et anima hominis non est corruptibilis, et sic nec anima, ut constituit

---

[685] Terminative, ita etiam … sequitur quod omnis *om.* A.
[686] per formam ut est corruptibilis vel extensa, sed ut anima *add. sed del.* P.

animal simpliciter, est corruptibilis. Licet ergo per suam formam specificam sit in genere animalis, tamen illud est genus magis remotum, et per animam non est in genere brutali quod insurgit a differentia quae ponit animam esse corruptibilem. Animal autem non insurgit a differentia quae ponit | **P 63v** animam simpliciter corruptibilem. Licet ergo omnis animal ponat compositum corruptibile, quia corporeum, quia anima est actus corporis 2 *De anima*, tamen non ponit omnem animam corruptibilem,[687] ut dictum est. Unde per nos in genere remoto angeli et asinus sunt in praedicamento substantiae vel saltem asinus et caelum, et tamen unum corruptibile et reliquum non.

206 Si vero intelligatur | **A 246v** illud dictum Aristotelis quod differunt plus quam genere subiecti, tunc dico quod anima hominis et equi differunt plus quam genere subiecti, ita quod habent diversum genus subiecti vel diversum modum informandi subiectum, ita quod una informat inextense, alia extense. Et per doctrinam Averrois *De substantia orbis* faciliter potest responderi, quia per ipsum forma non recipitur in materiam nisi mediante quantitate, ita quod quantitas est primum quod est in materia, anima autem intellectiva introducitur in materiam immediate, ergo non habent idem subiectum proximum. Unde et secundum ipsum quantitas indeterminata est incorruptibilis vel semper manet et recipitur in subiecto immediate, ceterae autem non, quia recipiuntur in subiecto mediante quantitate. Cum ergo videamus omnes formas recipi in materia mediante quantitate et extense per partem ante partem et hanc recipi in materia immediate, non est inconveniens dicere quod habeant diversa subiecta proxima, et per consequens quod haec sit incorruptibilis, ceterae vero corruptibiles; vel dicatur quod diversus modus informandi materiam – extense vel inextense – declarat aliquam esse corruptibilem et aliam incorruptibilem, etc.

207 Quod tamen ponerent animam esse harmoniam excepta anima intellectiva, facile responderent. Nam homo et asinus corrumpuntur, anima autem asini nulla substantia est, et ideo non convenit in genere cum anima. Unde dicerent isti quod cum corpus animatum vel vivens sit per se primum genus quod insurgit ab anima, accipiendo vivens pro habente[688] vitam, non ut est commune ad vitam et ad habens vitam, ut dicit Averroës 12 *Metaphysicae*.[689] Videretur inconveniens quod primum et per se genus insurgeret ab anima inquantum anima contineat corruptibile et incorruptibile sub se. Et istud est quod vult dicere Aristoteles 10 *Metaphysicae*. Unde Aristoteles noluit quod intelligentiae essent in praedicamento, et per consequens non continentur sub substantia praedicamentali nec sub vivente. Unde cum omnis forma substantialis, inquantum substantia est, constituat primum genus ipsius substantiae, quicquid continetur sub illo genere videtur esse corruptibile. Et ideo angelus non componitur ex materia et forma nec caelum, secundum |

---

[687] Si vero intelligatur illud *add. sed. exp.* A.
[688] *Marg.* A.
[689] Non inveni.

P 64r Averroëm est cum materia et forma, et ideo ista sunt incorruptibilia, et ideo secundum Averroëm anima intellectiva non informat corpus, et per consequens est incorruptibilis. Sed sicut secundum ipsum inter formas extensas sola forma caeli (non capio formam pro angelo, sed pro ipso caelo quod ipse vocat quasi subiectum) est incorruptibilis, quia non informat subiectum, ita inter omnes formas nostra anima est incorruptibilis, quia non informat subiectum eo modo quo aliae informant, scilicet extense et quantitative. | **A 247r** Et ideo licet vivens sit primum genus quod insurgit ab anima, non sequitur quod omnis anima sit corruptibilis,[690] sed bene quod omne vivens, etsi anima intellectiva informaret modo quo caeterae, concluderet argumentum.

208 Non informare ergo subiectum vel[691] diversus modus informandi subiectum arguit incorruptibilitatem et ista fuit mirabilissima et excellentissima operatio Dei. Unde si datur forma extensa sine subiecto,[692] non erit inconveniens dare formam inextensam in subiecto. Aliqua ergo est forma inextensa quae non est in subiecto, ut angeli, aliqua est forma quae est extensa et in subiecto, aliqua est forma quae est extensa et non est in subiecto, aliqua est forma quae est inextensa et in subiecto. Sola autem forma quae est extensa et in subiecto est corruptibilis, tres vero aliae incorruptibiles, quia aut carent subiecto, aut sunt in subiecto inextense. Unde valde miror de illis qui tantum dubitant de immortalitate animae suae et non possunt elevare mentem ad opera Dei mirabilia, quae non repugnant apud intelligentes veris principiis philosophiae, sed magis ipsa confirmant. Unde videtur istis quod si aliquid dicunt iuxta doctrinam nostrae fidei, quod immediate recedant a vera philosophia. Et hoc ut philosophi viderentur, et vere non sunt philosophi, sed sunt physiologi, ut dicit Aristoteles in 2. libro *De anima* de illis qui nihil opinabantur esse actu nisi quod appareret actu secundum aliquem sensum, ita quod sonus non erat nisi quando audiebatur. Et ita aliqui philosophi nostri nihil accipiunt nisi quod oculis vident et rationem non imitantur, sed magis alicuius sententiam, aut suam satis falsam, aut enim volunt credere auctoritati, aut rationi; si auctoritati, certum est quod maior est nostra quae a principio mundi per universum orbem fuit approbata. Unde ipsemet Averroës, ut dixi in principio, dicit in 3. commento 4. magno: 'ista intentio apparuit a remotis animam esse immortalem, et hoc apologizaverunt antiqui, et in repraesentatione illius conveniunt omnes leges.'[693] Nullus | **P 64v** autem aliquam mentionem fecit de ista unitate intellectus nec aliquis philosophus, nec Plato. Si ergo volunt insistere rationi insistant, quia vere videbunt quod nullius valoris et inutiles sunt.

209 Ad confirmationem quod posset probari resurrectio hominum, dico quod ad hoc insudavi valde in meo libro sacro, unde si concludunt, concedatur; si non concludunt, nihil est argumentum.

---

[690] Incorruptibilis *ante corr.* P.
[691] *Iter. sed exp.* A.
[692] De formis corporum caelestium: Averr., *De substantia orbis*, 1, ff. 4vb–5rb.
[693] Averr., *In De anima*, III, 5, 409.

210 Ad 4. patet in corpore quaestionis in responsione ad 3. et ita patet ad quintum.

211 Ad 6. concedo maiorem et nego quod anima intellectiva utatur organo, et ad probationem de intellectu senis debilitati ad hoc respondetur a multis aliis quod hoc provenit propter phantasiam sive sensum communem, etc., et alia quae videas alibi.

212 Ad 7.[694] principium Aristotelis contra Platonem est falsum et in corpore quaestionis est responsum. Et quod ex se vel ex natura sui non est necessarium, non potest fieri ab alio necessarium. Vide ibi. | **A 247v**

213 Ad 8. concedatur quod sunt plures animae incorruptibiles, et negetur quod pluralitas talium in eadem specie sit superflua, sicut non est superflua pluralitas angelorum in eadem specie. Posset etiam dici quod licet anima sit incorruptibilis, tamen homo qui est species non est incorruptibilis, et ideo necesse est esse plures homines ad hoc quod species conservetur. Sed si sunt plures homines, necessario sunt plures animae, quia nullo modo possunt esse plures homines cum una anima. Et ideo licet anima sola sufficeret ad perpetuitatem, non sufficit ad perpetuitatem speciei hominis.

214 Ulterius dico quod non sunt creatae species propter solam permanentiam, sed benignus creator, qui agit ex plenitudine perfectionis secundum Avicennam, suum bonum communicat pluribus secundum rerum condecentiam, et ideo plures animas esse vult quae possint[695] ipso frui et consequi finem suum. Unde si argumentum concluderet, sequeretur quod esset superfluum etiam in aliis speciebus tanta multitudo individuorum, quia cum minori multitudine conservaretur species. Et si diceretur quod hoc est per accidens, quia per se intendit conservare speciem, contra: non potest conservari species nisi conservetur individuum vel individua, sed quodlibet individuum per te est per accidens, ergo Deus vel natura intendit id quod est per accidens. Et si dicatur: 'intendit individuum et nullum individuum intendit', contra: ergo voluntas divina vel | **P 65r** natura fertur in incertum[696] et in indeterminatum. Licet enim, ut dixi alibi, sit differentia dicere: 'necessarium est esse aliquod individuum' et 'aliquod individuum necessarium est esse', etc., et 'intelligo hominem' et 'hominem intelligo', et 'ducatum volo' et[697] 'volo ducatum', tamen quod natura intendat aliquod individuum vel Deus et sit indeterminata super quodcumque, non videtur esse conveniens[698], nam actio est respectu determinati.[699] Natura autem non intendit nisi agendo, ergo intendit hoc determinate, et ita Deus, si creat volendo, sua volitio est respectu huius determinate,

---

[694] Ubi *add. sed del.* A.
[695] Possit P.
[696] nincertum*ante corr.* P.
[697] Vel A.
[698] inconveniens *ante corr.* P.
[699] Determinati de – *sup. lin.* P.

et ideo respectu primae causae nihil est per accidens, ita quod respectu illius nihil sit a casu, et ideo capillus de capite non cadet sine voluntate Patris mei. Unde, ut dixi supra, aut Deus nihil intelligeret extra se, aut omnia intelligit. Quod autem non intelligat extra se probavi esse impossibile, et in ista quaestione et alibi. Si autem omnia intelligit, ergo habet volitionem vel nolitionem circa omnia. Probo consequentiam, quia Deus non potest habere novam volitionem vel nolitionem, ergo si ab aeterno non habuit volitionem vel nolitionem circa hoc, non poterit habere de novo. Unde Averroës arguit quod Deus non potest habere volitionem novam, etc. Unde ego possum habere volitionem novam circa aliquid quia[700] nunc noviter intelligo illud, vel quia suspendi actum meum, vel quia mutor de nolle in velle. Et inconveniens est in me quod intelligam aliquid et non possim habere actum nolitionis vel volitionis circa illud. Ergo cum Deus non possit velle de novo nec mutari, cum circa quodcumque sicut et nos circa ea quae intelligimus possit habere velle vel nolle. Ergo ab aeterno circa | **A 248r** quodcumque intelligibile habuit velle vel nolle, ergo nullum individuum est per accidens in natura respectui[701] sui, ergo si aliquod individuum est in natura, fuit intentum ab ipso. Et licet natura posset conservari sine multis istorum, tamen non sunt superflua nec per accidens intenta a Deo. Unde licet respectu agentis naturalis aliquis effectus possit venire[702] a casu 2. *Physicorum*, quod tamen agens intendebat per se, aliud tamen agens particulare non producit suum effectum per accidens respectu cuius est causa per se, ut patet in agente univoco, et de hoc erat sermo. Cum ergo non detur natura in universali et non sint nisi agentia singularia, et unum agens quod voluntarie agit, uta probavi, ta | **P 65v** lia individua non erunt per accidens in natura.

215 Ad argumentum in principio quaestionis patet per praedicta.

216 Finis.[703]

---

[700] quod, '-od' *exp.* 'a' *add. sup lin.* P.
[701] Respectu A.
[702] Evenire *ante corr.* A.
[703] *Om.* A.

Notes

Introduction

1. It is enough to look at popular compendia, textbooks or other collections on Renaissance philosophy to notice that a separate chapter is usually devoted to the problem of immortality. See e.g. P.O. Kristeller, *Renaissance Thought and Its Sources* (New York: Columbia University Press, 1979), 181–96 (the 10th chapter entitled 'The Immortality of the Soul'); E. Kessler, 'The Intellective Soul', in *The Cambridge History of Renaissance Philosophy*, ed. C. B. Schmitt and Q. Skinner (Cambridge: Cambridge University Press, 2007), 485–534; P. R. Blum, 'The Immortality of the Soul', in *The Cambridge Companion to Renaissance Philosophy*, ed. J. Hankins (Cambridge: Cambridge University Press, 2007), 211–33; L. Casini, 'The Renaissance Debate on the Immortality of the Soul. Pietro Pomponazzi and the Plurality of Substantial Forms', in *Mind, Cognition and Representation: The Tradition of Commentaries on Aristotle's De Anima*, ed. P. J. J. M. Bakker, J. M. M. H. Thijssen (Aldershot: Routledge, 2007), 127–50; idem, 'The Immortality of the Soul', in *Philosophy of Mind in the Late Middle Ages and Renaissance*, ed. S. Schmid (Abingdon: Routledge, 2016), 229–49; L. Spruit, 'The Pomponazzi Affair: The Controversy over the Immortality of the Soul', in *Routledge Companion to Sixteenth Century Philosophy*, ed. H. Lagerlund and B. Hill (New York: Routledge, 2017), 225–46. On the problem generally in the Renaissance see also J. Kraye, 'The Immortality of the Soul in the Renaissance: Between Natural Philosophy and Theology', *Signatures*, 1 (2000): 1–24.
2. As B. Nardi writes (*Studi su Pietro Pomponazzi* [Florence: Felice le Monnier, 1965], 375): 'the question of the immortality of the soul is discussed in the sixteenth century as much, if not more so, as the Copernican doctrine' (all translations into English, unless the name of the translator is otherwise specified, are by Joanna Papiernik). On the sixteenth-century reflections on immortality, see especially the chapter of Nardi's aforementioned work entitled 'L'aristotelismo della metà del quattrocento alla metà del cinquecento a volo d'uccello', 371–82; H. Busson, *La rationalisme dans la littérature française de la renaissance (1533–1601)* (Paris: Vrin, 1957), 45–6; É. Gilson, 'Autour de Pomponazzi. Problématique de l'immortalité de l'âme en Italie au début du XVIᵉ siècle', *Archives d'Histoire Doctrinale et Littéraire du Moyen Age*, 36 (1961): 163–279; idem, 'L'affaire de immortalité de l'âme à Venise au début du XVIᵉ siècle', in *Umanesimo europeo e umanesimo veneziano*, ed. V. Branca (Florence: Sansoni, 1963), 31–61; L. Casini, 'The Renaissance Debate'; B. Nardi, *Saggi sull'aristotelismo padovano dal secolo XIV al. XVI* (Florence: Sansoni, 1958); G. Cenacchi, 'Secolo XVI: problema dell'immortalità e interpretazioni del De anima di Aristotele. Rilievi critici sulle teorie alessandriste, tomiste e della scuola di Pietro Pomponazzi', in *L'anima nell'antropologia di s. Tommaso d'Aquino: atti del Congresso della Società internazionale S. Tommaso d'Aquino, S.I.T.A Roma, 2-5 gennaio 1986*, ed. A. Lobato (Milan: Massimo, 1987), 521–33. It is also worth noting here that monographs devoted to the Renaissance stage of debates on immortality predominantly include

analyses of sixteenth-century texts, which of course results from the importance and quantity of these treatises. See the well-known G. Di Napoli, *L'immortalità dell'anima nel Rinascimento* (Turin: Società editrice internationale, 1963), 179–421, and relatively recently M. Sgarbi, *Profumo d'immortalità. Controversie sull'anima nella filosofia volgare del Rinascimento* (Rome: Carocci, 2016), 86–254.

3   The complete works of Plato were published in 1484, the *Enneads* in 1492, and works of Iamblichus, Proclus, Porphyry, Synesius, and Psellus in 1497.

4   Aristotle's *On the Soul* was translated in the twelfth century by James of Venice, in the thirteenth century by William Moerbeke, and its Latin translations from Arabic were added to Averroes' commentary. Subsequent translations were made in the fifteenth century; their authors were George of Trebizond and John Argyropoulos. On this, see especially E. Cranz, 'The Renaissance Reading of *De anima*', in *Platon et Aristote à la Renaissance. XVIe Colloque International de Tours*, ed. M. M. de Gandillac and J. C. Margolin (Paris: Vrin, 1976), 359–76. A strong increase in interest in reading the *De anima* may be observed in the first half of the sixteenth century. It is reflected in more than sixty commentaries on this text written during this period. Cf. M. H. Laurent, 'Introductio: Le Commentaire de Cajétan sur le *De Anima*', in Thomas de Vio Cardinalis Cajetani, *Commentaria in libros Aristotelis De Anima*, ed. P.I. Coquelle (Rome: Institutum Angelicum,1938), IX, XII–XIII.

5   Cf. B. Nardi, *Saggi*, 365: 'The controversy over the Aristotelian doctrine of the intellect, which flared up in the second half of the thirteenth century, flared up again in the late fifteenth century with the knowledge of Themistius' *Paraphrase* and commentaries on the *De Anima* of Alexander of Aphrodisias, Philoponos and Simplicius.' It is worth recalling that Alexander's commentary was translated into Latin by Girolamo Donato in 1495; Themistius' *Paraphrase* was translated by William Moerbeke in 1267, but this version was not particularly popular in the Renaissance, and in 1481 the work was translated by Ermolao Barbaro, followed by a partial translation by Ludovicus Nogarola in 1559. A section of the third book of Philoponos was translated by Moerbeke in 1268; in the Renaissance the whole was translated by Matteo a Bove in 1544 and, in the same year, by Gentianus Hervetus (however, it should be noted that doubts have been raised as to the authorship of the third book). (Pseudo-?)Simplicius' commentary (the actual authorship is the subject of an ongoing discussion) was translated by Johannes Faseolus in 1543.

6   The bull also mandates that those in sacred orders who wish to study philosophy or poetry for more than five years must also study theology or canon law at the same time. The text of the bull: *Sacrorum conciliorum nova et amplissima collectio*, ed. J. D. Mansi et al., vol. 32 (Paris: Hubert Welter, 1902), 842–83.

7   See e.g. the introduction of one of Ficino's speeches (M. Ficino, *Opera omnia*, vol. 1 [Basel: Henricus Petri, 1576], 885–6), which he entitled 'The knowledge of the divinity of the soul is necessary above all' ('Cognitio de divinitate animae ante omnia necessaria'); another example: in a letter to Iacopo Bracciolini, the son of the famous Poggio Bracciolini, Ficino emphasizes the importance of analysing the human soul and expressing its extraordinary status within the hierarchy of beings (Ibidem, 657–68).

8   The literature on Ficino's thought is very extensive. Here only some of the most important works related to the issue of immortality are enumerated: P.O. Kristeller, *Philosophy of Marsilio Ficino*, trans. V. Conant (New York: Columbia University Press, 1943), especially the chapter 'Theory of Immortality', 324–50; idem, 'The Theory of Immortality in Marsilio Ficino', *Journal of the History of Ideas*, 1, no. 3

(1940): 299–319; R. Marcel, *Marsile Ficin (1433–1499)* (Paris: Les Belles Lettres, 1958), especially 647–78; Ch. Trinkaus, *In Our Image and Likeness. Humanity and Divinity in Italian Humanist Thought*, vol. 2 (Notre Dame: University of Notre Dame Press, 1995), 461–504 (the chapter 'Humanist Themes in Marsilio Ficino's *Philosophy of Human Immortality*').

9   Besides the first edition, the *Platonic Theology*, alone or as part of the complete works, was published in 1491 and 1524 in Venice, 1559 in Paris, 1561 and 1576 in Basel; in the seventeenth century (1641) once again as part of the *Opera omnia* in Paris. R. Marcel (*Marsile Ficin*, 747–51) provides a list of publications of Ficino's works, including translations.

10 See e.g. J. Festugière, *La philosophie de l'amour de Marsile Ficin: et son influence sur la littérature française au XVIe siècle* (Paris: Vrin, 1941); Marsilio Ficino e il ritorno di Platone. *Studi e documenti*, ed. G. C. Garfagnini, vol. 2 (Florence: Olschki, 1986), 459–679 (the part 'La Fortuna'); J. Hankins, *Plato in the Italian Renaissance*, vol. 1 (Leiden, New York: Brill, 1990), 296–300; *Laus Platonici philosophia: Marsilio Ficino and His Influence*, ed. S. Clucas, P. J. Forshaw and V. Rees (Leiden, Boston: Brill, 2011); T. Jones, *Influence of Marsilio Ficino (1433–1494) on Elizabethan Literature – Christopher Marlowe and William Shakespeare*, 2 vols. (Lewiston: The Edwin Mellen Press, 2013).

11 It should be noted that the division of the chapters is not chronological. An important part of the chapter *La crisi dell'immortalita e la reazione umanistica* covers the texts of earlier authors, none of which, however, is entitled *De immortalitate*.

12 To Di Napoli's catalogue of intellectuals who wrote about immortality in the fifteenth century, although they were not the authors of texts entitled *De immortalitate*, one can add:
– Bornio da Sala from Bologna wrote *De Principe*, a treatise dedicated to Borso D'Este; its third book is devoted to the issue of immortality. On this work, see B. Bianchi, *Ein Bologneser Jurist und Humanist: Bornio da Sala* (Wiesbaden: Steiner, 1976); L. Pesavento, '*Quedam lex animata*. Il principe di Bornio da Sala', *Nuova rivista storica*, 72 (1988): 1–22;
– Melchiorre Frizzoli from Parma, the author of *Dialogi de anima* (published in 1499) dedicated to Lodovico Sforza; the dialogue includes considerations on the possibility of demonstrating the immortality of the soul in the context of the relationship between faith and philosophy. On this, see M. Sgarbi, *Profumo d'immortalità*, 30–5;
– Juraj Dragisic (Giorgio Benigno Salviati) – he wrote about the human soul as immortal, among other places in *Fridericus, de animae regni principe*, a dialogue dedicated to Guidobaldo, Frederico Montefeltro's son, composed in the 1470s. On this text see E. Banić-Pajnić, 'Croatian Philosophers II: Juraj Dragisic – Georgius Benignus de Salviatis (ca. 1445–1520)', *Prolegomena*, 3, no. 2 (2004): 179–97; A. Edelheit, 'Renaissance Conceptions of Human Being', in *Human: A History*, ed. K. Hubner (Oxford: Oxford University Press, 2022), 140–67;
– Giovanni Sabadino degli Arienti; in his *Discorso sull'anima* (which gained its final form probably in the 1490s) the substantial nature of the soul is emphasized; it gives life to the body, but in some of its operations it does not depend on the body, as they do not have any corporeal aspect. The treatise has been thoroughly examined in M. Sgarbi, *Profumo d'immortalità*, 35–43.

13 Of course, this division is not disjunctive; although it is impossible to confuse, for example, the terminology characteristic of scholastic commentaries on *De anima*,

or of questions concerning the soul, with the language of typically humanistic works, their elements sometimes are intertwined. Cf. e.g. the dialogue *De anima* by C. Landino. Recently, scholars more often point to elements of typically scholastic themes in the texts of humanists, for example, A. Edelheit, 'A Humanist Contribution to the Intellect/Will Debate in the Fifteenth-Century Florence: Alamanno Donati's *De Intellecttus volutatisque excellentia* (1482–1487)', *Bruniana and Campanelliana*, 18, no. 1 (2012): 103–21.

14 Of course, different conclusions were reached. Examples are Paul of Venice, Gaetano da Thiene, Alessandro Achilini, Nicoletto Vernia and Elia del Medigo.

15 E.g. Giovanni da Prato, Bartolomeo Fazio and Gianozzo Manetti. Of course, this division is not entirely disjunctive and exhaustive. There are various ways of writing about immortality in the *quattrocento*. For example, it is difficult to include the chapter regarding immortality from Raymundus de Sabunde's *Theologia naturalis* in any of the listed groups. Sabunde provides both theological and philosophical arguments, but does not restrict himself to the philosophy of nature, and does not refer to any authorities. *Theologia naturalis seu liber creaturarum*, ed. J. Sighart (Sulzbach: J. E. de Seidel, 1852), 327–34.

16 More on this below.

17 It is noticed by P. O. Kristeller, 'Pier Candido Decembrio and His Unpublished Treatise on the Immortality of the Soul', in *The Classical Tradition: Literary and Historical Studies in Honor of Harry Caplan*, ed. L. Wallach (Ithaca: Cornell University Press, 1966), 536–7. J. Hankins also notes the growing interest in the issue of immortality as early as the fifteenth century (J. Hankins in *Routledge Encyclopedia of Philosophy*, ed. E. Craig, vol. 3 [London, New York: Routledge, 1998], under 'Ficino, Marsilio'): 'The question of the soul's immortality was perhaps the most hotly debated philosophical issue of the later fifteenth and early sixteenth century.' This is also recognized by L. Casini ('The Renaissance Debate', 135): 'The fact that during the fifteenth century a number of humanists and theologians had occupied themselves with the immortality of the soul indicates, however, a widespread concern with this problem, even before it received a systematic elaboration in the work of Ficino.'

18 The text was written around 1460. We have its modern edition prepared by P.O. Kristeller (*Studies in Renaissance Thought and Letters*, 1 [Rome: Edizioni di Storia e Letteratura, 1985], 567–84). On this work, see also P.O. Kristeller, 'Pier Candido Decembrio', 536–58 (reprinted in P. O. Kristeller, *Studies in Renaissance*, 1, 281–300); J. Hankins, *Plato in the Italian Renaissance*, 417–18.

19 There is little information about the author. It is known that he also wrote *Oratio de veri Messiae adventu* published in Rome in 1472 and *Oratio de humana felicitate*, published together with *Oratio de immortalitate*. See e.g. G. W. Panzer, *Annales typographici ab artis inventae origine ad annum MD*, vol. 5 (Nuremberg: Joannes Eberhard Zeh 1797), 431.

20 The treatise contains various definitions of the soul according to Plato, Aristotle, St. Augustine, Avicenna, Albert the Great, Alexander of Hales, et al. It is also full of other references to many ancient and medieval authors. Barbieri deals more broadly with the problem of the diversity of souls and presents the view that the diversity is an effect of the diversity of matter. He describes the soul as noble (*nobilitas animae*) because of its likeness to God and to the Holy Trinity. Barbieri is also the author of *Cronica summorum pontificum et imperatorum*, and the following writings: *Virorum illustrium cronica, De divina providentia et hominum praedestinatione libri*

duo, and *Opusculum de his in quibus Augustinus et Hieronymus dissentire videntur in divinis litteris*. Other writings suggested as authored by him are dubious. On Barbieri see: S. Zamboni, 'Barbieri, Filippo', in *Dizionario Biografico degli Italiani* (thereafter *DBI*), vol. 6, ed. A. Ghisalberti (Rome: Istituto dell'Enciclopedia Italiana, 1964), 217–21, available online: https://www.treccani.it/enciclopedia/filippo-barbieri_%28Dizionario-Biografico%29/ (accessed 9 May 2023); R. Pesce, 'Barbieri Filippo', in *Encyclopedia of the Medieval Chronicle*, ed. G. Dunphy (Leiden: Brill, 2010), 141–2 (other references in these entries).

21 This intellectual is known primarily for the attack on Savonarola and his polemics against Pico della Mirandola in connection with this attack. The introduction to the treatise *De immortalitate* is included in G. A. Sassi, *Historia literario-typografica Mediolanensis* (Milan: In aedibus Palatinis, 1745), DXXI. Cassini announces the demonstration of the immortality of the soul with arguments from natural philosophy, while referring to the fifth part of the sixth book of Avicenna's *Naturalia* (i.e. *Liber de anima seu sextus de naturalibus*). He also points out that this result is not contrary to the rules of faith – faith even encourages us to know something of the nature of our immortality, which knowledge is lost when we know only through ourselves. Cassini was quite a prolific author; his other major works include *Invectiva in prophetiam Fr. Hieronymi Savonarolae, Liber Isagogicus in Apices Scoti ad investiganda Aristotelis principia, Expositio triplex librorum octo Physicorum Aristotelis …, Ars evadendi omne sophisticum per fratrem Samuelem de Cassinis, Reseratio atque clarificatio falsarum solutionum ad argumenta Samuelis Cassinensis que facta fuerunt in falsam prophetiam Hieronymi Ferrariensis*. The main source of knowledge about Cassini's bio and bibliography remains R. Ristori, 'Cassini, Samuele', in *DBI*, vol. 21 (1978), 487–9, available online: https://www.treccani.it/enciclopedia/samuele-cassini_%28Dizionario-Biografico%29/ (accessed 9 May 2023).

22 The treatise by Houppellande enjoyed considerable popularity and was published many times in the late fifteenth and early sixteenth centuries. The strategy adopted here to consider immortality is not original and is known from various contemporary works on immortality – firstly, philosophical, theological and poetic authorities are quoted, including Hermes Trismegistus, Plato, Aristotle, Macrobius, Cicero, Sallust, St. Augustine, Averroes and Duns Scotus. Secondly, the author appeals to repeatedly employed arguments, for example, the innate desire for immortality and the necessity of justice, lacking in earthly life. However, he also points out the well-known Scotistic objections, noting that the arguments presented do not prove immortality in a demonstrative way. Interestingly, the text was translated into English already in the early seventeenth century (1611) by John Jackson (it is available online: https://quod.lib.umich.edu/e/eebo2/A72420.0001.001/1:3?rgn=div1;view=fulltext [accessed 9 May 2023]). On Houppellande, see R. Gaguin, *Roberti Gaguini epistole et orationes*, ed. L. Thousane (Paris: Bouillon, 1903), 402–3.

23 The first sermon deals with life in general (*De vita in communi*) and includes considerations about the definition of life, its origins and what can be animated. The second sermon deals with human life before beatitude and consists of a description of human original nature (*status naturae conditae*), our nature after the fall (*status naturae lapsae*) and our restored nature (*status naturae reparatae*). Finally, the third sermon discusses the immortality of the soul based on examples of its nobility and witness (*nobilitate exemplis et testificatione*), which is shown by the facts that (1) the soul surpasses any body in dignity, (2) many attest to immortality and (3) there

are numerous revelations confirming the survival of the soul. Caracciolo was a Franciscan, Bishop of Aquino and Lecce, the author of numerous speeches, and his most popular works are *Sermones quadragesimales* and *Specchio della fede*. On this author see Z. Zafrana, 'Caracciolo, Roberto', in *DBI*, vol. 19 (1976), available online: https://www.treccani.it/enciclopedia/roberto-caracciolo_(Dizionario-Biografico)/ (accessed 9 May 2023); S. J. McMichael, 'Roberto Caracciolo da Lecce and His Sermons on Muhammad and the Muslims', in *Franciscans and Preaching: Every Miracle from the Beginning of the World Came about through Words*, ed. T. Johnson (Leiden: Brill, 2012), 327–52; G. Mariani, *Roberto Caracciolo da Lecce (1425–1495) Life, Works, and Fame of a Renaissance Preacher* (Leiden: Boston, 2022).

24 The exact date of composition of the text is not known; it is preserved in Biblioteca Nazionale Centrale Firenze, ms. Naz. II, I, 158. As E. Garin writes, the author makes use of authorities to reject Averroes' monopsychism, refers to the considerations of Ficino and Pico, rejects the concordance between Plato and Aristotle, and refers to dreams and visions as testifying to the immortality of the soul. Orlandini wrote also *Cantus de immortalitate animae*, which is contained in a codex dating from around 1488, located in Biblioteca Nazionale Centrale Firenze, ms. Conv. Soppr. G. 4.826. On this, see E. Garin, *La cultura filosofica del Rinascimento italiano* (Florence: Sansoni, 1961), 113–14; M. Sgarbi, *Profumo d'immortalità*, 50–1; 56–65 (there is also a mention of another similar piece: *Cantus de dubiis animae a corpore separatae*, also Bibl. Naz. Firenze, Conv. Soppr. D.V.827). On Orlandi see also E. Garin, 'Paolo Orlandini: Poeta e teologo', *Rinascimento*, 1 (1950): 175–8; idem, *La cultura filosofica*, 213–23; D. Weinstein, *Savonarola and Florence: Prophecy and Patriotism in the Renaissance* (Princeton: Princeton University Press, 1970), 362–71; D. F. Lackner, 'The Camaldolese Academy: Ambrogio Traversari, Marsilio Ficino and the Christian Platonic Tradition', in *Marsilio Ficino: His Theology, His Philosophy, His Legacy*, ed. M. J. B. Allen, V. Rees and M. Davies (Leiden, Boston, Cologne: Brill, 2001), 35–6. The author is famous for his redaction of *Symbolum nesianum*; see C. S. Celenza, *Piety and Pythagoras in Renaissance Florence: The Symbolum Nesianum* (Leiden, Boston, Cologne: Brill, 2001), 35–47; 51–2.

25 The text is preserved in sixteen manuscript codices and nine incunabula (it was published nine times between 1472 and 1498). The characters of the dialogue look for the most obvious arguments of philosophers in favour of the immortality of the soul, and the compatibility of revealed truth with the rational is postulated. The Aristotelian definition of the soul is adopted, and the main justification for immortality is the ability of the soul to function without the body's involvement. The work contains numerous passages from various ancient and medieval authors, including Aristotle and Plato, Porphyry, Seneca, Cicero, Ambrosius, Augustine, Hieronymus, Tertullian, John of Damascus, Hugh of Saint Victor, John of La Rochelle, St. Thomas Aquinas, etc. On the dialogue see E. Refini, 'Shifting Identities: Jacopo Campora's *De Immortalitate Anime* from Manuscript to Print', in *Remembering the Middle Ages in Early Modern Italy*, ed. L. Pericolo and J. N. Richardson (Turnhout: Brepols, 2015), 67–80; M. Sgarbi, *Profumo d'immortalità*, 25–30; E. Refini, *The Vernacular Aristotle: Translation as Reception in Medieval and Renaissance Italy* (Cambridge: Cambridge University Press, 2020), 180–223 (chapter 5). On the life of this author: T. Kaeppeli, *Scriptores Ordinis Praedicatorum Medii Aevi (G-I)*, vol. 2 (Rome: Typis Polyglottis Vaticanis – Istituto Storico Domenicano, 1975), 310–11; R. Zapperi, 'Campora, Giacomo', in *DBI*, vol. 17

(1974), 581–3, available online: https://www.treccani.it/enciclopedia/giacomo-campora_%28Dizionario-Biografico%29/ (accessed 9 May 2023).

26 Marso argues that it is impossible to arrive at the truth about the soul by natural means, hence it cannot be fully found in (non-Christian) philosophers, although they are able to say something adequate about several aspects related to the functioning of the soul; Marso quotes them on selected issues. Most often, however, the author refers to the words of Lactantius and Augustine; he is of the opinion that only Christian teaching is the correct source of certain knowledge about the soul, including its immortality. On Marso see S. Benedetti, 'Marso, Pietro', in *DBI*, vol. 70 (2008), 5–10, available online: https://www.treccani.it/enciclopedia/pietro-marso_(Dizionario-Biografico) (accessed 9 May 2023).

27 On this, see especially W. O'Connor, 'The Concept of the Human Soul according to Saint Augustine' (Ph. D. diss., Washington, DC: The Catholic University of America, 1921); Saint Augustine, *Soliloquies and Immortality of the Soul*, intr., trans., comm. G. Watson (Warminster: Aris & Phillips, 1990); Ch. Tornau, 'Saint Augustine', in *Stanford Encyclopedia of Philosophy*, especially part 6: 'Anthropology: God and the Soul; Soul and Body':https://plato.stanford.edu/entries/augustine/#AnthGodSoulSoulBody (other references in this entry; accessed 9 May 2023).

28 G. Bülow, Des Dominicus Gundissalinus Schrift von der Unsterblichkeit der Seele nebst einem Anhange, enthaltend die Abhandlung den Wilhelm von Paris (Auvergne) 'De immortalitate animae', Beiträge zur Geschichte der Philosophie des Mittelalters, II, no. 3 (Münster: Aschendorffschen Buchhandlung, 1897). William of Auvergne was believed to have plagiarized Gundisalvi's text; now however it is broadly accepted that attribution of the work to Dominicus Gundissalinus is wrong and we are dealing here with two versions of the same text by William. English translation: William of Auvergne, The Immortality of the Soul, intr., trans., notes R. Teske (Milwaukee: Marquette University Press, 1991).

29 P. O. Kristeller, *Renaissance Thought and Its Sources*, ed. M. Mooney (New York: Columbia University Press, 1979), 187. Moreover, according to Kristeller, the issue of immortality was neglected by Christian theologians in the Middle Ages, and became particularly important for Christian thought first in the sixteenth century; cf. idem, *Renaissance Concepts of Man and Other Essays* (New York, Evanston, San Francisco, London: Harper & Row, 1972), 30 et seqq.

30 S. Vanni-Rovighi *L'immortalità dell'anima nei maestri francescani del secolo XIII* (Milano: Vita e pensiero, 1936), p. 5) presents the opinion that those who study the problem of immortality in medieval Christian philosophy may have the impression that it does not occupy an important place in treatises of the scholastics, and that it is not the main issue for them. However, issues that were problematic were discussed, not what was agreed upon. How important the question of immortality was to scholastics can be seen in the force with which they opposed the Averroist theory of the unity of the possible intellect. What is more, many problems were eagerly analysed at that time precisely because they were associated with immortality. See also O. Pluta, *Kritiker der Unsterblichkeitsdoktrin in Mittelalter und Renaissance* (Amsterdam: Grüner, 1986), *passim*; G. Di Napoli, *L'immortalità*, 21–50.

31 One might ask to what extent the titles are determinative here. Of course, they are not the only criterion by which to judge the popularity of an issue, but they are an important point of reference, especially if they are presented in a deliberate, not accidental, way.

32 As it is well known, Poggio Bracciolini rediscovered the poem in 1417; before that it was poorly known, mostly from indirect sources. In the *quattrocento* the text was rewritten dozens of times, and in 1472 it was published. On the topic see especially A. Brown, *The Return of Lucretius to Renaissance Florence* (Cambridge, MA, London: Harvard University Press, 2010); A. Palmer, *Reading Lucretius in the Renaissance* (Cambridge, MA: Harvard University Press, 2014). Although Lactantius clearly rejects Lucretius, the poem's dissemination obviously could have become an additional impulse for the defence of individual immortality. Criticism of Epicureanism is clearly visible in the treatises *On Immortality*, including Ficino's *Platonic Theology*. As J. Hankins writes ('Ficino's *Critique of Lucretius*', in *The Rebirth of Platonic Theology in Renaissance Italy. Proceedings of a Conference in Honor of Michael J. B. Allen, Florence, Italy, 26–27 April 2007*, ed. J. Hankins and F. Meroi [Florence: Olschki, 2013], p. 141), taking into account the Ficinian goal which is to demonstrate personal immortality, as well as the rejection of concepts that negate it: 'Epicurus, Lucretius, and the so-called Lucretiani became principle targets of Ficino's criticism.'

33 Ambrogio Traversari completed the translation in 1432.

34 P. R. Blum ('The Immortality of the Soul', 213) even expresses the opinion that 'the real beginning of the immortality debate in the Renaissance came with the Council of Florence in 1439'. L. Spruit thinks likewise (*The Pomponazzi Affair*, 229), writing that the Renaissance debate began with Plethon's criticism of Aristotelian inconsistency in his teaching about the soul.

35 The literature on the controversy is quite extensive. The most important works on its status in the mid-fifteenth century are listed by J. Monfasani, 'Marsilio Ficino and the Plato-Aristotle Controversy', in *Marsilio Ficino: His Theology*, 179. It is worth adding the following works: G. Karamanolis, 'Plethon and Scholarios', in *Byzantine Philosophy and Its Ancient Sources*, ed. K. Ierodiakonou (Oxford: Oxford University Press, 2002), 253–82; Ch. Livanos, *Greek Tradition and Latin Influence in the Work of George Scholarios: 'Alone against All of Europe'* (Piscataway, NJ: Gorgias Press, 2013), 71–94 (chapter 3: 'The Conflict with Plethon'); S. Mariev, 'Bessarion against George of Trebizond on the Soul', in *Bessarion's Treasure. Editing, Translating and Interpreting Bessarion's Literary Heritage*, ed. S. Mariev (Berlin, Boston: De Gruyter, 2021), 237–78.

36 Comparing the popularity of the topic of immortality in the Renaissance with the Middle Ages, Raymond Marcel writes (*Marsile Ficin*, 650) that medieval philosophers were more engaged in deliberations on the resurrection of bodies, emphasizing in this way the omnipotence and love of God, but they largely ignored the topic of immortality in its relation to the natural disposition of the soul to eternal life. Meanwhile, the latter aspect, including the personal dignity of the human being and the uniqueness of his/her nature, seems to be of great importance to Renaissance humanists. They did not want to deny divine love or the miracle of bodily resurrection, but they refused to believe that God's activity was necessary in order to make the human soul immortal.

37 On this, see the works of Brian Copenhaver: 'The Secret of Pico's Oration: Cabala and Renaissance Philosophy', *Midwest Studies in Philosophy*, 26, no. 1 (2002): 56–81; idem, 'Magic and the Dignity of Man. De-Kanting Pico's Oration', in *The Italian Renaissance in the Twentieth Century: Acts of an International Conference. Florence, Villa I Tatti, June 9–11, 1999*, ed. A. J. Grieco, M. Rocke and F. G. Superbi (Florence: Olschki, 2002), 295–320; idem, 'Dignity, Vile Bodies, and Nakedness: Giovanni

Pico and Giannozzo Manetti', in *Dignity: A History*, ed. R. Debes (Oxford, New York: Oxford University Press, 2017), 127–74; idem, *Magic and the Dignity of Man: Pico della Mirandola and His Oration in Modern Memory* (Cambridge, MA: The Belknap Press of Harvard University Press, 2019). In these works there are numerous references to various interpretations of the famous *Oratio*. These interpretations are also worth reading in the extensive review of Copenhaver's latest book: L. Burzelli, 'Specters of Pico: a note concerning a recent book on the *Oratio de Dignitate Hominis*', *Mediterranea. International Journal on the Transfer of Knowledge*, 7 (2022): 391–422.

38 See P. Steenbakkers, 'Human Dignity in Renaissance Humanism', in *The Cambridge Handbook of Human Dignity. Interdisciplinary Perspectives*, ed. M. Düwell et al. (Cambridge: Cambridge University Press, 2014), 85–94; B. Copenhaver, 'Introduction', in *On Human Worth and Excellence*, ed., G. Manetti, and trans. B. Copenhaver, (Cambridge, MA: Harvard University Press, 2019); idem, *Magic and the Dignity of Man*, pp. 9–55 (the first chapter, especially its sections: 'Manetti's *Dignitas*' 1, 2, and 3, 31–3, 45–50, 50–5).

39 Antonio da Barga's work is entitled *De dignitate hominis et de excellentia humanae vitae*; Giannozzo Manetti's *De dignitate et excellentia hominis*. The latter text, written between 1450 and 1451, is connected to the slightly earlier and much shorter essay *De excellentia ac praestantia hominis* by Bartolomeo Facio.

40 B. Copenhaver draws attention to the interchangeable use of these terms: *Magic and the Dignity of Man*, 48–50.

41 Of course, the fifteenth-century debate about nobility revolved mainly around whether it arises from virtue, from the glory of great deeds, or from good birth and wealth. However, the term also can mean the superiority of one human mind over another, or as well the excellence of the human soul over all other living things. B. da Montemagno, *Controversia de nobilitated*, *Oratio Gaii Flaminei* (Milan: J. A. de Honate, 1480 (no pagination): 'Nihil enim aliud est nobilitas quam excellentia quedam qua digniora in dignioribus prestant. Sicut enim homo animi prestantia est nobilior omnibus animantibus, ita quidem claritudine animi tantum homo hominem antecellit.' In the fifteenth century alone, nine humanists wrote thirteen treatises on nobility. See: *Knowledge, Goodness, and Power: The Debate over Nobility among Quattrocento Italian Humanists*, intr., trans. A. Rabil, Jr. (Binghamton, NY: Medieval & Renaissance Texts & Studies, 1991); in this translation the cited passage is on p. 40.

42 On *dignitas* in the Renaissance see (although they arrive at conflicting conclusions): E. Garin, 'La "dignitas hominis" e la letteratura patristica', *Rinascita*, 1 (1938): 102–46; G. Di Napoli, '*Contemptus mundi* e *dignitas hominis* nel Rinascimento', *Rivista di Filosofia Neoscolastica*, 48 (1959): 9–41; G. Gentile, *Il Pensiero Italiano del Rinascimento* (Florence: Sansoni, 1968), 47–113 (the chapter 'Il concetto dell'uomo nel Rinascimento'); D. Cecchetti, 'Premessa', in E. Garin, *La dignitas hominis e la letteratura patristica* (reprint *La Rinascita*, 1, no. 4, 1938); L. Sozzi, *La dignitas hominis dans la littérature française de la Renaissance* (Turin: G. Giappichelli, 1972), 1–7; P. O. Kristeller, *Renaissance Thought and Its Sources*, 167–81; A. Niederberger, '*Esse servitutis omnis impatientem*/Man Is Impatient of All Servitude: Human Dignity as a Path to Modernity in Ficino and Pico della Mirandola?', *The European Legacy*, 20 no. 5 (2015): 513–26; L. Warner, 'Human Dignity in Renaissance Philosophy', in *Encyclopedia of Renaissance Philosophy*, ed. M. Sgarbi, available online: https://link.springer.com/referenceworkentry/10.1007/978-3-319-02848-4_191-1 (accessed 9 May 2023); and works cited in footnote 38.

43 This is rooted, at least in part, in Cicero, as pointed out by P. Steenbakkers, 'Human Dignity', 86–7. However, in different authors the meaning of this distinguishing feature is slightly or significantly different, which leads to some confusion in Renaissance discussions about human dignity. For example, Ficino not only analyses the place of human beings in relation to the world of nature, but also sees their unique worth in their ontological and epistemic status, connecting diametrically opposed spheres of being. The immortal soul is an inalienable element of such a status, which Ficino tries to lay out in the *Platonic Theology* (however, Ficino's thought, taking in consideration all of his works, is not consistent about the ontic structure of reality, but this is not a subject for this volume).

44 This is discussed in the literature cited in footnote 42 and in the second chapter of G. Di Napoli, *L'immortalità*.

45 It should be stressed that this is not a complete analysis of human dignity in texts devoted to the issue of immortality, but only a few examples.

46 To see this, it is enough to analyse the proofs from the fifth and eighth books of the *Platonic Theology*. It is also worth quoting here words from the eighth book of this work (M. Ficino, *Platonic Theology*, 8.16, trans. M.J.B. Allen, J. Warden, ed. J. Hankins, W. Bowen, vol. 2, [Cambridge, MA, London: Harvard University Press, 2002], p. 369): 'If life precedes understanding in origin, and if understanding exceeds life in value, and if the human soul has been endowed with such dignity that it has been granted in a way an infinite power of understanding and of willing, then ceded to this same soul still earlier and still more must have been the infinite power of living.'

47 P. O. Kristeller, 'Marsilio Ficino and His Work after Five Hundred Years', in *Marsilio Ficino e il ritorno di Platone. Studi e documenti*, ed. G. C. Garfagnini (Florence: Olschki, 1986), 28. On dignity in Ficino's thought see also G. Saitta, *La filosofia di Marsilio Ficino* (Messina: Principato, 1923), 153–77; P. O. Kristeller, 'Ficino and Pomponazzi on the Place of Man in the Universe', *Journal of the History of Ideas*, 5, no. 2 (1944): 220–6; E. Garin, *La Filosofia. Storia dei generi letterari italiani*, vol. 1: *Dal medio evo all'umanesimo* (Milan: Vallardi, 1947), 315–17; C. Vasoli, 'Marsile Ficin et la dignité de l'homme', in *La dignité de l'homme. Actes du Colloque tenu à la Sorbonne-Paris IV en novembre 1992*, ed. P. Magnard (Paris: Champion, 1995), 75–86; A. Niederberger, '*Esse servitutis omnis impatientem*'.

48 A. Dati, *De immortalitate animae*, in idem, *Opera omnia* (Siena: Simone Nardi, 1503), f. air: '(…) id adeo imprimis laetandum iure esse video praestare hominem caeteris animalibus non modo vi mentis ac dignitate rationis, sed perpetui quoque aevi munere atque immortalitate vivendi'.

49 Ibidem, aiv: 'In summa paene rerum omnium quae procreatae sunt, multitudine et copia nihil neque haberi conveniat, neque inveniri possit hominis dignitate ac natura praestantius.'

50 Ibidem aiir: 'Itaque factum est, ut alii nimium sibi tribuant, qui aeternos animos fuisse contendunt, alii hominis dignitatem turpiter abiiciant dum mutis animantibus comparant et animorum originem ex corruptibilibus caducisque naturis repetunt.' There are more similar passages; although they do not contain the term *dignitas*, there are other synonymous words or phrases concerning the uniqueness of human nature and its connection to immortality.

51 J. Ferrariensis, *De immortalitate animae*, Biblioteca Casanatense, Rome, Ms. 103, f. 2r.

52 Ibidem, f. 4r.

53 Ibidem, f. 14r. The quotationses come from Guarino Veronesis, *Oratio*, in K. Müllner, 'Acht inauguralreden des Veronesers Guarino und seines Sohnes Battista', *Wiener Studien*, 1 (1896): 300; Cicero, *De finibus*, II.40; Lactantius, *De ira dei*, c. 14; Gregory the Great, *Homiliae XL in Evangelia* 10.4.
54 J. Ferrariensis, *De immortalitate animae*, Biblioteca Casanatense, Rome, Ms. 103, f. 26v: '(…) constat quod natura angelica prima comparatione aut relatione ad fontem luminis recipit lucem, ut de igne exempla docuerunt. Anima vero rationalis secunda relatione aut comparatione lumen recipit, quoniam post rerum omnium opificem secunda creatura est dignitate et excellentia'.
55 Antonio degli Agli, *De immortalitate*, Vat. lat. 1494, f. 95rb.
56 G. Houppellande, *De immortalitate* (Paris: Philippe Pigouchet, 1491), no pagination: 'Non enim credo id praecepit, ut membra nostra aut staturam figuramve noscamus, sed ut animi nostri puritatem atque dignitatem intueamur.'
57 J. Campora, *Dell'immortalità dell'anima* (Rome: Johannes Philippus de Lignamine, 1472); the chapter is entitled 'Quanto è grande la dignità dell'anima'.
58 See footnote 23.
59 P. Pomponazzi, *Tractatus de immortalitate animae*, in idem, *Tutti i trattati peripatetici*, ed. J. M. García Valverde, trans. F. P. Raimondi (Milan: Bompiani, 2013), 928, 1096. This is indicated by L. Burzelli (referring to the works of V. Perrone Compagni), 'Specters of Pico', 396–7.

Chapter 1

1 On this author (and the quoted works) see: A. Field, *The Origins of the Platonic Academy of Florence* (Princeton: Princeton University Press, 1988), 12, 136, 158–74, 277–81; A. Terzi, 'Lorenzo da Pisa', in *Dizionario Biografico degli Italiani*, ed. A. Ghisalberti, vol. 66; (Rome: Istituto della Enciclopedia Italiana, 2006), available online: https://www.treccani.it/enciclopedia/lorenzo-da-pisa_(Dizionario-Biografico) (accessed 7 May 2023); A. Edelheit, *Scholastic Florence: Moral Psychology in the Quattrocento* (Leiden, Boston: Brill, 2014), 263–86. The considerations included in this chapter are partly derived from: J. Papiernik, 'Antonio degli Agli's Defence of Immortality', *Renaissance and Reformation*, 44, no. 4 (2021): 87–110 (reprinted with permission).
2 On this, see among others: M. Ficino, *Commentary on Plato's Symposium*, intr., trans. J. Sears Reynolds (Columbia: University of Missouri, 1944); M. Ficin, *Commentaire sur le Banquet de Platon*, ed. and trans. R. Marcel (Paris: Les Belles Lettres, 1956); J. Festugière, *La philosophie de l'amour*; P. Magnard, 'Platon pour disposer au christianisme', in *Marsile Ficin: les platonismes à la Renaissance. Actes du Colloque Marsile Ficin tenu à la Sorbonne les 28 et 29 mai 1999*, ed. P. Magnard (Paris: Vrin, 2001), 195–203; P. Laurens, 'Platonicam aperiamus sententiam: la "lectura platonis" dans le Commentaire sur le *Banquet*', in *Marsile Ficin ou les Mystères Platoniciens. Actes du XLIIe Colloque International d'Etudes Humanistes, Centre d'Etudes Supérieures de la Renaissance, Tours, 7–10 Juillet 1999*, ed. S. Toussaint (Paris: Belles lettres, 2002), 17–28; M. Ficin, *Commentaire sur le Banquet de Platon, de l'amour* (*Commenatarium in convivium Platonis, de amore*), ed., trad., intr. P. Laurens (Paris: Belles Lettres, 2002). It is also worth noting that Agli is one of the invited guests for a banquet organized by Lorenzo de Medici in *De vera nobilitate*, written by Cristoforo

Landino. On this work, see: A. Rabil Jr., 'Introduction' to the *On True Nobility*, in *Knowledge, Goodness, and Power*, 182–94 (further references in this text).

3 M. Ficino, *Opera omnia*, vol. 1, 937: 'in aetate vero mea iam matura familiares, non auditores'. The philosopher in a letter to Martinus Uranius (ibidem, 936–37) composes a catalogue of his friends whom he divides into several groups, including familiar friends, fellow interlocutors, and mutual communicators of opinions and studies: 'consuetudine familiares, ut ita loquar, confabulatores, atque ultro citroque consiliorum disciplinarumque communicatores'. Cf. J. H. Swogger, 'Antonio degli Agli's "Explanatio Symbolorum Pythagorae": An Edition and a Study of Its Place in the Circle of Marsilio Ficino' (Ph.D. diss., University of London, London, 1975), 161 (footnote 229); J. Hankins, 'The Myth of the Platonic Academy of Florence', *Renaissance Quarterly* 44, no. 3(1991): 443 (footnote 48).

4 It is also worth mentioning here Ficino's letters to Agli: one of them is a consolatory letter (*Consolatio in alicuius obitu*, M. Ficino, *Opera*, vol. 1, 660), another one (*Perversis animis adversa sunt omnia*, M. Ficino, *Opera*, vol. 1, 729) may have been written in the context of the conflict between Volterra and Florence in 1472, when Agli was the bishop of the first-named city (cf. D. M. Manni, *Osservazioni e giunte istoriche di Domenico M. Manni ... circa i sigilli antichi dei secoli bassi*, vol. 22 [Florence: Giovanni Risaliti, 1772], 4–5).

5 The dialogue *De mystica statera* was written between the late 1450s and early 1460s. The only known copy is to be found in Naples, Biblioteca Nazionale, cod. VIII F 9, ff. 19v–33r. On this work, see: P. O. Kristeller, *Supplementum Ficinianum*, vol. 2 (Florence: Olschki, 1937), 369–71; R. Marcel, 'Introduction', in M. Ficin, *Commentaire*, 31–2; J. H. Swogger, *Antonio degli Agli's 'Explanatio'*, 19, 21, 58–61, 128 (footnote 28); Ch. Celenza, *Piety and Pythagoras*, 26–31; A. Field, 'The Platonic Academy of Florence', in *Marsilio Ficino: His Theology*, 375.

6 I provide just the most important biographical information, based mainly on the autobiographical *Dialogus* by Agli, which text was thoroughly analysed by N. H. Minnich, 'The Autobiography of Antonio degli Agli (ca. 1400–1477), Humanist and Prelate', in *Renaissance Studies in Honor of Craig Hugh Smyth*, ed. A. Morrogh et al. (Florence: Giunti Barbèra, 1985), 177–91. For the life of Antonio degli Agli see also V. da Bisticci, *Le vite*, ed. A. Greco, vol. 1 (Florence: Istituto nazionale di studi sul Rinascimento, 1970), 295–7; A. D' Addario, 'Agli Antonio', in *DBI* (1960), vol. 1, 400–401; available online: https://www.treccani.it/enciclopedia/antonio-agli_%28Dizionario-Biografico%29/ (accessed 10 May 2023); M. E. Cosenza, *Biographical and Bibliographical Dictionary of the Italian Humanists and of the World of Classical Scholarship in Italy 1300–1800*, vol. 1 (Boston: G.K. Hall, 1962), 141; M. Miglio, *Storiografia Pontificia del Quattrocento* (Bologna: Pàtron Editore, 1975), 177–80; J. H. Swogger, *Antonio degli Agli's 'Explanatio'*, passim; D. Webb, 'Sanctity and History: Antonio degli Agli and Humanist Hagiography', in *Florence and Italy: Renaissance Studies in Honour of Nicolai Rubinstein*, ed. P. Denley and C. Elam (London: Westfield College – University of London Committee for Medieval Studies, 1988), 297–308; M. D' Angeli, 'Nota su Antonio degli Agli', in *Il Capitolo di San Lorenzo nel Quattrocento: convegno di studi, Firenze, 28–29 marzo 2003*, ed. P. Viti (Florence: Olschki, 2006), 253–7.

7 He was buried in Santa Maria dell'Impruneta.

8 N. H. Minnich, 'The Autobiography', 185.

9 The most extensive bibliographies of Agli are to be found in the authors listed above, primarily in D. Moreni, J. H. Swogger, M. D'Angeli, A. D'Addario, D. Webb. Other

important sources from which information about Agli's work may be derived are *Archivio mediceo avanti il principato: Inventario*, vol. 1, 2, 4 (Rome: Pubblicazioni degli Archivi di Stato, 1951–63), *passim*; P. O. Kristeller, *Iter Italicum*, vols. 1–2 (London: The Warburg Institute; Leiden: Brill, 1965–7), *passim*.
10 Siena, Biblioteca Comunale, A.VI.53. In his doctorate, J. H. Swogger (*Antonio degli Agli's 'Explanatio'*, 123) announced the preparation of the edition of this treatise, but there is no evidence that he ever finished his work.
11 This poem is available both in manuscript (see: P.O. Kristeller, *Iter Italicum*, vol. 1, 215, 222, 257; vol. 2, 488, 606; cf. N. H. Minnich, 'The Autobiography', 190) and in modern editions (e. g. A. degli Agli, 'Poesie', in *Lirici toscani del Quattrocento*, ed. A. Lanza [Rome: Bulzoni, 1973]), 29–49; available online: http://www.bibliotecaitaliana.it/testo/bibit000542 (accessed 10 May 2023).
12 Florence, Biblioteca Nazionale Centrale, Nuovi Aquisti, 399; Rome, Biblioteca Apostolica Vaticana, Vat. Lat. 3742. The preface to this work has been edited in M. Migilio, *Storiografia*, 177.
13 Florence, Biblioteca Nazionale Centrale, Conv. Soppr. A.2.1737.
14 Naples, Biblioteca Nazionale, VIII.F.9. This work has been critically edited by J. H. Swogger, *Antonio degli Agli's 'Explanatio'*, 191–313.
15 Naples, Biblioteca Nazionale, VIII.F.9.
16 Ibidem.
17 Ibidem.
18 Ibidem, and also: Florence, Biblioteca Medicea Laurenziana, Plut. 54.10.
19 Pavia, Biblioteca Universitaria, Aldini 304 and also: Florence, Biblioteca Medicea Laurenziana, Plut. 54.10. The latter codex contains also the letters to Cosimo de' Medici (*Barptolomaei Scalae Collectiones Cosmianae*).
20 Florence, Biblioteca Nazionale Centrale, Conv. Soppr. B.9.1268.
21 Vatican City, Biblioteca Apostolica Vaticana, Vat. Lat. 1064.
22 Ibidem, Vat. Lat. 3698.
23 Ibidem, Vat. Lat. 1494.
24 Ibidem.
25 Camerino, Biblioteca Comunale Valentiniana, Ms. 78.
26 Florence, Biblioteca Nazionale Centrale, Conv. Soppr. J IX 10.
27 Archivio di Stato di Firenze, *Archivio Mediceo avanti Principato*. See: P.O. Kristeller, *Iter Italicum*, vol. 1, 71.
28 Florence, Biblioteca Medicea Laurenziana, Laur. 90 sup., 5. It concerns Leonardo Bruni. This is a quite recent discovery by A. Field and J. Hankins; see: A. Field, *The Intellectual Struggle for Florence. Humanists and the Beginnings of the Medici Regime, 1420–1440* (Oxford: Oxford University Press, 2017), 128 (footnote 4).
29 M. D'Angeli (op. cit.) writes that she identified 35 letters in the Archivio di Stato in Florence written by Agli, most of them addressed to Lorenzo de' Medici.
30 The detailed description of the codex can be found in B. Nogara, *Codices Vaticani Latini: Codices 1461–2059*, vol. 3 (Vatican City: Typis polyglottis Vaticanis, 1912), 24–270.
31 According to J. H. Swogger ('Antonio degli Agli's *Explanatio*', 132) it is an autograph.
32 These aspects are analysed in detail in J. Papiernik, 'Antonio degli Agli's Defence', 91–2. The corrections are minor, but grammatical mistakes are significant and Agli had very good knowledge of Latin, so it is improbable that he would make them (Agli is called by V. da Bisticci [*Le vite*, 254]: 'dottissimo in greco e in latino' ['very learned in Greek and Latin']). What is more, according to J. H. Swogger ('Antonio

degli Agli's *Explanatio*', 60), the Naples manuscript (Biblioteca Nazionale di Napoli VIII.F.9) comprising five works by Agli is an autograph manuscript, since it contains a significant number of corrections, additional explanations in the margins, as well as many deleted paragraphs. However, there the handwriting of the corrections and of the main text differ from the handwriting of the Vatican manuscript containing *De immortalitate*. Thus, it seems that the Vatican text was a transcription and not written by Agli himself.

33   C. Eubel, *Hierarchia catholica medii aevi* (Münster: Sumptibus et Typis Librariae Regensbergianae, 1914), 271. See also: N. H. Minnich, 'The Autobiography', 182, 190.

34   J. H. Swogger ('Antonio degli Agli's *Explanatio*', 30) is of the opinion that probably Agli himself transcribed this letter, being pleased with his reception by the inhabitants of Volterra, and he chose the Greek alphabet because he wanted it to be legible only to those knowing the language of Plato.

35   A. degli Agli, *De immortalitate*, f. 91ra: 'Praeterea sciat unusquisque potius quaerendo et hanc materiam ventilando disceptandoque tantae rei me sufficere posse sperando, me aggredi ausum.'

36   According to J. H. Swogger ('Antonio degli Agli's *Explanatio*', 25–7) the treatise is of uneven character, and at the beginning Agli provides sophisticated philosophical arguments, but in the following sections he more often refers to authority rather than reason. Swogger indicates that already on f. 94rb of *De immortalitate* Agli appeals to authority; the passage probably meant (94ra-b) reads: 'However, these authorities, because of the dignity, majesty, divinity, and grandeur of the authors, are more appropriate and more powerful than any reasoning. This is why it is not irritating to mix reasoning with authority, and authority with reasoning.' Nevertheless, as mentioned, at the beginning of the text Agli concedes that belief in immortality is sufficient, and references to the Bible appear already on f. 91rb.

37   J. H. Swogger ('Antonio degli Agli's *Explanatio*', 26) writes that on the basis of the first several folios, which – as he sees it – have a philosophical value, the essay should be titled *De immortalitate rationis* rather than *De immortalitate anime*. While Agli's considerations concern the *animus*, i.e. 'the rational soul', his title is entirely justified, as the history of polemics about immortality involves mainly the possibility of surviving as an individual mind or intellect, not insofar as the lower parts of the soul.

38   However, these groups of arguments, although they come to the fore after reading the entirety of the text, do not exhaust the content of the treaty.

39   E. Garin (*La cultura filosofica*, 112–13) enumerates three arguments: the power of human speech, the divine nature of the syllogism and the infinite power of man, thanks to which if people know themselves, they will know the necessity of God's existence and they thus will be happy. Garin adds that the immortality of man is founded on the closeness of man with God, his divinity. However, the unique qualities of human language and syllogisms are indicated only at the beginning of the treatise, and as such they fit in generally with the remarkable cognitive ability of the human soul, emphasized repeatedly throughout the essay. The divinity of man is explicitly stated at the end of the text, although it may be argued that it is inextricably linked with the specificity of the soul's activity and its possibility of knowing the truth and enjoying the good; and that these are the issues dominating the whole work.

40   However, it should be stressed here that many works by Ficino discussing the metaphysics of light were written after 1470, for example in the collection of small treatises contained in the second volume of Ficino's *Letters* (especially *Quid sit lumen*, which is an earlier version of *De lumine*), *On the sun* (*De sole*), *On light* (*De*

lumine), commentaries on Dionysius the Areopagite, commentaries on Plotinus, etc. As for the *Platonic Theology*, Ficino himself states in a letter to Bandini dated 1474 that he had conducted research for ten years before writing this work, and that the process itself took him five years. M. Ficino, *Opera*, vol. 1, 660: 'O quam perspicax es, Blandine [*sic*], qui subito intuitu cernas, quod ego primum per longas ambages decem annos investigavi, deinde composui hac de re quinquennio octo decemque libros!' Cf. A. Della Torre, *Storia dell'Accademia platonica di Firenze* (Florence: Tipografia G. Carnesecchi, 1902), 590.

41 The *Opuscula theologica* were written in 1476 (on this, see: R. Marcel, 'Introduction', in *Théologie platonicienne de l'immortalité des âmes*, vol. 3, M. Ficino, trans. R. Marcel (Paris: Belles Lettres, 1970), 247–61; this is why Agli could not have followed these texts; furthermore, it is worth stressing that Agli's work does not resemble them at all in terms of structure, and does not exhaust the entire content of them, even though one can find a significant number of Agli's arguments in them. This is especially true of *De raptu Pauli*.

42 Cf. A. degli Agli, *De immortalitate*, f. 91rb–va.

43 Ibidem, f. 91vb. Quite similarly, in *Explanatio in Ecclesiastem* (f. 95r) the author indicates that wisdom is related to the day and knowledge to night. We also read here that through wisdom we know God, and through knowledge all that is below Him.

44 Ibidem, ff. 93vb–94ra. The same reference to the book of Genesis (Gen. 2:7) is also found in *De rationibus fidei* (f. 32v).

45 Ibidem, f. 95ra: 'Ea enim luce intelligit se, intelligit ipsam lucem, intelligitur ab ipsa luce', and in the following section Agli repeats that the light is somehow essential for the soul and that the human soul would not be what it is if it itself lacked this light. Very similar considerations may be found in *De rationibus fidei* (f. 33v), where Sophia, a character of this dialogue, explains that it is in the light and thanks to the light that people understand: 'Haec (aeternitatis coniunctio et communicatio) enim ea lux vera est, qua omnes homines illuminari dicuntur, in qua et per quam ipsamet ii intelliguntur.' We also read in *Explanatio in Ecclesiastem* (ff. 63v–64r) about the light of God that illuminates the human soul and makes it possible to know the truth. Again, in the *Liber iubilei* Agli writes that the intellect cannot understand anything unless it is illuminated by divine light. This applies to both humans and angels. The author refers to Psalm 35, similar to the passage indicated above in the *Explanatio* (*Liber iubilei*, f. 38r): '(…) intellectus non intelligit nisi intelligibili illustratus. Ideo dictum a psalmista Deo loquente: "in lumine tuo videbimus lumen". Nullus enim nec homo nec et angelus nisi in eius lumine quid intelligit.'

46 Ibidem, f. 96ra. Likewise, in *Explanatio in Ecclesiastem* (f. 95r–v) the author recognizes that the eternal uncreated sun is the source of light, which in turn is the reason why the intellect comprehends, moreover, that this light is a form of intellect.

47 Ibidem. Also in *Liber iubilei* (f. 59v) Agli identifies light with life, and writes that 'in the state of blessedness a man sees the source of life and recognizes that life is the light of humans and light is life'.

48 Cf. A. Field, *The Origins*, 173.

49 A. degli Agli, *De mystica statera*, ff. 22v–23r: 'Sol enim in homine est spiritus divino atque increato lumine caloreque insignis. Spiritus enim in nobis est ea pars animae, quae ceu speculum ab increatum Solem conversa ipsius Solis imaginem percipit ita, ut eius lumine luceat, eius calore flagret, eius rursus vi ac potentia sola vigeat, quo fit ut vel ad Lunam, hoc est ad animam flagrantis ipsius luminis vis et natura descendat, qua scientia prudentiaque exoritur … '

50 Jo. 1, 3–5.
51 Saint Augustine, *De civitate Dei*, VIII, 7.
52 A. degli Agli, *De rationibus fidei*, f. 17v: 'Cum de verbo loqueretur, ait (Johannes): "omnia per ipsum facta sunt et sine ipso factum est nihil quod factum est, in ipso vita erat et vita erat lux hominum et lux in tenebris lucet". (...) Scio plane Augustinum in libro *De civitate Dei* dixisse a Plotino Platonis sensum explanante dictum lumen esse mentium ad discenda omnia eum ipsum Deum a quo facta sunt omnia.'
53 Ibidem, f. 34r: 'Veritatis lumen divinum quid est et incommutabile quod vero nisi cognatis naturis penitus innotescit. Quisquis autem veritatis tendet rationem ceu a termino radii ascendere incipiens ad eum denique elatus pervenit, qui veritatem esse se ait. Impossibile autem est eam indolem quae tanti capax est luminis esse mortalem. Inde enim probatur quanti sit animus in quo nisi esset imago veritatis, qui Deus est, haudquaquam sentire posset influxum in se veritatis. Illa siquidem imago tanti roboris est, ut id cui insita est, sic simile sibi reddat, ut immortalem esse necesse sit, quam sane naturam inesse animis nullus non stultus ignorat. Immortalis igitur est animus.' Analogous considerations, although without reference to light, can also be found later in this text. The author explains that when man rises to the knowledge of God, he reaches the form of himself which in God is precisely God. As a result, he perfects himself just as in the image of what is perfect. When he pictures God, he presents to himself a form that is more familiar to himself, and thus through such resemblance rises to the eternal form or principle of man. Ibidem, ff. 51v–52r: 'Cum vero homo ad Dei ascendit cognitionem, ad ideam suam ascendit, quae ideo ipse Deus, ubi homo ipse tamquam in sigillo et perfici potest et conservari. Cum igitur Deum pingit ea forma pingit quae ei familiarior est ac notior, ut per eam similitudinem ad rationem aeternam et speciem ascendat hominis.'
54 Ibidem, f. 33r–v: '(...) in anima aeternitatis coniunctio et communicatio operetur. Haec enim ea lux vera est, qua omnes homines illuminari dicuntur, in qua et per quam ipsammet ii intelligunt. Est enim illius tanta vis, ut quae aeterna natura non sunt sicuti aeterna constituat, ut autem supra vim rei creatae est increatae rationem agnoscere, sic itidem increatae virtutis opis est in aeternitatis decus maiestatemque transferri. Quae quidem transitio ita potens est, ut licet creata sit anima, increata tamen et cernit et contemplatur, quo fit, ut increati vim ita alte suscipiat, ut creati inde imbecillitas fulciatur.'
55 M. Ficino, *Quid sit lumen*, in *Opera*, vol. 1, 720; and also idem, *De raptu Pauli*, in idem, *Opera*, vol. 1, 700; and also idem, '*Argumentum in Theologiam Platonicam*', in idem, *Platonic Theology*, trans. M. J. B. Allen, ed. J. Hankins and W. Bowen, vol. 6 (Cambridge, MA, London: Harvard University Press, 2006), 236. In the *Compendium to the Platonic Theology* (694) Ficino calls God 'the brightness overtopping all brightness' (*Deus supereminens claritas claritatum*).
56 M. Ficino, *Quid sit lumen*, in idem, *Opera*, vol. 1, 718.
57 Ibidem, 720; and also M. Ficino, *De raptu Pauli*, 702.
58 Agli writes similar words, quoting a passage from the Gospel of St. John (Jo. 1:9) 95rb: 'Cum enim Iohannes ait: "erat lux vera quae illuminat omnem hominem venientem in hunc mundum", lucem illam intelligit (...)'. The same quotation in a similar context appears in the *Platonic Theology*: M. Ficino, *Platonic Theology*, vol. 4, XII.1, 24.
59 M. Ficino, *De raptu Pauli*, 702, the chapter: 'God is infinite life of lives and light of lights' (*Deus est infinita vitarum vita lumenque luminum*). Cf. also *The Platonic Theology*, vol. 5, XVI.8, 318, and vol. 6, XVIII.9, 166.

60 Ibidem, 705, the chapter: 'Soul sees its immortality when it sees that the ray of the intellect is infused in it by God and is reflected back to God' (*Anima immortalitatem suam videt, quando videt radium intelligentiae infundi sibi a Deo atque in Deum reflecti*). Cf. also M. Ficino, *Platonic Theology*, vol. 3, X.5, 160; vol. 3, XII.1, 22; vol. 4, XII.3, 32; vol. 6, XVIII.8, 132–4, 140–52; vol. 6, XVIII.11, 210.
61 M. Ficino, *Platonic Theology*, vol. 4, XII.1, 22.
62 M. Ficino, *Quid sit lumen*, p. 720. Similarly, in the *Compendium to the Platonic Theology* (693–4) we read that there is brightness (*claritas*) in the mind which was infused into it at the beginning, i.e. at the mind's creation.
63 M. Ficino, *Quid sit lumen*, 720. In the *Platonic Theology* (vol. 3, IX.3, 21) souls are identified with incorporeal light, replete with all the forms. In a different passage of this work (vol. 3, IX.4, 52) it is explained that human minds receive intellectual light through angelic minds. Cf. also ibidem, vol. 1, III.1, 228; vol. 3, X.7, 174; vol. 5, XVI.8, 318
64 M. Ficino, *Argumentum*, 236, the chapter: 'On God's light and on the shadow of matter' (*De luce Dei ac de umbra materiae*).
65 Gen. 1:27.
66 M. Ficino, *De raptu Pauli*, chapters: *Mens est Dei speculum* and *Corpora sunt umbrae Dei, animae vero Dei imagines immortales*, 705–6. About the mind as the mirror of God, Ficino also writes in M. Ficino, *Compendium Platonicae Theologiae Marsilii Ficini Florentini*, in idem, *Opera*, vol. 1, 693. Cf. also: idem, *Platonic Theology*, vol. 2, VIII.5, 290.
67 A. degli Agli, *De immortalitate*, f. 91ra-b.
68 Ibidem, f. 92ra-b.
69 On the operations of reason see: M. Ficino, *Platonic Theology*, vol. 5, XVI.1, 246–52.
70 M. Ficino, *Compendium*, 697.
71 M. Ficino, *Quaestiones quinque de mente*, in idem, *Opera*, vol. 1, 680; English translation of this essay: M. Ficino, 'Five Questions Concerning the Mind', trans. J. L. Burroughs, in *The Renaissance Philosophy of Man*, ed. E. Cassirer, P. O. Kristeller and J. H. Randall (Chicago, London: The University of Chicago, 1948), 193–212. This problem (that the human mind is constantly troubled by internal unrest) is widely discussed by P. O. Kristeller in *The Philosophy of Marsilio Ficino*, 207–14.
72 On *ratio* in Ficino's thought see: P. O. Kristeller, *The Philosophy of Marsilio Ficino*, 374–85; C. Vasoli, 'La "ratio" nella filosofia di Marsilio Ficino', in *Ratio, Atti del VII Colloquio internazionale del Lessico Intellettuale Europeo (Villa Mirafiori, Roma 9–11 gennaio 1992)*, ed. M. Fattori and M. L. Bianchi (Florence: Olschki, 1994), 219–37 (also in idem, *Quasi sit Deus. Studi su Marsilio Ficino* (Lecce: Conte, 1999), 263–80); S. Fellina, 'Modelli di episteme neoplatonica nella Firenze del '400. Le gnoseologie di Giovanni Pico della Mirandola e di Marsilio Ficino' (Ph.D. diss., L'Università degli Studi di Parma, Parma, 2014), 164–71. S. Howlett, *Marsilio Ficino and His World* (London: Palgrave Macmillan, 2016), 108–10.
73 In Ficino's writings, *ratio* also has many meanings. Apart from the power specific for the human soul discussed above, it simply means intellectual power in general as opposed to the sensual one (see e.g. M. Ficino, *Platonic Theology*, vol. 3, XI.3, 214). Moreover, it is also an incorporeal, eternal form or principle of a thing which is innate to the mind. Ficino identifies *rationes sempitaernae* with *species absolutae* that in the act of contemplation are grasped by the mind perfectly (on this, see especially: ibidem, vol. 3, XI.1–6, pp. 198–322). Moreover, the term simply means 'rationality'. See e.g. ibidem, vol. 1, I.3, 44.

74 This is an obvious reference to the triad found in St. Augustine's works. For closer analyses of different variants of this trio, see: J. J. O'Donnell, 'Commentary on Books 1–7', in Augustine, *Confessions*, ed., comm. J. J. O'Donnell, vol. 2 (Oxford: Oxford University Press, 1992), 46–51. Cf. also Wis. 11:29. Agli also refers to this in other texts, including *De mystica statera* (f. 19v) and *Explanatio in Ecclesiastem* (ff. 81v–82r). Cf. some of Ficino's works, e.g. *De raptu Pauli* (946).

75 As is written above, Agli does not develop the concept of the powers of the human soul, but he explicitly uses the notion of *intellectus agens*. This means that he was familiar with the distinction between the active and the material intellect and that – as may be assumed – he considered these powers to belong to the individual soul, just as do Saint Thomas and Marsilio Ficino. A. degli Agli, *De immortalitate*, 93rb: 'Animus item intelligit longitudinem, latitudinem, sublimitatem et profundum, rationem videlicet horum quattuor tenet abstrahens per intellectum agentem (…)'.

76 Ibidem.

77 Ibidem, f. 93ra: 'Aeternum enim quoddam est quod ab animo capi non posset nisi vel ipse aeternitate preditus esset'. What is more, intellectual activity in itself – insofar as it enables one to know what is true – must be changeless and eternal. More specifically, while reasoning is processual and changeable according to the object it considers (this what makes it possible to reach the truth about things), the very core of such activity is unchanging and eternal. Cf. ibidem, 92rb.

78 Ibidem, 93va-b: 'Quin etiam virtus, officium, decorum et honestum, pulchritudinem in humano animo divino fulgore numineque conspicuam illustremque conficiunt, quae divinis aeternisque constant rationibus, quae animus nisi divinus esset et aeternus, et ob quandam proportionem ac similitudinem hiis capiendis aptus, haud quaquam tam magna, tam angusta, tam pura, tam simplicia capere umquam sufficeret'. The same correspondence applies to the eternal divine rationality that resides in the soul of man. Since there must be compatibility between what is in the substrate and the substrate itself, the soul is immortal. Cf. ibidem, 94rb.

79 Ibidem, f. 94rb–va.

80 M. Ficino, *De raptu Pauli*, 702.

81 Ibidem, 703, the chapter: *Immortalitas animi ex proportione ad immortalia*.

82 M. Ficino, *Argumentum*, 260.

83 M. Ficino, *Five Questions*, 678–80, the chapter: *Animus optatum finem bonumque suum quandoque consequi potest*.

84 P. O. Kristeller emphasizes the importance of the principle of affinity in the Ficinian concept of the soul's immortality (idem, 'The Theory of Immortality', 299–319). He writes (303): '(…) the most important of all the metaphysical attributes of the soul is immortality; to demonstrate it, Ficino frequently again uses the principle of affinity'. He also states (304): 'This argument from affinity, which had already been emphasized by Plato in the *Phaedo*, is in Ficino one of the pillars of the whole theory of immortality'. Books V–XIV of the *Platonic Theology* contain arguments for the immortal nature of the soul, a consequence of its place in the structure of the ontic reality presented in the opening parts of the work. Most of the arguments are based on the aforementioned principle. Book XI plays here a special role, where the author argues that the soul is immortal because of its uniting with eternal objects, its capture of pure forms and eternal principles (*species absolutas* and *rationes sempiternas*), and on the basis that the mind is the subject of eternal truth.

85 A. degli Agli, *De immortalitate*, f. 94va–b.

86 Ibidem, f. 96vb.

87 A. degli Agli, *De mystica statera*, f. 28v: '(…) dico absurdum esse simul atque impium suspicari Deum frustra dedisse homini cognitionem desideriumque immortalitatis, consequendae vero abstulisse facultatem. Sed cum Deus nihil agat frustra, haudquaquam ambigendum beatam hanc immortalitatem hominem assequi aliquo pacto posse'. Idem, *Liber iubilei*, f. 39r: 'Ex hac autem agnitionem [i. e. aeternitatis – JP] desiderium tum immortalitatis, tum eaternitatis ipsius animis protinus humanis exoritus, qua quidem agnitione quoque desiderio immortales esse animas novimus. Vanus siquidem atque superfluus Deus esset, si agnitionem ac perinde desiderium aeternitatis mentibus inseruisset humanis quod impleri non posset, quod non solum affirmare, sed et suspicari atque etiam dubitare absurdum est simul atque impium; non igitur frustra tale animis insitum est desiderium, immortales igitur animae'. Idem, *De rationibus fidei*, f. 34r: 'Stultissimi plane homines qui vento pascuntur quique ignorant desiderium illud immortalitatis haud frustra a Deo animis insitum. Nihil siquidem ab eo fit sine optima causa, quod si contra esset, desiderium huiusmodi expleri non posset. Ideo igitur immortales quoquo homines pacto effici cupiunt, quia possunt, sed hoc ignorant. Si autem non possint, Deus nugax fuisse putandus, qui nequicquam desiderium immortalitas animis inseruisset humanis, quod non solum absurdum, sed et impium est suspicari. Quicquid rursus novit quid veritas sit, immortale esse necesse est, sed animus id novit, ergo, etc.'

88 M. Ficino, *Platonic Theology*, vol. 1, I.1, 14. We also read in some of the *opuscula theologica* that here and now, i.e. when the soul remains connected with the body, our condition is miserable. Cf. M. Ficino, *Five Questions*, 680, the chapter: *Immortalis animus in corpore mortali semper est miser*; idem, *Argumentum*, 250, the chapter: *Gustus animi amaro corporis humore infectus divinorum saporem aut nullo modo aut vix et rarissime gustat*.

89 M. Ficino, *Platonic Theology*, vol. 1, I.1, 14.

90 Ibidem, vol. 4, XIV.5, 259: '(…) the will's desire for immortality is natural because it is an instantaneous act consequent upon the pure nature of the intellect and the will'.

91 Cf. ibidem, 252–62.

92 M. Ficino, *Platonic Theology*, vol. 4, XIV.1, pp. 224–6.

93 M. Ficino, *Five Questions*, passim. On this, see: J. L. Burroughs, 'Introduction', in *The Renaissance Philosophy of Man*, 188–9. Of course, concerning the *appetitus naturalis* and the necessity of natural movement reaching its goal at some time is also to be found in the *Platonic Theology* (vol. 4, XIV.2, 230–2 and XIV.5, 252–6 and 256–60). The Ficinian theory is discussed in detail in this regard by P. O. Kristeller in idem, *The Philosophy of Marsilio Ficino*, 171–99. See also: A. B. Collins, 'Love and Natural Desire in Ficino's *Platonic Theology*', *Journal of the History of Philosophy*, 9, no. 4(1971): 435–42.

94 The legend of John Duns Scotus being buried alive was passed on, for example, by Francis Bacon in his *Historia vitae et mortis* (idem, '*Historia vitae et mortis*', in idem, *The Works of Francis Bacon*, intr., ed. J. Spedding, R. L. Ellis and D. D. Heath, vol. 2 [1857, Cambridge: Cambridge University Press, 2011], 209).

95 See: Diogenes Laertius, *Lives of Eminent Philosophers*, IV, 65.

96 Pliny, *Naturalis historia*, VII. 42.

97 To this topic P.O. Kristeller devoted considerable research in his monograph, *The Philosophy of Marsilio Ficino*. E. Cassirer pays special attention to this issue as well, in an extensive review of this book: idem, 'Review: Ficino's *Place in Intellectual History*', *Journal of the History of Ideas*, 6, no. 4 (1945): 483–501. As he pointed out (p. 485), Kristeller's significant achievement was the recognition that 'Ficino's conception

of the act of contemplation is the crucial point in his theory of God, in his theory of Being and Thought, in his theory of the human soul, in his theory of morals, art, religion'.

98 See footnote 92 – the quoted title of the *Argumentum*'s chapter.
99 These considerations, in different forms, may be found in several parts of the *Platonic Theology*, but it is worth noticing that at the very beginning of the work, in the first chapter of the first book (vol. 1, I.1, 14–16), the author explains that only in the afterlife is the contemplation of light unimpeded.
100 Ibidem, vol. 4, XIII.2, 120–36.
101 A. degli Agli, *De rationibus*, f. 24r: 'Nam sicut anima et caro, ut ait quidam, unus est homo, ita deus et homo unus est Christus, qua unione ille homo super omnia creata evectus est'. This is obvious reference to the pseudo-Athanasian Creed (J. N. D. Kelly, *The Athanasian Creed* [New York, Evanston: Harper & Row, 1964), 20]), where we read: 'Nam sicut anima rationabilis et caro unus est homo, ita deus et homo unus est Christus'.
102 Ibidem, f. 30r: 'Si enim sola anima immortalitatem sortita esset, non homo, sed anima tantum evaderet, quo fieret ut Christi humanitas animae tantum non humanitati consuleret, nec integro homini sed hominis parti tantum integer homo deus opem tulliset'.
103 Cf. ibidem, f. 30v.
104 Cf. ibidem, f. 31r–v
105 Ibidem, ff. 32v–33r: 'Sophia: Omne quod est scientiae capax mori non potest et anima talis est, ergo etc. Didimus: Quam ob rem? Sophia: Quod ea quae huic subiiciuntur aeterna sunt, quod autem percipit aeterna aeternum necesse est, quod cum faciat anima immortalem esse necessario iudicanda. (…) Anima est ita aeternitati coniuncta, ut aeternitate ipsa affecta; locus, tempus, motum, quantitates et alia generis eiusdem intellectu superemineat universa. Cum vero rationem intelligat rerum compositum quid esse nequit, nam si sit, aeternitatem rationis capere nequeat, restat igitur, ut quid simplex sit; quod si ita est corrumpi non potest, concreta enim tantum et composita corrumpuntur, immortalis est igitur anima.'
106 Ibidem, f. 33r: 'Didimus: Etiam substantiae separatae quodammodo dicuntur esse compositae, ac si non ex aliis, saltem ex esse atque essentia, ita ut aliud sit in eis essentia, aliud esse. Quidam etiam appellat materiam eam potentiam quae forma in iis perficitur, ita ut si is vera loquitur, ex materia quodammodo et forma constare videantur. Sed quo pacto appelletur parum mea interest res una inspicienda non verba, ex potentia enim hac, hoc est ex essentia, quae habet se ad actum utpote materia ad formam compositae unitur, quae si separentur ab invicem, corrumpi eas necesse esse videtur; quod si hoc sit in illis substantiis, quid erit in animabus quae natura his inferiores sunt.'
107 Ibidem, 'Sophia: esse et essentia compositum nequaquam efficiunt, essentia enim illa potentia pura est, ita ut forma adveniente et incorporea sit et simplex atque ita simplex, ut rationem eternitatis intelligat. (…) Si separata sit, nihil a substantiis huiusmodi differt quod si ita est, immortalem esse necesse est. Si quid rursus rationem intelligit numerorum, quae et aeterna est et immutabilis aeternum quid esse necesse est. Illa enim ratio ita se habet, ut nisi ab aeternis capi non possit, sed anima hanc capit, inmortalis igitur est.'
108 Saint Thomas Aquinas, *De ente et essentia*, in idem, *Opera omnia*, vol. 43 (Rome: Comissio Leonina, 1976), ch. IV, 377b. Aquinas refers to Boethius, *De hebdomadibus* (Patrologia Latina, vol. 64 [1891], 1311 B-C). Perhaps Agli's treatise refers to Aquinas'

opusculum under the same title, i.e. *De rationibus fidei*. It should be noted, however, that Agli's text is quite extensive, as it covers over a hundred folios, and deals with many aspects of Christian doctrine. Aquinas's short treatise takes up only a few issues, including those concerning the dogma of the Holy Trinity, the Incarnation and Redemption, the Eucharist, the existence of purgatory and human freedom. It was written shortly after the Angelic Doctor wrote *Summa contra gentiles*, which is similarly apologetic in nature but much more extensive and may be considered a handbook of Christian faith.

109 Thomas Aquinas, *Quaestiones disputatae de anima*, in idem, *Opera omnia*, ed. B. C. Bazán, vol. 24, 1 (Rome: Comissio Leonina, Paris: Éditions du Cerf, 1996), q. 6, 12, 48: 'Praeterea, omne quod est, vel est actus purus, vel potentia pura, vel compositum ex potentia et actu. Sed anima non est actus purus, quia hoc solius Dei est; nec est potentia pura, quia sic non differret a prima materia. Ergo **est composita ex potentia pura et actu**; ergo non est forma tantum, cum forma sit actus.'

110 Aquinas himself attributed it to Isaac Israeli (idem, *Summa Theologiae*, in idem, *Opera Omnia*, vol. 4 [Rome: Comissio Leonina], I, q. 16, a. 2, ad 2, 208; and idem, *Quaestiones disputatae de veritate*, in idem, *Opera omnia*, vol. 22, ed. A. Dondaine [Rome: Comissio Leonina, 1970], q. 1, a. 1, 6); however, it comes from Avicenna, even if we cannot find a canonical formulation of it in the Persian philosopher (cf. Avicenna Latinus, *Liber de Philosophia prima sive scientia divina*, ed. S. Van Riet and G. Verbeke, vol. 1 [Louvain: Peeters, Leiden: Brill, 1977], 55–6). In Aquinas, this definition appears already in an early commentary on Peter Lombard's *Sentences*: 'In ipsa operatione intellectus accipientis esse rei sicut est per quamdam similationem ad ipsum, completur relatio adaequationis, in qua consistit ratio veritatis' (idem, *Scriptum super Sententiis*, I, d. 19, q. 5, a. 1, c, ed. R. P. Mandonnet, vol. 2. [Paris: Lethielleux, 1929]) and: 'Quaedam enim veritatis definitio datur (…) secundum commensurationem eius quod est in intellectu ad id quod est in re, sicut dicitur: veritas est adaequatio rei ad intellectum' (ibidem). Cf. J. T. Muckle, 'Isaac Israeli's Definition of Truth', *Archives d'histoire doctrinale et littéraire du moyen âge* 8 (1933): 5–8. In this context it is also worth recalling that Ficino alludes to this definition, writing: 'Veritas autem est rerum cum mentibus adaequatio' (idem, *Platonic Theology*, vol. 2, VIII.4, 318).

111 A. degli Agli, *De rationibus*, f. 34r: 'Quo pacto immortale sit quod veritatem agnoscit haud satis intelligo. Scio quidem veritatem esse adaequationem rei et intellectus. Numquid propter hoc immortalis anima mea quod hoc intelligat?'

112 Ibidem, see the footnote 58.

113 Ibidem, f. 34v–35r.

114 A. degli Agli, *De immortalitate*, f. 96va.

115 A. degli Agli, *De immortalitate*, f. 97va: 'si quem haec legere fortasse contingat, sic teneat, sic probet, ut sacrarum litterarum auctoritatibus ac testimoniis in cunctis adhaereat, quibus si quis non movetur, hiis moverii haud quaquam sperandum est'.

116 A. degli Agli, *De rationibus fidei*, f. 6: 'Grecorum doctrina phylosophiaeque eorum praecepta dissensionibus varietatae contrariisque laborant, ita ut non solum dogmatae sensuque discordent, sed libris alter alterum et insequuntur et destruere certent. Quidam etiam inventi qui universos et ludant et prosternere quodammodo atque explodere moliantur. Themisitus philosophus, qui Valentis imperatoris tempore admodum floruit, trecentas ante se fuisse philosophorum asserit sectas, quarum sententiae non solum diversae inter se, sed et contrariae plerumque extitisse compertae sunt. Vestrorum vero una ab initio mundi usque ad haec tempora

sententia fuisse agnita: unus Deus semper creditus, unus cultus, Christus nasciturus ex virgine ab omnibus intellectus.' Once again, at the end of this work (f. 103r), the author refers to the aforementioned reckoning of Themistius about the number of philosophical schools.
117 Ibidem, f. 96r-v: 'Sic diabolus, qui draco hic appellatur, suam vim maliciam videlicet nequitiam et omne denique vitium pseudo Christis et pseudo philosophis et pseudo sanctis impartitus est, inter quos fuerunt pharaonis malefici et Phitonissae omnes Simon Magus ac forsitan etiam Apollonius Tyancus, de Sybillis vero quid asseram nescio, Christum enim Christique opera permulta vaticinantur, Hermes autem Trismegistus, Orpheus Museus, Plato, atque innumeri alii, qui theologi habiti sunt, huius prophetae et membra fuisse putandi sunt. His vero adhibendus est Pythagoras qui magna sapientiae et scientiae opinione falsissima invehere dogmata nisus est (…)'. At the end of *De rationibus* (f. 103r) Agli once more points out that, by means of devilish inspiration, some of the ancients theologians present their teachings. This group includes Hermes Trismegistus.
118 A. degli Agli, *De mystica statera*, ff. 30v-31r. Antonio's response (f. 31r): 'Eorum, quos modo nominasti, nulla apud me auctoritas valet.'
119 Ibidem, f. 32r: 'Templum dei vasque pretiosissimum ipsi sumum. Videndum igitur ne divinitatis sacrarium ac vasculum fimi sordibus compleamus. Is vero fimo ac ceno et ut ita dixerim stercore complet, qui vas vere receptaculum seu caecam sapientiae gentilium philosophorum ineptus ac nugis opplere laborat, quorum dogmata corrupta ac veneno infecta refertaque sunt universa; quibus cum ipse operam dare assiduo videaris, haudquaquam in statera hac natura appendisse te manifestum est. (…) maximo opere Platonem sectari videris, a quo non nisi recedas, una cum eo in tenebras te deturbari exteriores denique opus erit. Videas igitur quod agas, cuique ipse te credas, non enim hic de rerum, sed de animae periculo agitur.'
120 Ibidem. Cf. A. Field, *The Origins*, 173-4.
121 See M. Ficino, *Opera*, vol. 1, 871 (a letter addressed to Joannes Pannonius). This letter is entitled: *Divine Providence Ordered the Restoration of the Ancient* (*Quod divina providentia statuit antiqua renovari*). Cf. J. Hankins, *Plato in the Italian Renaissance*, vol. 1, 286; M. de Gandillac, 'Neoplatonism and Christian Thought in the Fifteenth Century', in *Neoplatonism and Christian Thought*, ed. D. J. O'Meara (Norfolk, VA: International Society for Neoplatonic Studies, 1982), 164.
122 See M. Ficino, *Opera*, vol. 1, 872 (the letter to Pannonius quoted above).
123 In the introduction to his commentaries on the works of Plato, Ficino writes that religion is the only path to happiness, not only for the uneducated, but also for scholars. M. Ficino, *Opera*, vol. 2, 1128: 'Oportebat enim religionem (quae unica est ad felicitatem via) non rudioribus tantum hominibus, verum etiam peritioribus communem fore.'
124 M. Ficino, *Platonic Theology*, vol. 1, 10.
125 Ibidem, p. 8.
126 Cf. A. B. Collins, *The Secular Is Sacred: Platonism and Thomism in Marsilio Ficino's Platonic Theology* (Hague: Nijhoff, 1974), 7.
127 M. Ficino, *Opera*, vol. 1, 885-6: '*Cognitio de divinitate animae ante omnia necessaria*. Quidnam prodest homini si universum mundum lucretur, animae vero suae detrimentum patiatur? Frustra laboras, philosophe, dum conaris omnia comprehendere, nisi apprehenderis animam, per quam sis reliqua comprehensurus, quidnam tibi, theologe prodest aeternitatem afferre Deo, nisi eadem tibi quoque afferas, ut per aeternitatem tuam frui possis aeternitate divina? Ergo philosophi

simul atque theologi venite, precor omnes, audite prophetam admirantem quanta fecit Deus animae nostrae. (…) Exclamo equidem, admiror, portendo Deum ipsum animae nostrae dedisse divina. (…) Ergo tu bone Iesu, qui pendes isthic pro anima, numquid voluisti pro anima corporea pati, pro anima mortali mori? (…) Absit, ut pro re vilissima rem pretiosissimam commutaverim; imo vero pro anima hominis divina Deus factus est homo, pro anima immortali sum mortuus. Erubescant igitur conturbentur, confundantur valde velociter inimici nostri, quoniam Deus noster magna et mirabilia fecit nobis. (…) Interimunt vero animum, qui corporeum praedicant atque mortalem.'

128 It is worth recalling that Ficino sees this activity as an inherent torment in a human being, pointing out that constant deliberations disturb the peace and interfere with achieving a state of contemplation, the most perfect way of knowing. Cf. also M. Ficino, *Quinque quaestiones de mente*, trans. J. Papiernik, in J. Papiernik, 'Marsilia Ficina *Pięć kwestii o umyśle* – przesłanie filozofa *in nuce*', *Przegląd Tomistyczny* 22(2016): 148–50.

129 The apologetic context of the treatise resembles such positions in Ficino's *De christiana religione*, a text completed in 1474. In the preface to this work, addressed to Bernardo del Nero, the author writes that since man can find all good in the Christian religion, all the mind's powers should be engaged in maintaining, confirming and defending the faith. Ficino declares that (in accordance with the above recommendation) wishing to use his knowledge, with God's help he wrote a book aimed at confirming and defending the true religion, Christianity. M. Ficino, *Della Religione Christiana. Opera utilissima, e dottissima, e dall'autore istesso tradotta in lingua toscana* (Florence: i Giunti, 1568), 3 (I maintain the original orthography): 'Dapoi che solamente nella sacra Religione ogni nostro bene si truova, debbasi nell' osservantia et confirmatione et difensione di questa tutte le forze dello ingegno operare. Per laqual cosa volendo el tuo Marsilio Ficino usaer l'ufficio suo al meno in qualche parte, ha in questo anno composto con l'aiuto divino un libro in conferrmatione et difensione della vera Religione, quale è la Christiana.'

Chapter 2

1 J. Hankins, 'Lorenzo de'Medici as a Patron of Philosophy', *Rinascimento*, 34 (1994): 15–53; D. Cortese, 'Francesco della Rovere e le "orationes" sull'immacolata del vescovo di Padova Fantino Dandolo (1448)', in *Regnum hominis et regnum Dei. Acta quarti Congressus, Paduae 24–29 September 1976*, ed. C. Bérubé, vol. 2 (Rome: Quaracchi, 1978), 61–8.

2 For the biography and works of Isotta Nogarola see primarily: I. Nogarola, *Opera quae supersunt omnia Isotae Nogarolae Veronensis, accedunt Angelae et Zenevrae Nogarolae epistolae et carmina*, ed. E. Abel, 2 vols. (Vienna: Gerold et socios, 1886) (Abel wrote a lengthy preface entitled *De Isotae Nogarolae vita*: ibidem, vol. 1, I–CLV); L. Carpanè, 'Nogarola, Isotta', in *DBI*, ed. R. Romanelli vol. 78 (2013), 680–3; available online: https://www.treccani.it/enciclopedia/isotta-nogarola_%28Dizionario-Biografico%29/ (accessed 11 May 2023) – many further references in this entry. Although Leonardo is a rather rare figure in Isotta's correspondence, her attachment to her brother is evident, for example in how she tries to support his career as a priest; see her letter to Cardinal Giuliano Cesarini

from 1438: I. Nogarola, *Complete Writings: Letterbook, Dialogue on Adam and Eve, Orations*, ed. M. L. King and D. Robin (Chicago, London: University of Chicago Press, 2004), 69–73, and the letter to Cardinal Francesco Condulmier from 1439; ibidem, 80–2.

3 See e.g. S. Maffei, *Verona illustrata*, part II (Verona: Jacopo Vallarsi e Pierantonio Berno, 1731), 186–7; L. Federici, *Elogi istorici de' più illustri ecclesiastici Veronesi*, vol. 1 (Verona: Ramanzini, 1818), 88; F. Scifioni, *Dizionario biografico universale*, vol. 4 (Florence: David Passigli, 1840), 225; H. Hurter, *Nomenclator literarius theologiae Catholicae*, vol. 2 (Innsbruck: Oeniponte, 1906), 1009; C. Perpolli, 'L'Actio Panthea e l'Umanesimo Veronese', *Atti dell'Accademia di Agricoltura, Scienze e Letteratura di Verona*, 4, no. 16 (1915): 71–2; *All'ombra del Lauro. Documenti librari della cultura in età laurenziana*, ed. A. Lenzuni (Florence: Silvana Editoriale, 1992), 119–21. Some information on Nogarola may also be found in the nineteenth-century edition of Isotta's works; in one footnote the author of the introduction provides a short biography of Leonardo (E. Abel, 'De Isotae Nigarolae vita', LXXXIV–LXXXVI) and, interestingly, he describes Isotta's brother as one who gained a remarkable place among fifteenth-century philosophers and theologians. E. Abel, *De Isotae Nogarolae vita*, III–IV: 'Inter theologos et philosophos qui saeculo decimo quinto floruerunt insignem locum obtinet Leonardus Nogarola, Isotae frater germanus.' A similar opinion is presented by L. Federici (op. cit., p. 88: 'Si tenne in concetto di gran Teologo, e Filosofo, e lasciò opere sue piene di dottrina') and Perpolli (op. cit., p. 71: '... occupa un posto insigne fra i filosofi del secolo XV ... ').

4 Published Bologna 1481 and Vicenza 1486; it is also contain in Rouen, Bibliothèque municipale, MS A 13.

5 Published Vicenza 1485.

6 Published Rome 1477.

7 Published in Vicenza 1497.

8 *Oratio domini Leonardi de Nogarolis ad Vincentinos pro Omnibono*, Florence, Biblioteca Laurenziana Medicea, Ashb. 180, f. 251r, 252r. It has also been published by R. Sabbadini, 'Nuove notizie e nuovi documenti su Ognibene de' Bonisoli Leoniceno', *Antologia Veneta*, 1 (1900): 188–9.

9 It is included in Florence, Biblioteca Laurenziana Medicea, Ashb. 180, ff. 1r–180r.

10 Biblioteca Apostolica Vaticana, Vat. lat. 4063.

11 *Oratio in petenda licentia ab illustrissimo Principe ac duce Venetiarum, edita per dominum Leonardum de Nogarolis equitem ornatissimum, philosophum doctissimum, theologum sapientissimum pro Vincentinis*, Florence, Biblioteca Laurenziana Medicea, Ashb. 180, ff. 248v–250v.

12 The first codex contains only *De immortalitate animae*; the second also includes the above-mentioned treatise *De quidditatibus* and two orations.

13 Cf. *All'ombra del Lauro*, 120.

14 The dedicatory letter – as noted by James Hankins – has a humanistic dimension. It is not included here in the edition of *De immortalitate*, because Hankins included it in his article in which he proves that Lorenzo de Medici was a patron of intellectuals of various philosophical provenance. J. Hankins, 'Lorenzo de' Medici', Nogarola's dedication: 36–7. The letter is also included in E. Garin, *La cultura filosofica*, 123–4 (there, however, the text is transcribed only from one manuscript – Ashb. 180).

15 The problem of individual immortality is not discussed in depth by Duns Scotus and, as is well known, he expressly claims that the immortality of the intellective soul cannot be proven demonstratively by natural reason; there are only probable

arguments in its favour. On this issue see primarily: S. Vanni Rovighi, 'L'immortalità dell'anima nel pensiero di Giovanni Duns Scoto', *Rivista di Filosofia Neo-Scolastica*, 23, no. 1 (1931): 78–104; eadem, *L'immortalità dell'anima nei maestri francescani*, pp. 198–233; É. Gilson, *Jean Duns Scot: Introduction à ses positions fondamentales* (Paris: Vrin, 1952), 479–90 (English translation by J. Colbert, London, New York: Bloomsbury, 2019, 372–80); G. G. Bridges, 'The Problem of the Demonstrability of Immortality', in *John Duns Scotus 1265–1965*, ed. J. K. Ryan and M. Bonansea (Washington: Catholic University of America Press, 1965), 191–209; E. Bettoni, *Duns Scoto filosofo* (Milan: Vita e Pensiero, 1966), 134–42; R. Cross, *Duns Scotus* (Oxford: Oxford University Press, 1999), 77–8; J. F. Ross, T. Bates, 'Duns Scotus on Natural Theology', in *The Cambridge Companion to Duns Scotus*, ed. T. Williams (Cambridge: Cambridge University Press, 2003), 224–5; R. Cross, 'Philosophy of Mind', in *The Cambridge Companion to Duns Scotus*, 276–8; A. Petagine, 'Che cosa la filosofia può dire dell'anima e del suo destino? Considerazioni a partire dal confronto tra Giovanni Duns Scoto e Tommaso d'Aquino', *Philosophical News*, 8 (2014): 118–28.

16 Of course, medieval and Renaissance Franciscans were not unanimous in their philosophical approach to the immortality of the soul; they differed fundamentally both in the philosophical tools for demonstrating immortality and in the validity of *a priori* and *a posteriori* arguments. On this, see primarily: S. Vanni-Rovighi, *L'immortalità dell'anima nei maestri francescani*; G. di Napoli, *L'immortalità*, 193–7 (Nogarola is mentioned on 194–5, n. 25); A. Poppi, 'L'Averroismo nella filosofia Francescana', in *L'averroismo in Italia: Convegno internazionale: Roma, 18–20 aprile 1977*, ed. E. Cerulli et al. (Rome: Accademia nazionale dei Lincei, 1979), 175–220; E. Katsoura, C. Papamarkou, and C. Schabel, 'Francis of Marchia's Commentary on Book IV of the Sentences. Traditions and Redactions, with Questions on Projectile Motion, Polygamy, and the Immortality of the Soul', *Picenum Seraphicum*, 25–6 (2006–8): 101–66; A. Petagine, 'Immortalità dell'anima: la posizione di Francesco d'Appignano all'interno del dibattito francescano tra il XIII e il XIV secolo', *Picenum Seraphicum*, 34 (2020): 123–39.

17 This primarily concerns Bonaventure and his authority among some Franciscans in considering the issue. See: Bonaventura, *In secundum librum Sententiarum*, dist. 19, a. 1. q. 1, in idem, *Commentaria in quattuor libros Sententiarum*, vol. 2 (Rome: Quarachi, 1885), 457–61; see also: ibidem, a. 3, qq. 1, 2 pp. 468–73. In the secondary literature on Bonaventure and the question of immortality: S. Vanni-Rovighi, *L'immortalità dell'anima nei maestri francescani*, 33–56; É. Gilson, *The Philosophy of Saint Bonaventure*, trans. I. Trethowan, F. Sheed (Paterson, NJ: St. Anthony's Guild Press, 1965), 303–7; Ch. M. Cullen, *Bonaventure* (Oxford: Oxford University Press, 2006), 52–4, 92–3.

18 On the incorruptibility of the soul in the works of Aquinas see primarily: Thomas Aquinas, *Super libros Sententiarum*, vol. 2, dist. 19, q. 1, a. 1, ed. R. P. Mandonnet (Paris: Lethielleux, 1929), 479–84; idem, *Summa theologiae*, I, q. 75, a. 6, in idem, *Opera omnia*, vol. 5, (Rome: Comissio Leonina, 1889), 203–4; idem, *Summa contra gentiles*, II, cc. 79–81, in idem, *Opera omnia*, vol. 13 (Rome: Comissio Leonina, 1918), 498–513; idem, *Quaestiones disputatae de anima*, ed. A. Dondaine, q. 14, in idem, *Opera omnia*, vol. 22 (Rome: Comissio Leonina, 1970), 125–6. Concerning research on the indestructibility or immortality of the soul in Aquinas, among the quite numerous works, here are references to just some of them: É. Gilson, 'Autour de Pomponazzi', 166–73; E. Bertola, 'Il problema dell'immortalità dell'anima umana nelle opere di Tommaso d'Aquino', *Rivista di Filosofia Neo-Scolastica*, 65, no. 2 (1973): 248–302; H. McCabe, 'The Immortality of the Soul. The Traditional Argument', in

Aquinas. A Collection of Critical Essays, ed. A. Kenny (London: Macmillan, 1969), 297–306; J. A. Novak, 'Aquinas and the Incorruptibility of the Soul', *History of Philosophy Quarterly*, 4, no. 4 (1987): 405–21; J. Owens, 'Aquinas on the Inseparability of Soul from Existence', *New Scholasticism*, 61 (1987): 249–70; J. O. Oguejiofor, *The Philosophical Significance of Immortality in Thomas Aquinas* (Lanham, MD: University Press of America, 2001); R. Pasnau, *Thomas Aquinas on Human Nature: A Philosophical Study of 'Summa Theologiae', 1a 75–89* (New York: Cambridge University Press, 2002), 361–93 (especially the chapter *Life after Death*); L. L. Farmer, 'The Limits of Philosophy: Aquinas on the Immortality of the Human Soul', *Faith and Philosophy: Journal of the Society of Christian Philosophers*, 20, no. 2 (2003), 208–17; A. Petagine, 'Aristotelismo e immortalità dell'anima. La proposta di Tommaso d'Aquino', *Lo Sguardo: Rivista di filosofia*, 5, no. 1 (2011): 83–102.

19 L. Nogarola, *De immortalitate animae*, f. 2r (Biblioteca Medicea Laurenziana, Plut. 83.22).

20 This does not mean that the lists of arguments and answers to them presented by Nogarola derive from the author himself (concerning every part of the treatise). As may be seen, most of the issues have already been invoked in earlier texts concerning the nature of the intellect. However, there is no point in identifying all possible sources, unless the order or wording shows direct dependence on a particular work. It is worth focusing primarily on the sources in of Thomas Aquinas or Duns Scotus, particularly from texts on the topic of interest. The arguments are listed on ff. 2v–3v, the responses on ff. 62r–64r.

21 He means, of course, the famous fifth chapter of this book.

22 Cf. Thomas Aquinas, *Summa contra gentiles*, II, 80, the third argument for the opinion that the soul perishes when the body perishes; idem, *De unitate intellectus contra Averroistas*, c. 5, in idem, *Opera omnia*, vol. 43 (Rome: Comissio Leonina, 1976), 313b.

23 This is a very well-known argument which may be found, among others, in Aquinas, already in his *Scriptum super Sententiis* (book II, distinction 19, second argument *contra* incorruptibility of the intellective soul); idem, *Quaestio disputata de anima*, q. 14 (the second argument). In the same discussion, Nogarola once uses the example with a horse, another time with a donkey.

24 It seems that the reference to Averroes' thought plays a particularly important role here, since it allows for the discussion of all sorts of forms; since extension without being in a subject implies indestructibility, non-extension while in the subject also implies it. What is also worth noticing here, throughout the treatise, in many of its quotations Nogarola refers to Averroes' views both on the issue of the immortality of the intellective soul and on other metaphysical opinions, primarily criticizing Averroes for accepting the existence of only one intellective soul, not recognizing such a soul as a *forma informans* of the human body. Nogarola mainly (dozens of time) refers precisely to the *De substantia orbis*, understandable as this relatively short text was at that time quite popular. It was known in Latin since the thirteenth century, and from the fourteenth century it was commonly cited and commented upon. In the sixteenth century, it garnered much interest, as evidenced by, among others, works by Agostino Nifo and Pietro Pomponazzi and other intellectuals of the period (*De substantia orbis* was at that time the most commented upon among the texts by Averroes; see: D. N. Hasse, *Success and Suppression: Arabic Sciences and Philosophy in the Renaissance* [Cambridge, MA: Harvard university Press, 2016], 14). On the commentaries see: Averroes, *De substantia orbis*, ed., trans., comm. A. Hyman (Cambridge, MA and Jerusalem: The Medieval Academy

of America and the Israel Academy of Sciences and Humanities, 1986), 26–8. Concerning the Renaissance translations of *De substantia orbis*: D. N. Hasse, *Success and Suppression*, 355–6. On the *De substantia orbis* in the Renaissance: C. Martin, 'Humanism and the Assessment of Averroes in the Renaissance', in *Renaissance Averroism and Its Aftermath: Arabic Philosophy in Early Modern Europe*, ed. A. Akasoy and G. Giglioni (Dordrecht: Springer, 2012), 70–5.

25   On the problem of form educed from the potency of matter see also: Thomas Aquinas, *De unitate intellectus*, c. 1, 299b–300a.
26   Cf. Thomas Aquinas, *Super Sententiis*, II, dist. 19, argument 6 in favour of the corruptibility of the soul and its response; also: idem, *Quodlibet*, 10, q. 3, a. 2, first argument; idem, *Summa contra gentiles*, II, 80, fifth argument (see also the response: ibidem, II, 81); idem, *Summa theologiae*, part I, 75, a. 6 (the third argument) and the solution to the problem; idem, *Quaestio disputata de anima*, q. 14 (argument 14).
27   This argument, in a slightly different form, may be found in distinction 19 of the second book of the *Commentary on the Sentences* by Thomas Aquinas, the fifth argument against the corruptibility of the soul. The response to it, however, is very similar to the one Aquinas gives to the second of his arguments. Similar reasoning is to be found in idem, *Quodlibet*, 10, q. 3, a. 2, 4th argument; see also Duns Scotus, *Opus oxoniense* (ed. Vivès, vol. XX) IV, dist. 43, q. 2, 45ab (the second argument against immortality).
28   Cf. Thomas Aquinas, *Summa contra gentiles*, II, 79, the tenth argument for the incorruptibility of the intellective soul; Duns Scotus, *Opus oxoniense*, IV, dist. 43, q. 2, 44a (the second argument for immortality).
29   L. Nogarola, *De immortalitate*, ff. 3v–8r
30   For the first point, cf. e. g. Thomas Aquinas, *Summa contra gentiles*, II, 55 (ninth argument for the incorruptibility of intellectual substances); Duns Scotus, *Opus oxoniense* (ed. Vivès, vol. XX), IV, dist. 42, q. 2, 44a (first argument for immortality); for the second, cf. St. Thomas, *Summa contra gentiles*, II, 79, arg. 9; for the third, cf. Thomas Aquinas, *Super Sententiis*, II, dist. 19, solution to the problem.
31   The second question of the 43rd distinction of the commentary on the fourth book of the *Sentences* (*Opus oxoniense*). Translations are taken from: Duns Scotus, *Philosophical Writings*, ed. and trans. A. Wolter, London 1963 (the question begins on p. 133).
32   The procedure *a priori* here means to prove the immortality of the soul from an analysis of the very nature of the soul.
33   Duns Scotus, *Opus oxoniense* (ed. Vivès, vol. XX), IV, 43, q. 2, 34a–43a; ed. Wolter, 137–45.
34   Duns Scotus, *Opus oxoniense* (ed. Vivès, vol. XX), IV, 43, q. 2, 44a–49a; ed. Wolter, 145–54.
35   Duns Scotus, *Opus oxoniense* (ed. Vivès, vol. XX), IV, 43, q. 2, 54b–56b; ed. Wolter, 154–6.
36   Duns Scotus, *Opus oxoniense* (ed. Vivès, vol. XX), IV, 43, q. 2, 46a; ed. Wolter, 148.
37   Duns Scotus, *Opus oxoniense* (ed. Vivès, vol. XX), IV, 43, q. 2, 56b; ed. Wolter, 156.
38   Duns Scotus, *Opus oxoniense* (ed. Vivès, vol. XX), IV, 43, q. 2, 56b–57a; ed. Wolter, 157.
39   Nogarola does not address all of Scotus' answers; the structure of the problem in the *Opus oxoniense* does not determine the structure of Nogarola's response. Nogarola appeals to those problems he considers the most relevant to his goal of demonstrating immortality.

40 Duns Scotus sees *appetitus naturalis* as a natural tendency included in human will. It strives for its ultimate end, which for man is the infinite good. Cf. e.g. Duns Scotus, *Opus oxoniense* (ed. Vivès, vol. XIV), III, dist. 15, q. unica, 598a. On happiness and the role of natural will towards it in Scotus, see primarily: A. B. Wolter, *Duns Scotus on the Will and Morality*, Washington 1986, 155–62 (these are selections from Scotus, *Opus oxoniense*, ed. Vivès, vol. XXI, dist. 49, qq. 9–10, 316b-388b); on the natural appetite in Duns Scotus in secondary literature see: B. M. Bonansea, 'Duns Scotus' Voluntarism', in *John Duns Scotus 1265–1965*, 86–8; A. B. Wolter, 'Duns Scotus on the Natural Desire for the Supernatural'. In idem, *The Philosophical Theology of John Duns Scotus*, ed. M. McCord Adams (Ithaca, NY: Cornell University Press, 1990), 125–47 (especially 139–44); J. Boler, 'Transcending the Natural: Duns Scotus on the Two Affections of the Will', *American Catholic Philosophical Quarterly*, 67, no. 1 (1993): 109–26; C. González-Ayesta, 'Scotus' Interpretation of the Difference between *voluntas ut natura* and *voluntas ut voluntas*', *Franciscan Studies* 66, *John Duns Scotus, Doctor Subtilis. In Memoriam 1308–2008*, (2008): 371–412; L. Feingold, *The Natural Desire to See God according to St. Thomas and His Interpreters*, 2nd ed. (Naples, FA: Sapientia Press of Ave Maria University, 2010), 47–65; C. González-Ayesta, 'Duns Scotus on the Natural Will', *Vivarium*, 50, no. 1 (2012): 33–52. Natural appetite plays also quite a significant role in Aquinas' thought. In several places in different works the *Doctor Angelicus* deals with this concept in various contexts. On the several appetitive powers, see primarily Thomas Aquinas, *Summa theologiae*, I, q. 80, arts. 1–2. Concerning the secondary literature regarding *appetitus naturalis* in Aquinas, see among others: J. Laporta, *La destinée de la nature humaine selon Thomas d'Aquin* (Paris: Vrin, 1965), 23–46; idem, 'Pour trouver le sens exact des termes *appetitus naturalis, desiderium naturale, amor naturalis*', *Archives d'histoire doctrinale et littéraire du Moyen Age*, 40 (1973): 37–95; F. A. Bednarski, 'Inclinazioni naturali secondo S. Tommaso d'Aquino', *Angelicum*, 69, no. 1 (1992): 23–35; R. Pasnau, *Thomas Aquinas on Human Nature*, 200–233 (especially the seventh part: 'Desire and Freedom'); L. Feingold, *The Natural Desire to See God*, 11–26; here, however, of particular interest is the relationship between the concept of *appetitus naturalis* and the immortality or incorruptibility of the soul, clearly expressed in the forty-eighth question of the third book of the *Summa contra gentiles*. The proposition to be proved reads: 'man's ultimate happiness is not found in this life'. Aquinas says that man naturally desires to possess the highest good in a perfect way, and such possession requires perpetuity. As natural desire (*appetitus naturalis*) cannot be in vain, there must be the possibility for man to possess the highest good in a perfect way perpetually. This is impossible in this life, so it has to be possible in the next life. Even if the entire argument does not entail that all persons will possess the highest good perpetually, it means that that all persons have this possibility. I provide the references above not only because Nogarola employs the theme in his work, but also because Marsilio Ficino – respecting Aquinas' writings – developed an argument for immortality based on the principle of *appetitus naturalis*. In his *Platonic Theology*, Ficino explains that 'the soul desires the first truth and the first good', and this is a sign of immortality (Marsilio Ficino, *Platonic Theology*, vol. 4, XIV.2, 226–40). Moreover, the rational soul desires to survive forever, and this longing is natural, since all men seek it necessarily and automatically. Ficino continues: a natural appetite cannot be in vain, and this is why man's rational soul attains everlasting being, not considering only its species, but its own soul's 'substance; (ibidem, XIV.5, 257–61). On the striving for good and truth see primarily: ibidem, vol. 1, I.6, 87–91;

vol. 2, VIII.2, 283–7; vol. 3, X.8, 187–9; M. Ficino, *Quinque quaestiones de mente*, in idem, *Opera omnia*, vol. 1, 675–82. On *appetitus naturalis* in Ficino see: P. O. Kristeller, 'Teoria dell'appetito naturale in Marsilio Fincino', *Giornale Critico della filosofia italiana*, 18 (1937): 234–56; idem, 'The Theory of Immortality of Marsilio Ficino', 308–18; idem, *The Philosophy of Marsilio Ficino*, 171–99; Ch. Trinkaus, *In Our Image and Likeness*, vol. 2, 487–94; T. Albertini, *Marsilio Ficino, Das Problem der Vermittlung von Denken und Welt in einer Metaphysik der Einfachheit*, Munich: W. Fink, 1997, 103–21.

41 Nogarola draws attention to Scotus' lack of coherence. On the one hand, the *Doctor Subtilis* admits that man naturally strives for happiness, and not just happiness in general, but in particular. Then he adds that, since the capability to speculate is much more perfect than anything else possible in this life, then this happiness in particular is not known naturally as our goal. What is more, Duns Scotus grants that man realizes that some individuals achieve their end and, as a result, realizes that they themselves can achieve happiness to a degree that is intended for man. However, he is convinced that it is impossible to know naturally that such happiness is impossible in this life (Duns Scotus, *Opus oxoniense*, IV [ed. Vivès, vol. XX], dist. 43, q. 2, 58b–59b; ed. Wolter, 160–1). On the other hand, Scotus presents the opinion that man by natural reason can know that human nature is capable of true happiness (ed. Vivès, vol. XXI, 304a–313b).

42 It is not necessary to analyse every argument from this section because some of them are very similar, as the author himself remarks.

43 L. Nogarola, *De immortalitate*, ff. 8r–12v.

44 Paul of Venice examines the question that interests us in several texts: *Summa philosophiae naturalis* and commentaries on *De anima* and *Metaphysics*. In research from several decades ago, he is presented as a supporter of the theory of the unicity of the potential intellect (see: B. Nardi, 'Paolo Veneto e l'averroismo padovano', in idem, *Saggi*, 75–93; G. Di Napoli, *L'immortalità*, 81–4; F. Ruello, 'Paul de Venise théologien "averroiste"?', in *Multiple Averroès. Actes du colloque international organisé à l'occasion du 850ᵉ anniversaire de la naissance d'Averroès*, ed. J. Jolivet (Paris: Belles Lettres, 1978), 257–72; Z. Kuksewicz, 'Paolo Veneto e la sua teoria dell'anima', in *Aristotelismo veneto e scienza moderna*, ed. L. Olivieri (Padua: Antenore, 1983), 130–164). In more recent studies, some authors contest these interpretations, showing that Paul of Venice was an opponent of the theory and offered an anti-Averroistic approach; on this, see: F. Amerini, 'Paul of Venice on the Nature of the Possible Intellect', in *Universalità della ragione. Pluralità delle filosofie nel Medioevo. Atti del XII Congresso Internazionale di Filosofia Medievale sul tema 'Universalità della ragione – Pluralità delle filosofie nel Medioevo' (Palermo, 16 / 22 settembre 2007)*, ed. A. Musco et al. vol. 2 (Palermo: Officina Studi Medievali, 2012), 713–20; A. Conti, 'Paul of Venice', in *Stanford Encyclopedia of Philosophy*, available online: https://plato.stanford.edu/entries/paul-venice/ (accessed 12 May 2023). Nonetheless such opinions may also be discerned among earlier researchers; see e.g. F. Casado Prieto, 'A propósito del innatismo agustiniano en la escuela agustiniana (II)', *Archivo Teológico Agustiniano*, 2, no. 2 (1967), 347–61; here it should be emphasized that in his work Nogarola recognizes Paul of Venice as a supporter of the thesis that the unicity of the possible intellect is an informing substantial form of the body. Paul's theory of interest to us will be discussed below.

45 John of Jandun might have drawn such a concept from Siger of Brabant. See: B. Nardi, *Studi di filosofia medievale* (Rome: Storia e Letteratura, 1960), 64; E. Mahoney,

'Themes and Problems in the Psychology of John of Jandun', in *Studies in Medieval Philosophy*, ed. J. F. Wippel (Washington: Catholic University of America Press, 1987), 275–76; J. B. Brenet, *Transferts du sujet: la noétique d'Averroès selon Jean de Jandun* (Paris: Vrin, 2003), 347–8. On the theory of the intellect in John of Jandun (or, more broadly, on his psychology) see: P. Duhem, *Le système du monde: histoire des doctrines cosmologiques de Platon à Copernic*, vol. 6 (Paris: Hermann, 1954), 558–60; S. MacClintock, *Perversity and Error. Studies on the 'Averroist' John of Jandun* (Bloomington: University of Indiana Press, 1955); A. Pacchi, 'Note sul commento al *De anima* di Giovanni di Jandun. II: L'unicità dell'intelletto e l'unità', *Rivista Critica di Storia della Filosofia*, 14, no. 4 (1959): 437–57; Z. Kuksewicz, *De Siger de Brabant a Jacques de Plaisance. La theorie de l'intellect chez les averroistes latins des XIIIe et XIVe siècle*, (Wroclaw: Ossolineum, 1968), 26–66; E. Jung-Palczewska, 'Jean de Jandun a-t-il affirmé la nature active de l'intellect possible?', *Mediaevalia Philosophica Polonorum*, 27 (1986): 15–20; E. Mahoney, *Themes and Problems*, 273–88; J. B. Brenet, *Transferts du sujet*.; idem, 'Ame intellective, âme cogitative: Jean de Jandun et la duplex forma propria de l'homme', *Vivarium (Special Issue: Transformations of the Soul. Aristotelian Psychology 1250–1650)*, 46, no. 3 (2008): 318–41.

46 In fact, the sections referred to are almost *verbatim* taken from John of Jandun. On the notion of *operans intrinsecum* in this context see (besides some of the works mentioned in the previous footnote): Ch. Ermatinger, 'The Coalescent Soul in Post-Thomistic Debate' (Ph.D. diss., Saint Louis University, Saint Louis, 1969), 28–40; J. B. Brenet, 'Siger de Brabant et la notion d'operans intrinsecum: un coup de maître?', *Revue des sciences philosophiques et théologiques*, 97, no. 1 (2013): 3–36; F. Pironet, 'L'intellect opérant intrinsèque chez Siger de Brabant: entre forme substantielle et moteur' (Ph.D. diss., Université de Montréal, Montréal, 2004).

47 As we know, Averroes several times changed his mind about what the human soul is and how it functions. His three commentaries on *On the Soul* present different views about the soul's ontic and epistemic status. However, what these texts have in common – and it is worth mentioning in the context of the issue most interesting to us here – is the denial of life after death for individual humans. See: R. Taylor, 'Averroes on the Ontology of the Human Soul', *The Muslim World*, 102, no. 3–4 (2012): 580–96.

48 Please note that a similar attitude towards Averroes' interpretation of Aristotle is presented by some other Renaissance philosophers. Some examples may be Nicoletto Vernia and Agostino Nifo, who – as we know – after initial acceptance finally rejected the theory of the unicity of the potential intellect, but in many respects remained admirers of some aspects of Averroean thought. Interestingly, there is also a Renaissance polemic about the importance of the interpretation of Averroes by John of Jandun. See: D. N. Hasse, 'Averroica secta. Notes on the Formation of Averroist Movements in Fourteenth Century Bologna and Renaissance Italy', in *Averroès et les averroïsmes juif et latin. Actes du colloque international (Paris, 16–18 juin 2005)*, ed. J. B. Brenet (Turnhout: Brepols, 2007), 324–29. For Vernia and Jandun see: E. Mahoney, *Two Aristotelians of the Italian Renaissance*, (Aldershot: Ashgate, 2000), 573–93 (chapter IV); for Nifo and Jandun see: ibidem, 119–42; 465–77 (chapters VIII, XII); L. Spruit, *Species Intelligibilis: From Perception to Knowledge*, vol. 2, Leiden, New York, Cologne 1995, 71–88.

49 Nogarola uses traditional medieval philosophical terminology casually, without explicitly defining the concepts used. As it seems here – in connection with our difficulty – *intentio* and *species intelligibilis* are treated interchangeably. As for the

latter, it is difficult to overestimate Aquinas' role in late-medieval and Renaissance discussions concerning it. *Doctor Angelicus* distinguished between the two notions (Thomas Aquinas, *Summa contra gentiles*, I, ch. 53), seeing in *intentio* the effect of intelligible operations, and in *species intelligibilis* the representation of the essence of the understood object. For a detailed history of *species intelligibilis* see: L. Spruit, *Species Intelligibilis: From Perception to Knowledge*, vol. 1–2 (Leiden, New York, Cologne: Brill, 1994–5). On Aquinas' theory: ibidem, vol. 1, 156–74.

50 In his response, Nogarola probably refers to the analysis of Duns Scotus regarding the problem of how *species*, being singular, can represent the universal: *Opus oxoniense* (ed. Vivès, vol. IX), I, dist. 3, q. VI, 232, 255b–256a. On *species intelligibilis* in Scotus, see: L. Spruit, *Species Intelligibilis*, vol. 1, 257–66; D. Perler, 'Things in the Mind: Fourteenth-Century Controversies over "Intelligible Species"', *Vivarium*, 34, no. 2 (1996): 231–53.

51 This is an argument offered by John of Jandun, referring, moreover, to Averroes' *Commentary on 'Metaphysics'*. John of Jandun, *Super libros Aristotelis de anima subtilissimae quaestiones* III, q. 7 (Venice: Hieronymus Scotus, 1552), f. 63rab. The difficulty is also taken up by Thomas Aquinas in his *De unitate intellectus*, c. 5, 310a–311b.

52 Cf. Duns Scotus, *Opus oxoniense* (ed. Vivès, vol. XII), II, dist. 3, q. 7, 161a. This seventh question is entitled: *Whether It Is Possible for Several Angels to Exist in the Same Species* and – as we know – the answer to it is 'yes'. Interestingly, it looks like Nogarola refers to Scotus' account, i.e. the multiplicity of individuals in the species of 'angel', in response to the first argument for the existence of one intellectual soul. This matters here because if it were not possible to numerically distinguish angels in one species, it would also not be possible either to distinguish souls in one species. On the individuation of souls based on their distinctive natures see also: Duns Scotus, *Quaestiones quodlibetales* (ed. Vivès, vol. XXV), q. 2, text. 5 and 6, 62b–63b.

53 See: John of Jandun, *Super libros de anima*, III, q. 7, f. 63rb. It seems that Nogarola refers directly to this work, as he notices that Jandun also argues against the given argument and states that he wrote a special question about this problem. The difficulty is discussed e.g. in Thomas Aquinas, *De unitate intellectus*, c. 5, 311b–313a.

54 This is an argument of Averroes from his *Commentarium magnum in Aristotelis De anima libros*, ed. F.S. Crawford (Cambridge, MA: The Mediaeval Academy of America, 1953), 411–12. Thomas Aquinas refers to the difficulty in *De unitate intellectus*, c. 5, 312b–313a; John of Jandun in *Super libros de anima*, III, q. 7, f. 63va.

55 See: John of Jandun, *Super libros de anima*, III, q. 5, f. 57vb.
56 Ibidem, f. 58ra.
57 Ibidem, f. 58rb.
58 Ibidem, f. 58ra.
59 Actually, on a certain level of generality, it may be said that the unicity controversy is two-dimensional. On the one hand, disapproval of John of Jandun is expressed by those who accept the existence of many individual immortal human souls; on the other hand, he is criticized by those who believe that Jandun misinterpreted Averroes' thought, although they retain the position that Averroes rightly explained Aristotle. The first group includes, among others: Nicoletto Vernia (although it should be noted that at some point he calls Jandun the '*optimus defensor*' of Averroes; see: N. Hasse, *Averroica secta*, 324–5). On Jandun's opinion on immortality see: E. Mahoney, 'Nicoletto Vernia on the Soul and Immortality', in *Philosophy and Humanism: Renaissance Essays in Honor of Paul Oskar Kristeller*, ed. E. Mahoney

(New York: Columbia University Press, 1976), 144–63. Also, Agostino Nifo (for his views on the immortality of the human soul see: E. Mahoney, 'Agostino Nifo's Early Views on Immortality', *Journal of the History of Philosophy*, 8, no. 4 [1970]: 451–60; L. Spruit, 'Introduction', in A. Nifo *De intellectu*, ed. L. Spruit [Leiden, Boston: Brill, 2011], 1–34). In the second group we can include among others: Elijah del Medigo (on his concept of immortality see: K. P. Bland, 'Elijah Del Medigo, Unicity of Intellect, and Immortality of Soul', *Proceedings of the American Academy for Jewish Research*, 61 [1995]: 1–22); and Giovanni Pico della Mirandola (it is worth emphasizing that his advocacy of monopsychism is quite complex, because he sees this theory as compatible with individual immortality; on this, see: B. Nardi, 'La mistica averroistica e Pico della Mirandola', in idem, *Saggi*, 127–46).

60 Concerning this possibility, see especially the monograph by L. Bianchi, including references to previous research: *Pour une histoire de la "double verité"* (Paris: Vrin, 2008).

61 See the references given by L. Bianchi, *Pour une histoire*, 13–14, n. 3. To this list may be added R.C. Taylor's 'Averroes on the Ontology', cited above (footnote 47).

62 For this see the article cited in the preceding footnote as well as R. C. Taylor, 'Personal Immortality in Averroes' Mature Philosophical Psychology', *Documenti e studi sulla tradizione filosofica medievale*, 9 (1998): 87–110.

63 Cf. J. B. South, 'John of Jandun', in *A Companion to Philosophy in the Middle Ages*, ed. J. J. E. Gracia and T. B. Noone (Malden, MA: Blackwell, 2002), 373.

64 See: S. MacClintock, *Perversity and Error*, especially 69–99; A. Pacchi, 'Note sul commento al "De Anima" di Giovanni di Jandun: IV, La questione della *doppia verità*', *Rivista critica di storia della filosofia*, 15, no. 4 (1960): 354–75; M. Pine, 'Pomponazzi and the Problem of *Double Truth*', *Journal of the History of Ideas*, 29, no. 2 (1968): 163–76.

65 L. Nogarola, *De immortalitate*, ff. 12v–38r.

66 Unless indicated otherwise, the quotations from *On the Soul* are from the translation of W. S. Hett: Aristotle, *On the Soul*, trans. W. S. Hett (London: Heinemann, New York: Putnam,1935).

67 Concerning this concept, see above. It should be noted, however, that such an outlook is very similar to the view of John of Jandun in his *Super libros de anima* (III, 5, f. 58vb). This section of Jandun's text is quoted, among others, by E. Mahoney (idem, *Themes and Problems*, 275).

68 Nogarola indicates that this is the position of Averroes and his followers (not specified in the text); however, he could have been more precise, since the theory resembles that of John of Jandun. The equivocation mentioned here is related to the Averroistic division into one sort of form responsible for operation (*operatio*), and one sort of form that both gives being and is responsible for operation. As A. de Libera remarks (idem, 'Formes assistantes et formes inhérentes. Sur l'union de l'âme et du corps, du Moyen Âge à l'Âge classique', *Archives d'histoire doctrinale et littéraire du Moyen Age* 81 [2014]: 235), the division was earlier described by Gregory of Rimini as being distinctive to followers of Averroes in the fourteenth century. As for Jandun, such a division of forms in an anthropological context is known as *duplex forma propria hominis*. Countering Aquinas, Jandun, 'the prince of the Averroists', recognizes that one of the forms, the intellective soul, determines human operation, i.e. understanding; while the other form, the cogitative soul, provides being. The latter is the noblest of material forms. On this distinction see especially: J. B. Brenet, *Ame intellective, âme cogitative*, 318–41; A. de Libera, *Formes assistantes*, 235–6 (he

refers to Brenet). Of course, the question of equivocation in Aristotelian definitions of the soul arises from the Averroean Long Commentary on *De anima*, see: ibidem, ed. F. S. Crawford, 160–1.

69 This is the version from Averroes' commentary (ed. F.S. Crawford, II, 7, 138).

70 Thomas Aquinas also indicates that, according to Averroes, Aristotle calls the intellect 'the soul' equivocally, and at the beginning of his *De unitate intellectus* argues that the intellectual part cannot be excluded from the definition of the soul as an act of a physical body. See: Thomas Aquinas, *De unitate intellectus*, c. 1, 291b–293a.

71 Averroes, *Commentarium magnum*, III,1, 379: *De parte autem anime per quam anima cognoscit et intelligit*.

72 Ibidem, II, 128, 323: *Quoniam autem non est alius sensus preter istos quinque*

73 Interestingly, here *De unitate intellectus* certainly could not be instructive, because Aquinas adopts the same division of the books of *On the Soul* as Averroes, as evidenced by the passage in c. 1, 294ab. Thomas explains, however, that the words that begin the book simply confirm that the intellect is a part of the soul. He does not pay attention to the argument that this might imply a radical difference for the intellect.

74 This is a significantly shortened form of the whole argument, which, *nota bene*, is further expanded with comments by Averroes regarding, among others, the relationship among soul, actualities and body. What is more, the argument smoothly moves to further issues related to the main problem. What is worth noting here, however, is that Nogarola freely combines various, sometimes quite distant passages from *De anima*, and also adds parts of other texts to justify the position he attributes to Aristotle.

75 Aristotle, *De anima*, I,5, 411b5–31.

76 He refers to the passage 411b5–7.

77 In W.S. Hett's translation the phrase reads: 'Not but what there is nothing to prevent some parts being separated, because they are not actualities of any body.'

78 Aquinas writes about the perspective power, among other places, in the context of the quoted passage from *On the Soul* in *De unitate intellectus* (c. 1, 292b, 294b). On *perspectiva potentia* in Thomas Aquinas, see: R. J. Deferrari, *A Latin-English Dictionary of St. Thomas Aquinas: Based on the Summa Theologica and Selected Passages of His Other Works* (Boston: St. Paul Editions, 1986), 810.

79 Nogarola's explanation contradicts Averroes' analysis, according to which Aristotle argues that the intellect is not the soul. Cf. Averroes, *Commentarium magnum*, II, 21, 160.

80 For Alexander of Aphrodisias' concept of personal human mortality and the eternity of the active intellect identified with pure form and God, see primarily: Alexander of Aphrodisias, *Alexander of Aphrodisias: Supplement to On the Soul*, trans. R. W. Sharples (London: Duckworth, 2004); idem, *On the Soul. Part 1: Soul as Form of the Body, Parts of the Soul, Nourishment, and Perception*, trans., intr. V. Caston (London: Bloomsbury, 2012). For Nogarola, the main source of knowledge about Alexander's philosophy was most likely Averroes, because Alexander's work *Enarratio de Anima ex Aristotelis institutione* was first translated into Latin by Girolamo Donato in 1491 (and published in 1495). On the reception of the Alexandristic concept of the soul from the beginning of its formulation to the sixteenth century, see: E. Kessler, *Alexander of Aphrodisias and His Doctrine of the Soul: 1400 Years of Lasting Significance* (Leiden: Brill, 2011).

81 The list of absurdities presented by Nogarola is not surprising, since some of these arguments were well known from earlier criticisms of monopsychism. The author himself refers explicitly to two treatises by Thomas Aquinas as the sources of the last two arguments, respectively to *De unitate intellectus* and *Quaestio disputata (de spiritualibus creaturis)*. He cites also the case (not described here) presented by Paolo da Pergola in his *Dubia*, according to which, as a result of the death of parents, only infants could live in the world, and thus the Averroean intellect could not function on the basis of any phantasms. However, some incorporated objections are quite common and Nogarola does not reveal from where he got them. For example, there is the argument that if we accept the Commentator's position, we would have to acknowledge that it is not man who knows, as Aristotle wants, but an aggregate composed of the intellective soul and human cognitive faculties: see e.g. Thomas Aquinas, *De unitate intellectus*, c. 3, 303b–304a; Giles of Rome, *De plurificatione intellectus possibilis*, c. 3, the second argument. Another example, for a note concerning simultaneous knowledge and ignorance and other opposites in the intellect, cf. among others Paul of Venice *Scriptum super libros De anima* (Venice: Bonetus Locatellus, 1504), III, 27, f. 149ra. Interestingly, Nogarola does not mention Paul of Venice in this context.

82 Cf. Paul of Venice, *Summa philosophiae naturalis* (1503, Hildesheim, New York: Georg Olms, 1974), f. 68va.

83 Paul of Venice, *Summa*, part 5, f. 68vb: 'Sed in hominibus praeter formas partiales vegetativas sunt duae totales, scilicet sensitiva multiplicata ad partes heterogenas et intellectiva non multiplicata ad aliquam partem illius individui, sed bene ad omnia individua speciei humanae, eo quod intellectus est unus in omnibus hominibus iuxta intentionem Aristotelis et determinationem Commentatoris, 3. *De anima*'; ibidem, f. 88vb: 'Quarta conclusio. Intellectus non numeratur numeratione individuorum, sed est unicus in omnibus hominibus. (…) Oportet dare unicum intellectum in omnibus hominibus secundum opinionem et intentionem Aristotelis'; idem, *In libros De anima*, III, 27, f. 148va: 'Quarta opinio est Aristotelis et Commentatoris quod unicus est intellectus in omnibus hominibus. (…) oportet dicere quod est unicus intellectus omnium hominum secundum intentionem Aristotelis.'

84 Idem, *In libros De anima*, III, 27, f. 148vb: Notandum quod Aristoteles et Commentator in duobus conveniunt, scilicet in unitate et aeternitate intellectus humani (…) Aristoteles tenuit intellectum humanum esse formam substantialem hominis, Commentator autem asserit illam esse formam appropriatam nobis.'

85 Idem, *Summa*, part 5, c. 36, f. 88ra: 'Quarta conclusio. Anima intellectiva unitur homini substantialiter per informationem, ita quod est forma substantialis corporis humani non solum dans operari sicut intelligentia orbi, sed etiam esse specificum et essentiale'; idem, *In libros De anima*, II, 23, f. 47ra: 'Quartus modus quem solum puto naturalem est iste. (…) Homo autem praeter partiales animas habet duas totales, cogitativam sensitivam: generabilem et corruptibilem, inhaerentem et informantem; et intellectivam: perpetuam et aeternam, informantem et non inhaerentem.'

86 Let us briefly analyse the structure of part of the twenty-seventh comment to the third book of *De anima* (ff. 148vb–149ra), in which Paul of Venice asks whether it is possible to prove by evident reason (*ratione evidenti*) that there is one intellect for all people. First, he gives the Commentator's four arguments for an affirmative answer to this question. Then he writes that faith says the opposite. Then he presents the differences in the philosophies of Aristotle and Averroes with regard to the issue raised. Further, he describes four arguments against Aristotle, as well as four

difficulties (*inconvenientia*) related to Averroes' position. Eventually, he recognizes the need to adopt a position of faith. Finally, he solves the Commentator's arguments presented at the beginning. Therefore, only what faith teaches is true. The words of Paul leave no room for doubt: (f. 149ra): 'Dicendum ergo secundum opinionem fidei quod intellectus plurificatur ad plurificationem individuorum speciei humanae et quod non inconvenit plura abstracta esse solo numero differentia, dummodo illa non sint abstracta simpliciter, sed informent vel habent inclinationem ad corpus, sicut contingit de animabus intellectivis hominum neque datur multitudo infinita animarum, quia non ponimus mundum aeternum neque generationem et corruptionem perpetuari. Non etiam frustra separaretur intellectus a corpore sicut nec frustra premiantur boni et puniuntur mali, sed hec Aristotelis et Commentatori fuerunt occulta, quare, etc.'

87 L. Nogarola, *De immortalitate*, ff. 38v–39r.
88 Ibidem, ff. 39v–40r.
89 Ibidem, f. 42r–v.
90 Ibidem, f. 44r
91 The soul is not derived from the potency of matter, as this would entail accepting the theory of *inchoatio formarum* (linked to the notion of *ratio seminalis*), according to which in some sense the soul pre-exists in matter. The seeds of the concept of *incohatio formarum* can be found in Albert the Great, but Nogarola does not mention him, and he is surprised that the *ratio seminalis* is discussed at length by Duns Scotus. L. Nogarola, *De immortalitate*, f. 44v. On this topic see: B. Nardi, 'La dottrina d'Alberto Magno sull' inchoatio formae', in idem, *Studi*, 69–101; S. C. Snyder, 'Albert the Great, *incohatio formae*, and the Pure Potentiality of Matter', *American Catholic Philosophical Quarterly*, 70, no. 1 (1996), 63–82; A. Rodolfi, *Il concetto di materia nell'opera di Alberto Magno* (Florence: Sismel Edizioni del Galluzzo, 2004), 110–25; A. Takahashi, 'Nature, Formative Power and Intellect in the Natural Philosophy of Albert the Great', *Early Science and Medicine*, 13 (2008): 451–81.
92 L. Nogarola, *De immortalitate animae*, f. 46v. The fact that a whole (a *compositum*) ceases to exist does not imply that its form, of necessity, also ceases to exist.
93 Ibidem, ff. 46v–48r. Following Averroes, Nogarola notes that, with the exception of the first Intelligence, all others have something like form and something like matter or subject. As he explains further, information occurs by reason of form, and if every form has quasi-matter, some forms abstracted from matter still will inform, because this occurs exactly by reason of form. The immateriality of form is not an obstacle here, because something indivisible (and this is what we are talking about here) can inform the whole portion of matter and any part of it, but is not extended along with the parts.
94 Ibidem, f. 48r.
95 This does not mean, however, that this soul cannot know immaterial things. In the manuscript with a working version of the treatise (A 233v), in the margin Nogarola extends the description by adding that such a form (i.e. the intellective soul) can also know the immaterial, albeit not by a proper concept, but by abstracting from the joined concepts.
96 L. Nogarola, *De immortalitate*, ff. 49r–51r. To justify this claim, Nogarola cites numerous passages from *De anima*, especially those concerning intellectual cognition, which – in his opinion – testify to the relationship between the intellective soul and the body, on the basis of which it can be said that this soul informs the body, but at the same time is separated from it.

97   Ibidem, f. 52r–v.
98   Ibidem; the diagram is on f. 53r.
99   Ibidem, f. 53v.
100 Ibidem, f. 54r.
101 Ibidem, ff. 54v–55r.
102 Ibidem, f. 55r. Cf. Duns Scotus, *Opus oxoniense*, II, dist. 18, q. unica, p. 94.
103 Cf. Duns Scotus, *Opus oxoniense*, II, dist. 18, q. unica, p. 95.
104 L. Nogarola, *De immortalitate*, f. 55r.
105 Ibidem, ff. 56r–v; 57v–58r.
106 Ibidem, ff. 57r; 59r. As for the partial forms, this is an obvious reference to Scotus. On this issue see above all: R. Cross, *The Physics of Duns Scotus: The Scientific Context of a Theological Vision* (Oxford, Oxford University Press, 1998), 58–65, 87–8; T. M. Ward, *John Duns Scotus on Parts, Wholes, and Hylomorphism* (Leiden, Boston: Brill, 2014), especially pp. 45–7 and *passim*.
107 According to G. Di Napoli (*L'immortalità dell'anima*, 195) Nogarola deals extensively with the problem of the plurality of souls and devotes merely a few pages to the problem of immortality. However, it should be noted that the postulate of the mortality of the intellectual soul is absurd for Nogarola and he relatively easily responds – having the support of many intellectuals before him – to arguments for such a view. The main challenge here, taking *De Anima* as the main philosophical point of reference, is to negate Averroes' theory of the unicity of the intellectual soul and to find the plurality of souls expressed in Aristotle. Di Napoli might have derived this assessment from the article of S. Offelli (idem, 'Il pensiero del Concilio Lateranense V sulla dimostrabilità dell'immortalità dell'anima', *Studia patavina* 1 [1954]: 38). The latter author believes that Nogarola treats the problem of immortality as secondary to the problems of the multiplicity of rational souls and their role as substantial forms of bodies.

Chapter 3

1   Numerous of Dati's texts have survived, some of them extremely popular and repeatedly published. We have an extensive collection of his works edited by his son Niccolò (and after his death, by Niccolò's nephew Girolamo Dati): Siena 1503 (and later Venice 1516; the references below are to the Siena edition). The single volume of the 1503 edition begins with the panegyric *De laudibus eloquentiae auctorisque*, in which Niccolò provides considerable detailed information about his father (*Opera omnia*, Siena: Simeone Nardi, 1503, bb. 1r–bb. 8v; the biographical information begins on bb. 4r, and it is that half of the text that praises eloquence). The detailed biography, including a brief description of the writings we can find in *DBI*: P. Viti, 'Dati, Agostino', *DBI*, 33 (1987), 15–21; available online: https://www.treccani.it/enciclopedia/agostino-dati_%28Dizionario-Biografico%29/ (accessed 14 May 2023). The article contains numerous further references; however, to them may be added: J. P. Niceron, 'Augustin Dati', in *Mémoires pour servir à l'histoire des hommes illustres*, vol. 40 (Paris: Briasson, 1739), 24–36; *Contemporaries of Erasmus: A Biographical Register of the Renaissance and Reformation*, ed. P. G. Bietenholz and T. B. Deutscher, vol. 1 A-E (Toronto: University of Toronto Press, 1985), 378; J. Ch. Warner, 'Quick

Eloquence in the Late Renaissance. Agostino Dati's *"Elegantiolae"'*, *Humanistica Lovaniensia*, 61 (2012): 65–72.

2   J. P. Niceron, *Mémoires*, 32; E. Garin, *La cultura filosofica*, 108–11; G. Di Napoli, *L'immortalità*, 110–14; P. Viti, 'Dati, Agostino', 17; J. Ch. Warner, 'Quick Eloquence', 67.

3   For a biography of Filelfo see first of all: P. Viti, 'Filelfo, Francesco', *DBI*, 47 (1997), 613–23; available online: https://www.treccani.it/enciclopedia/francesco-filelfo_%28Dizionario-Biografico%29/ (accessed 14 May 2023); Filelfo taught in Siena from 1434 to 1438; about this period of his life see: L. De Feo Corso, 'Il Filelfo in Siena', *Bullettino senese di storia patria*, 47 (1940): 181–209, 292–316.

4   He composed 289 of them, grouped by theme or occasion into seven books; see: A. Dati, *Opera*, ff. XXXr–CCXXXVIv.

5   This is clearly evidenced by the numerous editions of this schoolbook already in the fifteenth century and the beginning of the next century. A. Dati, *Opera*, ff. CCXXXXIr–CCXLVIIIr (including the dedication letter). Concerning it see: R. Black, *Humanism and Education in Medieval and Renaissance Italy. Tradition and Innovation in Latin Schools from the Twelfth to the Fifteenth Century* (Cambridge: Cambridge University Press, 2001), 359–64; J. Ch. Warner, 'Quick Eloquence', 65–72; Ch. S. Celenza, *The Intellectual World of the Italian Renaissance. Language, Philosophy, and the Search for Meaning* (Cambridge: Cambridge University Press, 2018), 133–4.

6   The letters are sorted into three books. A. Dati, *Opera*, ff. CXXVIIr–CCXXr.

7   The most important texts are listed; the shortest poems or prefaces are omitted.

8   Ibidem, ff. CCXXIv–CCXXXVIv (this is a version modified by the son of the author).

9   Ibidem, ff. CCXXXVIv–CCXXXXv. The text was also critically edited and prefaced just over a decade ago: A. Dati, *Plumbinensis Historia*, ed. M. Riccucci (Florence: SISMEL, Edizioni del Galluzzo, 2010).

10 Ibidem, ff. CCXLVIII–CCLVIr (however, the second book is missing and the third book is incomplete).

11 Ibidem, ff. CCLVIr–CCLVIIIIv.

12 Ibidem, ff. CCLXXr–CCLXXIIIr.

13 Ibidem, ff. CCLXXVr–CCLXXVIv.

14 Ibidem, ff. CCLXXVIIr–CCLXXXIr.

15 Ibidem, ff. CCLXXXI–CCLXXXVIIr.

16 Ibidem, ff. CCLVIIIIv–CCLXIv.

17 Ibidem, ff. CCLXIv–CCLXIIIIr.

18 Ibidem, ff. CCLXIIIIr–CCLXVv.

19 Ibidem, ff. CCLXVv–CCLXXr.

20 Ibidem, ff. CCLXXXVIIr–CCLXXXVIIIIv.

21 The legacy cannot be called unique, taking into account other *quattrocento* intellectuals. Nevertheless, firstly, it is difficult to overestimate the success of the *Elegantiolae* textbook; secondly, the thematic abundance of the entire *corpus* is quite impressive; thirdly, in the texts the dependence on the most perfect ancient Latin authorities is striking; and finally, the number of orations and their subject matter testify to a high esteem for the author's oratorical abilities. Hence, it may indeed be said that as a humanist he seems second only to Piccolomini (this is the opinion of E. Brizio in her review of Dati's *Plumbinensis Historia* in *Renaissance Quarterly*, 64, no. 4 (2011): 1198).

22   Cf. the references in footnote 2, except for Niceron's description, which has no evaluative elements. Of course, these judgements are not only critical. For example, Viti ('Dati, Agostino', 17) points out that this treatise is the most important philosophical work of the author and it shows his extensive knowledge of the subject, including of medieval philosophers.
23   G. Di Napoli, *L'immortalità*, 114; E. Garin, *La cultura*, 110; P. Viti, 'Dati, Agostino', 17.
24   However, if we take into account the structure of the books, in fact it must be admitted that their organization is weak, as the author not only moves from point to point without any clear order (cf. J. Ch. Warner, 'Quick Eloquence', 67), but also often duplicates once-given content.
25   A. Dati, *Opera*, f. bb.1r: 'Nicolai Senensis in Librum Augustini Dati dulcissimi ac venerandi sui ipsius patris de animi perennitate praefatio feliciter incipit, in qua de amplissimis agitur meritis Augustini simul atque sublimi eloquentiae dignitate, si cum maximarum rerum fuerit notione coniuncta.' The 1516 edition does not contain this preface.
26   Ibidem, f. bb.VIv: 'Redegimus denique in talem ordinem, qualem magis pro genitoris iudicio proprium arbitrati fuimus.'
27   Although he devotes a relatively short section of the entire Introduction to *De immortalitate*, we learn from it his assessment of the treatise and why he decided to leave the work in an incomplete form. He points out that he hesitated to publish this text, fearing to diminish his father's fame, but recognized the value, certainty and accuracy of the arguments in favour of immortality, and concluded that, even if incomplete, the text could serve to counter false beliefs about – as he puts it – the most important thing. Ibidem, bb.VIIv.
28   Human dignity, as Dati sees it, is to be related to the image of God in us. In a sense, therefore, one can even call a man God. He invokes, inter alia, Cicero, writing about the relationship between the human form and the divine. A. Dati, *De immortalitate animi*, in idem, *Opera*, ff. Ir. Cf. Cicero, *De natura deorum*, 1.18. Dati refers to Cicero in various parts of the treatise. I mark the exact references to Cicero in the course of the analysis of each book.
29   A. Dati, *De immortalitate*, ff. a1r-v.
30   Ibidem, f. Iv: 'Quapropter instituimus de perpetuitate animae ita disserere, ut et sapientes viri atque eruditi in sua sententia perseverent, et stulti homines ac flagitiosi pravae et contortae opinionis errore liberentur. Grave onus est, fateor, et nostrae imbecillitati omnino impar at non meis viribus, quas sentio quam exiguae sint; sed vel sapientum virorum doctrina fraetus vel sacri eloquii locupletissimis testimoniis institui fortasse audacius, sed tamen non inutiliter – ut arbitror – salutaris ac necessariae disputationis inire certamen, ut eorum quod fieri possit, refellatur sententia, stultitia improbetur, qui animorum interitum constituentes in vastum errorum pelagus et ipsi labuntur et ut alii labantur impellunt.'
31   Ibidem, Iv-IIr.
32   This book is dedicated to Fanciscus Ninus, a philosopher and physician who also comes from Siena.
33   It is worth noting that when writing about the philosophers, Dati often refers to the considerations of Cicero, one of the dominant figures in the entire treatise. Here, for example, he recalls the famous words from *The Tusculan Disputations* (ed. T. E. Page et al., trans. J. E. King [Cambridge, MA: Harvard University Press, 1966], IV.10): 'Socrates on the other hand was the first to call philosophy down from the heavens ... '. Besides, according to Dati Cicero raises Aristotle above other

philosophers, but always follows Plato. Dati himself does not dare to take a position on whom to cede priority. However, he recognizes that Plato excels in one aspect, i.e. in the doctrine of the soul, and more precisely concerning the eternity of souls. A. Dati, *De immortalitate*, ff. Xr–v.

34 Dati describes a discussion in which Ferdinandus Cordubensis took part, displaying impressive erudition in the philosophical sphere. Nevertheless, Cordubensis, when asked by Petro Russio about the rational soul, stated that Aristotle declared the immortality of the soul only in the *Metaphysics*, which – according to Dati – discredited the author of such a statement. Ibidem, ff. Xv. This prologue provides another source for the confirmation of the popularity of the discussion of the immortality of the soul and the agitation it caused.

35 In the prologue to the book devoted to Cicero, Dati openly writes that he values the Roman philosopher the most, and not only – which may seem obvious – in the field of eloquence, but also in the sphere of cognition (Ibidem, f. XIr: 'Me, si quis cogat meam ferre sententiam (…) M. Tulium Ciceronem quatenus progreditur naturae lumen coeteris omnibus longe anteposuerim, nec solum inquam in eloquentiae laude, (…) verum etiam maximarum rerum vel cognitione vel gloria'). As for the sources of knowledge about other philosophers, an example may be found in the passage in which Dati asserts that, according to Cicero, Empedocles believed that the soul is from the blood below the heart, and that, according to Aristotle, Empedocles believed that the soul consists of all elements (ibidem, f. IIr; cf. Cicero, *Tusculan Disputations*, 1.9; Aristotle, *On the Soul*, I, 404b). When the author talks about a destructible sublunary world, he also reports that he is drawing from Cicero (A. Dati, *De immortalitate*, f. IIIr).

36 E. Garin (Idem, *La cultura*, 109) writes that the definitely critical expressions are not accompanied by the strength of the arguments. As an example, he gives Dati's considerations on prime matter, according to which it is a meaningless concept, as this matter is not perceived with the soul nor with the eyes; it is also not grasped by the mind. (A. Dati, *De immortalitate*, IIIr).

37 Ibidem, f. IIr: 'Itaque factum est, ut alii nimium sibi tribuant: qui aeternos animos fuisse contendunt, alii hominis dignitatem turpiter abiiciant: dum mutis animantibus comparant et animorum originem ex corruptibilibus caducisque naturis repetunt.' A bit further he writes (ibidem, f. IIv): 'Quid dicam de iis, qui ita de coelo animas devocant, ut illam sibi, quae solius Dei propria est, aeternitatem tribuere ausi sint?' There is one more possibility given by the second position – the soul might be generated from something immaterial, i.e. from other souls. Dati acknowledges this and refers to the reasoning of Lactantius, which he considers the best answer (ibidem, 3r): 'Illa nimirum Lactantii ratio optima videri debet, quae veram rationabilium animarum patefacit originem.' The claim concerns *On God's Workmanship* (Lactantius, *De opificio Dei*, Patrologia Latina, vol. 7 [1844], 74), in which Lactantius says that a body can be born by bodies, as something is conferred by these bodies; however, a soul cannot come from souls, as no thing can depart (*decedere*) from something that is incomprehensible. Cf. A. Dati, *De immortalitate*, f. IIIr–v.

38 Ibidem, IIv–IIIr.

39 As H. Anzulewicz writes (idem, 'The Systematic Theology of Albert the Great', in *A Companion to Albert the Great: Theology, Philosophy, and the Sciences*, ed. I. M. Resnick [Leiden, Boston: Brill, 2013], 47), such a dimension, i.e. philosophical and theological, is part of this issue in Albert the Great. Although Albert draws

from Aristotle, Plato and various other thinkers, the results of his philosophical analysis coincide with theological answers to the issue of individual immortality; they are inscribed onto the theological framework. On the human intellect and/ or immortality in Albert see primarily (the extensive literature on this subject is provided by: H. Anzulewicz, 'Die platonische Tradition bei Albertus Magnus. Eine Hinführung', in *The Platonic Tradition in the Middle Ages*, ed. S. Gersh and M. J. F. M. Hoenen [Berlin, New York: De Gruyter, 2002], 260; below I enumerate works not included in this list): É. Gilson, 'L'âme raisonnable chez Albert le Grand', *Archives d'histoire doctrinale et littéraire du Moyen Age*, 14 (1943–5): 5–72; P. Michaud-Quantin, 'Albert le Grand et les puissances de l'âme', *Revue du Moyen Age Latin*, 11 (1955): 55–96; L. A. Kennedy, 'The Nature of the Human Intellect according to St. Albert the Great', *Modern Schoolman*, 37 (1959): 121–37; B. Nardi, 'La posizione di Alberto Magno di fronte all'averroismo latino', in idem, *Studi di filosofia medievale* (Rome: Storia e Letteratura, 1960), 119–50; J. V. Schall, 'Immortality and the Political Life of Man in Albertus Magnus', *The Thomist: A Speculative Quarterly Review*, 48, no. 4 (1984): 535–65; H. Anzulewicz, 'Entwicklung und Stellung der Intellekttheorie im System des Albertus Magnus', *Archives d'histoire doctrinale et littéraire du Moyen Âge*, 70 (2003): 165–218; A. Petagine, *Aristotelismo difficile. L'intelletto umano nella prospettiva di Alberto Magno, Tommaso d'Aquino e Sigieri di Brabante* (Milano: V&P università, 2004), 11–66; A. de Libera, *Métaphysique et noétique. Albert le Grand* (Paris: Vrin, 2005), 266–328 (chapter 'Psychologie philosophique et théorie de l'intellect'); R. Schönberger, 'Bewegtheit und Unsterblichkeit der Seele Die Auseinandersetzung des Albertus Magnus mit einem Gedanken Platons', in *Habitus fidei – Die Überwindung der eigenen Gottlosigkeit*, ed. D. Köder and J. Alberg (Paderborn: Brill Schöningh, 2016), 121–54.

40 E. Garin (idem, *La cultura*, 109), writing about this book, points out that one cannot demand from Dati more than good information, but indeed there is plenty of it. As for the choice of writings of Albert the Great, it is not surprising not only because in these works we find the first polemics involving the theory of the unity of the potential intellect, but also the *Doctor universalis* was a figure who had significant impact on philosophically engaged Renaissance intellectuals, about which we can read in E. Mahoney, 'Albert the Great and the Studio Patavino in the Late Fifteenth and Early Sixteenth Centuries', in *Albertus Magnus and the Sciences. Commemorative Essays*, ed. J. A. Weisheipl (Toronto: Pontifical Institute of Mediaeval Studies, 1980), 537–64; idem, 'Pico, Plato, and Albert the Great: The Testimony and Evaluation of Agostino Nifo', *Medieval Philosophy and Theology*, 2 (1992): 165–92.; B. G. McNair, 'Albert the Great in the Renaissance', *Modern Schoolman*, 70, no. 2 (1993): 115–29; L. Bianchi, '*Rusticus mendax*: Marcantonio Zimara e la fortuna di Alberto Magno nel Rinascimento italiano', in *Albert le Grand et sa réception au moyen âge, Hommage à Zénon Kaluza*, ed. F. Cheneval, R. Imbach, and T. Ricklin, (Fribourg 1998, separatum de *Fribourger Zeitschrift für Philosophie und Theologie*, 45 [1998]), 264–78.

41 Cf. H. Anzulewicz, 'Anthropology: The Concept of Man in Albert the Great', in *A Companion to Albert the Great*, 325–27. Dati also mentions *De unitate intellectus*.

42 Dati mentions: Alexander the Great, Pompey the Great and Charles the Great. A. Dati, *De immortalitate*, IIIv–IVr.

43 Ibidem, IVr.

44 In the edition of Borgnet the work includes over 250 pages: Albertus Magnus, *De anima*, in idem, *Opera omnia*, ed. C. Stroick, vol. 7.1 (Münster: Aschendorff, 1968).

45 Dati seems to see no difference between the potential intellect and the adept intellect, while in Albert's thought the adept intellect emerges from the complete transformation and actualization of the potential intellect, which takes place when the active intellect unites with it. On the adept intellect in Albert the Great see: P. D. Hellmeier, 'Der *"intellectus adeptus"* und die Torheit der Philosophen. Philosophische Vollendung und christlicher Glaube in den Bibelkommentaren Albert des Grossen', *Divus Thomas*, 122, no. 2 (2019): 144–84 (further references in this article).

46 A. Dati, *De immortalitate*, f. IVr: 'In libro autem *De intellectu et intelligibili* cum de animae perfectione humanae loqueretur et in intelligibilium omnium cognitione adipiscienda eius vim summam promeret, plane ostendit animam ipsam divinae lucis imaginem esse et nanciscentem aliquando rerum admirabilium ac divinarum scientiam fortem sibi felicissimam comparare. Fit enim ut hominis intellectus, qui fieri omnia possit, luce quadam intellectus eius, cuius est omnia agere, adeptus summam rerum cognitionem vim divinam atque operationem assequatur, ut vel divino intellectum tandem aliquando reddatur simillimus. (…) cum is, quem possibilem plerique vocant, qui imus et secundum substantiam indivisus potestate quidem est, intelligibilia omnia discendo, meditando, contemplando ad effectionem etiam intelligibilium omnium assecutionemque perveniat; (…) Quare et adeptum intellectum veteres hunc appellare consueverunt.' Ibidem, Vv–VIr: 'factitavit Albertus (…) solum intellectum esse divinum | eundemque perpetuum, immortalem atque incorruptibilem, quod quemadmodum in libro *De intellectu et intelligibili* apertissime demonstravit'. This content quite significantly resembles, for example, the following excerpts from Albert's work (Albertus Magnus, *De intellectu et intelligibili*, II, tract. 1, ch. 12, in idem, *Opera*, ed. E. Borgnet, vol. 9.1 [Paris: Vivès, 1890], 520b–521a): 'Secundum autem omnia quae inducta sunt, forma non est sufficienter facta divina per hoc quod efficitur intellectus qui dicitur in effectu vel adeptus: sed divina fit per intellectum assimilantem, et eum qui vocatur divinus: igitur sic reducta confert esse divinum et operationem divinam: substantia autem habens esse divinum et operationem, non indiget aliquo: ergo anima sic reducta de sensibilibus et materia corporum, non indiget, eo quod materialia et instrumentalia organa non accepit secundum naturam nisi ad hoc ut ad esse divinum reduceretur: stat igitur substantiata et formata in esse divino in esse perfecta: et hoc vocaverunt Philosophi caducum alterius et immortalis vitae, per quam vere probatur animae humanae immortalitas. Quod autem diximus eam indigere sensibilibus et corpore, intelligendum est de indigentia relata ad intellectus perfectionem. Sic igitur concluditur ultima perfectio animae secundum intellectum;' ibidem, l. I, tract 1, cap. 6, 486a: 'Facile autem nobis est determinare de natura intellectualis animae: quoniam naturam habet hanc ex hoc quod est processio a causa prima, emanans autem non usque ad permixtionem materiae: et ideo adhuc a quibusdam sapientibus nostrae legis *imago Dei* dicitur. Ex huius enim assimilatione causae primae habet intellectum universaliter agentem, qui sicut lux est separata (…)'.

47 A. Dati, *De immortalitate*, f. IVv–Vr.

48 Albertus Magnus, *De natura et origine animae*, in idem, *Opera*, vol. 9, the first treatise: *De natura animae in corpore*, 375–96; the second treatise: *De natura animae non conjuncta corpori secundum quod ipsa est in se, resoluto corpore post mortem*, 397–434.

49 Ibidem, 389b–390a: 'Alii autem videntes formam hanc, quae anima rationalis vocatur, esse ad imaginem et similitudinem intellectus primi qui auctor est et opifex primus in toto naturae opere, dixerunt eam esse exemplum primae causae. Ex dictis autem

elucescit quod in XVI scientiae *De animalibus* libro dicemus, quod intellectus in animae rationalis natura ingreditur in conceptum ab extrinseco, non ita quod intellectus primus causet ipsum extra naturae opus, sed quia educit eum de luce sua, et non de aliquo materialium principiorum (…)'. Interestingly, Albert refers to the sixteenth book of his work *De animalibus*, which is also mentioned by Dati (idem, *De immortalitate*, f. Vv). Our humanist reports that according to *Doctor universalis*, the rational soul is not transmitted with the body, nor with bodily organs, and it does not mix with matter, and moreover it has no *principium* other than the light of the first active intellect, which is pure, unmixed and not subject to influence. In fact – and this is yet another confirmation of Dati's competent knowledge of Albert's texts – such a description is very close to that of book XVI of *De animalibus* l.16, tract. I, chap. 11 (ed. H. Stadler [Münster: Aschendorff, 1920], 1093–4): '(…) una substantia est anima rationalis, a qua effluunt potentiae vegetativae et sensibiles et intellectuales, quarum quaedam affixae sunt corpori et quaedam non: et ideo illae quae non sunt affixae corpori, nichil virtutis habent quod educat eas de corporea materia, sed potius illae sunt quaedam similitudo lucis intellectus agentis in natura et principiis spermatis (…). Et ideo principium ipsius [actus] nihil aliud est nisi lux primi intellectus agentis. Intellectus enim hic purus est et immixtus et impassibilis (…)'.

50 This is mainly dealt with in chapter sixth of the first treatise: *De eo quod rationalis sola est perfectio, et qualiter perficit hominem et membra, et qualiter est perfectio vegetabilis et sensibilis, et qualiter est inseparabilis ab illis, sed illae separantur ab ipsa?* Albertus Magnus, *De natura et origine animae*, 391b–393b.

51 See especially the chapter sixth of the second treatise, which is entitled: *De octo demonstrationibus necessariis ex quibus anima rationalis immortalis esse convincitur*, ibidem, 408b–414a.

52 This is the subject the author focuses on in the second treatise.

53 As stated above, Albert primarily discusses the status of the soul after death according to established philosophers, agreeing with some of them and argumentatively rejecting others.

54 A. Dati, *De immortalitate*, f. IVv.

55 Albertus Magnus, *De homine*, q. 61, in idem, *Opera*, ed. H. Anzulewicz and J. R. Söder, vol. 27.1 (Münster: Aschendorff, 2008), 461–73.

56 Albertus Magnus, *De homine*, 464: 'Et ad hanc quaestionem primo ponemus auctoritates philosophorum, deinde rationes probabiles, et post hoc rationes demonstrativas et necessarias, et tandem disputabimus in contrarium et solvemus.'

57 As D. Marsh writes (idem, 'Cicero in the Renaissance', in *Cambridge Companion to Cicero*, ed. C. Steel, [Cambridge: Cambridge University Press, 2013], 316): 'Cicero's influence on the Renaissance is central to the movement we call humanism.' Due to the significant popularity of Cicero in the Renaissance, many publications have been devoted to the reception of his works during this period, to his impact on some intellectuals and to his influence on several disciplines (especially politics, eloquence and style). A complete list would be extremely long; therefore only selected texts are enumerated here: I. Scott, *Controversies over the Imitation of Cicero in the Renaissance* (New York: New York Teachers College, 1910); J. Seigel, '"Civic Humanism" or Ciceronian Rhetoric? The Culture of Petrarch and Bruni', *Past & Present*, 34 (1966), 3–48; C. B. Schmitt, *Cicero Scepticus: A Study of the Influence of the Academica in the Renaissance*, The Hague: Nijhoff, 1972; G. W. Pigman, 'Imitation and the Renaissance Sense of the Past: The Reception of Erasmus' *Ciceronianus*', *Journal of Medieval and Renaissance Studies*, 9 (1979): 155–77; G. W. Pigman, 'Barzizza's Studies

of Cicero', *Rinascimento*, 21 (1981): 123-63; J. Ward, 'Renaissance Commentators on Ciceronian Rhetoric', in *Renaissance Eloquence*, ed. J. J. Murphy (Berkeley: University of California Press, 1983), 126-73; H. Baron, 'The Memory of Cicero's Roman Civic Spirit in the Medieval Centuries and in the Florentine Renaissance', in idem, *In Search of Florentine Civic Humanism* (Princeton: Princeton University Press, 1988), 94-133; M. Lorch, 'Petrarch, Cicero, and the Classical Pagan Tradition', in *Renaissance Humanism: Foundations, Forms, and Legacy*, vol. 1: *Humanism in Italy*, ed. A. Rabil (Philadelphia: University of Pennsylvania Press, 1988), 71-94; L. D' Ascia, 'La retorica di Giorgio Trebisonda e l'umanesimo ciceroniano', *Rinascimento*, 29 (1989): 193-216; C. Mouchel, *Cicéron et Sénèque dans la rhétorique de la Renaissance* (Marburg: Hitzeroth, 1990); R. G. Witt, 'Civic Humanism and the Rebirth of the Ciceronian Oration', *Modern Language Quarterly*, 51 (1990): 167-84; C. Nederman, 'Humanism and Empire: Aeneas Sylvius Piccolomini, Cicero, and the Imperial Ideal', *Historical Journal*, 36 (1993): 499-515; eadem, 'National Sovereignty and Ciceronian Political Thought: Aeneas Sylvius Piccolomini and the Ideal of Universal Empire in Fifteenth-Century Europe', *History of European Ideas*, 16 (1993): 537-43; J. Monfasani, 'The Ciceronian Controversy', in *The Cambridge History of Literary Criticism*, vol. 3, *The Renaissance*, ed. G. P. Norton (Cambridge: Cambridge University Press, 1999), 395-401; *Renaissance Civic Humanism. Reappraisals and Reflections*, ed. J. Hankins (Cambridge: Cambridge University Press, 2000), *passim*; M. Kempshall, '*De re publica* 1.39 in Medieval and Renaissance Political Thought', *Bulletin of the Institute of Classical Studies*, 45, no. 76 (2001): 99-135; *The Rhetoric of Cicero in Its Medieval and Early Renaissance Commentary Tradition*, ed. V. Cox and J. Ward (Leiden: Brill, 2006); P. Mack, *A History of Renaissance Rhetoric*, 1380-620 (Oxford: Oxford University Press, 2011), *passim*; K. Eden, 'Cicero's Portion of Montaigne's Acclaim', in *Brill's Companion to the Reception of Cicero*, ed. W. H. F. Altman (Leiden: Brill, 2015), 39-55; M. McLaughlin, 'Petrarch and Cicero. Adulation and Critical Distance', in *Brill's Companion*, 17-38.

58 Of course, it is necessary to distinguish here the first book of the *Tusculan Disputations*, which largely deals with the problem of the immortality of the soul. A fairly extensive bibliography on this subject is provided here: https://catholicgnosis.wordpress.com/2020/12/04/cicero-immortality/ (accessed 15 May 2023). It is worth adding to this list: S. McConnell, 'Cicero on the Emotions and the Soul', in *The Cambridge Companion to Cicero's Philosophy*, ed. J. W. Atkins and T. Bénatouïl (Cambridge: Cambridge University Press, 2021), 150-65 (especially 151-6).

59 Here are some examples: Filippo Barbieri in his *De immortalitate animarum libri tres* (ff. 44v, 49v-53r) devotes several pages to Cicero's reflections on the soul, both those originating from Cicero himself and those in which the words of others are quoted. Several times Guillaume Houpellande in his *De immortalitate animae* gives arguments taken from Cicero's *Tusculan Disputations* and *Cato the Elder on Old Age* (ff. 24-25). An excerpt from the latter work is also cited by Campora in *Dell'immortalità dell'anima* (f. 24r-v). Marsilio Ficino in his *Platonic Theology* alluded to several works of Cicero, including: *Academica*, *On Divination*, *On the Nature of the Gods*, *Tusculan Disputations*. On Ciceronian themes in Ficino see: V. Rees, 'Ciceronian Echoes in Marsilio Ficino', in *Cicero Refused to Die. Ciceronian Influence through the Centuries*, ed. N. van Deusen (Leiden: Brill 2013), 141-62. Girolamo Cardano also mentions Cicero in *De immortalitate animorum*, including pointing to considerations from the *Tusculan Disputations* (in the 1545 edition on p. 45), and from the speeches *Pro Cluentio* (p. 100) and *Pro Rabirio Postumo* (on p. 93).

60 Cf. A. Dati, *De immortalitate*, ff. Xv–XIr.
61 Ibidem, f. XIr. Cicero, *Tusculan Disputations*, 1.9.18.
62 However, this is not a summary of the entire book; Dati focuses on those parts most useful to the issue of immortality and reproduces some excerpts quite accurately, while others are completely omitted.
63 He quotes literally passages from the following parts of the *Somnium Scipionis* (*Dream of Scipio*): 6.13–6.15, 6.24, 6.26. He summarizes chapter 6.17 in specific detail and the Ciceronian translation of the argument from motion from *Phaedrus* (245b–246a).
64 He quotes literally passages from the following parts of *De senectute* (*On Old Age*): 1.2, 21.77, 22.79, 23.82.
65 Cf. A. Dati, *De immortalitate*, f. XIIIv.
66 Ibidem, f. XIVr; Thomas Aquinas, *Expositio libri Posteriorum analyticorum*, in idem, *Opera omnia*, vol. 1*, 2 (Rome: Comissio Leonina, 1989), I, l. 1, 7a: 'Quandoque vero sola aestimatio declinat in aliquam partem contradictionis propter aliquam representationem, ad modum quo fit homini abominatio alicuius cibi si repraesentetur ei sub similitudine alicuius abominabilis; et ad hoc ordinatur poetica, nam poetae est inducere ad aliquid virtuosum per aliquam decentem repraesentationem. – Omnia autem haec ad rationalem philosophiam pertinent: inducere enim ex uno in aliud rationis est.'
67 A. Dati, *De immortalitate*, f. XIVr; Lactantius, *De divinis institutionibus*, Patrologia Latina, vol. 6, 1844, I, 11, 172–73.
68 Cf. Cicero, *Tusculan Disputations*, 1.26.64.
69 Cf. Macrobius, *Saturnalia*, 1.17.2.
70 Cf. Quintilian, *Institutio oratoria*, 1.10.9.
71 Cf. Strabo, *Geography*, 1.2.3.
72 Lucius Annaeus Cornutus, *Theologiae Graecae Compendium*, c. 35.
73 A. Dati, *De immortalitate*, f. XIVv: ' … liber decimus et ultimus incipit de inferis deque triplice inferorum ratione atque infernis et fluviis et iudicibus et descriptione poenarum ac domicilio beatorum, primum secundum veteres ac deinde uti Romana recenset ecclesia et Christiana constanter tenet ac firmiter probat sancta atque intemerata religio.'
74 For example, the humanist mentions three concepts of hell presented by the *veteres*; according to one of them, hell is the body itself in which the soul is enclosed; according to the other it is the sublunary matter itself; according to the third, finally, *inferi* are some underground kingdom and a place of penalties for offenses. Cf. A Dati, *De immortalitate*, f. XVr–v.
75 This concerns Severius, Lucretius and Cicero. As for Severius, Dati juxtaposes his view with the Platonic tales from *Phaedo* and *Axiochus* (Dati did not know that this last dialogue was pseudo-Platonic) and rhetorically asks who should be more trusted. He also recognizes that Severius not so much explained the *Aeneid* as 'distorted' it (A. Dati, *De immortalitate*, f. XVr. In the following footnotes only the folio number is provided for a reference to Dati's work). If we take Lucretius into consideration, the passage from *De rerum natura* is quoted (3.978–1023), in which the Roman philosopher argues that what myths describe as postmortem punishments do not concern us in this life and there is no point in fearing death. Again, the negation of these views has a rather weak argumentative strength – Dati says that such an opinion is not strange for someone who denies the immortality of the soul, adding that not having a special place for the blessed would imply a lack of a distinction

between good and bad, nullifying religion and holiness. Our author simply writes that, although Lucretius is very wise, he made a fool of himself at this point (ff. XXIv–XXIIr). More trouble, for obvious reasons, seems to be with Cicero. The words from *Tusculan Disputations* (1.11, 1.16, 1.21) and from *De finibus bonorum et malorum* (*On the Ends of Good and Evil*; 5.11) turn out to be problematic, as they may prove that the Roman philosopher rejects both hells and heavens. Dati also notes that, according to Cicero, Academics only state what is probable. Moreover, Dati provides a number of excerpts from Ciceronian works which are intended to prove that their author in fact believed that souls were in heaven or hell after their separation from their bodies: *Tusculan Disputations*, 1.30.72; *On the Commonwealth*, 6.26; *On Friendship*,1.3.12; *On the Laws*, 2.7; *Philippics*, 14.12 (ff. XVIv–XVIIr). Of course, these are not the only quotes from Cicero in this book. Depending on the context, Dati evokes more selections, e.g. from *Tusculan Disputations*, 4.1.5 (f. XVIv); 5.1.10 (f. XVIIIv); 5.13.40–14.41 (f. XXIVv); *De natura deorum* (*On the Nature of the Gods*), 3.35.85 (f. XXIIr); 3.32–35 (f. XXIIIr–v).

76 For example, Epicureans discussing immortality and certain difficulties about life after death, most probably taken from Albert the Great (idem, *De natura et origine animae*, tract. 2 cap. 7 and tract 2 cap. 11.) Dati lists Isaac the Israelite, Hesiodus, Caecinna, and Athalus (f. XVIv). Cornelius Labeo is quoted from St. Augustine, *De civitate dei* (*On the City of God*), 8.22 (f. XVIIv); Porphyry is evoked on the basis of the account in Eusebius' *Praeparatio Evangelica*, 4.4 (ff. XVIIv–XVIIIr).

77 The list provided does not include every author appearing on the pages of the tenth book, as some are only mentioned; nevertheless the enumeration shows the multitude of sources from which Dati draws. I provide exact references for quotations and indications of a higher level of generality when the selections are not literal quotations.

78 There are some remarks concerning Plato's tales from *Phaedo*, 109a–115a, *Gorgias*, 523a–526e, and *Axiochus*, 371a–e (ff. XVv–XVIr).

79 Macrobius, *Commentarium in Somnium Scipionis*, 1.13 (f. XVIr); idem, *Saturnalia* 1.16.18 (f. XVIIv); 1.17.2 (f. XIXr).

80 Sallust, *Bellum Catilinae*, 51 (f. XVIv).

81 Lactantius, *De divinis institutionibus*, 7 (f. XVIv), 1.11.24-25 (f. XIXr).

82 Seneca, *Naturales quaestiones*, 1.11–12 (f. XVIIr); idem, *De consolatione ad Polybium*, 9 (f. XVIIr); idem, *Hercules Oetaeus*, 1982–1987; 441 (f. XXIv; in Dati's time Seneca's authorship of the tragedy was not questioned); idem, *Hercules furens*, 709–710 (f. XXIv).

83 Hermes Trismegistus, *Asclepius*, 28 (f. XVIIv).

84 Lucan, *Pharsalia*, 2.306–307 (f. XVIIv).

85 Statius, *Thebais*, 1.1–3 (f. XIXr); 1.210; 3.108–109; 4.520–524; 2.3–6 (f. XXIr); 1.51–52; 3.4–5 (f. XXIIr).

86 Claudian, *De raptu Proserpinae*, 1.5–6 (f. XIXr); 2.282–283 (f. XXIr); 2.302–304; (XXIv); 2.294–297 (f. XXIVv); idem, *In Rufinum*, 1.23–40 (f. XXIr); 1.24 (f. XXIIIr).

87 Virgil, *Aeneis*, 6.45–51; 1.77–80; 1.126–129 (f. XIXr–v); 6.623; 6.608–613, 6.624 (f. XXIIv); 6.724–727 (f. XXIIIr).

88 Silius Italicus, *Punica*, 3.601–602; 2.696–698; 13.519–522; 15. 76–78; 15.101–104 (f. XXr–v).

89 Ovid, *Metamorphoses*, 1.168–176; 4.432–445; 10.53–54; 15.153–159; 10.17–18, 10.29–34; 15.167–172 (f. XXv).

90 Juvenal, *Saturae*, 2.149–151; 2.153–158 (f. XXIv); 13.1–4 (f. XXIIr).

91　Apuleius, *De deo Socratis*, 14 (f. XXIIr).
92　Boethius, *De consolatione philosophiae*, 3, metrum 7; 1, metrum 5 (f. XXIIIv).
93　Horace, *Satirae*, 1.1.1–3 (f. XXVr).
94　Ps 7:13; Eccl. 3:60 (f. XXIIIr).
95　A. Dati, *De immortalitate*, f. XXVr: 'Sed hanc (*i.e. via veritatis*) veteres non videre, qui sanctissima instituta Christiani dogmatis ignorarunt aut si ista consideraverunt, non scivere nec potuere dissolvere, cum non fuerint coelitus inspirati ac desuper afflati et instructi divinitus. Quare in vastum ignorantiae pelagus atque in magnos errores et ipsi sunt lapsi et, ut multi etiam laberentur, effecere. (…) Nonne si e tuis libris, o Plato, Platonis titulus dematur, nihilque restet aliud praeter verba, fari interdum deliram aniculam atque insulsas fabellas narrare te legentes existiment? (…) Si tibi adhiberi fidem cupis, ea sentias, ea dicas, ea affirmes, ea doceas, ut Platoni, quia talia dixit, credamus, non iis, quia dicta sunt a Platone. (…) Neque enim aliunde quam e purissimis sacrarum litterarum fontibus aurienda est altissimarum rerum numquam a vero discrepans ac certa cognitio.'

Chapter 4

1　Most extensively about this intellectual: L. Simeoni, 'Notizie su Giovanni da Ferrara dell'ordine dei Minori', in *Rerum Italicarum Scriptores*, ed. G. Carducci and V. Fiorni, vol. 20, part 2, (Bologna: N. Zanichelli, 1936), III–XVI; D. Fava, "Fra' G. Ferrarese e Sigismondo Pandolfo Malatesta', in *Scritti vari dedicati a Mario Armanni in occasione del suo sessantesimo compleanno*, ed. U. Hoepli (Milan: Hoepli, 1938), 49–62; C. Piana, 'Lo Studio di S. Francesco a Ferrara nel Quattrocento', *Archivum franciscanum historicum* 61 (1968):115, 117–20; 140–2; 150, 152, 163, 167–9; and J. Kirshner, 'Cocchi, Giovanni', in *DBI*, ed. A. Ghisalberti, vol. 26 (1982), 472–74; available online: https://www.treccani.it/enciclopedia/giovanni-cocchi_%28Dizionario-Biografico%29/ (accessed 16 May 2023). Other references are included in this last article (Simeoni, Fava, and Piana 1968 are also listed there); nevertheless it is worth adding to the bibliography there C. Piana, 'Gli inizi e lo sviluppo dello Scotismo a Bologna e nella regione Romagnolo-Flaminia (sec. XIV–XVI)', *Archivum franciscanum historicum* 40 (1947): 60–1, 79 (n. 2). Canali is also mentioned in L. Wadding, *Scriptores Ordinis Minorum* (Rome: Franciscus Albertus Tanus, 1650) 195a, as well as in J. H. Sbaralea, *Supplementum et castigatio ad scriptores trium ordinum S. Francisci a Waddingo, aliisve descriptos* (Rome: Forni, 1806), 400a–b.
2　Cf. the entry in *DBI*.
3　For example, Cocchi, as mentioned by J. Hankins ('The Myth of the Platonic Academy', 444, n. 52), is called by Ficino in his letter to Locterius Neronius '*academicus noster*' (M. Ficino, *Opera*, vol. 1, 857; the letter is an account of the somewhat playful dialectical exchange of ideas between Marsilio and Giovanni). What is more, in a different letter (ibidem, 821) Ficino calls Cocchi a man of highly literary distinction and manners (*literis et moribus ornatissimus*) and encourages him to read Ficino's letters *Ad Pontificem* and *Ad Regem* with Francesco Castiglione. Canali might have been the disciple of Guarino Veronese who in 1436 became a professor of Greek in Ferrara. In *Excerpta* (on page 31), Canali calls him skilled in Latin and Greek and describes him as another light of Italy: '(…) Guarinum Veronensem virum profecto in utraque lingua, graeca scilicet et latina, callentem,

alterum Italiae lumen (...)'. Ferrariensis, referring to the reform of the University of Ferrara, recognizes himself as belonging to the group of the most eminent and learned men, famous medics and important philosophers (J. Ferrariensis, *Excerpta*, 33): '(...) clarissimos atque doctissimos viros illustresque medicos philosophosque graves, quorum unus ego fui (...)'.

4   The work was published in the collection *Rerum Italicarum Scriptores*, first edited by L.A. Muratori (20, Milan: ex typografia Societatis Palatinae, 1731) and then by L. Simeoni (see note 1). As L. Simeoni notes (on page IX) in the description of events up to 1409, this *Excerpta* is based on two earlier works, i.e. the *Chronichon Estense* and its continuation by Iacopo Delaito, as well as the *Chronica parva Ferrariensis*.

5   The catalogue of incunabula of the Berlin State Library (Staatsbibliothek zu Berlin) states that the work was published in Paris in 1489 (https://www.gesamtkatalogderwiegendrucke.de/pics/13544.jpg; accessed 16 May 2023); in the general catalogue of the National Library of France (Bibliothèque nationale de France) we read that it was published in 1498 (https://catalogue.bnf.fr/ark:/12148/cb37247885m; accessed 16 May 2023).

6   They are listed in J. H. Sbaralea, *Supplementum*, 400b. According to J. Kirshner, the *Sermones* were to be published in Venice in 1539 (idem, *DBI* entry) and in his opinion they were probably composed by an anonymous writer in the sixteenth century. As for the *Opus quadragesimale*, which was to be published in Florence in 1494, J. Kirshner probably follows Sbaralea (*Supplementum*, 400b), who lists this work and who in turn follows P. A. Orlandi (*Origine e progressi della stampa ossia dell'arte impressoria e notizie dell'opere stampate dall'anno 1457 sino all'anno 1500* [Bologna: C. Pisarius, 1722], 329). Orlandi writes that the opus was published together with *De caelesti vita* (which is a modified, extended version of *De immortalitate animae*; more about it in the main text). However, there is no trace of this publication. In fact, according G. W. Panzer (*Annales typographici*, vol. 2, 422), these are *editiones dubiae*.

7   Particularly on this text see: D. Fava, 'Fra' G. Ferrarese'; C. Piana, 'Lo Studio', 141–2; A. Rotondò, 'Pellegrino Prisciani', *Rinascimento* 11 (1960): 83–5 (all listed in *DBI*); S. Offelli, 'Il pensiero del Concilio Lateranense V', 18–19; J. Monfasani, 'Aristotelians, Platonists, and the Missing Ockhamists: Philosophical Liberty in Pre-Reformation Italy', *Renaissance Quarterly*, 46, no. 2 (1993), 268 (n. 119); A. Turchini, *Il Tempio malatestiano, Sigismondo Malatesta e Leon Battista Alberti* (Cesena: Il Ponte vecchio, 2000), 343–9.

8   The codex containing this work is in the Casanatense Library in Rome (MS 103), ff. 2r–159v. The richly decorated manuscript is the dedicatory copy. A detailed description is in M. Ceresi, E. Santovito, *Catalogo dei manoscritti della Biblioteca Casanatense* (Rome: Istituto poligrafico dello Stato, 1956), 12–13. The dedication reads, 'Ioannis Ferrariensis ad magnanimum principem et dominicum Sigismundum Arimensium regem.' As for the date of composition of *De immortalitate*, D. Fava convincingly shows ('Fra' G. Ferrarese', 55–6) that 1450 is most probable. Firstly, Canali lists the wars waged by Malatesta until 1450; secondly, Ferrariensis writes about St. Bernardine as 'now counted among the saints', and the canonization of the famous preacher took place in 1450.

9   It is in the Vatican Apostolic Library, cod. Urbin. Lat. 1372, ff. 1r–89r.

10 It was published in Venice in 1494.

11 Urbin. Lat. 1372, f. 1r: 'Divo Borsio principi illustrissimo De caelesti vita sacrae theologiae doctoris excellentissimi domini magistri Ioannis Ferrariensis Ordinis minorum.'

12 The content of the work is listed on folio 159, but very inaccurately. Firstly, the wording of the list differs from the headings in the text; secondly, the list does not include many of the sections specified in the body of the treatise; thirdly, it does not distinguish among chapters, sections or digressions. As for the first part, the definitions of the soul are not mentioned in the list. As for the second part, only in the main text do the arguments in favour of immortality have numbering. The third part has eight chapters, but the table of contents on f. 159 contains only the general title: 'What hell is' (*Quod infernus est*).

13 For example, the issues contained in the chapter *Definitio quinta animae* (f. 33r) in *De immortalitate* were divided in *De caelesti vita* into: *Definitio quinta animae rationalis* (f. XVIIr) and *Digressio declarans quid sit esse in loco circumscriptive. Et quomodo anima existens in aliqua corporis parte motum factum in corpore sentit* (XVIIv); again, in *De immortalitate* there is only *Diffinitio octava animae* (f. 37r) for the issues which in *De caelesti vita* are divided into: *Definitio octava animae rationalis* (f. XVIIIv) and *Digressio declarans quomodo angeli humanis corporibus uniuntur et si operationes naturales in eis exerceant* (f. XIXr).

14 In *De caelesti vita* there are no equivalents to the following chapters from the second part of *De immortalitate*: *Quod sicut inseparabilitas operationis sensitivae arguit sensus corruptionem, ita separabilitas operationis intellectivae immortalitate* (ff. 74r–75v); *Quod historici heroorum gesta describentes firmum prestant presidium ad probandam animi immortalitatem* (ff. 94v–98r); *Quod anima sit inmortalis probatur ex testimonio eorum qui veram tenent religionem* (ff. 98r–104v). Some chapters are added to *De caelesti vita* and are not included in the earlier version of the treatise: *Quod fortitudo, timores et audacias moderans, qua illustres viri prediti fuerunt, arguit animarum immortalitatem* (ff. XXXIIIv–XXXVv); *Argumentum ex 'Phaedone' Platonis sumptum quo probare ex carentia initii motus animum fore immortalem* (ff. XLIIIr–v); *Quod Heraclitus phisicus eodem fundamento nixus per principium motus probat animorum immortalitatem* (f. XLIIIv); *Argumentum sumptum ex libris 'Divinarum institutionum' Firmiani Lactantii, quo persuadere curat animorum perpetuitatem* (ff. XLIIIv–XLIVr). It should be emphasized, however, that even if the chapters are thematically similar, the contents of some of them are different, usually significantly expanded in *De caelesti vita*.

15 The following chapters are included in *De immortalitate*, but not in *De caelesti vita*: *Quod anime passiones sunt ex culpa primorum parentum et non ex nature institutione orte* (ff. 128r–130r); *Quod anima rationalis secundum omnes suas partes regulabiles a ratione passionibus diris afficitur* (ff. 130r–137). In turn, the short, one-paragraph chapter, *Quod damnati et bonos et malos cognoscunt*, is found only in *De caelesti vita* (ff. LIVv). Also, the order of the last two chapters is changed. Moreover, as in the previous sections, some of the content is greatly modified.

16 The text of *De caelesti vita* from the codex Urbin. Lat. 1372 is almost identical to the text published in Venice, but has one difference: the manuscript does not contain the titles of the five chapters of the second book that appear in the published version. They are certainly not taken from *De immortalitate*, because their wording is dissimilar; for example, the seventh argument in *De immortalitate* is entitled: *Quod remotio omnis contrarietatis a natura anime ostendit animam esse inmortalem. Et quomodo solus deus est immortalis* (f. 67r), while its counterpart from the publication

reads (f. XXXVIIv): *Quod sicut contrarietas est coruptiva naturarum materialium sic sequestratio animae rationalis ab omni contrarietate propria arguit animae immortalitatem.* The situation is the same for the other four chapters. Therefore, either the publisher himself formulated the titles based on the subject matter of the chapters, or he had a different source for the text.

17 The second, modified version adds nothing substantially new to the main issue. Although – as mentioned above – it is significantly modified, the author's approach to the issue of immortality remains the same. Significant changes concern the linguistic garment, e.g. a different structure of sentences or additions or subtractions of selected passages, as well as the additional section. Cf. S. Offelli, 'Il pensiero', 18 (f. 2). It is because of this last section that the tenor of the two versions is different, and the later version receives a different title, since the issue of immortality itself becomes even less significant there.

18 In the first chapter, the author presents the structure of the work and emphasizes that the treatise has a summarizing character, as Ferrariensis does not intend to present new arguments, but only to accurately quote the words of others. (J. Ferrariensis, *De immortalitate*, f. 15v; 'Nec ad eam rem conficientem proprio utar eloquio nisi quantum neccessitas postulaverit. Nec nova argumenta confabricabo. Sed ea omnia quae dicta sunt, a priscis refricare de verbo ad verbum conabor.')

19 Cf. J. Ferrariensis, *De immortalitate*, ff. 3v–4r.

20 Ibidem, f. 3r–v: 'purum atque serenum veritatis lumen non attingere'.

21 Ibidem, f. 3v: 'perfecta atque integra de anima haberetur scientia'.

22 Ibidem, f. 4r.

23 Ferrariensis not only lists the military triumphs of Malatesta, but also hyperbolically, even absurdly, praises him. For example, he calls Malatesta a demigod sent to us from heaven, and also rhetorically asks who is more just or more excellent than the Lord of Rimini (ibidem, f. 5r).

24 Selectively chosen selections of the *Hexameron* provide a brief description of everything – from the cosmological level to descriptions of specific species of trees and animals.

25 Ferrariensis frequently refers to Lactantius' *Divinae institutiones*; e. g. on. f. 6v he mentions the anecdote about property abandoned by Democritus (*Div. Inst.* 3.23); on f. 14v he uses Lactantius' words about the worship of man for God (*Div. Inst.* 7.4). On f. 14r he writes that everything in the world was created for human use, using selections from Lactantius' *De ira dei* (cap. 14). The author also draws from Cicero, e.g. in the description of the formation of grains (on f. 9r; see *De senectute*, 15.51). On f. 15r we find a quotation about the different natures of body and soul from Avendauth's letter preceding Avicenna's *De anima seu sextus naturalibus* (ed. S. Van Riet [Louvain: Peeters, Leiden: Brill, 1972], 3). The author also cites the *Forty Homilies on the Gospels* (*Homiliae XL in Evangelia*, 10.4) by Gregory the Great (on f. 14r), where St. Gregory writes that it was not man who was created for the sake of stars, but the stars were created for the sake of man.

26 The description of the significance of ivy on f. 10v is almost verbatim from the funeral speech written by Gianozzo Manetti in connection with the funeral of Leonardo Bruni (see I. Manetti, *Oratio funebris in solemni Leonardi historici, oratoris ac poetae laureatione*, in L. Bruni, *Epistolarium libri VIII*, pars 1 (Florence: Bernardus Paperinus, 1741), CIX. The critical edition of this text: J. De Keyser, 'Forensics and a Funeral. Giannozzo Manetti's Eulogy of Leonardo Bruni', *Aevum. Rassegna di scienze storiche, linguistiche e filologiche* 3 (2021): 571–616). On f. 14, describing man

as a divine animal, Ferrariensis uses one of the speeches of Guarino Veronese (see G. Veronese, 'Oratio, quam recitavit in principio studii Ferrariae coram marchione Leonello et aliis famosis viris', in 'Acht Inauguralreden des Veronesers Guarino und seines Sohnes Battista', ed. K. Müllner, *Wiener Studien* 18 [1879], 300). On f. 24r we read how the human body is irksome, which was taken from a consolatory work by Carlo Marsuppini, 'Una consolatoria inedita del Marsuppini', in P. G. Ricci, *Rari ed inediti*, ed. A. Chiari (Rome: Edizioni di Storia e Letteratura, 1981), 416–17.

27 Ferrariensis cites excerpts from the second treatise of the first book of Albert's work (Albertus Magnus, *De anima*, 17–63). He also incorporates, among other works, some selections from Avicenna's *De anima* (on. f. 17r from *De anima*, cap. 2, 38–40; on f. 19v from cap. 2, 42–3) and Cicero's *Tusculanae disputationes* (on f. 19v from *Tusc. disp.* 1.9.18–1.11.23).

28 Cf. e.g. J. Ferrariensis, *De immortalitate*, ff. 22v–23r, and Lactantius, *Divinae institutiones*, 3.19; J. Ferrariensis, *De immortalitate*, f. 23r, and St. Augustine, *De civitate dei*, 18.18; 10.30.

29 *Capitulum tertium declarans quid sit anima secundum opinationem catholicorum* (*De immortalitate* f. 24v).

30 Ibidem, ff. 24v–25r.

31 Many passages in these two works by John of la Rochelle are almost the same. P. Michaud-Quantin discusses these relationships in detail in the third part of the introduction to edition of the *Tractatus de divisione multiplici potentiarum animae* ([Paris: Vrin, 1964], 16–23, the chapter 'Les rapports du Tractatus et de la Summa'). A comparison is also made by J. G. Bougerol in his 'Introduction' to J. of la Rochelle, *Summa de anima*, ed. J. G. Bougerol (Paris: Vrin, 1995), 34–6. On this, see also L. Schumacher, *Human Nature in Early Franciscan Thought. Philosophical Background and Theological Significance* (London: Cambridge University Press, 2023), 129–32; 159–65.

32 J. Ferrariensis, *De immortalitate*, f. 25r: 'Itaque ex hac multiplici substantiae acceptione nonnulli sepe numero definiunt animam ut spiritus, quibusdam etiam placuit omni alio excluso respectu ut animam solum definire, ceteris vero ut animam et spiritum.' Cf. J. de La Rochelle, *Tractatus*, 56: 'Definitur autem anima rationalis aliquando ut spiritus, aliquando ut anima, aliquando ut spiritus et anima' (the same phrase one can read in La Rochelle's *Summa de anima*, 52); Pseudo-Augustine, *De spiritu et anima*, IX (Patrologia Latina, vol. 40 [1845]), 784.

33 P. Michaud-Quantin mentions the epithet 'compiler' in the 'Introduction' to the *Tractatus* (on page 13; cf. f. 19 on this page). I. P. Bejczy notes that while John has a reputation as a compiler, there has been a recent increase in investigation of his achievements in psychology and moral theology (I. P. Bejczy, 'John of La Rochelle', in *The Encyclopedia of Medieval Philosophy*, ed. H. Lagerlund [2011, Dordrecht: Springer, 2020], 982). Indeed, some examples of such recent research (not included in the cited *Encyclopedia*) include a doctoral dissertation: D. Ryan, 'An Examination of a Thirteenth-Century Treatise on the Mind/Body Dichotomy: Jean de La Rochelle on the Soul and Its Powers' (Ph.D. diss., National University of Ireland, Dublin, 2010); *The Summa Halensis. Doctrines and Debates*, ed. L. Schumacher (Berlin, Boston: De Gruyter, 2020), *passim*; L. Schumacher, *Human Nature*, *passim*.

34 In addition to the thinkers indicated in the text, the following should be mentioned: St. Augustine, John Damascene, Avicenna, Avicebron and Philip the Chancellor. On the intellectual inspirations of La Rochelle see especially S. Vanni-Rovighi,

L'immortalità dell'anima, 11–25; P. Michaud-Quantin, 'Introduction', 23–37; J. G. Bougerol, 'Introduction', 31–3.

35 J. Ferrariensis, *De immortalitate*, f. 25r: 'anima est substantia incorporea, intellectualis, illuminationis a primo, ultima relatione perceptiva'. Cf. A. Angelicus (Alfred von Sareshel), *De motu cordis*, ed. C. Baeumker (Münster: Aschendorff, 1923), I, 2; J. de la Rochelle, *Tractatus*, 57. Ferrariensis says that the definition comes from the work *De motu cordis*, but he attributes the work to Alexander. The text was dedicated to Alexander Nequam who often in medieval and Renaissance texts considered to be the author.

36 The second definition: J. Ferrariensis, *De immortalitate*, f. 32r: 'anima est spiritus intellectualis rationalis semper movens, semper in motu bone maleque voluntatis capax'; the fourth one: ibidem, f. 33r: 'substantia spiritualis simplex et indissolubilis, incorporea, passibilis atque mutabilis'; the seventh definition: ibidem, f. 36v: 'anima est omnium similitudo'; the eighth: ibidem, f. 37r: 'anima est substantia quaedam rationis particeps in regendo corpori accomodata'; cf. Pseudo-Augustine, *De spiritu et anima*, (respectively) cap. XIII, 788; cap. XXIV, 796; cap. VI, 783; cap. I, 781. All these definitions are included in La Rochelle's *Tractatus*, 57 and on the following pages are explained.

37 J. Ferrariensis, *De immortalitate*, f. 32v: 'anima est substantia spiritualis a Deo creata, propria sui corporis vivificatrix'. Cf. Cassiodorus, *De anima* (Patrologia Latina, vol. 70 [1865]), cap. II, 1283.

38 J. Ferrariensis, *De immortalitate*, f. 33v: 'anima est substantia incorporea regens corpus'. Cf. Nemesius, *De natura hominis* (Patrologia Graeca, vol. 40 [1863]), 589A; J. de la Rochelle, *Tractatus*, 57.

39 J. Ferrariensis, *De immortalitate*, f. 35r: 'necesse est igitur animam substantiam esse sicut speciem corporis physici potentia vitam habentis'. Cf. Aristotle, *De anima*, II, 412a19–22 and 27–28; 412b5–6; J. de la Rochelle, *Tractatus*, 57.

40 J. Ferrariensis, *De immortalitate*, f. 39r: 'anima est Dei formae spiraculum vitae'. Cf. Gen. 2:7; J. of la Rochelle, *Tractatus*, 58.

41 J. Ferrariensis, *De immortalitate*, f. 39r: 'anima est spiritus intellectualis ad beatitudinem in se et in corpore ordinatus'. Cf. Seneca, *Epistulae*, 92, 1–2; J. de la Rochelle, *Tractatus*, 58.

42 J. Ferrariensis, *De immortalitate*, f. 39v: 'anima est substantia vivens, simplex, et incorporea, corporalibus oculis secundum propriam sui naturam invisibilis, immortalis, rationalis, et intellectualis, infigurabilis, organico utens corpore, et huic vitae et augmentationis et sensus et generationis tributiva, non aliud habens praeter seipsam intellectum, sed <ut> partem sui purissimam, sicut enim oculus in corpore, ita in anima est intellectus.' Cf. J. Damascenus, *De fide orthodoxa*, 2, 12 (Patrologia Graeca, vol. 94 [1864]), 923–26; J. de la Rochelle, *Tractatus*, 54.

43 J. Ferrariensis, *De immortalitate*, f. 39v: 'anima (…) est substantia incorporea, corporis sui vita invisibilis, sensibilis, immortalis, illocalis, passibilis nec quantitate mensure, nec qualitate formae vel coloris susceptibilis memorabilis, rationalis, intellectualis'. Cf. St. Augustine, *De cognitione verae vitae*, cap. 5 (Patrologia Latina, vol. 40 [1845]), 1009.

44 Regarding this definition (Pseudo-Augustine, *De spiritu et anima*, 8, 784): 'anima est substantia rationalis et intellectualis, spiritualis, a Deo facta non ex Dei natura sed potius creata, ex nihilo facta, in bonum malumque convertibilis et ideo aliquatenus mortalis aliquatenus immortalis'.

45 J. of la Rochelle, *Tractatus*, 63. Medieval and Renaissance authors attribute this definition to Plato, based on Costa Ben Luca's *De differentia animae et spiritus*, which was translated by John of Seville in the mid-twelfth century. Cf. the edition of this work by C. G. Barach (Innsbruck: Bibliotheca Philosophorum Mediae Aetatis, 1878), 131.

46 Some of analyses are quite similar to those given by Alexander of Hales in his *Summa theologiae* (in the second part, question LIX, seven definitions of the soul are discussed, which coincide with those given in Ferrariensis' *De immortalitate*). Ferrariensis himself (on. f. 32v) points to Alexander's explanation of Cassiodorus's definition. Some passages may be taken from primary sources, e.g., the discussion regarding the definition 'the soul is the likeness of everything' (J. Ferrariensis, *De immortalitate*, ff. 36v–37r) is taken almost *verbatim* from *De spiritu et anima* (cap. VI, col. 783).

47 J. Ferrariensis, *De immortalitate*, f. 30r.

48 See e.g. J. Ferrariensis, *De immortalitate*, ff. 29r–30r and Bartholomaeus Anglicus, *De proprietatibus rerum*, ed. I. Draelants et al. (Turnhout: Brepols, 2023), VIII.29.l (opinions on the differences between *lux* and *lumen* and on the nature of light). J. Ferrariensis, *De immortalitate*, ff. 27v–28r and Albertus Magnus, *De anima*, II, tr. 3, cap. 9, pp. 111ab, 112b, 116a (the opinions regarding light, including the school of Democritus and the criticism of the Peripatetics against this school; the nature of colour). J. Ferrariensis, *De immortalitate*, f. 28v and Gaetano da Thiene, *Expositio super libros De anima Aristotelis*, II, com. LXIX (Venice: Bonetus Locatellus, 1493), f. 31b (Gaetano da Thiene refers to Albert's considerations).

49 Cf. J. Ferrariensis, *De immortalitate*, ff. 40v–41r and St. Augustine, *De civitate dei*, 13, cap. 16 and 17.

50 A significant section of the fortieth chapter of the *Summa* (pp. 124–9) is very similar to *De immortalitate*, ff. 42r–45r. It is pointless to compile all the correspondences. A few phrases about the connection of the rational soul to the body may serve as an example. J. of la Rochelle, *Summa*, cap. 40, 126: '(…) **distinguendum est** in formis, quia **est forma quae totaliter innititur et incumbit materiae suae et non regit nec sustinet eam, sed sustinetur ab ea; et huiusmodi forma est proprie forma corporalis sicut est in omnibus inanimatis corporibus; alia** vero **est forma cui potius innititur sua materia, et sustinetur et regitur ab** ipsa forma.' J. Ferrariensis, *De immortalitate*, f. 42v: 'De formis **distinguendum est**, quoniam **est** quaedam **forma quae totaliter innititur et incumbit materiae suae et non regit nec substinet eam, sed substinetur ab ea; et huiusmodi forma est proprie forma corporalis sicut est in omnibus inanimatis corporibus; alia** autem **forma est cui innititur sua materia, et substinetur et regitur ab** ea.'

51 Cf. J. Ferrariensis, *De immortalitate*, ff. 45r; 46r; 47r; respectively Lactantius, *De opificio dei* (Patrologia Latina, vol. 7 [1844]), cap. VIII, 34; cap. XVI, 64; cap. XVI, 65.

52 Cf. J. Ferrariensis, *De immortalitate*, f. 46r; Censorinus, *De die natali liber*, ed. F. Hultsch (Leipzig: Teubner, 1867), cap. 6, 10.

53 Cf. J. Ferrariensis, *De immortalitate*, ff. 46r–47r; St. Ambrose, *Hexameron* (Patrologia Latina, vol. 14 [1882]), VI.9.55-58, 280–2.

54 Cf. J. Ferrariensis, *De immortalitate*, f. 48v; St. Jerome, *Epistola LXIV Ad Fabiolam* (Patrologia Latina, vol. 22 [1845]), 608.

55 Cf. J. Ferrariensis, *De immortalitate*, f. 49v; Valerius Maximus, *Factorum et dictorum memorabilium libri novem* (hereafter *Memorabilia*), ed. C. Kempf (Leipzig: Teubner, 1888), 8.9.

56 J. Ferrariensis, *De immortalitate*, ff. 50r, 53r, 53v, 56r, 56v, 57r and respectively Lactantius, *Divinae institutiones*, 3.17, 1.20, 2.2, 6.4, again 6.4, 3.8. J. Ferrariensis, *De immortalitate*, ff. 51r, 54r, 55v–56r and respectively Cicero, *Tusculanae disputationes*, 5.35, *De senectute*, 12.39–41 and 14.47, *Tusculanae disputationes*, 5.34.

57 J. Ferrariensis, *De immortalitate*, f. 57r: 'Iam ad inceptum redeo, ut probem animi immortalitatem, quam difficile erit istis furiosis litigatoribus censeo. Sed istis tribus totam hanc maturabimus partem, scilicet ratione, auctoritate et exemplo.'

58 J. Ferrariensis, *De immortalitate*, f. 57v: 'Capitulum tertium declarans animae immortalitatem sumptum ex rationi imaginis vel simulacra animae ad deum.'

59 Ibidem, f. 59v: 'Quod divina iustitia animam rationalem interire non sinit post corpus. Argumentum secundum.'

60 Ibidem, f. 61v: 'Quod divina sapientia non patitur animarum interitum post corporis separationem; argumentum tertium.'

61 Ibidem, f. 63v: 'Quod mundi contemptus bellissime demonstrat animae inmortalitatem; argumentum quartum.'

62 Ibidem, f. 65r: 'Quod omnipotentia dei in unione primarum contrarietatum ostendit animae inmortalitatem; argumentum quintum.'

63 Ibidem, f. 66r: 'Quod incorruptibilitas materiae primae sive hylle mundi clare demonstrat inmortalitatem animae; argumentum sextum.'

64 Ibidem, f. 67r: 'Quod remotio omnis contrarietatis a natura animae ostendit animam esse immortalem; et quomodo solus deus est immortalis; argumentum septimum.'

65 Ibidem, f. 69v: 'Quod omne quod duratione sua non properat ad interitum est in suo esse immortale; argumentum octavum.'

66 Ibidem, f. 71r: 'Quod differentia sensibilium ab intelligibilibus arguit animae inmortalitatem; argumentum nonum.'

67 Ibidem, f. 74r: 'Quod sicut inseparabilitas operationis sensitive arguit sensus corruptionem, ita separabilitas operationis intellective inmortalitatem; argumentum decimum.'

68 Ibidem, f. 75v: 'Quod appetitus humanae felicitatis ostendit animae inmortalitatem; argumentum undecimum.'

69 For example, the second argument begins with the Aristotelian remark about justice. Ibidem, f. 59v.

70 In the passage concerning contempt of the world, Ferrariensis cites examples of figures who did not value earthly life, e.g. from (on f. 63v) Valerius Maximus, *Memorabilia*, 4.3.5–4.3.6; Justin (Marcus Junianus Justinus), *Epitoma Historiarum Philippicarum Pompeii Trogi*, ed. O. Seel (Stuttgart: Teubner, 1972),18.2; (on f. 64r) Cicero, *Tusculanae disputationes*, 5.32; Apuleius, *Apologia*, 18; (on f. 64v) Cicero, *Tusculanae disputationes*, 5.30, Sallust, *Bellum Catilinae*, 20; (on marg. of f. 64v) Justin, *Epitoma*, 9.6.

71 In the fifth argument (f. 65v) we read about God's power, which is revealed in the extraordinary variety of the world, and man is supposed to connect the extremes of creation. Man is a composite composed of a crass, corruptible substance and a simple, indestructible substance. And behold, all reasoning about that which was to be proved is assumed. The continuation of the argument is simply a quotation from Gregory the Great's *Dialogues* (lib. 4 chap. 3) about the fact that man shares something with angels and something with animals.

72 For example, J. of la Rochelle also gives the quotation from Gregory the Great mentioned in the footnote above (J. de la Rochelle, *Summa de anima*, 136). Moreover, passages of the sixth argument of *De immortalitate* (f. 66v) coincide with

La Rochelle's comparison of the soul to prime matter (J. de la Rochelle, *Summa de anima*, 136), and the seventh argument of *De immortalitate* coincides remarkably with La Rochelle's argument that the rational soul is not subject to any kind of destruction. Here is a short juxtaposition: J. de la Rochelle, *Summa de anima*, 137: **'Omne quod destruitur, aut** destruitur **divisione formae a materia, aut divisione partium integralium, aut destructione subiecti** aut accidentis, **aut absentia causae** destruitur; verbi gratia: **divisione formae** destruitur res duobus modis, **aut divisione formae quae est separabilis ut in homine, cum anima diuiditur a corpore, quae** divisio **dicitur mors**; aut divisione formae **quae est inseparabilis, hoc est quae non manet separata ut in extinctione ignis, et haec divisio proprie vocatur** corruptio; **et haec** destructio est ex forma destructa. **Divisione vero partium integralium fit destructio ut cum ligna et lapides** destruuntur, destruitur **domus.'** J. Ferrariensis, *De immortalitate*, ff. 67v–68r: **'Omne** siquidem **quod destruitur** vel corrumpitur, **aut** sit **divisione** et segregatione quadam **formae a materia, aut divisione partium integralium, aut destructione subiecti, aut absentia causae. Divisione formae** a materia duppliciter fieri contingit, **aut** primo **divisione formae, quae est separabilis ut in homine, cum anima dividitur a corpore, quae mors dicitur,** vel **quae est inseparabilis, hoc est** dictu quod **non manet separata ut in extensione ignis, et haec divisio proprie vocatur** destructio, **et haec** quidem est ex formarum destructione. Quam haec longinqua sint a natura animae erigamus aures. **Divisione vero partium integralium fit destructio ut cum lapides et ligna separantur**, quae in compositione domus colligata erant, ruit **domus** (…)'

The meaning of the remaining arguments from *De immortalitate* (8–11) is also found in the argument presented by La Rochelle (*Summa de anima*, 138–40), but Ferrariensis gives them a different form and significantly expands them with quotations from various other authors.

73 Cf. J. Ferrariensis, *De immortalitate*, f. 103v.
74 Ibidem, f. 104r.
75 Ibidem, f. 79r; St. Augustine, *De civitate dei*, 7.3; Cicero, *Tusculanae disputationes*, 5.4.10.
76 J. Ferrariensis, *De immortalitate*, f. 79r–v; Plato, *Dialogi*, trans. M. Ficino, vol. 10 (London: A. J. Valpy, 1826), 430 (frag. 63); 432–3 (frag. 66–7).
77 J. Ferrariensis, f. 81r; John Duns Scotus, *Opus oxoniense*, IV, dist. 43, q. 2. Ferrariensis omits the places where Scotus refers to Aristotle's seventh book of the *Metaphysics* and the ninth book of the *Ethics*.
78 J. Ferrariensis, *De immortalitate*, ff. 83v–84r.
79 Ibidem, f. 83r–v.
80 Virgil, *Aeneis*, 9.401–411; J. Ferrariensis, *De immortalitate*, f. 81v.
81 Cicero, *De officiis*, 3.99–100; J. Ferrariensis, *De immortalitate*, f. 81v.
82 St. Augustine, *De civitate dei*, 1.15; J. Ferrariensis, *De immortalitate*, f. 82r.
83 Valerius Maximus, *Memorabilia*, 3.2.1 et sqq.; J. Ferrariensis, *De immortalitate*, f. 82r.
84 Ferrariensis (f. 115r) announces the demonstration of the existence of hell by reasoning, authority, and numerous examples. The arguments given, however, are based mainly on quoting the opinions of authorities. For example, the author writes that there is a middle between two extremes, so if the earth is the middle and the sky is the seat of the good, it cannot also be the seat of the bad. In support of this, he cites Cicero's *De re publica* (*Somnium Scipionis*, 6.13–6.15 on f. 116r–v) and Lactantius' *Divinae institutiones* (1.18, col. 211 on f. 116v and 6.3, col. 641 on f. 117r).

85 For example, when writing about hell, Ferrariensis quotes, among others, Seneca's *Hercules furens* (709-729 on f. 118r–v); Ovid's *Metamorphoses* (10.1-10.44 on ff. 118v-119r); Virgil's *Aeneis* (6.103-129 on ff. 119v-120r and 6.608-617; 625-627; 5.731-733 on. f. 120r); Plato's *Phaedo* (112a-114c on ff. 120r-122r) and Lactantius' *Divinae institutiones* (see the previous footnote).

86 The chapters 'Quod anima rationalis secundum omnes suas partes regulabiles a ratione passionibus diris afficitur' (ff. 130r-137v) and 'Quod quam diu anima est in corpore ab eo patitur et quomodo separata patiatur' (ff. 137v-151v).

87 Ferrariensis quotes excerpts from parts 3 and 4 of the *Summa de anima*, which are respectively titled: 'De divisione virium animae secundum Damascenum' and 'De divisione virium animae secundum Avicennam'.

88 Let us take as an example a comparison of treatments of some powers of the soul from La Rochelle (*Summa de anima*, p. 221): '**Dicendum ergo quod generativa est ad conservationem esse speciei et multiplicationem eiusdem. Nutritiva** vero **et augmentativa referuntur ad esse singularis, ut huius animalis et plantae; sed nutritiva est ad conservationem, augmentativa ad perfectionem**, et ideo **nutriuntur animalia semper, non** autem **semper augentur, quia semper indigent** conservativo et reparativo **deprediti, sed non semper indigent** perfectivo; non enim indigent postquam perfecta **sunt**, et **ideo cessat operatio virtutis augmentativae animali perfecto secundum debitum modum suae quantitatis et consistentiae. Sciendum autem quod generativae virtutis multiplicatur vis et operatio per seminativam et plasmativam.**' J. Ferrariensis, *De immortalitate*, f. 132v: '**Dicendum ergo est quod generativa est ad conservationem esse speciei et multiplicationem eiusdem. Nutritiva et augmentativa referuntur ad esse singularis, ut huius** hominis vel **animalis** vel **plantae; sed nutritiva est ad conservationem, augmentativa ad perfectionem**, idcirco **semper nutriuntur animalia, non** tamen **semper augentur, quia semper indigent** conservatione et recuperatione **deperditi, sed non semper indigent** perfectione; postquam facta **sunt**, **ideo cessat operatio virtutis augmentativae animali perfecto secundum debitum modum suae quantitatis et con<s>sistentiae. Sciendum autem quod generativae virtutis multiplicatur vis et operatio per seminativam et plasmativam.**'

89 The analysis of the source material is a challenge, because Ferrariensis rarely informs us about which work he quotes.

Bibliography

Manuscripts

Da Sala, Bornio. *De principe*. Milano: Biblioteca Ambrosiana. A 83 inf.
Degli Agli, Antonio. *De immortalitate animae*. Vatican City: Biblioteca Apostolica Vaticana, Vat. lat. 1494.
Degli Agli, Antonio. *De mystica statera*. Naples: Biblioteca Nazionale, cod. VIII F 9.
Degli Agli, Antonio. *Dialogus de vita eiusdem auctoris*. Camerino: Biblioteca Comunale Valentiniana, Ms. 78.
Degli Agli, Antonio. *Epistula ad Pontificem Sixtum IV*. Vatican City: Biblioteca Apostolica Vaticana, Vat. Lat. 1494.
Degli Agli, Antonio. *Epistola consolatoria ad Cosmum Medice*. Naples: Biblioteca Nazionale, VIII F 9 and Florence, Biblioteca Medicea Laurenziana, Plut. 54.10.
Degli Agli, Antonio. *Epistola consolatoria ad Petrum Medicem obiti patri*. Pavia: Biblioteca Universitaria, Aldini 304 and Florence, Biblioteca Medicea Laurenziana, Plut. 54.10.
Degli Agli, Antonio. *Epithalamii libri I–III cum praefatione ad Paulum PP. II*. Vatican City: Biblioteca Apostolica Vaticana, Vat. Lat. 1064.
Degli Agli, Antonio. *Explanatio in Ecclesiastem*. Naples: Biblioteca Nazionale, VIII.F.9.
Degli Agli, Antonio. *Explanatio symbolorum Pythagore*. Naples: Biblioteca Nazionale, VIII.F.9.
Degli Agli, Antonio. *Hystoriarum libri*. Florence: Biblioteca Nazionale Centrale, Conv. Soppr. A.2.1737.
Degli Agli, Antonio. *Laudatio Leonardi historici*. Florence: Biblioteca Medicea Laurenziana Laur. 90 sup. 5.
Degli Agli, Antonio. *Laus librorum*. Florence: Biblioteca Nazionale Centrale, Conv. Soppr. J IX 10.
Degli Agli, Antonio. *Liber iubilei*. Naples: Biblioteca Nazionale, VIII.F.9.
Degli Agli, Antonio. *Panegyricus*. Vatican City: Biblioteca Apostolica Vaticana. Vat. Lat. 3698.
Degli Agli, Antonio. 'Poesie'. In *Lirici toscani del quattrocento*, edited by A. Lanza, 29–49. Rome: Bulzoni, 1973. Available online: bibliotecaitaliana.it/testo/bibit000542 (accessed 10 May 2023).
Degli Agli, Antonio, *De rationibus fidei*. Florence: Biblioteca Nazionale Centrale, Conv. Soppr. B.9.1268.
Degli Agli, Antonio. *Sermo de summi pontificis atque universalis consilii potestate*.Siena: Biblioteca Comunale, A.VI.53.
Degli Agli, Antonio. *De vitis sanctorum*. Florence: Biblioteca Nazionale Centrale, Nuovi Aquisti 399; Vatican City, Biblioteca Apostolica Vaticana, Lat. 3742.
Ferrariensis, Johannes. *De caelesti vita*. Vatican City: Biblioteca Apostolica Vaticana, Urbin. Lat. 137.
Ferrariensis, Johannes. *De immortalitate animae*. Rome: Biblioteca Casanatense, ms. 103.

Magni de Ludosia, Bero. *Disputata super libros De anima*. Vien: Österreichische Nationalbibliothek, M 1128/05.
Nogarola, Leonardo. *Tractatus de mundi aeternitate*. Rouen: Bibliothèque municipale, MS A 13.
Nogarola, Leonardo. *De immortalitate animae*. Florence: Biblioteca Medicea Laurenziana, Plut. 83.22; Ashb. 180.
Nogarola, Leonardo. *Libellus de rerum quidditatibus*. Florence: Biblioteca Laurenziana Medicea, Ashb. 180.
Nogarola, Leonardo. *Officium de conceptione beatae Mariae virginis*. Basel: Universitätsbibliothek, A VIII 18; Berlin, Staatsbibliothek zu Berlin, Preußischer Kulturbesitz, theol. lat. 8° 68; Cracow, Biblioteka Jagiellonska, Berol. ital. 8° 9.
Nogarola, Leonardo. *Oratio domini Leonardi de Nogarolis ad Vincentinos pro Omnibono*. Florence: Biblioteca Laurenziana Medicea, Ashb. 180.
Nogarola, Leonardo. *Oratio in die nativitatis Domini ad Sixtum IV*. Vatican City: Biblioteca Apostolica Vaticana, Vat. lat. 4063.
Nogarola, Leonardo. *Oratio in petenda licentia ab illustrissimo Principe ac duce Venetiarum, edita per dominum Leonardum de Nogarolis equitem ornatissimum, philosophum doctissimum, theologum sapientissimum pro Vincentinis*. Florence: Biblioteca Laurenziana Medicea, Ashb. 180.
Orlandini, Paolo. *Eptathicum*. Biblioteca Nazionale Centrale Firenze, ms. Naz. II, I, 158.

Primary sources

Alain of Lille. *Regulae de sacra theologia*, Patrologia Latina, vol. 210, Paris: J.-P. Migne, 1855.
Alexander of Aphrodisias. *Alexander of Aphrodisias: Supplement to on the Soul*, translated by R. W. Sharples. London: Duckworth, 2004.
Alexander of Aphrodisias. *On the Soul. Part 1: Soul as Form of the Body, Parts of the Soul, Nourishment, and Perception*, introduction, translation by V. Caston. London: Bloomsbury, 2012.
Alexander of Hales. *Summa Theologica*, vol. 1–4. Florence: Collegium S. Bonaventurae, 1924–1948.
Alfredus Anglicus (Alfred von Sareshel). *De motu cordis*, edited by C. Baeumker. Münster: Aschendorff, 1923.
Ambrose, Saint. *Hexameron*, Patrologia Latina, vol. 14. Paris: J.-P. Migne, 1882.
Anglicus, Bartholomaeus. *De proprietatibus rerum*, vol. 3, liber VIII edited by I. Draelants et al. Turnhout: Brepols, 2023.
Anselm of Canterbury. *Proslogion*, Patrologia Latina, vol. 158. Paris: edited by J.-P. Migne, 1864.
Apulcius. *Apologia, Florida, De deo Socratis*, edited by C. P. Jones. Cambridge, MA: Harvard University Press, 2017.
Aquinas, Thomas. 'Compendium theologiae'. In idem, *Opera omnia*, vol. 42. Rome: Comissio Leonina, 1979.
Aquinas, Thomas. 'De caelo et mundo'. In idem, *Opera omnia*, vol. 3. Rome: Comissio Leonina, 1886.
Aquinas, Thomas. 'De ente et essentia'. In idem, *Opera omnia*, vol. 43. Rome: Comissio Leonina 1976.

Aquinas, Thomas. 'Expositio libri Posteriorum analyticorum'. In idem, *Opera omnia*, vol. 1*, 2, editio altera retractata. Rome: Comissio Leonina, 1989.

Aquinas, Thomas. 'De unitate intellectus contra Averroistas'. In idem, *Opera omnia*, vol. 43. Rome: Comissio Leonina, 1976.

Aquinas, Thomas. 'Quaestio disputata de spiritualibus creaturis'. In idem, *Opera omnia*, edited by J. Cos, Rome: Comissio Leonina, Paris: Éditions Du Cerf, 2000.

Aquinas, Thomas. 'Quaestiones disputatae de anima'. In idem, *Opera omnia*, edited by B. C. Bazán, vol. 24, 1. Rome: Comissio Leonina, Paris: Éditions Du Cerf, 1996.

Aquinas, Thomas, 'Sentencia libri "De anima"'. In idem, *Opera Omnia*, vol. 45, 1. Paris: Comissio Leonina, 1984.

Aquinas, Thomas. 'Summa Theologiae'. In idem, *Opera omnia*, vol. 4–6, Rome: Comissio Leonina, 1888–1891.

Aquinas, Thomas. 'Summa contra gentiles'. In idem, *Opera omnia*, vol. 13. Rome: Comissio Leonina, 1918.

Aquinas, Thomas. *Super libros Sententiarum*, edited by R. P. Mandonnet, vol. 2. Paris: Lethielleux, 1929.

Aquinas, Thomas. 'Quaestiones disputatae de veritate'. In idem, *Opera omnia*, edited by A. Dondaine, vol. 22, Rome: Comissio Leonina, 1970.

Aristotle. *The Cathegories, On Interpretation, Prior Analytics*, edited by E. H. Warmington et al., translated by H. P. Cooke, H. Tredennick, Cambridge, MA: Harvard University Press; London: W. Heinemann, 1967.

Aristoteles. *Opera cum Averrois commentariis*, vol. 1, 3–6, 8–9, 11. Venice: apud Iunctas (editio Juntina secunda), 1562.

Aristotle. *De motu animalium*, translated by M. Craven Nussbaum. Princeton: Princeton University Press, 1978.

Aristotle. *'De sensu' and 'De memoria'*, edited and translated by G. R. T. Ross. Cambridge: Cambridge University Press, 1906.

Aristotle. *Metaphysics*, edited by T. E. Page et al., translated by H. Tredennick, vol. 1–2, Cambridge, MA: Harvard University Press; London: W. Heinemann, 1933–5.

Aristotle. *The Nicomachean Ethics*, edited by E. Capps et al., translated by H. Rackham, London: W. Heinemann; New York: G. P. Putnam's Sons, 1926.

Aristotle. *On Coming-to-Be and Passing-Away (De generatione et corruptione)*, translated by H. H. Joachim. Oxford: Oxford University Press, 1922.

Aristotle, *On the Heavens*, edited by T. E. Page et al., translated by W. K. C. Guthrie. Cambridge, MA: Harvard University Press; London: W. Heinemann, 1960.

Aristotle. *On the Soul*, translated by W. S. Hett. London: W. Heinemann; New York: G. P. Putnam's Sons, 1935.

Aristotle. *Physics*, vol. 1–2, translated by P. H. Wicksteed. London: W. Heinemann; New York: G. P. Putnam's Sons, 1929.

Aristotle. *Posterior Analytics, Topica*, edited by T. E. Page, translated by H. Tredennick. Cambridge, MA: Harvard University Press; London: W. Heinemann, 1966.

Augustine, Pseudo. *De spiritu et anima*. Patrologia Latina, vol. 40. Paris: J.-P. Migne, 1845.

Augustine, Saint. *De cognitione verae vitae*. Patrologia Latina, vol. 40. Paris: J.-P. Migne, 1845.

Augustine, Saint. *Confessiones*. Patrologia Latina, vol. 32. Paris: J.-P. Migne, 1841.

Augustine, Saint. *Confessions*, edition and commentary by J. J. O'Donnell, vol. 2. Oxford: Oxford University Press, 1992.

Augustine, Saint. *Contra epistolam Manichei quam vocant 'Fundamenti'*. Patrologia Latina, vol. 42. Paris: J.-P. Migne, 1865.

Augustine, Saint. *Contra Maximinum Arianorum Episcopum*. Patrologia Latina, vol. 42. Paris: J.-P. Migne, 1865.
Augustine, Saint. *De civitate dei*. Patrologia Latina, vol. 42. Paris: J.-P. Migne, 1864.
Augustine, Saint. *De Genesi ad litteram*. Patrologia Latina, vol. 34. Paris: J.-P. Migne, 1845.
Augustine, Saint. *De Genesi ad Manicheos*. Patrologia Latina, vol. 34. Paris: J.-P. Migne, 1845.
Augustine, Saint. *De libero arbitrio*. Patrologia Latina, vol. 32. Paris: J.-P. Migne, 1841.
Augustine, Saint. *De musica*. Patrologia Latina, vol. 32. Paris: J.-P. Migne, 1841.
Augustine, Saint. *Epistola*. Patrologia Latina, vol. 33. Paris: J.-P. Migne, 1902.
Augustine, Saint. *On the City of God*, translated by M. Dods, vol. 1. Edinburgh: T&T Clark, 1871.
Augustine, Saint. *Soliloquies and Immortality of the Soul*, introduction, translation, commentary by G. Watson. Warminster: Aris & Phillips, 1990.
Averroes. 'Commentarium in libros Metaphysicorum'. In Aristoteles, *Opera cum Averrois Commentariis*, vol. 8. Venice: apud Iunctas (editio Juntina secunda), 1562.
Averroes. 'Commentarium magnum' in Aristotelis '*De anima*' *libros*, edited by F. S. Crawford. Cambridge, MA: The Mediaeval Academy of America, 1953.
Averroes. 'De substantia orbis'. In Aristoteles, *Opera cum Averrois commentariis*, vol. 9. Venice: apud Iunctas (editio Juntina secunda), 1562.
Averroes. *De substantia orbis*, critical edition of the Hebrew text and English translation with commentary by A. Hyman. Cambridge, MA and Jerusalem: The Medieval Academy of America and the Israel Academy of Sciences and Humanities, 1986.
Avicenna. *De anima seu sextus naturalibus*, edited by S. Van Riet, parts I–III. Louvain: Peeters; Leiden: Brill, 1972.
Avicenna. *Liber de Philosophia prima sive scientia divina*, edited by S. Van Riet and G. Verbeke, vol. 1–2. Louvain: Peeters; Leiden: Brill, 1977.
Bacon, Francis. 'Historia vitae et mortis'. In idem, *The Works of Francis Bacon*, introduction and edition by J. Spedding, R. L. Ellis and D. D. Heath, vol. 2, 101–226. 1857. Reprinted. Cambridge: Cambridge University Press, 2011.
Barbieri, Filippo. *De immortalitate animarum libri tres*. Naples: Matthias Moravus, 1487.
Bellovacensis, Vincentius. *Speculum quadruplex*, vol. 4 (*Speculum historiale*). Douai: Belleri, 1624.
Boethius. *De consolatione philosophiae*, edied by C. Moreschini. Leipzig: Teubner, 2005.
Boethius. 'De hebdomadibus'. In idem, *Opera omnia*, Patrologia Latina, vol. 64. Paris: J. P. Migne, 1891.
Boethius. 'Liber de divisione'. In idem, *Opera omnia*, Patrologia Latina, vol. 64. Paris: J. P. Migne, 1891.
Bonaventura. *In secundum librum Sententiarum*. In idem, *Commentaria in quattuor libros Sententiarum*, vol. 2. Rome: Quarachi, 1885.
Buridan, John. *Quaestiones in Aristotelis De anima*, edited by J. A. Zupko. In J. A Zupko, 'John Buridan's Philosophy of Mind: An Edition and Translation of Book III of His Questions on Aristotle's de Anima', with Commentary and Critical and Interpretative Essays'. Ph.D. diss., Cornell University, 1989.
Campora, Jacopo. *Dell'immortalità dell'anima*. Rome: Johannes Philippus de Lignamine, 1472.
Caracciolo, Roberto. *Sermones declamatory*. Venice: Per Georgium de Arriuabenis Mantuanum, 1496.
Cardanus, Hieronymus. *De immortalitate animorum*. Lyon: Sebastianus Gryphius, 1545.
Cassini, Samuel. *Quaestio de immortalitate animae*. Milan: Udalricus Scinzenzeler, 1498.

Cassiodorus. *De anima*. Patrologia Latina, vol. 70. Paris: J.-P. Migne, 1865.
Censorinus. *De die natali liber*, edited by F. Hultsch. Leipzig: Teubner, 1867.
Cicero, Marcus Tullius. *Academica*, edited by J. S. Reid. London: MacMillan, 1885.
Cicero, Marcus Tullius, 'De amicitia'. In *Cicero in Twenty-eight Volumes*, edited by E. H. Warmington, translated by W. A. Falconer, vol. 20. London: W. Heinemann; Cambridge, MA: Harvard University Press, 1971.
Cicero, Marcus Tullius. *De finibus bonorum et malorum*, edition and translation by H. Rackham. London: W. Heinemann; New York: G. P. Putnam's Sons, 1931.
Cicero, Marcus Tullius, 'De legibus'. In *Cicero in Twenty-eight Volumes*, edited by E. H. Warmington, translated by C. Walker Keyes, vol. 16. London: W. Heinemann; Cambridge, MA: Harvard University Press, 1970.
Cicero, Marcus Tullius. *De natura deorum*, introduction and commentary by J. B. Mayor, vol. 1-3. Cambridge: Cambridge University Press, 1880-5.
Cicero, Marcus Tullius. *De officis*, edited by T. E. Page et al., translated by W. Miller. London: W. Heinemann; New York: G. P. Putnam's Sons, 1928.
Cicero, Marcus Tullius. 'De re publica'. In *Cicero in Twenty-eight Volumes*, edited by E. H. Warmington, translated by C. Walker Keyes, vol. 16. London: W. Heinemann; Cambridge, MA: Harvard University Press, 1970.
Cicero, Marcus Tullius. 'De senectute'. In *Cicero in Twenty-eight Volumes*, edited by E. H. Warmington, translated by W. A. Falconer, vol. 20. London: W. Heinemann; Cambridge, MA: Harvard University Press, 1971.
Cicero, Marcus Tullius. *Philippics*, edited by T. E. Page, translated by W. C. A. Ker. London: W. Heinemann; Cambridge, MA: Harvard University Press, 1957.
Cicero, Marcus Tullius. *Tusculanae disputationes*, edited by T. E. Page et al., translated by J. E. King; Cambridge, MA: Harvard University Press, 1966.
Claudian. *De raptu Proserpinae*, edited by J. B. Hall. Cambridge: Cambridge University Press, 1969.
Claudian. *In Rufinum*, edited by E. Capps, et al., translated by M. Platnauer. London: W. Heinemann, New York: G. P. Putnam's Sons, 1922.
Cornutus, Lucius Anneus. *Theologiae Graecae Compendium*, edited by C. Lang. Leipzig: Teubner, 1881.
'Corpus Hermeticum'. In *Asclepius*, edited by A. D. Nock, translated by A. J. Festugière, vol. 2, Traités XIII–XVIII. Paris: Belles Lettres, 1945.
Da Barga, Antonio. 'On Mankind's Worth and the Excellence of Human Life'. In *On Human Worth and Excellence*, Gianozzo Manetti, introduction, edition, translation B. P. Copenhaver. Cambridge, MA: Harvard University Press, 2019.
Da Bisticci, Vespasiano. *Le vite*, edited by A. Greco, vol. 1. Florence: Istituto nazionale di studi sul Rinascimento, 1970.
Da Montemagno, Buonaccorso. *Controversia de nobilitate*. Milan: J. A. de Honate, 1480.
Dati, Agostino. 'De connubiis sanctorum'. In idem, *Opera omnia*. Siena: Simone Nardi, 1503.
Dati, Agostino. 'De genio et geniali hyeme'. In idem, *Opera omnia*. Siena: Simone Nardi, 1503.
Dati, Agostino. 'De immortalitate animae'. In idem, *Opera omnia*. Siena: Simone Nardi, 1503.
Dati, Agostino. 'De novem verbis'. In idem, *Opera omnia*. Siena: Simone Nardi, 1503.
Dati, Agostino. 'De ordine discendi'. In idem, *Opera omnia*. Siena: Simone Nardi, 1503.
Dati, Agostino. 'De sacramentis panis et aquae'. In idem, *Opera omnia*. Siena: Simone Nardi, 1503.

Dati, Agostino. 'De septem virtutibus'. In idem, *Opera omnia*. Siena: Simone Nardi, 1503.
Dati, Agostino. 'De vita beata'. In idem, *Opera omnia*. Siena: Simone Nardi, 1503.
Dati, Agostino. 'Elegantiolae'. In idem, *Opera omnia*. Siena: Simone Nardi, 1503.
Dati, Agostino. 'Explanatio primae lectionis Aeneidos'. In idem, *Opera omnia*. Siena: Simone Nardi, 1503.
Dati, Agostino. 'Flosculorum liber'. In idem, *Opera omnia*. Siena: Simone Nardi, 1503.
Dati, Agostino. 'Libri Senensium historiarum'. In idem *Opera omnia*. Siena: Simone Nardi, 1503.
Dati, Agostino. 'Plumbinensis Historia'. In idem, *Opera omnia*. Siena: Simone Nardi, 1503.
Dati, Agostino. *Plumbinensis Historia*, edited by M. Riccucci. Florence: Sismel, Edizioni del Galluzzo, 2010.
Dati, Agostino. 'Sermo de voluptate'. In idem, *Opera omnia*. Siena: Simone Nardi, 1503.
Dati, Agostino. 'Stromatum libri tres'. In idem, *Opera omnia*. Siena: Simone Nardi, 1503.
Da Thiene, Gaetano. *Expositio super libros De anima Aristotelis*. Venice: Bonetus Locatellus, 1493.
Da Trevio, Giovanni. *Oratio de animarum immortalitate*. Rome: J. P. de Lignamine, 1473.
Decembrio, Pier C. 'De immortalitate animae'. In *Studies in Renaissance Thought and Letters*, P. O. Kristeller, vol. 1, 567–84. Rome: Edizioni di Storia e Letteratura, 1985.
Die Fragmente der Vorsokratiker, edited by H. Diels and W. Kranz, vol. 1. Berlin: Weidmannsche Verlagsbuchhandlung, 1960.
Dymsdale, Ioannes. 'Quaestiones super libros Metaphysicorum Aristotelis X and XII', edited by L. J. Thro and Ch. J. Ermatinger. *Manuscripta* 37, no. 2 (1993): 107–67.
Emesenus, Nemesius. *De natura hominis*. Patrologia Graeca, vol. 40. Paris: J.-P. Migne, 1863.
Facio, Bartolomeo. 'On Human Excellence and Distinction'. In *On Human Worth and Excellence*, Gianozzo Manetti, introduction, edition and translation by B. P. Copenhaver. Cambridge: Camridge University Press, 2019.
Faventinus (Faber), Philippus. *Philosophia naturalis Johannis Duns Scoti ex quatuor libris Sententiarum et Quodlibetis collecta*. Venice: Apud Ioannem Baptistam Bertonum, 1602.
Ferrariensis, Johannes. *Arbor successionis*. Paris 1489/98. https://gallica.bnf.fr/ark:/12148/bpt6k54318v.image.
Ferrariensis, Johannes. *De caelesti vita*. Venice: Matteo Capcasa, 1494.
Ferrariensis, Johannes. 'Ex Annalium Libris Marchionum Estensium Excerpta'. In *Rerum Italicarum Scriptores*, edited by L. A. Muratori, vol. 20. Milan: ex typografia Societatis Palatinae, 1731.
Ferrariensis, Johannes. 'Ex Annalium Libris Marchionum Estensium Excerpta', edited by L. Simeoni. In *Rerum italicarum scriptores: raccolta degli storici italiani dal cinquecento al millecinquecento*, edited by G. Carducci and V. Fiorni, vol. 20. Bologna: N. Zanichelli, 1936.
Ficin, Marsile. *Commentaire sur le Banquet de Platon*, edited and translated by R. Marcel. Paris: Belles Lettres, 1956.
Ficin, Marsile. *Commentaire sur le Banquet de Platon, de l'amour* (*Commenatarium in convivium Platonis, de amore*), introduction, edition and translation P. Laurens. Paris: Belles Lettres, 2002.
Ficin, Marsile. *Théologie platonicienne de l'immortalité des âmes*, introduction, edition and translation R. Marcel, vol. 1–3. Paris: Belles Lettres, 1970.
Ficino, Marsilio. *Commentary on Plato's Symposium*, the text and a translation with an introduction by J. Sears Reynolds. Columbia: University of Missouri, 1944.

Ficino, Marsilio. *Della Religione Christiana. Opera utilissima, e dottissima, e dall'autore istesso tradotta in lingua toscana*. Florence: i Giunti, 1568.

Ficino, Marsilio. 'Five Questions concerning the Mind', translated by J. L. Burroughs. In *The Renaissance Philosophy of Man*, edited by E. Cassirer, P. O. Kristeller, and J. H. Randall, 193–212. Chicago, London: The University of Chicago, 1948.

Ficino, Marsilio. *Opera omnia*, vol. 1–2. Basel: Henricus Petri, 1576.

Ficino, Marsilio. *Platonic Theology (Theologia Platonica)*, edited by J. Hankins and W. Bowen, translated by M. J. B. Allen and J. Warden, vol. 1–6, Cambridge, MA, London: Harvard University Press, 2001–2006.

Flaccus, Quintus Horatius. *Satires and Epistles. In Latin and English*, edited by W. Rouse, translated by Ph. Francis. London, New York: Unit library, 1902.

Forliviensis, Jacobus. *Expositio super primo Canonis Avicenne cum questionibus eiusdem*. Venice: Bonetus Locatellus, 1495.

Frizzoli, Melchiorre. *Dialogi de anima*. Milan: L. Pachel, 1499.

Gaguin, Robert. *Roberti Gaguini epistole et orationes*, edited by L. Thousane. Paris: Bouillon, 1903.

Giles of Rome. *De plurificatione intellectus possibilis*, edited by H. Bullotta Barracco. Rome: Bocca, 1957.

Guarino Veronese. 'Oratio, quam recitavit in principio studii Ferrariae coram marchione Leonello et aliis famosis viris'. In 'Acht Inauguralreden des Veronesers Guarino und seines Sohnes Battista', edited by K. Müllner, *Wiener Studien* 18 (1879): 283–306.

Houppellande, Guillaume. *De immortalitate animae*. Paris: Philippe Pigouchet, 1491.

Houppellande, Guillaume. *Of the immortalitie of the Soule*, translated by J. Jackson. Available online: https://quod.lib.umich.edu/e/eebo2/A72420.0001.001/1:3?rgn=div1;view=fulltext (accessed 9 May 2023).

Italicus, Silius. *Punica*, edited by T. E. Page et al., translated by J. D. Duff, vol. 1–2. Cambridge, MA: Harvard University Press; London: W. Heinemann, 1927–34.

Jerome, Saint. *Epistola*, Patrologia Latina, vol. 22. Paris: J. P. Migne, 1845.

John of Damascus. *De fide orthodoxa*. Patrologia Graeca, vol. 94. Paris: J. P. Migne, 1864.

John of Jandun. *Questiones in duodecim libros Metaphysicorum*. Venice: sumptibus haeredum Octaviani Scoti, 1525.

John of Jandun. *Super libros Aristotelis De anima subtilissimae quaestiones*. Venice: apud Iuntas, 1552.

John of la Rochelle. *Summa de anima*, edited by J. G. Bougerol. Paris: Vrin, 1995.

John of la Rochelle. *Tractatus de divisione multiplici potentiarum animae*, edited by P. Michaud-Quantin. Paris: Vrin, 1964.

Justin (Marcus Junianus Justinus). *Epitoma Historiarum Philippicarum Pompeii Trogi*, edited by O. Seel. Stuttgart: Teubner, 1972.

Juvenal. 'Saturae'. In *Juvenal and Persius*, edited by E. Capps et al., translated by G. G. Ramsay. London: W. Heinemann; New York: G. P. Putnam's Sons, 1920.

Knowledge, Goodness, and Power: The Debate over Nobility among Quattrocento Italian Humanists, introduction, translation by A. Rabil, jr. Binghamton, NY: Medieval & Renaissance Texts & Studies, 1991.

Lactantius. *De divinis institutionibus*. Patrologia Latina, vol. 6. Paris: J.-P. Migne, 1844.

Lactantius. *De ira dei*. Patrologia Latina, vol. 7. Paris: J.-P. Migne, 1844.

Lactantius. *De opificio Dei*. Patrologia Latina, vol. 7. Paris: J.-P. Migne, 1844.

Laertius, Diogenes. *Lives of Eminent Philosophers*, translated by R. D. Hicks, vol. 1. Cambridge, MA: Harvard University Press, 1925.

Les auctoritates Aristotelis, edited by J. Hamesse. Louvain: Publications Universitaires, Paris: Beatrice-Nauwelaerts, 1974.
'Liber de causis', edited by A. Pattin, *Tijdschrift Voor Filosofie* 28, no. 1 (1966): 90–203.
Liber XXIV Philosophorum, editio minima. Available online: https://www.themathesontrust.org/papers/metaphysics/XXIV-A4.pdf (accessed 22 May 2023).
Lombardus, Petrus. *Sententiae in IV libris distinctae*, edited by Collegium S. Bonaventurae, vol. 1–2. Rome: Editiones Collegii S. Bonaventurae ad Claras Aquas, 1971–81.
Luca, Costa Ben. *De differentia animae et spiritus*, edited by C. G. Barach. Innsbruck: Bibliotheca Philosophorum Mediae Aetatis, 1878.
Lucan. *Pharsalia*, edited by T. E. Page et al., translated by J. D. Duff. Cambridge, MA: Harvard University Press; London: W. Heinemann, 1962.
Macrobius. *Commentarium in Somnium Scipionis*, edited by J. Willis. Leipzig: Teubner, 1963.
Macrobius. *Saturnalia*, edited by F. Eyssenhardt. Leipzig: Teubner, 1893.
Magnus, Albertus. 'De anima'. In idem, *Opera omnia*, edited by C. Stroick, vol. 7.1. Münster: Aschendorff, 1968.
Magnus, Albertus. *De animalibus*, edited by H. Stadler. Münster: Aschendorff, 1916–1920.
Magnus, Albertus, 'De homine'. In idem, *Opera omnia*, edited by H. Anzulewicz and J. R. Söder, vol. 27.1. Münster: Aschendorff, 2008.
Magnus, Albertus. 'De intellectu et intelligibili'. In idem, *Opera omnia*, edited by E. Borgnet, vol. 9.l. Paris: Vivès, 1890.
Magnus, Albertus. 'De natura et origine animae'. In idem, *Opera omnia*, edited by E. Borgnet, vol. 9. Paris: Vivès, 1890.
Magnus, Gregorius. *Dialogi*. Patrologia Latina, vol. 77. Paris: J. P. Migne, 1849.
Magnus, Gregorius. *Homiliae XL in Evangelia*. Patrologia Latina, vol. 76. Paris: J.-P. Migne, 1849.
Manetti, Giannozzo. *On Human Worth and Excellence*, introduction, edition and translation B. P. Copenhaver. Cambridge, MA: Harvard University Press, 2019.
Manetti, Gianozzo. 'Oratio funebris in solemni Leonardi historici, oratoris ac poetae laureatione'. In *Epistolarium libri VIII*, L. Bruni, pars 1, LXXXIX–CXIV. Florence: Bernardus Paperinus, 1741.
Maro, Publius Vergilius. *Aeneid*, introduction, notes, vocabulary by H. S. Frieze. New York, Cincinnati, Chicago: American Book Company, 1902.
Marso, Pietro. *Oratio in die Ascensionis de immortalitate animae*. Rome: Bartholomaeus Guldinbeck, 1484.
Marsuppini, Carlo. 'Una consolatoria inedita del Marsuppini'. In P. G. Ricci, *Rari ed inediti*, edited by A. Chiari, 197–273. Rome: Edizioni di Storia e Letteratura, 1981.
Maximus, Valerius. *Factorum et dictorum memorabilium libri novem*, edited by C. Kempf. Leipzig: Teubner, 1888.
Naso, Publius Ovidius. *Metamorphoses*, edited by H. Magnus, vol. 1–3. Gotha: F. A. Perthes, 1892–1919.
Nifo, Agostino. *De intellectu*, edited by L. Spruit. Leiden, Boston: Brill, 2011.
Nogarola, Isotta. *Complete Writings: Letterbook, Dialogue on Adam and Eve, Orations*, edited and translated by M. L. King and D. Robin. Chicago, London: The University of Chicago Press, 2004.
Nogarola, Isotta. *Opera quae supersunt omnia Isotae Nogarolae Veronensis, accedunt Angelae et Zenevrae Nogarolae epistolae et carmina*, edited by E. Abel, vol. 1–2. Vienna: Gerold et socios, 1886.

Nogarola, Leonardo, *De aeterninate mundi*. Bologna: Baltasar de Hyruberia, 1481; Vicenza: Enrico di Ca' Zeno, 1486.
Nogarola, Leonardo. *De beatitudine*. Vicenza: Enrico di Ca' Zeno, 1485.
Nogarola, Leonardo. *De obiecto intellectus*. Vicenza: Leonardus Achates, 1497.
Nogarola, Leonardo. *Officium de conceptione beatae Mariae virginis*. Rome: Udalricus Gallus, 1477.
Pamphilius, Eusebius, 'De praeparatione evangelica'. In idem, *Opera*. Basileae: per Henricum Petri, 1559.
Pamphilus, Eusebius. *Praeparatio evangelica*, translated by E. H. Gifford. Oxford: Oxford University Press, 1903.
Pergulensis, Paulus. *Dubia*. Venice: Johann Leoviller, 1488.
Pico della Mirandola, Giovanni. *De hominis dignitate*, edited by E. Garin. Florence: Vallecchi, 1942.
Plato. *Dialogi*, translated by M. Ficino, vol. 10. London: A. J. Valpy, 1826.
Plato. *Euthyphro, Apology, Crito, Phaedo, Phaedrus*, edited by M. Schanz, translated by H. N. Fowler. Cambridge, MA, London: Harvard University Press, 1914.
Pliny. *Naturalis historia*, edited by T. E. Page et. al., translated by H. Rackham, vol. 2, Cambridge, MA: Harvard University Press; London: W. Heinemann, 1961.
Plutarch. *On the Generation of the Soul in Timaeus*. In: idem, *Moralia*, edited by J. Henderson, trans. H. Cherniss, vol. 13, part I. Cambridge, MA: Harvard University Press; London: W. Heinemann, 1976.
Pomponazzi, Pietro. 'Tractatus de immortalitate animae'. In idem, *Tutti i trattati peripatetici*, edited by J. M. García Valverde, translation by F. P. Raimondi. Milan: Bompiani, 2013.
Porphyrius. *Isagoge*, translated by Boethius, edited by L. Minio-Paluello. Bruges, Paris: Desclée De Brouwer, 1966.
Quintilian. *Institutio oratoria*, edited by G. P. Goold, translated by H. E. Butler. Cambridge, MA, London: Harvard University Press, 1920.
Raymond of Sabunde. *Theologia naturalis seu liber creaturarum*. Sulzbach: J. E. de Seidel, 1852.
Sabadino degli Arienti, Giovanni. *Le porretane*, edited by B. Basile. Rome: Salerno Editrice, 1981.
Sacrorum conciliorum nova et amplissima collectio, edited by J. D. Mansi et. al., vol. 32. Paris: Hubert Welter, 1902.
Sallust. *Bellum Catilinae*, edited by J. T. Ramsey. Oxford: Oxford University Press, 2007.
Scotus, John Duns. 'Lectura in secundum librum Sententiarum'. In idem, *Opera omnia*, edited by Commissio Scotistica, vol. 19. Vatican City: Typis Polyglottis Vaticanis, 1993.
Scotus, John Duns. 'Opus oxoniense (Quaestiones in quattuor libri Sententiarum)'. In idem, *Opera omnia*, edited by L. Wadding, vol. 12, 14, 17, 20–21. Paris: apud Ludovicum Vivès, 1893–4.
Scotus, John Duns. *Philosophical Writings*, edited and translated by A. Wolter. Edinburg: Nelson, 1963.
Scotus, John Duns. 'Quaestiones quodlibetales'. In idem, *Opera omnia*, edited by L. Wadding, vol. 25. Paris: apud Ludovicum Vivès, 1891.
Scotus, John Duns. *Quaestiones super secundum et tertium De anima*, edited by B. Bazàn et al. Washington, DC: The Catholic University of America Press; St. Bonaventure, NY: Franciscan Institute Press, 2006.
Seneca, Lucius. 'Ad Lucilium Epistulae Morales'. In *Seneca in Ten Volumes*, edited by E. H. Warmington, translated by R. G. Gummere, vol. 5. Cambridge, MA: Harvard University Press; London: W. Geinemann, 1970.

Seneca, Lucius A. 'Hercules furens'. In idem, *Tragoediae*, edited by R. Peiper and G. Richter. Leipzig: Teubner, 1921.

Seneca, Lucius A. 'Hercules Oetaeus'. In idem, *Tragoediae*, edited by R. Peiper and G. Richter. Leipzig: Teubner, 1921.

Seneca, Lucius A. *Naturales quaestiones*. In *Seneca in Ten Volumes*, edited by E. H. Warmington, translated by T. H. Corcoran, vol. 1. Cambridge, MA: Harvard University Press, 1972.

Seneca, Lucius A. 'De consolatione ad Polybium'. In idem, *Moral Essays*, translated by J. W. Basore, vol. 2. London: W. Heinemann, 1932.

Statius, Publius Papinius. *Thebais*, edited by A. Klotz. Leipzig: Teubner, 1908.

Strabo. *Geography*, translated by H. L. Jones, vol. 1. London: W. Heinemann; New York: G. P. Putnam's Sons, 1917.

William of Auvergne. 'De immortalitate animae'. In G. Bülow, *Des Dominicus Gundissalinus Schrift von der Unsterblichkeit der Seele nebst einem Anhange, enthaltend die Abhandlung den Wilhelm von Paris (Auvergne) 'De immortalitate animae'*. Beiträge zur Geschichte der Philosophie des Mittelalters, II, no. 3. Münster: Aschendorffschen Buchhandlung, 1897.

William of Auverge. *The Immortality of the Soul*, introduction, translation, notes by R. Teske. Milwaukee: Marquette University Press, 1991.

Secondary sources

Albertini, Tamara. *Marsilio Ficino, Das Problem der Vermittlung von Denken und Welt in einer Metaphysik der Einfachheit*. Munich: W. Fink, 1997.

Alfredus Angelicus (Alfred von Sareshel). *De motu cordis*, edited by C. Baeumker. Münster: Aschendorff, 1923.

Amerini, Fabrizio. 'Paul of Venice on the Nature of the Possible Intellect'. In: *Universalità della ragione. Pluralità delle filosofie nel Medioevo. Atti del XII Congresso Internazionale di Filosofia Medievale sul tema 'Universalità della ragione - Pluralità delle filosofie nel Medioevo' (Palermo, 16/22 settembre 2007)*, edited by A. Musco et al., vol. 1-2, 713-720. Palermo: Officina Studi Medievali, 2012.

All'ombra del Lauro. Documenti librari della cultura in età laurenziana, edited by A. Lenzuni. Florence: Silvana Editoriale, 1992.

Anzulewicz, Henryk. 'Anthropology: The Concept of Man in Albert the Great'. In *A Companion to Albert the Great: Theology, Philosophy, and the Sciences*, edited by I. M. Resnick, 325-7. Leiden, Boston: Brill, 2013.

Anzulewicz, Henryk. 'Entwicklung und Stellung der Intellekttheorie im System des Albertus Magnus'. *Archives d'histoire doctrinale et littéraire du Moyen Âge* 70 (2003): 165-218.

Anzulewicz, Henryk. 'Die platonische Tradition bei Albertus Magnus. Eine Hinführung'. In *The Platonic Tradition in the Middle Ages*, edited by S. Gersh and M. J. F. M. Hoenen, 207-77. Berlin, New York: De Gruyter, 2002.

Anzulewicz, Henryk. 'The Systematic Theology of Albert the Great'. In *A Companion to Albert the Great: Theology, Philosophy, and the Sciences*, edited by I. M. Resnick, 15-67. Leiden: Boston, 2013.

Archivio mediceo avanti il principato: Inventario, vol. 1-4. Rome: Pubblicazioni degli Archivi di Stato, 1951-63.

Bandiera, Giovanni N. *De Augustino Dato*. Rome: typis Joannis Zempel, 1733.

Banić-Pajnić, Erna. 'Croatian Philosophers II: Juraj Dragisic – Georgius Benignus de Salviatis (ca. 1445-1520)'. *Prolegomena* 3, no. 2 (2004): 179-97.

Baron, Hans. 'The Memory of Cicero's Roman Civic Spirit in the Medieval Centuries and in the Florentine Renaissance'. In idem, *In Search of Florentine Civic Humanism*, 94-133. Princeton: Princeton University Press, 1988 (firstly published in a shorter version under the title: 'Cicero and the Roman Civic Spirit in the Middle Ages and the Early Renaissance'. *Bulletin of the John Rylands Library* 22, no. 1 (1938): 72-97).

Bednarski, Feliks W. 'Inclinazioni naturali secondo S. Tommaso d'Aquino'. *Angelicum* 69, no. 1 (1992): 23-35.

Bejczy, István P. 'John of La Rochelle'. 2011. In *The Encyclopedia of Medieval Philosophy*, edited by H. Lagerlund, 981-4. Dordrecht: Springer, 2020.

Benedetti, Stefano 'Marso, Pietro'. In *Dizionario Biografico degli Italiani*, edited by R. Romanelli, vol. 70, 5-10. Rome: Istituto dell'Enciclopedia italiana, 2008.

Bertola, Ermenegildo. 'Il problema dell'immortalità dell'anima umana nelle opere di Tommaso d'Aquino'. *Rivista di Filosofia Neo-Scolastica* 65, no. 2 (1973): 248-302.

Bettoni, Efrem. *Duns Scoto filosofo*. Milan: Vita e Pensiero, 1966.

Bianchi, Bianca. *Ein Bologneser Jurist und Humanist Bornio da Sala*. Wiesbaden: Steiner, 1976.

Bianchi, Luca. *Pour une histoire de la "double verité"*. Paris: Vrin, 2008.

Bianchi, Luca. '*Rusticus mendax*: Marcantonio Zimara e la fortuna di Alberto Magno nel Rinascimento italiano'. In *Albert le Grand et sa réception au moyen âge, Hommage à Zénon Kaluza*, edited by F. Cheneval, R. Imbach, and T. Ricklin, 264-278. Fribourg: Freiburger Zeitschrift für Philosophie und Theologie, 1998, 45.

Black, Robert. *Humanism and Education in Medieval and Renaissance Italy. Tradition and Innovation in Latin Schools from the Twelfth to the Fifteenth Century*. Cambridge: Cambridge University Press, 2001.

Bland, Kalman P. 'Elijah Del Medigo, Unicity of Intellect, and Immortality of Soul'. *Proceedings of the American Academy for Jewish Research* 61 (1995): 1-22.

Blum, Paul Richard. 'The Immortality of the Soul'. In *The Cambridge Companion to Renaissance Philosophy*, edited by J. Hankins, 211-33. Cambridge: Cambridge University Press, 2007.

Boler, John. 'Transcending the Natural: Duns Scotus on the Two Affections of the Will'. *American Catholic Philosophical Quarterly* 67, no. 1 (1993): 109-26.

Bonansea, Bernardine M., 'Duns Scotus' Voluntarism'. In *John Duns Scotus 1265-1965*, edited by J. K. Ryan and B. M. Bonansea, 83-121. Washington, DC: Catholic University of America Press, 1965.

Bonaventura. 'In secundum librum Sententiarum'. In idem, *Commentaria in quattuor libros Sententiarum*, vol. 2. Rome: Quaracchi, 1885.

Brenet, Jean-Baptiste. 'Âme intellective, âme cogitative: Jean de Jandun et la duplex forma propria de l'homme'. *Vivarium (Special Issue: Transformations of the Soul. Aristotelian Psychology 1250-1650)* 46, no. 3 (2008): 318-41.

Brenet, Jean-Baptiste. 'Siger de Brabant et la notion d'operans intrinsecum: un coup de maître?' *Revue des sciences philosophiques et théologiques* 97, no. 1 (2013): 3-36.

Brenet, Jean-Baptiste. *Transferts du sujet: la noétique d'Averroès selon Jean de Jandun*. Paris: Vrin, 2003.

Bridges, Geoffrey G. 'The Problem of the Demonstrability of Immortality'. In *John Duns Scotus 1265-1965*, edited by J. K. Ryan and M. Bonansea, 191-209. Washington: The Catholic University of America Press, 1965.

Brown, Alice. *The Return of Lucretius to Renaissance Florence*. Cambridge, MA, London: Harvard University Press, 2010.

Burzelli, Luca. 'Specters of Pico: A Note Concerning a Recent Book on the *Oratio de Dignitate Hominis*'. *Mediterranea. International Journal on the Transfer of Knowledge* 7 (2022): 391–422.

Busson, Henri. *La rationalisme dans la littérature française de la renaissance (1533-1601)*. Paris: Vrin, 1957.

Carpanè, Lorenzo. 'Nogarola, Isotta'. In *Dizionario Biografico degli Italiani*, edited by R. Romanelli, vol. 78, 680–3. Rome: Istituto della Enciclopedia Italiana Treccani, 2013. Available online: https://www.treccani.it/enciclopedia/isotta-nogarola_%28Dizionario-Biografico%29/ (accessed 11 May 2023).

Casado Prieto, Fidel 'A propósito del innatismo agustiniano en la escuela agustiniana (II)'. *Archivo Teológico Agustiniano* 2, no. 2 (1967): 347–61.

Casini, Lorenzo. 'The Immortality of the Soul'. In *Philosophy of Mind in the Late Middle Ages and Renaissance*, edited by S. Schmid, 229–49. Abingdon: Routledge, 2016.

Casini, Lorenzo. 'The Renaissance Debate on the Immortality of the Soul. Pietro Pomponazzi and the Plurality of Substantial Forms'. In *Mind, Cognition and Representation: The Tradition of Commentaries on Aristotle's De Anima*, edited by P. J. J. M. Bakker and J. M. M. H. Thijssen, 127–50. Aldershot: Routledge, 2007.

Cassirer, Ernst. 'Review: Ficino's *Place in Intellectual History*'. *Journal of the History of Ideas* 6, no. 4 (1945): 483–501.

Celenza, Cristopher. *Piety and Pythagoras in Renaissance Florence: The Symbolum Nesianum*. Leiden, Boston, Cologne: Brill, 2001.

Celenza, Christopher. *The Intellectual World of the Italian Renaissance. Language, Philosophy, and the Search for Meaning*. Cambridge: Cambridge University Press, 2018.

Cenacchi, Giuseppe. 'Secolo XVI: problema dell'immortalità e interpretazioni del *De anima* di Aristotele. Rilievi critici sulle teorie alessandriste, tomiste e della scuola di Pietro Pomponazzi'. In *L'anima nell'antropologia di s. Tommaso d'Aquino: atti del Congresso della Società internazionale S. Tommaso d'Aquino, S.I.T.A Roma, 2-5 gennaio 1986*, edited by A. Lobato, 521–33. Milan: Massimo, 1987.

Ceresi, Maddalena and Emma Santovito. *Catalogo dei manoscritti della Biblioteca Casanatense*. Rome: Istituto poligrafico dello Stato, 1956.

Collins, Ardis B. 'Love and Natural Desire in Ficino's *Platonic Theology*'. *Journal of the History of Philosophy* 9, no. 4 (1971): 435–42.

Collins, Ardis B. *The Secular Is Sacred: Platonism and Thomism in Marsilio Ficino's* Platonic Theology. Hague: Nijhoff, 1974.

Contemporaries of Erasmus: A Biographical Register of the Renaissance and Reformation, vol. 1: A-E, edited by P. G. Bietenholz and T. B. Deutscher. Toronto: University of Toronto Press, 1985.

Conti, Alessandro. 'Paul of Venice'. In *Stanford Encyclopedia of Philosophy*. Available online: https://plato.stanford.edu/entries/paul-venice/ (accessed 12 May 2023).

Copenhaver, Brian P. 'Dignity, Vile Bodies, and Nakedness: Giovanni Pico and Giannozzo Manetti'. In *Dignity: A History*, edited by R. Debes, 127–74. New York: Oxford University Press, 2017.

Copenhaver, Brian P. 'Magic and the Dignity of Man. De-Kanting Pico's Oration'. In *The Italian Renaissance in the Twentieth Century: Acts of an International Conference. Florence, Villa I Tatti, June 9–11, 1999*, edited by A. J. Grieco, M. Rocke, and F. G. Superbi, 295–320. Florence: Olschki, 2002.

Copenhaver, Brian P. *Magic and the Dignity of Man: Pico della Mirandola and His Oration in Modern Memory*. Cambridge, MA: The Belknap Press of Harvard University Press, 2019.
Copenhaver, Brian P. 'The Secret of Pico's Oration: Cabala and Renaissance Philosophy'. *Midwest Studies in Philosophy* 26, no. 1 (2002): 56–81.
Cortese, Dino. 'Francesco della Rovere e le "orationes" sull'immacolata del vescovo di Padova Fantino Dandolo (1448)'. In *Regnum hominis et regnum Dei. Acta quarti Congressus, Paduae 24-29 Sept. 1976*, edited by C. Bérubé, vol. 2. Rome: Quaracchi, 1978.
Cosenza, Mario E. *Biographical and Bibliographical Dictionary of the Italian Humanists and of the World of Classical Scholarship in Italy 1300–1800*, vol. 1. Boston: G. K. Hall, 1962.
Cranz, Edward. 'The Renaissance Reading of *De anima*'. In *Platon et Aristote à la Renaissance. Xvie Colloque international de Tours*, edited by M. M. de Gandillac and J. C. Margolin, 359–76. Paris: Vrin, 1976.
Cross, Richard. *Duns Scotus*. Oxford: Oxford University Press, 1999.
Cross, Richard. 'Philosophy of Mind'. In *The Cambridge Companion to Duns Scotus*, edited by T. Williams, 263–84. Cambridge: Cambridge University Press, 2003.
Cross, Richard. *The Physics of Duns Scotus: The Scientific Context of a Theological Vision*. Oxford: Oxford University Press, 1998.
Cullen, Christopher M. *Bonaventure*. Oxford: Oxford University Press, 2006.
D'Addario, Arnaldo. 'Agli Antonio'. In *Dizionario biografico degli italiani*, edited by A. Ghisalberti, vol. 1, 400–1. Rome: Istituto della Enciclopedia Italiana, 1960. Available online: https://www.treccani.it/enciclopedia/antonio-agli_%28Dizionario-Biografico%29/ (accessed 10 May 2023).
D'Angeli, Mariagrazia. 'Nota su Antonio degli Agli'. In *Il Capitolo di San Lorenzo nel Quattrocento: convegno di studi, Firenze, 28-29 marzo 2003*, edited by P. Viti, 253–7. Florence: Olschki, 2006.
D'Ascia, Luca. 'La retorica di Giorgio Trebisonda e l'umanesimo ciceroniano'. *Rinascimento* 29 (1989): 193–216.
Da Bisticci, Vespasiano. *Le vite*, edited by A. Greco, vol. 1. Florence: Istituto nazionale di studi sul Rinascimento, 1970.
De Feo Corso, Laura. 'Il Filelfo in Siena'. *Bullettino senese di storia patria* 47 (1940): 181–209, 292–316.
Deferrari, Roy J. *A Latin-English Dictionary of St. Thomas Aquinas: Based on the Summa Theologica and Selected Passages of His Other Works*. 1960. Reprinted edition. Boston: St. Paul Editions, 1986.
De Gandillac, Maurice P. 'Neoplatonism and Christian Thought in the Fifteenth Century'. In *Neoplatonism and Christian Thought*, edited by D. J. O'Meara, 143–65. Norfolk, VA: International Society for Neoplatonic Studies, 1982.
De Keyser, Jeroen. 'Forensics and a Funeral. Giannozzo Manetti's Eulogy of Leonardo Bruni'. *Aevum. Rassegna di scienze storiche, linguistiche e filologiche* 3 (2021): 571–616.
De Libera, Alain. 'Formes assistantes et formes inhérentes. Sur l'union de l'âme et du corps, du Moyen Âge à l'Âge classique'. *Archives d'histoire doctrinale et littéraire du Moyen Age* 81 (2014): 197–248.
De Libera, Alain. *Métaphysique et noétique. Albert le Grand*. Paris: Vrin, 2005.
Della Torre, Arnalodo. *Storia dell'Accademia platonica di Firenze*. Florence: Tipografia G. Carnesecchi, 1902.
Di Napoli, Giovanni. '*Contemptus mundi* e *dignitas hominis* nel Rinascimento'. *Rivista di Filosofia Neoscolastica* 48 (1959): 9–41.

Di Napoli, Giovanni. *L'immortalità dell'anima nel Rinascimento*. Turin: Società editrice internationale, 1963.
Duhem, Pierre. *Le système du monde: histoire des doctrines cosmologiques de Platon à Copernic*, vol. 6. Paris: Hermann, 1954.
Edelheit, Amos. 'A Humanist Contribution to the Intellect/Will Debate in the Fifteenth-century Florence: Alamanno Donati's *De Intellectus volutatisque excellentia* (1482-1487)'. *Bruniana and Campanelliana* 18, no. 1(2012): 103-21.
Edelheit, Amos. 'Renaissance Conceptions of Human Being'. In *Human: A History*, edited by K. Hubner, 140-67. Oxford: Oxford University Press, 2022.
Edelheit, Amos. *Scholastic Florence: Moral Psychology in the Quattrocento*. Leiden, Boston: Brill, 2014.
Eden, Kathy. 'Cicero's Portion of Montaigne's Acclaim'. In *Brill's Companion to the Reception of Cicero*, edited by W. H. F. Altman, 39-55. Leiden: Brill, 2015.
Elena, Brizio. '*Plumbinensis Historia* by Agostino Dati'. *Renaissance Quarterly* 64, no. 4 (2011): 1197-8.
Ermatinger, Charles. 'The Coalescent Soul in Post-Thomistic Debate'. Ph.D. diss., Saint Louis University, Saint Louis, 1969.
Étienne, Gilson. *The Philosophy of Saint Bonaventure*, translated by I. Trethowan and F. Sheed. Paterson, NJ: St. Anthony's Guild Press, 1965.
Eubel, Conradus. *Hierarchia catholica medii aevi*. Münster: Sumptibus et Typis Librariae Regensbergianae, 1914.
Eugenio, Garin. *La dignitas hominis e la letteratura patristica* (firstly printed 1938). Lionello Sozzi, *La dignitas hominis dans la litterature francaise de la Renaissance*, edited by D. Cecchetti. Turin: G. Giappichelli, 1972.
Farmer, Linda L. 'The Limits of Philosophy: Aquinas on the Immortality of the Human Soul'. *Faith and Philosophy: Journal of the Society of Christian Philosophers* 20, no. 2 (2003): 208-17.
Fava, Domenico. 'Fra' G. Ferrarese e Sigismondo Pandolfo Malatesta'. In *Scritti vari dedicati a Mario Armanni in occasione del suo sessantesimo compleanno*, edited by U. Hoepli, 49-62. Milan: Hoepli, 1938.
Federici, Luigi. *Elogi istorici de' più illustri ecclesiastici Veronesi*, vol. 1. Verona: Ramanzini, 1818.
Feingold, Lawrence. *The Natural Desire to See God according to St. Thomas and His Interpreters*. Naples, FA: Sapientia Press of Ave Maria 2010.
Fellina, Simone. 'Modelli di episteme neoplatonica nella Firenze del '400. Le gnoseologie di Giovanni Pico della Mirandola e di Marsilio Ficino'. Ph.D. diss., L'Università degli Studi di Parma, Parma, 2014.
Festugière, Jean. *La philosophie de l'amour de Marsile Ficin et son influence sur la littérature française au XVIe siècle*. Paris: Vrin, 1941.
Field, Arthur. *The Intellectual Struggle for Florence. Humanists and the Beginnings of the Medici Regime, 1420-1440*. Oxford: Oxford University Press, 2017.
Field, Arthur. "The Platonic Academy of Florence". In *Marsilio Ficino: His Theology, His Philosophy, His Legacy*, edited by M. J. B. Allen and V. Rees, 359-76. Leiden, Boston, Cologne: Brill, 2001.
Field, Arthur. *The Origins of the Platonic Academy of Florence*. Princeton: Princeton University Press, 1988.
Garin, Eugenio. *La cultura filosofica del Rinascimento italiano*. Florence: Sansoni, 1961.
Garin, Eugenio. 'La "dignitas hominis" e la letteratura patristica'. *Rinascita* 1 (1938): 102-46.

Garin, Eugenio. *La Filosofia. Storia dei generi letterari italiani*, vol. 1: *Dal medio evo all'umanesimo*. Milan: Vallardi, 1947.
Garin, Eugenio. 'Paolo Orlandini poeta e teologo'. *Rinascimento* 1 (1950): 175-8.
Gentile, Giovanni. *Il Pensiero Italiano del Rinascimento*. Florence: Sansoni, 1968.
Gilson, Étienne. 'L'affaire de immortalité de l'âme à Venise au début du XVIe siècle'. In *Umanesimo europeo e umanesimo veneziano*, edited by V. Branca, 31-61. Florence: Sansoni, 1963.
Gilson, Étienne. 'L'âme raisonnable chez Albert le Grand'. *Archives d'histoire doctrinale et littéraire du Moyen Age*, 14 (1943-5): 5-72.
Gilson, Étienne. 'Autour de Pomponazzi. Problématique de l'immortalité de l'âme en Italie au début du XVIe siècle'. *Archives d'Histoire Doctrinale et Littéraire du Moyen Age* 36 (1961): 163-279.
Gilson, Étienne. *History of Christian Philosophy in the Middle Ages*. New York: Random House, 1955.
Gilson, Étienne. *Jean Duns Scot: Introduction à ses positions fondamentales*. Paris: Vrin, 1952 (English translation by J. Colbert, London, New York: Bloomsbury, 2019).
González-Ayesta, Cruz. 'Duns Scotus on the Natural Will'. *Vivarium* 50, no. 1 (2012): 33-52.
González-Ayesta, Cruz. 'Scotus' Interpretation of the Difference between *voluntas ut natura* and *voluntas ut voluntas*'. *Franciscan Studies* 66, *John Duns Scotus, Doctor Subtilis. In Memoriam 1308-2008* (2008): 371-412.
Hankins, James. 'Ficino, Marsilio'. In *Routledge Encyclopedia of Philosophy*, edited by E. Craig, vol. 3, 653-9. London, New York: Routledge, 1998.
Hankins, James. 'Ficino's *Critique of Lucretius*'. In *The Rebirth of Platonic Theology in Renaissance Italy. Proceedings of a Conference in Honor of Michael J. B. Allen, Florence Italy, 26-27 April 2007*, edited by J. Hankins and F. Meroi, 137-54. Florence: Olschki, 2013.
Hankins, James. 'Lorenzo de'Medici as a Patron of Philosophy'. *Rinascimento* 34 (1994): 15-53.
Hankins, James. 'The Myth of the Platonic Academy of Florence'. *Renaissance Quarterly* 44, no. 3 (1991): 429-75.
Hankins, James. *Plato in the Italian Renaissance*, vol. 1-2. Leiden, New York: Brill, 1990.
Hasse, Dag N. 'Averroica secta. Notes on the Formation of Averroist Movements in Fourteenth-century Bologna and Renaissance Italy'. In *Averroès et les averroïsmes juif et latin. Actes du colloque international (Paris, 16-18 juin 2005)*, edited by J. B. Brenet, 307-331. Turnhout: Brepols, 2007.
Hasse, Dag N. *Success and Suppression: Arabic Sciences and Philosophy in the Renaissance*. Cambridge, MA: Harvard University Press, 2016.
Hellmeier, Paul D. 'Der *"intellectus adeptus"* und die Torheit der Philosophen. Philosophische Vollendung und christlicher Glaube in den Bibelkommentaren Albert des Grossen'. *Divus Thomas* 122, no. 2 (2019): 144-84.
Howlett, Sophia. *Marsilio Ficino and His World*. London: Palgrave Macmillan, 2016.
Hurter, Hugo. *Nomenclator literarius theologiae Catholicae*, vol. 2. Innsbruck: Oeniponte, 1906.
Jones, Thomas. *Influence of Marsilio Ficino (1433-94) on Elizabethan Literature: Christopher Marlowe and William Shakespeare*, vol. 1- 2. Lewiston: The Edwin Mellen Press, 2013.
Jung-Palczewska, Elżbieta. 'Jean de Jandun a-t-il affirmé la nature active de l'intellect possible?' *Mediaevalia Philosophica Polonorum* 27 (1986): 15-20.

Kaeppeli, Thomas. *Scriptores Ordinis Praedicatorum Medii Aevi (G-I)*, vol. 2. Rome: Typis Polyglottis Vaticanis - Istituto Storico Domenicano, 1975.
Karamanolis, George. 'Plethon and Scholarios'. In *Byzantine Philosophy and Its Ancient Sources*, edited by K. Ierodiakonou, 253–82. Oxford: Oxford University Press, 2002.
Katsoura, Euphrosyne, Constantia Papamarkou, and Chris Schabel. 'Francis of Marchia's Commentary on Book IV of the Sentences. Traditions and Redactions, with Questions on Projectile Motion, Polygamy, and the Immortality of the Soul'. *Picenum Seraphicum*, 25–6 (2006–8): 101–66.
Kelly, John N. D. *The Athanasian Creed*. New York, Evanston: Harper & Row, 1964.
Kempshall, Matthew. '*De re publica* 1.39 in Medieval and Renaissance Political Thought'. *Bulletin of the Institute of Classical Studies* 45, no. 76 (2001): 99–135.
Kennedy, Leonard A. 'The Nature of the Human Intellect according to St. Albert the Great'. *Modern Schoolman* 37 (1959): 121–37.
Kessler, Eckhard. *Alexander of Aphrodisias and His Doctrine of the Soul: 1400 Years of Lasting Significance*. Leiden: Brill, 2011.
Kessler, Eckhard. 'The Intellective Soul'. In *The Cambridge History of Renaissance Philosophy*, edited by C. B. Schmitt and Q. Skinner, 485–534. Cambridge: Cambridge University Press, 2007.
Kirshner, Julius. 'Cocchi, Giovanni'. In *Dizionario Biografico degli Italiani*, edited by A. Ghisalberti, vol. 26, 472–3. Rome: Istituto dell'Enciclopedia Italiana, 1982. Available online: https://www.treccani.it/enciclopedia/giovanni-cocchi_%28Dizionario-Biografico%29/ (accessed 16 May 2023).
Kraye, Jill. 'The Immortality of the Soul in the Renaissance: Between Natural Philosophy and Theology'. *Signatures*, 1 (2000): 1–24.
Kristeller, Paul O. 'Ficino and Pomponazzi on the Place of Man in the Universe'. *Journal of the History of Ideas* 5, no. 2 (1944): 220–6.
Kristeller, Paul O. 'Marsilio Ficino and His Work after Five Hundred Years'. In *Marsilio Ficino e il ritorno di Platone. Studi e documenti*, part 1, edited by G. C. Garfagnini, 15–196. Florence: Olschki, 1986.
Kristeller, Paul O. *Iter Italicum*, vol. 1–2. London: The Warburg Institute, Leiden: Brill, 1965–7.
Kristeller, Paul O. *The Philosophy of Marsilio Ficino*, translated by V. Conant. New York: Columbia University Press, 1943.
Kristeller, Paul O. 'Pier Candido Decembrio and His Unpublished Treatise on the Immortality of the Soul'. In *The Classical Tradition: Literary and Historical Studies in Honor of Harry Caplan*, edited by L. Wallach, 536–58. Ithaca: Cornell University Press, 1966.
Kristeller, Paul O. *Renaissance Concepts of Man and Other Essays*. New York, Evanston, San Francisco, London: Harper & Row, 1972.
Kristeller, Paul O. *Renaissance Thought and Its Sources*. edited by M. Mooney. New York: Columbia University Press, 1979.
Kristeller, Paul O. *Supplementum Ficinianum*, vol. 2. Florence: Olschki, 1937.
Kristeller, Paul O. 'Teoria dell'appetito naturale in Marsilio Fincino'. *Giornale Critico della filosofia italiana* 18 (1937): 234–56.
Kristeller, Paul O. 'The Theory of Immortality in Marsilio Ficino'. *Journal of the History of Ideas* 1, no. 3 (1940): 299–319.
Kuksewicz, Zdzisław. *De Siger de Brabant a Jacques de Plaisance. La theorie de l'intellect chez les averroistes latins des XIIIe et XIVe siècle*. Wrocław: Ossolineum, 1968.
Kuksewicz, Zdzisław. 'Paolo Veneto e la sua teoria dell'anima'. In *Aristotelismo veneto e scienza moderna*, edited by L. Olivieri, 130–64. Padua: Antenore, 1983.

Lackner, Dennis. 'The Camaldolese Academy: Ambrogio Traversari, Marsilio Ficino and the Christian Platonic Tradition'. In *Marsilio Ficino: His Theology, His Philosophy, His Legacy*, edited by M. J. B. Allen, V. Rees, and M. Davies, 15–44. Leiden, Boston, Cologne: Brill, 2001.

Laporta, Jorge. *La destinée de la nature humaine selon Thomas d'Aquin*. Paris: Vrin, 1965.

Laporta, Jorge. 'Pour trouver le sens exact des termes *appetitus naturalis, desiderium naturale, amor naturalis*'. *Archives d'histoire doctrinale et littéraire du Moyen Age* 40 (1973): 37–95.

Laurens, Pierre. 'Platonicam aperiamus sententiam: la "lectura platonis" dans le Commentaire sur le Banquet'. In *Marsile Ficin ou les Mystères Platoniciens. Actes du XLIIe Colloque International d'Etudes Humanistes, Centre d'Etudes Supérieures de la Renaissance, Tours, 7–10 Juillet 1999*, edited by S. Toussaint, 17–28. Paris: Belles Lettres, 2002.

Laurent, Marie-Hyacinthe. 'Introductio: Le Commentaire de Cajétan sur le *De Anima*'. In Thomas de Vio Cardinalis Cajetanus. *Commentaria in libros Aristotelis 'De Anima'*, edited by P. I. Coquelle, VII–LIII. Rome: Institutum Angelicum, 1938.

Laus Platonici philosophia: Marsilio Ficino and his influence, edited by S. Clucas. P. J. Forshaw and V. Rees. Leiden, Boston: Brill, 2011.

Livanos, Christopher. *Greek Tradition and Latin Influence in the Work of George Scholarios: 'Alone against All of Europe'*. Piscataway, NJ: Gorgias Press, 2013.

Lorch, Maristella. 'Petrarch, Cicero, and the Classical Pagan Tradition'. In *Renaissance Humanism: Foundations, Forms, and Legacy*, vol. 1: *Humanism in Italy*, edited by A. Rabil, 71–94. Philadelphia: University of Pennsylvania Press, 1988.

Mack, Peter. *A History of Renaissance Rhetoric, 1380–1620*. Oxford: Oxford University Press, 2011.

MacClintock, Stuart. *Perversity and Error. Studies on the 'Averroist' John of Jandun*. Bloomington: University of Indiana Press, 1955.

Maffei, Scipione. *Verona illustrata*, part II. Verona: Jacopo Vallarsi e Pierantonio Berno, 1731.

Magnard, Pierre. 'Platon pour disposer au christianisme'. In *Marsile Ficin: les platonismes à la Renaissance. Actes du Colloque Marsile Ficin tenu à la Sorbonne les 28 et 29 mai 1999*, edited by P. Magnard, 195–203. Paris: Vrin, 2001.

Mahoney, Edward. 'Agostino Nifo's Early Views on Immortality'. *Journal of the History of Philosophy* 8, no. 4 (1970): 451–60.

Mahoney, Edward. 'Albert the Great and the Studio Patavino in the Late Fifteenth and Early Sixteenth Centuries'. In *Albertus Magnus and the Sciences. Commemorative Essays*, edited by J. A. Weisheipl, 537–64. Toronto: Pontifical Institute of Mediaeval Studies, 1980.

Mahoney, Edward. 'Nicoletto Vernia on the Soul and Immortality'. In *Philosophy and Humanism: Renaissance Essays in Honor of Paul Oskar Kristeller*, edited by E. Mahoney, 144–63. New York: Columbia University Press, 1976.

Mahoney, Edward. 'Pico, Plato, and Albert the Great: The Testimony and Evaluation of Agostino Nifo'. *Medieval Philosophy and Theology* 2 (1992): 165–92.

Mahoney, Edward. 'Themes and Problems in the Psychology of John of Jandun'. In *Studies in Medieval Philosophy*, edited by J. F. Wippel, 273–88. Washington: Catholic University of America Press, 1987.

Mahoney, Edward. *Two Aristotelians of the Italian Renaissance*. Aldershot: Ashgate, 2000.

Manni, Domenico M. *Osservazioni e giunte istoriche di Domenico M. Manni ... circa i sigilli antichi dei secoli bassi*, vol. 22. Florence: Giovanni Risaliti, 1772.

Marcel, Raymond. *Marsile Ficin (1433–1499)*. Paris: Belles Lettres, 1958.
Mariani, Giacomo. *Roberto Caracciolo da Lecce (1425–1495) Life, Works, and Fame of a Renaissance Preacher*. Leiden: Brill, 2022.
Mariev, Sergei. 'Bessarion against George of Trebizond on the Soul'. In *Bessarion's Treasure. Editing, Translating and Interpreting Bessarion's Literary Heritage*, edited by S. Mariev, 237–78. Berlin, Boston: De Gruyter, 2021.
Marsh, David. 'Cicero in the Renaissance'. In *Cambridge Companion to Cicero*, edited by C. Steel, 306–17. Cambridge: Cambridge University Press, 2013.
Marsilio Ficino e il ritorno di Platone. Studi e documenti, edited by G. C. Garfagnini, vol. 1–2. Florence: Olschki, 1986.
Marsuppini, Carlo. 'Una consolatoria inedita del Marsuppini'. In P. G. Ricci, *Rari ed inediti*, edited by A. Chiari, 197–273. Rome: Edizioni di Storia e Letteratura, 1981.
Martin, Craig. 'Humanism and the Assessment of Averroes in the Renaissance'. In *Renaissance Averroism and Its Aftermath: Arabic Philosophy in Early Modern Europe*, edited by A. Akasoy and G. Giglioni, 65–79. Dordrecht: Springer, 2012.
McCabe, Herbert. 'The Immortality of the Soul. The Traditional Argument'. In *Aquinas. A Collection of Critical Essays*, edited by A. Kenny, 297–306. London: McMillan, 1969.
McConnell, Sean 'Cicero on the Emotions and the Soul'. In *The Cambridge Companion to Cicero's Philosophy*, edited by J. W. Atkins and T. Bénatouïl, 150–65. Cambridge: Cambridge University Press, 2021.
McLaughlin, Martin. 'Petrarch and Cicero. Adulation and Critical Distance'. In *Brill's Companion to the Reception of Cicero*, edited by W. H. F. Altman, 17–38. Leiden: Brill, 2015.
McMichael, Steven J. 'Roberto Caracciolo da Lecce and his sermons on Muhammad and the Muslims'. In *Franciscans and Preaching: Every Miracle from the Beginning of the World Came about Through Words*, edited by T. Johnson, 327–52. Leiden: Brill, 2012.
McNair, Bruce G. 'Albert the Great in the Renaissance'. *Modern Schoolman* 70, no. 2 (1993): 115–29.
Miglio, Massimo. *Storiografia Pontificia del Quattrocento*. Bologna: Pàtron Editore, 1975.
Minnich, Nelson H. 'The Autobiography of Antonio degli Agli (ca. 1400–1477), Humanist and Prelate'. In *Renaissance Studies in Honor of Craig Hugh Smyth*, edited by A. Morrogh et al., 177–91. Florence: Giunti Barbèra, 1985.
Michaud-Quantin, Pierre. 'Albert le Grand et les puissances de l'âme'. *Revue du Moyen Age Latin* 11(1955): 55–96.
Monfasani, John. 'Aristotelians, Platonists, and the Missing Ockhamists: Philosophical Liberty in Pre-Reformation Italy'. *Renaissance Quarterly* 46, no. 2 (1993): 247–76.
Monfasani, John. 'The Ciceronian Controversy'. In *The Cambridge History of Literary Criticism*, vol. 3, *The Renaissance*, edited by G. P. Norton, 395–401. Cambridge: Cambridge University Press, 1999.
Monfasani, John. 'Marsilio Ficino and the Plato-Aristotle Controversy'. In *Marsilio Ficino: His Theology, His Philosophy, His Legacy*, edited by M. J. B. Allen, V. Rees, and M. Davies, 179–202. Leiden, New York, Cologne: Brill, 2001.
Mouchel, Christian. *Cicéron et Sénèque dans la rhétorique de la Renaissance*. Marburg: Hitzeroth, 1990.
Muckle, Joseph T. 'Isaac Israeli's Definition of Truth'. *Archives d'histoire doctrinale et littéraire du moyen âge* 8 (1933): 5–8.
Nardi, Bruno. *Saggi sull'aristotelismo padovano dal secolo XIV al XVI*. Florence: Sansoni, 1958.
Nardi, Bruno. *Studi di filosofia medievale*. Rome: Storia e Letteratura, 1960.

Nardi, Bruno. *Studi su Pietro Pomponazzi*. Florence: Felice le Monnier, 1965.

Nederman, Cary J. 'Humanism and Empire: Aeneas Sylvius Piccolomini, Cicero, and the Imperial Ideal'. *Historical Journal* 36 (1993): 499–515.

Nederman, Cary J. 'National Sovereignty and Ciceronian Political Thought: Aeneas Sylvius Piccolomini and the Ideal of Universal Empire in Fifteenth-Century Europe'. *History of European Ideas* 16 (1993): 537–43.

Niceron, Jean P. 'Augustin Dati'. In idem, *Mémoires pour servir à l'histoire des hommes illustres*, vol. 40, 24–36. Paris: Briasson, 1739.

Niederberger, Andreas. '*Esse servitutis omnis impatientem*/Man is impatient of all servitude: Human Dignity as a Path to Modernity in Ficino and Pico della Mirandola?'. *The European Legacy* 20, no. 5 (2015): 513–26.

Nifo, Agostino. *De intellectu*, edited by L. Spruit. Leiden, Boston: Brill, 2011.

Nogara, Bartolomeo. *Codices Vaticani Latini: Codices 1461–2059*, vol. 3. Vatican City: Typis polyglottis Vaticanis, 1912.

Novak, Joseph A. 'Aquinas and the Incorruptibility of the Soul'. *History of Philosophy Quarterly* 4, no. 4 (1987): 405–21.

O'Connor, William. 'The Concept of the Human Soul According to Saint Augustine'. Ph.D. diss., The Catholic University of America, Washington, DC, 1921.

Offelli, Siro. 'Il pensiero del Concilio Lateranense V sulla dimostrabilità dell'immortalità dell'anima'. *Studia patavine* 1 (1954): 7–40.

Oguejiofor, Obi. *The Philosophical Significance of Immortality in Thomas Aquinas*. Lanham, MD: University Press of America, 2001.

Orlandi, Pelegrino A. *Origine e progressi della stampa ossia dell'arte impressoria e notizie dell'opere stampate dall'anno 1457 sino all'anno 1500*. Bologna: C. Pisarius, 1722.

Owens, Joseph 'Aquinas on the Inseparability of Soul from Existence'. *New Scholasticism* 61 (1987): 249–70.

Pacchi, Arrigo. 'Note sul commento al *De anima* di Giovanni di Jandun. II: L'unicità dell'intelletto e l'unità'. *Rivista Critica di Storia della Filosofia* 14, no. 4 (1959): 437–57.

Pacchi, Arrigo. 'Note sul commento al "De Anima" di Giovanni di Jandun: IV, La questione della *doppia verità*'. *Rivista critica di storia della filosofia* 15, no. 4 (1960): 354–75.

Palmer, Ada. *Reading Lucretius in the Renaissance*. Cambridge, MA: Harvard University Press, 2014.

Panzer, Georg W. *Annales typographici ab artis inventae origine ad annum MD*, vols. 2, 5. Nuremberg: Joannes Eberhad Zeh, 1793–7.

Papiernik, Joanna. 'Antonio degli Agli's Defence of Immortality'. *Renaissance and Reformation* 44, no. 4 (2021): 87–110.

Papiernik, Joanna. 'Marsilia Ficina *Pięć kwestii o umyśle* – przesłanie filozofa *in nuce*'. *Przegląd Tomistyczny* 22 (2016): 121–56.

Pasnau, Robert. *Thomas Aquinas on Human Nature: A Philosophical Study of 'Summa Theologiae', 1a 75-89*. New York: Cambridge University Press, 2002.

Perler, Dominik. 'Things in the Mind: Fourteenth-century Controversies over "Intelligible Species"'. *Vivarium* 34, no. 2 (1996): 231–53.

Perpolli, Cesira. 'L'Actio Panthea e l'Umanesimo Veronese'. *Atti dell'Accademia di Agricoltura, Scienze e Letteratura di Verona* 4, no. 16 (1915): 4–162.

Pesavento, Luisa. 'Quedam lex animata. Il principe di Bornio da Sala'. *Nuova rivista storica* 72 (1988): 1–22.

Pesce, Robert. 'Barbieri Filippo'. In *Encyclopedia of the Medieval Chronicle*, edited by G. Dunphy, 141–2. Leiden: Brill, 2010.

Petagine, Antonio. *Aristotelismo difficile. L'intelletto umano nella prospettiva di Alberto Magno, Tommaso d'Aquino e Sigieri di Brabante*. Milano: V&P università, 2004.
Petagine, Antonio. 'Aristotelismo e immortalità dell'anima. La proposta di Tommaso d'Aquino'. *Lo Sguardo: Rivista di filosofia* 5, no. 1 (2011): 83–102.
Petagine, Antonio. 'Che cosa la filosofia può dire dell'anima e del suo destino? Considerazioni a partire dal confronto tra Giovanni Duns Scoto e Tommaso d'Aquino'. *Philosophical News* 8 (2014): 118–28.
Petagine, Antonio. 'Immortalità dell'anima: la posizione di Francesco d'Appignano all'interno del dibattito francescano tra il XIII e il XIV secolo'. *Picenum Seraphicum* 34 (2020): 123–39.
Piana, Celstino. 'Gli inizi e lo sviluppo dello Scotismo a Bologna e nella regione Romagnolo-Flaminia (sec. XIV-XVI)'. *Archivum franciscanum historicum* 40 (1947): 49–80.
Piana, Celestino. 'Lo Studio di S. Francesco a Ferrara nel Quattrocento'. *Archivum franciscanum historicum* 61 (1968): 99–175.
Pigman, George W. 'Barzizza's Studies of Cicero'. *Rinascimento* 21 (1981): 123–63.
Pigman, George W. 'Imitation and the Renaissance Sense of the Past: The Reception of Erasmus' *Ciceronianus*'. *Journal of Medieval and Renaissance Studies* 9 (1979): 155–77.
Pine, Martin. 'Pomponazzi and the Problem of *Double Truth*'. *Journal of the History of Ideas* 29, no. 2 (1968): 163–76.
Pironet, Fabienne. 'L'intellect opérant intrinsèque chez Siger de Brabant: entre forme substantielle et moteur'. Ph.D. diss., Université de Montréal, Montréal, 2004.
Pluta, Olaf. *Kritiker der Unsterblichkeitsdoktrin in Mittelalter und Renaissance*. Amsterdam: Grüner, 1986.
Poppi, Antonio. 'L'Averroismo nella filosofia Francescana'. In *L'averroismo in Italia: Convegno internazionale: Roma, 18-20 aprile 1977*, edited by E. Cerulli et al., 175–220. Rome: Accademia nazionale dei Lincei, 1979.
Ryan, Denise. 'An Examination of a Thirteenth-Century Treatise on the Mind/Body Dichotomy: Jean de La Rochelle on the Soul and Its Powers'. Ph.D. diss., National University of Ireland, Dublin, 2010.
Rees, Valery. 'Ciceronian Echoes in Marsilio Ficino'. In *Cicero Refused to Die. Ciceronian Influence through the Centuries*, edited by N. van Deusen, 141–62. Leiden: Brill, 2013.
Refini, Eugenio. 'Shifting Identities: Jacopo Campora's *De Immortalitate Anime* from Manuscript to Print'. In *Remembering the Middle Ages in Early Modern Italy*, edited by L. Pericolo and J. N. Richardson, 67–80. Turnhout: Brepols, 2015.
Refini, Eugenio. *The Vernacular Aristotle: Translation as Reception in Medieval and Renaissance Italy*. Cambridge: Cambridge University Press, 2020.
Renaissance Civic Humanism. Reappraisals and Reflections, edited by J. Hankins. Cambridge: Cambridge University Press, 2000.
Ristori, Renzo. 'Cassini, Samuele'. In *Dizionario Biografico degli Italiani*, edited by A. Ghisalberti, vol. 21, 487–9. Rome: Istituto dell'Enciclopedia Italiana, 1978. Available online: https://www.treccani.it/enciclopedia/samuele-cassini_%28Dizionario-Biografico%29/ (accessed 9 May 2023).
Rodolfi, Anna. *Il concetto di materia nell'opera di Alberto Magno*. Florence: Sismel, Edizioni del Galluzzo, 2004.
Ross, James F. and Todd Bates. 'Duns Scotus on Natural Theology'. In *The Cambridge Companion to Duns Scotus*, edited by T. Williams, 193–237. Cambridge: Cambridge University Press, 2003.

Rotondò, Antonio. 'Pellegrino Prisciani'. *Rinascimento* 11 (1960): 69–110.
Ruello, Francis. 'Paul de Venise théologien "averroiste"?' In *Multiple Averroès. Actes du colloque international organisé à l'occasion du 850ᵉ anniversaire de la naissance d'Averroès*, edited by J. Jolivet, 257–72. Paris: Belles Lettres, 1978.
Sabbadini, Remigio. 'Nuove notizie e nuovi documenti su Ognibene de' Bonisoli Leoniceno'. *Antologia Veneta* 1 (1900): 11–26; 174–89.
Saitta, Giuseppe. *La filosofia di Marsilio Ficino*. Messina: Principato, 1923.
Sassi, Giuseppe A. *Historia literario-typografica Mediolanensis*. Milan: In aedibus Palatinis, 1745.
Saudelli, Lucia. 'Lux sicca Marsile Ficin exegete d'Héraclite'. *Accademia* 10 (2008): 29–42.
Sbaralea, Joannes H. *Supplementum et castigatio ad scriptores trium ordinum S. Francisci a Waddingo, aliisve descriptos*. Rome: Contedini, 1806.
Schall, James V. 'Immortality and the Political Life of Man in Albertus Magnus'. *The Thomist: A Speculative Quarterly Review* 48, no. 4 (1984): 535–65.
Schmitt, Charles B. *Cicero Scepticus: A Study of the Influence of the 'Academica' in the Renaissance*. Hague: Nijhoff, 1972.
Scott, Izora. *Controversies over the Imitation of Cicero in the Renaissance*. New York: New York Teachers College, 1910.
Seigel, Jerrold E. '"Civic Humanism" or Ciceronian Rhetoric? The Culture of Petrarch and Bruni'. *Past & Present* 34 (1966): 3–48.
Schönberger, Rolf. 'Bewegtheit und Unsterblichkeit der Seele Die Auseinandersetzung des Albertus Magnus mit einem Gedanken Platons'. In *Habitus fidei – Die Überwindung der eigenen Gottlosigkeit*, edited by D. Köder and J. Alberg, 121–54. Paderborn: Brill Schöningh, 2016.
Schumacher, Lydia. *Human Nature in Early Franciscan Thought. Philosophical Background and Theological Significance*. London: Cambridge University Press, 2023.
Scifioni, Felice. *Dizionario biografico universale*, vol. 4. Florence: David Passigli, 1840.
Sgarbi, Marco. *Profumo d'immortalità. Controversie sull'anima nella filosofia volgare del Rinascimento*. Rome: Carocci, 2016.
Snyder, Steven C. 'Albert the Great, *incohatio formae*, and the Pure Potentiality of Matter'. *American Catholic Philosophical Quarterly* 70, no. 1 (1996): 63–82.
South, James B. 'John of Jandun'. In *A Companion to Philosophy in the Middle Ages*, edited by J. J. E. Gracia and T. B. Noone, 372–6. Malden, MA: Blackweel, 2003.
Spruit, Leen. 'The Pomponazzi Affair: The Controversy over the Immortality of the Soul'. In *Routledge Companion to Sixteenth Century Philosophy*, edited by H. Lagerlund and B. Hill, 225–46. New York: Routledge, 2017.
Spruit, Leen. *Species Intelligibilis: From Perception to Knowledge*, vol. 1–2. Leiden, New York, Cologne: Brill, 1994–5.
Steenbakkers, Piet. 'Human Dignity in Renaissance Humanism'. In *The Cambridge Handbook of Human Dignity. Interdisciplinary Perspectives*, edited by M. Düwel et al., 85–94. Cambridge: Cambridge University Press, 2014.
Steiris, Georgios. 'Searching for the Routes of Philosophy: Marsilio Ficino on Heraclitus'. *Mediterranea. International Journal on the Transfer of Knowledge* 4, no. 4 (2019): 57–74.
Swogger, John H. 'Antonio degli Agli's "Explanatio Symbolorum Pythagorae": An Edition and a Study of Its Place in the Circle of Marsilio Ficino'. Ph.D. diss., University of London, London, 1975.
Takahashi, Adam. 'Nature, Formative Power and Intellect in the Natural Philosophy of Albert the Great'. *Early Science and Medicine* 13 (2008): 451–81.

Taylor, Richard. 'Averroes on the Ontology of the Human Soul'. *The Muslim World* 102, no. 3 (2012): 580–96.
Taylor, Richard. 'Personal Immortality in Averroes' Mature Philosophical Psychology'. *Documenti e studi sulla tradizione filosofica medievale* 9 (1998): 87–110.
Terzi, Arianna. 'Lorenzo da Pisa'. In *Dizionario Biografico degli Italiani*, edited by A. Ghisalberti, vol. 66. Rome: Istituto della Enciclopedia Italiana, 2006. Available online: https://www.treccani.it/enciclopedia/lorenzo-da-pisa_(Dizionario-Biografico) (accessed 7 May 2023).
The Rhetoric of Cicero in Its Medieval and Early Renaissance Commentary Tradition, edited by V. Cox and J. Ward. Leiden: Brill, 2006.
The Summa Halensis. Doctrines and Debates, edited by L. Schumacher. Berlin, Boston: De Gruyter, 2020.
Tornau, Christian. 'Saint Augustine'. In *Stanford Encyclopedia of Philosophy*: https://plato.stanford.edu/entries/augustine/ (accessed 9 May 2023).
Trinkaus, Charles. *In our Image and Likeness. Humanity and Divinity in Italian Humanist Thought*, vol. 1–2. Notre Dame: University of Notre Dame Press, 1995.
Turchini, Angelo. *Il Tempio malatestiano, Sigismondo Malatesta e Leon Battista Alberti*. Cesena: Il Ponte vecchio, 2000.
Vanni Rovighi, Sofia. *L'immortalità dell'anima nei maestri francescani del secolo XIII*. Milano: Vita e pensiero, 1936.
Vanni Rovighi, Sofia. 'L'immortalità dell'anima nel pensiero di Giovanni Duns Scoto'. *Rivista di Filosofia Neo-Scolastica* 23, no. 1 (1931): 78–104.
Vasoli, Cesare. 'Marsile Ficin et la dignité de l'homme'. In *La dignité de l'homme. Actes du Colloque tenu à la Sorbonne-Paris IV en novembre 1992*, edited by P. Magnard, 75–86. Paris: Champion, 1995.
Vasoli, Cesare. 'La "ratio" nella filosofia di Marsilio Ficino'. In: *Ratio, Atti del VII Colloquio internazionale del Lessico Intellettuale Europeo (Villa Mirafiori, Roma 9–11 gennaio 1992)*, edited by M. Fattori and M. L. Bianchi, 219–37. Florence: Olschki, 1994.
Vasoli, Cesare. *Quasi sit Deus. Studi su Marsilio Ficino*. Lecce: Conte, 1999.
Venetus, Paulus. *Scriptum super libros De anima*. Venice: Bonetus Locatellus, 1504.
Venetus, Paulus. *Summa philosophiae naturalis*. 1503. Reprinted. Hildesheim, New York: Georg Olms, 1974.
Veronese, Guarino. 'Oratio Guarini Veronensis, quam recitavit in principio studii Ferrariae coram marchione Leonello et aliis famosis viris'. In *Wiener Studien*, K. Müllner, 'Acht Inauguralreden des Veronesers Garino und seines Sohnes Battista'. 1(1896): 298–302.
Viti, Paolo. 'Dati, Agostino'. In *Dizionario biografico degli Italiani*, edited by A. Ghisalberti, vols. 33, 15–21. Rome: Istituto dell'Enciclopedia Italiana, 1987. Available online: https://www.treccani.it/enciclopedia/agostino-dati_%28Dizionario-Biografico%29/ (accessed 14 May 2023).
Viti, Paolo. 'Filelfo, Francesco'. In *Dizionario biografico degli Italiani*, edited by F. Bartoccini and M. Caravale, vol. 47, 613–23. Rome: Istituto dell'Enciclopedia Italiana, 1997. Available online: https://www.treccani.it/enciclopedia/francesco-filelfo_%28Dizionario-Biografico%29/ (accessed 14 May 2023).
Wadding, Luke. *Scriptores Ordinis Minorum*. Rome: Franciscus Albertus Tanus, 1650.
Ward, John. 'Renaissance Commentators on Ciceronian Rhetoric'. In *Renaissance Eloquence*, edited by J. J. Murphy, 126–73. Berkeley: University of California Press, 1983.

Ward, Thomas M. *John Duns Scotus on Parts, Wholes, and Hylomorphism*. Leiden, Boston: Brill, 2014.
Warner, Christopher J. 'Quick Eloquence in the Late Renaissance. Agostino Dati's "*Elegantiolae*"'. *Humanistica Lovaniensia* 61 (2012): 65–72.
Warner, Lyndan. 'Human Dignity in Renaissance Philosophy'. In *Encyclopedia of Renaissance Philosophy*, edited by M. Sgarbi. Available online: https://link.springer.com/referenceworkentry/10.1007/978-3-319-02848-4_191-1 (accessed 9 May 2023).
Webb, Diana. 'Sanctity and History: Antonio degli Agli and Humanist Hagiography'. In *Florence and Italy: Renaissance Studies in Honour of Nicolai Rubinstein*, edited by P. Denley and C. Elam, 297–308. London: Westfield College – University of London Committee for Medieval Studies, 1988.
Weinstein, Donald. *Savonarola and Florence; Prophecy and Patriotism in the Renaissance*. Princeton: Princeton University Press, 1970.
Witt, Ronald G. 'Civic Humanism and the Rebirth of the Ciceronian Oration'. *Modern Language Quarterly* 51 (1990): 167–84.
Wolter, Allan B. 'Duns Scotus on the Natural Desire for the Supernatural'. In idem, *The Philosophical Theology of John Duns Scotus*, edited by M. McCord Adams, 125–47. Ithaca, NY: Cornell University Press, 1990.
Wolter, Allan B. *Duns Scotus on the Will and Morality*. Washington: The Catholic University of America Press, 1986.
Zamboni, Silla. 'Barbieri, Filippo'. In *Dizionario Biografico degli Italiani*, edited by A. Ghisalberti, vol. 6, 217–21. Rome: Istituto dell'Enciclopedia Italiana, 1964. Available online: https://www.treccani.it/enciclopedia/filippo-barbieri_%28Dizionario-Biografico%29/ (accessed 9 May 2023).
Zafrana, Zelina. 'Caracciolo, Roberto'. In *Dizionario Biografico delli Italiani*, edited by A. Ghisalberti, vol. 19, 446–52. Rome: Istituto dell'Enciclopedia Italiana, 1976. Available online: https://www.treccani.it/enciclopedia/roberto-caracciolo_(Dizionario-Biografico)/ (accessed 9 May 2023).
Zapperi, Roberto. 'Campora, Giacomo'. In *Dizionario Biografico degli Italiani*, edited by A. Ghisalberti, vol. 17, 581–3. Rome: Istituto dell'Enciclopedia Italiana, 1974.

Index of Names

Alain of Lille 61
Albertini, Tamara 209
Albertus Magnus 41–3, 51–2, 184, 215, 219–22, 225, 230, 232
Alexander of Aphrodisias 34, 106, 113–14, 141, 143–4, 167, 182, 213
Alexander of Hales 51, 63, 184, 232
Ambrose, Saint 51–3, 232
Amerini, Fabrizio 209
Anglicus, Bartholomaeus 52, 232
Anselm of Canterbury 68
Anzulewicz, Henryk 219–20, 222, 243
Apuleius 46, 226, 233
Aquinas, Thomas 9, 16, 22, 33–4, 41, 45, 52, 60, 89, 102, 104, 108–10, 113, 118, 121, 134, 145, 164, 169, 186, 198, 200–1, 205–8, 211–14, 224
Aristotle 3, 21–6, 28, 31–8, 43, 49, 51–3, 63, 65, 71–82, 86, 90–126, 128 31, 133, 135–6, 141–5, 147, 150, 153–8, 160–1, 163, 165–6, 168, 170, 172–3, 175, 177–8, 184–6, 210–14, 216, 218–20, 231
Augustine, Pseudo- 51–2, 230–1
Augustine, Saint 3, 9–10, 46, 51–2, 62–3, 65, 68, 70, 184–7, 196, 198, 225, 230–2, 234
Averroes 3, 22–3, 27–8, 31–6, 38, 41, 52, 71–6, 78, 80, 82–6, 89–100, 102–3, 106–8, 110–17, 119–28, 130, 132–44, 146, 148, 150, 153, 158, 162, 163, 165, 169, 173, 177–8, 180, 182, 185–6, 206–7, 209–16
Avicenna 3, 113, 128, 132, 139, 147, 169, 179, 184–5, 201, 229–30, 235

Bacon, Francis 199
Barbieri, Filippo 2, 184–5, 223
Bellovacensis, Vincentius 67
Benedetti, Stefano 187
Bianchi, Luca 212, 220

Blum, Paul Richard viii, 181, 188
Boethius 16, 46, 59, 114, 120, 200, 226
Brenet, Jean-Baptiste 210, 212–13
Buridan, John 153

Campora, Jacopo 2, 5, 186–7, 191, 223
Caracciolo, Roberto 2, 186
Cardanus, Hieronymus 223
Casini, Lorenzo 181, 184
Cassini, Samuel 2, 5, 185
Cassiodorus 51–2, 231–2
Cassirer, Ernst 197, 199
Celenza, Cristopher 186, 192, 217
Censorinus 52, 232
Cicero 9, 41, 43–6, 52–3, 63, 65–6, 185–6, 190–1, 218–19, 222–5, 229–30, 233–4
Claudian 46, 225
Collins, Ardis, B. 199, 202
Copenhaver, Brian P. 188–9
Cornutus, Lucius Anneus 46, 224
Cosenza, Mario 192
Costa Ben Luca 232
Cross, Richard 205, 216

Da Barga, Antonio 4, 189
Da Montemagno, Buonaccorso 189
Da Sala, Bornio 183
Da Thiene, Gaetano 52, 184, 232
Da Trevio, Giovanni 2
Dati, Agostino 2, 4–5, 39–47, 49, 190, 216–22, 224–6
De Libera, Alain 212, 220
Decembrio, Pier Candido 2, 184
Degli Agli, Antonio 2, 5, 7–17, 19, 46, 57, 62, 69, 191–202
Della Torre, Arnaldo 195
Di Napoli, Giovanni 1, 182, 187, 189–90, 205, 209, 216–18
Diogenes Laertius 3, 199
Dymsdale, Ioannes 74

Edelheit, Amos 183-4, 191
Eusebius Pamphilius 72, 225

Faventinus (Faber), Philippus 77
Ferrariensis (Canali, Cochi), Johannes 2, 4-5, 49-54, 185, 190, 226-35
Festugière, Jean 183, 191
Ficino, Marsilio 1-4, 7, 9-11, 13-15, 17-18, 62, 65, 182-4, 186, 188-92, 194-9, 201-3, 208-9, 223, 226, 234
Field, Arthur 191-3, 195, 202
Forliviensis, Jacobus 162
Frizzoli, Melchiorre 183

Gaguin, Robert 185
Garin Eugenio 66, 186, 189-90, 194, 204, 217-220
Gentile, Giovanni 189
Giles of Rome 214
Gilson, Étienne 61, 181, 205, 220
Gregory the Great 9, 69, 191, 212, 229, 233

Hankins, James 181, 183-4, 188, 190, 192-3, 196, 202-4, 223, 226
Hasse, Dag N. 206-7, 210-11
Houppellande, Guillaume 2, 5, 185, 191

Italicus, Silius 46, 225

Jerome, Saint 46, 52, 186, 232
John Duns Scotus 15, 21, 25, 27, 53, 75, 77-9, 81, 83, 89, 119, 137, 143, 146-7, 162, 185, 199, 204-9, 211, 215-16, 234
John of Damascus 52, 186, 230, 235
John of Jandun 28, 31, 33, 102, 120, 209-12
John of la Rochelle 2, 51-2, 54, 186, 230-5
Justin (Marcus Junianus Justinus) 233
Juvenal 46, 225

Kessler, Eckhard 181, 213
Kraye, Jill 181
Kristeller, Paul O. 4, 181-2, 184, 187, 189-90, 192-3, 197-9, 209, 211
Kuksewicz, Zdzisław 209-10

Lactantius 45-6, 51-2, 187-8, 191, 219, 224-5, 229-30, 232-5
Laporta, Jorge 208
Lombardus, Petrus 62, 201
Lucan 46, 225

Macrobius 46, 185, 224-5
Magni de Ludosia, Bero 165
Mahoney, Edward 209-12, 220
Manetti, Giannozzo 4, 184, 199, 229
Marso, Pietro 2, 187
Maximus, Valerius 52-3, 232-4
Monfasani, John 188, 223, 227

Nardi, Bruno 181-2, 209, 212, 215, 220
Nemesius of Emesa 51-2, 231
Nogarola, Isotta 21, 203-4
Nogarola, Leonardo 2, 5, 21-38, 49, 55, 71, 83, 203-16

Orlandini, Paolo 2, 186

Pacchi, Arrigo 210, 212
Pasnau, Robert 206, 208
Pergulensis, Paulus 123, 214
Petagine, Antonio 205-6, 220
Pico della Mirandola, Giovanni 4-5, 66, 185-6, 188-9, 191, 197, 212, 220
Plato 1, 3, 15, 17, 22, 24, 41, 44, 46, 52, 65, 71, 75, 127-8, 133, 139, 145, 156, 161, 166, 168, 178, 182-6, 188, 194, 196, 198, 202, 219-20, 226, 228, 232, 234
Pliny 15, 60, 199
Pluta, Olaf 187
Plutarch 65
Pomponazzi, Pietro 1, 5, 181, 188, 190-1, 205-6, 212
Poppi, Antonio 205
Porphyry of Tyre 23, 72, 114, 120, 175, 182, 186, 225
Publius Ovidius Naso 46, 225, 235
Publius Vergilius Maro 46

Quintilian 46, 224
Quintus Horatius Flaccus 46, 226

Index of Names

Raymond of Sabunde 184
Rees, Valery 183, 186, 223
Refini, Eugenio 186

Sabadino degli Arienti, Giovanni 183
Saitta, Giuseppe 190
Sallust 46, 185, 225, 233
Schmitt, Charles B. 181, 222
Seneca, Lucius 46, 52, 186, 225, 231
Sgarbi, Marco 182–3, 186, 189
Socrates 15, 29, 35, 41, 44, 53, 116–17, 120, 127–8, 133, 142, 144, 218
Spruit, Leen 181, 188, 210–12

Statius, Publius Papinius 46, 225
Strabo 46, 224

Trinkaus, Charles 183, 209

Vanni Rovighi, Sofia 187, 205, 230
Vasoli, Cesare 190, 197
Venetus, Paulus 3, 22, 28, 31, 35–6, 83, 134, 145, 167–8, 184, 209, 214
Veronese, Guarino 190, 226, 230
Viti, Paolo 192, 216–18

William of Auvergne 3, 187
Wolter, Allan B. 207–9

Index of Subjects

accidens 24–5, 74, 87, 89–90, 100, 104, 118–19, 123, 128, 136–9, 147–8, 152, 159, 161–2, 165, 169, 179–80
anima intellectiva 71–4, 77, 79, 81–3, 86–97, 102–3, 106–12, 114–15, 117–21, 123–4, 128–35, 138–9, 141–2, 144–5, 147–9, 152–3, 156, 160, 162–71, 173–4, 177–9, 214
animal (and *animal*) 4–5, 23, 38, 40, 42, 59, 65–6, 69, 73, 81, 88–9, 93, 96–8, 101–5, 107–8, 115–16, 120, 125, 158, 160–1, 165, 167, 176–7, 190, 222, 230, 235
authority 8, 17–19, 39–40, 42, 45–7, 52, 184–6, 194, 205, 217, 234

beatitude (and *beatitudo*) 5, 27, 59, 81, 83–4, 119, 159, 185, 231
Bible 2, 7–8, 16, 40, 46, 194
body 3, 5, 10, 12–15, 21–35, 37–8, 41–4, 46, 51–4, 183, 185–8, 199, 206, 209, 213, 215–16, 219, 222, 224–5, 228–30, 232

cognitio 52, 59, 64, 68, 76–7, 84, 87, 93, 108, 119, 121, 130, 143, 159, 167, 171–2, 182, 196, 199, 202, 219, 221, 226, 231
composite (and *compositum*) 16, 24–6, 30, 33, 36–8, 62, 74–5, 78, 82, 84, 88–9, 90–1, 95–6, 108, 112, 115, 117–18, 120, 129, 131, 138, 141–2, 144–5, 147, 149–52, 154–7, 160, 163–6, 169, 173–5, 177, 200–1, 215, 233
concept 3–5, 9, 13–14, 27–9, 35, 37, 39, 187, 198, 208–9, 212–13, 215, 219–20
contemplation 1, 11–15, 18, 197, 200, 203
Corpus Hermeticum 66

death 14–16, 23, 26, 30–1, 38–9, 43, 46, 53, 206, 210, 214, 216, 222, 224–5
Die Fragmente der Vorsokratiker 65
dignity 4–5, 10, 40–1, 47, 185, 188–90, 194, 218
divinity 1, 14, 18, 182–3, 194

essence 9, 11–13, 15–16, 28–30, 33–4, 44, 211
eternity 4, 10–11, 13, 16, 18, 26–7, 41, 46, 213, 219
excellence 4, 189
existence 16, 24, 26–7, 29–31, 33, 36, 46, 51, 194, 201, 206, 211, 234
experience 15, 38, 50–1, 53
extension (and *extensio*) 4, 24, 26, 29–30, 34, 36, 51, 73, 79, 85–6, 136–9, 141, 148–9, 152–3, 157–8, 163, 167, 206, 234

faith 8, 16, 18–19, 26, 31, 35–6, 183, 185, 201, 203, 206, 214–15
form 2–3, 9, 11–12, 15–16, 22–8, 30, 32–33, 35–8, 40–1, 43–6, 49, 51, 183, 195–8, 200, 207, 209, 212–13, 215, 218, 234
forma informans 27–8, 35, 90, 92, 95–8, 101, 110, 112, 117, 120, 134, 138, 140, 142, 144–5, 161, 173, 206, 214
forma inhaerens 27, 73, 137

God 1, 5, 8–15, 17–18, 24, 26, 35, 37–8, 40–2, 45, 51–3, 184, 187–8, 194–7, 200, 208, 213, 218, 223, 225, 229
Goodness 14, 189, 192

habitus 13, 64, 125–8, 154, 220
happiness 14, 18, 26–8, 40, 53, 202, 208–9
heaven 22, 42, 44, 46, 218–19, 225, 229
human being 4, 10, 14, 19, 24, 34, 40, 188, 190, 203
humanism 189, 207, 211, 217, 222–3

Index of Subjects

immortality 1–5, 7–9, 12–19, 21–3, 25–7, 31, 33, 36, 38–47, 49–50, 52–5, 181–8, 190–1, 194, 196, 197–9, 204–9, 211–12, 216, 218–20, 223–5, 228–9
inclination (and *inclinatio*) 23, 27, 29, 72, 81–2, 86, 88, 169, 215
indestructibility 3, 12–13, 18, 23, 43, 51, 53, 205–6
intellect 3, 9–10, 12–13, 16, 24–6, 28–9, 31–2, 34–6, 41–3, 182, 184, 187, 194–5, 197–9, 206, 209–10, 212–14, 220–2
intellectus possibilis 106–7, 119, 121–2, 131–2, 134, 143–4, 164, 214
intelligence 22, 24, 28, 34, 41, 215
intentio 28, 64, 71, 77, 83, 92, 97, 100, 109, 111, 113–15, 117, 127–9, 135, 156–7, 178, 210–11, 214

knowledge 3–4, 9–12, 14–15, 18, 25, 30, 41–2, 46, 50, 182, 185, 187, 189, 193, 195–6, 203, 213–14, 218–19, 222

Les auctoritates Aristotelis 75, 77, 143, 158
Liber de causis 159
life 3–4, 7, 9–15, 17, 21, 27–8, 31, 33, 44, 46, 183, 185–6, 188, 190, 192, 195–6, 206, 208–10, 217, 220, 224–5, 233
light 5, 7, 9–11, 16, 41–2, 50, 52, 65, 194–7, 200, 222, 226, 232

materia 57, 59, 70, 73–6, 79–80, 83–7, 89–91, 95–7, 99–100, 108–10, 112–15, 118, 120, 123–6, 128–9, 133, 135–9, 141–2, 145–52, 154–8, 161, 163, 166, 169–71, 173–4, 177–8, 194, 197, 200–1, 215, 221–2, 232–4
metaphysics 9–10, 24–5, 32, 37, 43, 61, 63, 194, 209, 211, 219, 234
mind 1, 4, 9–14, 17, 33, 40, 51, 53, 153, 181, 189, 194, 197–8, 203, 205, 210–11, 219, 230
myth 12, 46, 192, 224, 226

natural desire (*appetitus naturalis*) 14–15, 27, 81–2, 169, 199, 208–9
natural philosophy 2, 4–5, 23, 25, 185
nature 1, 3–4, 10, 13–16, 21–2, 24, 26–7, 29, 36–8, 40, 42–4, 50–3, 183–5, 188–90, 194, 198–9, 201, 206–10, 215, 220, 223, 225, 228, 230, 232
nobility 40, 185, 189, 192

operation (and *operatio*) 5, 11, 22, 24–6, 28, 34, 37–8, 43, 51–3, 60, 73–5, 77–9, 88, 94, 101, 106, 117–19, 121, 124, 133, 138–9, 142, 144, 154, 157–8, 178, 183, 197, 211–12, 221, 228, 233, 235

perfection 5, 12, 14–15, 28–9, 32, 37, 42
Platonic Theology 1, 4, 9, 11, 13–14, 18–19, 65, 183, 188, 190, 194–202, 208
poetry 7, 45–6, 182
potentia 33–5, 65, 67, 72–82, 85–6, 88–9, 91, 94, 97, 99, 100–10, 112–20, 122, 124–6, 130–2, 134–5, 137, 140, 142–50, 152–3, 155–8, 160, 163–5, 169, 173, 195, 200–1, 213, 222, 231
power 2, 9–13, 15, 25–6, 28, 33–5, 37, 39, 42–3, 189–90, 192, 194, 197–8, 203, 208, 213, 215, 230, 233, 235
principle 10–14, 16, 29, 33, 36, 38, 42, 188, 196–8, 208
    of affinity 14–15, 198

ratio (in various meanings) 2, 10–13, 30, 44, 57–9, 60–70, 72–3, 75–7, 80–3, 87–8, 96, 101, 103, 107–10, 111–15, 117, 119–21, 123, 125, 133, 137, 141, 146, 148–53, 155–9, 163–6, 168, 173, 175–6, 178, 185, 190, 194–202, 203, 214–15, 219, 222, 224, 228, 231, 233, 235
reasoning 11–12, 14–18, 24, 27, 50, 194, 198, 207, 219, 233–4
religion 18–19, 31, 54, 199, 202–3, 225

scholastic 1–4, 21, 49, 183–4, 191
science (and *scientia*) 41–2, 50, 58–9, 64, 74,
    84, 87, 105, 108, 127, 132, 168, 195,
    172, 200–2, 206–7, 210, 219–22, 229
sense (and *sensus*) 12, 15, 23, 25–8, 30–3,
    37–8, 53, 57, 59, 75–6, 80, 87, 91,
    94, 97–100, 104, 107, 113–14, 118,
    120, 122, 124, 130, 133, 137, 153,
    159, 163–4, 171–2, 178–9, 196,
    213, 215, 218, 222, 228, 231, 233
soul
    human 1, 3–5, 7–9, 11, 13–14, 16,
        18–19, 22–3, 25, 27, 31, 36, 38,
        40–3, 45–7, 52, 182–3, 187–90,
        194–5, 197–8, 200, 206, 210–12
    individual 1, 21, 25, 27, 36, 42, 46, 198,
        209, 211
    intellective 21–8, 30, 32–8, 181, 204,
        206–7, 212, 214–15
    rational 1, 4–5, 9–10, 11–14, 16, 25,
        41–3, 45, 50–1, 194, 208, 216, 219,
        222, 232, 234

species intelligibilis 61, 85, 117, 124, 169,
    172, 210–11
spiritus 10, 51–2, 57, 63, 68, 69, 84, 132,
    163, 195, 230–2
substance 3, 14–16, 23, 26, 28, 30, 33–4,
    38, 42, 51, 207–8, 233

theology 1, 7, 31, 39, 49, 181–2, 186, 188,
    192, 205, 208, 220, 230, 219
tradition 1–2, 4, 22, 49, 54, 181, 184, 186,
    188, 205, 217, 220, 223
truth 1, 8, 10–11, 16–19, 25–6, 31, 36,
    40–1, 45–6, 50, 186–7, 194–5, 198,
    201, 208, 212

virtue 13, 45, 50, 189

will 13, 24, 34, 184, 199, 208
wisdom 18, 53, 195
worship 1, 14, 17–18, 229
worth 4–5, 189–90

www.ingramcontent.com/pod-product-compliance
Lightning Source LLC
Chambersburg PA
CBHW071815300426
44116CB00009B/1324